债券托管结算业务

（第五次修订版）

中央国债登记结算有限责任公司 编

CHINA CENTRAL DEPOSITORY & CLEARING CO.,LTD.

中国财经出版传媒集团

经济科学出版社

Economic Science Press

图书在版编目（CIP）数据

债券托管结算业务/中央国债登记结算有限责任公司编．—5 版
（修订本）．—北京：经济科学出版社，2016.8（2018.3 重印）
ISBN 978 - 7 - 5141 - 7259 - 1

Ⅰ．①债⋯　Ⅱ．①中⋯　Ⅲ．①债券投资 - 结算业务 -
中国　Ⅳ．①F832.51

中国版本图书馆 CIP 数据核字（2016）第 216315 号

责任编辑：黄双蓉
责任校对：郑淑艳
责任印制：邱　天

债券托管结算业务

（第五次修订版）

中央国债登记结算有限责任公司　编

经济科学出版社出版、发行　新华书店经销

社址：北京市海淀区阜成路甲 28 号　邮编：100142

总编部电话：010 - 88191217　发行部电话：010 - 88191522

网址：www.esp.com.cn

电子邮件：esp@ esp.com.cn

天猫网店：经济科学出版社旗舰店

网址：http://jjkxcbs.tmall.com

固安华明印业有限公司印装

787×1092　16 开　22.25 印张　434000 字

2016 年 9 月第 1 版　2018 年 3 月第 2 次印刷

ISBN 978 - 7 - 5141 - 7259 - 1　定价：68.00 元

（图书出现印装问题，本社负责调换。电话：010 - 88191502）

（版权所有　侵权必究　举报电话：010 - 88191586

电子邮箱：dbts@ esp.com.cn）

《债券托管结算业务（第五次修订版）》
编委会

编委会主任：水汝庆

编委会副主任：陈刚明　周广翔　王　平　白伟群
　　　　　　　梅世云　柳柏树　周自立　张孟军

编委会委员（按姓氏笔画排序）：
　　　　　　丁亚华　卢遵华　刘　凡　吴亚洲
　　　　　　张世杰　周　燕　宗　军　徐良堆
　　　　　　管圣义

前　言

　　中央国债登记结算有限责任公司（简称"中央结算公司"）是经国务院批准设立的中央登记托管结算机构、国有独资中央金融企业，是具备中立性、独立性、公益性的金融市场基础设施。自1996年成立以来，中央结算公司在监管部门的大力支持下，从国债集中托管起步，逐步发展成为各类金融资产的中央登记托管结算机构。公司是财政部唯一授权的国债总托管人，主持建立、运营全国国债托管系统；是中国人民银行指定的银行间市场债券登记托管结算机构，柜台业务一级托管人；是企业债总登记托管人及发行审核的第三方技术评估机构；在银监会指导下承担信贷资产登记流转系统、理财信息登记系统、信托产品登记系统的开发和运作；根据监管部门授权承担市场监测工作。中央结算公司运营并维护管理中央银行公开市场业务操作系统、中央国库现金管理系统、债券发行系统、债券托管结算簿记系统、资金系统、信息系统等债券综合业务系统，为维护债券市场平稳运行提供了强有力的保证。

　　为促进债券市场的发展，防范交易结算操作风险，帮助市场参与者了解债券托管结算及相关业务知识，自银行间债券市场成立以来，中央结算公司就重视并开展培训工作，把培训工作列入为市场客户提供服务的重要内容之一，过去20年来共培训各类人员4.5万余人次。中央结算公司组织的债券托管结算业务、债券结算代理业务、券款对付（DVP）结算业务等培训，已成为债券市场从业人员的基础业务培训，也是各机构内部对于业务人员操作风险控制的基本要求。

　　2005年，在中央债券簿记系统三期的基础上编写完成的《债券托管结算业务》一书，成为中央结算公司对外系统全面介绍公司债券综合业务的培训教材，也是广大市场结算成员快速了解债券综合业务系统的重要资料。随着银行间债券市场向深度和广度发展，特别是新业务品种的推出、发行以及交易方式的深化发展，债券综合业务系统不断升级完善，我公司分别在 2007 年、2008 年、2010 年和 2013 年对该教材进行了四次修订，增补了债券市场法律法规、UAP 客户及用户管理系统、商业银行柜台业务、中央债券综合业务系统应付利息资金核算方法、托管创新服务等内容。2016 年 9 月，根据债券市场的最新政策变化和公司业务的发展变化，我们对本书进行了第五次修订。本次修订更新了原有章节的内容，调整了部分章节结构，增加了簿记建档发行业务、担保品管理服务领域及应用等内容。书中尽可能使用一些表格和图形，更清晰直观，易于理解，注重实务性、操作性和理论性相结合。本次修订由我公司的相关人员完成，各章参与修订的主要人员有：

第一章：梅世云；

第二章：付颖、王桂、宋璐、张鑫；

第三章：吴青、濮远洋；

第四章：骆晶、张志杰、刘波、李皓；

第五章：张婷、孙琪、王鹏、吕尚峰；

第六章：爱新觉罗艺文、高鹏洋；

第七章：崔宝强、张婧；

第八章：欧建波、赵建飞、马冰青；

第九章：赵凌、廖倩芸、赵春术、李妍、金琳、莫家琦、刘晓逸、翟光耀、白洁；

第十章：杜卓芳；

第十一章：钟飞、练京利。

由于债券市场业务发展变化较快，书中存在的不足之处，敬请各位读者指正，我们将不断予以修订完善。

中央国债登记结算有限责任公司
2016 年 9 月

目录

第一章

概　　论

第一节　我国债券市场发展概况

我国自1981年恢复发行国债以来，债券市场已走过了30多年的发展历程。从起初单一的国债市场，发展到由政策性金融债、中央银行票据、企业债、公司债、地方政府债、商业银行次级债、短期融资券、中期票据、国际开发机构债券等多品种构建的市场；从行政性摊派的发行市场，发展到基本市场化的发行、交易市场；从银行柜台凭证式国债市场、交易所债券市场，发展到目前以银行间债券市场为主体，包括交易所债券市场和银行柜台债券市场（凭证式、记账式国债等）的多元化、分层次的债券市场体系，并且已成为中国金融市场的重要组成部分，为进一步完善我国金融市场体系和宏观调控体系发挥着非常重要的作用。特别是1997年建立的银行间债券市场，经过近20年的发展，交易工具日益丰富，投资主体不断扩大，交易结算量较快递增，已发展成为具有资本市场和货币市场双重功能的场外债券市场，成为中国债券市场的主体。

一、银行间债券市场

（一）银行间市场的建立背景

1. 维护国家经济和金融稳定的需要

20世纪90年代中期，我国形成了全国统一的交易所集中交易的债券回购市场，当时的交易主体包括商业银行等各类金融机构，其中一些证券公司等非银行金融机构以债券回购的方式从商业银行融入大量资金，转而投资于股票市场，造成1997年上半年上海和深圳股市的股价大幅攀升。同时，由于全国的国债托管在若干不同的托管机构，导致假托管盛行，国家信用盗用，金融秩序混乱。为切断大量银行资金通过交易所债券回购方式流入股票市场，抑制股市过热，完善中国债券市场，根据国务院的统一部署，中国人民银行决定商业银行全部退出上海和深圳交易所的债券市场，建立全国银行间债券市场。

2. 重建银行信用体系的需要

1997年9月，中国人民银行撤销各类融资中心，商业银行之间原有的融资渠道被切断，加上亚洲金融危机和海南发展银行关闭导致的银行信用危机，使得银行间的同业拆借交易陷于停顿。在这种情况下，必须发展以债券为抵押的债券回购市场以解决银行间融资问题。如果没有债券回购市场作为银行的融资渠道，银行在缺少流动性时就必须由中央银行再贷款来解决，所有金融机构的流动性压力都将直接反映到中央银行，中央银行将失去对银行流动性的主动调控权，减弱货币政策的效力。对中小金融机构再贷款的增加也加大了中央银行面临的信用风险。这些都使银行间债券市场的建立成为客观需要。

3. 中央银行实施市场化货币调控政策的需要

建立市场化的中央银行货币调控政策体系是我国金融体制改革的重要目标，构建这个体系需要创新和改造货币政策工具，而建立货币政策操作的客观基础也同样十分重要。银行间债券市场的建立特别是低风险债券的发行，为中央银行开展公开市场业务操作提供了平台。

在上述背景下，1997年6月中国人民银行决定，各商业银行可以使用其持有的国债、中央银行融资券和政策性金融债在银行间债券市场进行债券回购和现券买卖，通过全国银行间同业拆借中心的交易系统进行报价和交易，债券统一在中央国债登记结算有限责任公司（以下简称"中央结算公司"）托管和结算，资金清算通过中国人民银行清算系统等途径进行，这标志着银行间债券市场的正式启动。

（二）银行间债券市场的组织体系

1. 市场主管部门——中国人民银行

《中华人民共和国中国人民银行法》第四条第4款规定，中国人民银行履行监督管理银行间债券市场职能，包括：拟定债券市场发展规划；研究开发债券市场新业务品种；制定市场管理规定，对市场进行全面监督和管理；审核、批准金融机构在银行间债券市场的有关资格；就债券市场有关业务进行指导，授权中介机构发布市场有关信息。

中国人民银行分支机构对辖区内金融机构的债券交易活动进行日常监督，包括：对辖区内债券交易活动进行日常监督和管理；对债券市场运行情况进行监测、研究和分析，防范跨市场风险，维护辖区内金融市场的平稳运行；支持和引导辖区内结算代理业务的开展，对结算代理业务实施动态监督，防范业务风险；组织辖区内的市场参与者进行业务培训和问题探讨；定期向总行报告辖区内债券市场情况，以及市场发展建议；充分发挥服务职能，为债券交易提供资金支付服务；中国人民银行的分行可向中央结算公司和同业拆借中心了解辖区内市场参与者的债券交易、结算等情况。

2. 发行主体

目前，银行间债券市场的发行主体主要有财政部、地方政府、中国人民银行、政策性银行、商业银行，以及被批准可以发债的金融类公司和注册发行的工商企业等。2005 年 3 月 1 日，中国人民银行、财政部、国家发展和改革委员会、中国证券监督管理委员会联合发布了《国际开发机构人民币债券发行管理暂行办法》，允许符合条件的国际开发机构在国内发行人民币债券，成为除 QFII 和 QDII 之外资本双向均衡流动的又一重要举措。

3. 投资主体

1997 年，银行间债券市场在创立之初，只有 16 家商业银行总行参与。目前市场成员已涵盖了境内商业银行、信用社、保险公司、证券公司、信托公司、各类基金、财务公司、金融租赁公司等金融机构和境外央行和商业性金融机构以及工商企业等非金融机构各类企事业法人单位。另外，还有理财产品、信托计划、保险产品、基金等非法人机构参与投资。2016 年 2 月 14 日中国人民银行《银行间债券市场柜台业务管理办法》规定，具备相关资质的企业和个人投资者也可以通过债券的柜台业务参与银行间债券市场投资。

近年来，银行间债券市场进一步对外开放，2010 年 8 月，中国人民银行批准香港、澳门地区人民币业务清算行跨境贸易人民币结算境外参加银行和境外中央银行式货币当局可申请进行银行间债券市场进行投资。2015 年 7 月中国人民银行发出通知，境外央行或货币当局、国际金融组织、主权财富基金提交相关备案手续后，可进入银行间债券市场进行相关交易。2016 年中国人民银行第 3 号公告规定，境外依法成立的商业银行、保险公司、证券公司、基金管理公司及其他资产管理机构等各类金融机构，这些金融机构依法合规面向客户发行的投资产品，以及养老基金、慈善基金、捐赠基金等中国人民银行认可的其他中长期机构投资者，可委托结算代理人，在银行间债券市场开展债券现券等经中国人民银行许可的交易。

4. 中介服务机构

银行间债券市场的中介服务机构主要包括全国银行间同业拆借中心、中央结算公司、银行间市场清算所。其中，全国银行间同业拆借中心主要为市场的投资者提供报价和电子成交服务，并按照中国人民银行的有关规定，以场务管理的形式对通过报价系统开展的债券交易活动进行监测。

中央结算公司主要为市场的发行人、投资人等各类参与主体提供债券发行、登记、托管、结算、信息发布、还本付息等服务，维护中央债券综合业务系统的正常运行等。中央结算公司的业务范围及职责在本书中将有详细阐述。

5. 相关制度安排

（1）公开市场一级交易商制度，是指中国人民银行根据规定遴选符合条件的债券二级市场参与者作为中国人民银行对手方，与之进行债券交易，从而配合中央银行货币政策目标的实现。目前，共有 48 家市场成员具有一级交易商资格。

（2）做市商制度，是指在债券市场上，由具备一定实力和信誉的市场参与者作为特许交易商，不断向投资者报出某些特定债券的买卖价格，双向报价并在该价位上接受投资者的买卖要求，以其自有资金和债券与投资者进行交易的制度。目前银行间市场共有做市商 25 家。

（3）结算代理制度，是指经中国人民银行批准可以开展结算代理业务的金融机构法人，受市场其他参与者的委托，为其办理债券结算业务的制度。截至 2015 年年末共有结算代理机构 47 家。

（三）银行间市场的功能与作用

银行间债券市场不仅为发行主体筹集资金，为广大投资者提供广阔的投资渠道，更为连接货币市场与资本市场架起了一座桥梁，为中央银行实现间接调控、有效传导货币政策构筑了坚实的基础，为利率市场化改革提供了经验和基准，同时还为商业银行实现资产负债管理提供了有力支持。

1. 银行间债券市场是有效实施和传导货币政策的重要平台

1998 年，中国人民银行开始对货币政策体系进行制度性改革，货币政策调控逐渐由直接调控方式向间接调控方式转变，货币政策的中介目标从信贷规模控制转变为对货币供应量的控制。作为货币政策工具之一的公开市场业务，因其具有灵活、高效、引起经济震荡小等特点，在实践中被广泛应用。而银行间债券市场为央行实施公开市场操作提供了市场基础和依托，成为货币政策有效传导的通道。央行通过在银行间债券市场上与一级交易商进行债券回购、买入（卖出）债券，或是发行中央银行票据等方式，对货币供给量进行调节，从而影响消费、投资和进出口，进而实现对整个国民经济的宏观调控。目前，央行与 48 家一级交易商进行公开市场业务操作，从 2016 年年初开始，原则上每个工作日均开展公开市场操作。

2. 银行间债券市场有力地支持了积极的财政政策，提高了资金筹集效率

1998 年以来，为应对亚洲金融危机，保持经济持续稳定增长，我国实行了积极的财政政策，国债发行量大幅度上升。银行间债券市场发行的国债均采用记账式、市场化的发行方式，在提高发行效率的同时，筹资成本也大大降低。

3. 银行间债券市场的发展为利率市场化奠定了基础

我国的利率市场化改革是从银行间债券市场起步的。1996 年 6 月 1 日，中国人民银行决定放开同业拆借利率的上限控制。1997 年组建银行间债券市场后，债券发行利率通过招标机制决定，债券回购利率完全由交易双方自行协商决定。目前，我国银行间市场已基本形成了市场化的利率体系，同业拆借、债券回购的利率结构日趋合理。中央银行在银行间市场放开利率管制、实行市场化利率的成功实践，为金融市场利率体系的进一步改革提供了经验。

4. 银行间债券市场为提高商业银行的金融资产流动性和资产质量、改善资产结构提供了有利条件，也促进了商业银行经营管理水平的提高

长期以来，我国商业银行的资产负债结构以存、贷款为主，单一的资产负债结构不仅制约了其发展，而且使其面临较大的风险。随着银行间债券市场的建立和发展，商业银行资产单一的状况有了明显改观。随着商业银行持有的国债、政策性金融债等安全性高的债券资产的增加，资产结构日趋合理，资产质量明显改善。同时，由于债券市场交易日益活跃，商业银行以所持有的债券进行回购融资，为其及时进行流动性调节、降低超额准备水平提供了广阔的空间，也促进了商业银行流动性管理水平的提高，增加了资金盈利水平。

5. 银行间债券市场交易形成的收益率成为各类投资者资产定价的重要基准

从国际金融市场运行的一般规律来看，只有那些信誉高、流动性强的金融产品的利率才有资格成为市场的基准利率。我国银行间市场上国债不仅存量大，而且交易活跃，交易量也很大，而国债利率一般被视为无风险资产的利率，这就为其他金融资产的定价提供了参考。此外，银行间市场上形成的资金价格，也会传递到资本市场，并且影响后者的资金供给。

二、交易所债券市场

我国债券交易的场内市场依托上海证券交易所和深圳证券交易所建立，是我国债券市场的重要组成部分。在我国债券市场的起步阶段，交易所债券市场扮演了非常重要的角色，银行间债券市场成立并发展成熟后，交易所债券市场无论是存量还是交易量所占的份额均有所降低。截至2015年底，交易所债券市场债券托管总量约为2.5万亿元，占债券市场总量的5.57%，其交易品种主要是国债、公司债、企业债和中小企业私募债。

交易所债券市场由中国证监会进行监督管理，中国证券登记结算有限责任公司负责债券的登记、托管和结算。交易所债券市场的参与主体主要是非银行金融机构，非金融机构及个人投资者。

银行间债券市场与交易所债券市场在一定程度上实现了互联互通，跨市场发行的国债和企业债可以在交易所市场和银行间市场相互转托管。

第二节　债券托管结算体制

一、基本概念

（一）债券登记

债券登记，是指中央登记托管机构依据相关主管部门授权，根据发行文件编制债券名称与代码，以要素记录方式确认债券特性，以账务记载的方式建立和维护债券持有人名册并确认债券所有权及其变动或限制的行为。

现在人们通常理解的"债券登记"在记账式证券业务中具有三重含义：一是对债券物权进行法定登记，反映债券持有人对债券拥有的所有权以及担保物权人拥有的担保物权，这种登记多由经国家授权的机构来办理；二是对债券持有人和发行人的关系进行公允的登记，反映债券发行人和持有人之间的债权债务关系，只有在登记名册上的才是法律意义上的债券持有人，直接享有债券所有权，这类登记一般由中央托管机构（CSD）或发行人认可的登记机构办理；三是对债券要素（包括证券名称、代码、期限和利率等细节）进行权威的记载，一般这种要素登记要由国家授权的机构办理，因为在原有实物债券时代的纸质权利凭证消失后，债券要素的记载也成为一项重要的基础性社会职能。

（二）债券托管

债券托管，是指托管机构接受投资人的委托，对其持有的债券品种和数量在其债券账户中进行账务记载，并对其相关权益进行管理和维护的行为。记账式债券的托管关系在办理债券登记结算后即产生。

（三）债券结算

债券结算，即交易双方进行债券交易而发生的债券所有权的转移或权利质押，以及相对应的资金所有权或使用权的转移。结算行为主要包括债券交割和资金交收两部分。

债券清算，是指结算机构在债券结算过程中确定交易双方资金和债券交换责任的过程，即通过发送和收取结算指令、匹配、确认、校正以及在净额方式下对结算成员进行债券和（或）资金双边或多边清分与轧差，计算出结算成员在某一段时间内的应收应付债券和资金数额的过程。可以说，债券清算是债券过户前的准备过程，是债券结算的一个不可分割的组成部分，而且只用于净额结算方式的结算机制中。随着债券无纸化及信息技术的发展，清算等功能均并入托管结算机构。

二、债券市场登记托管结算体制

对于以现代远程计算机系统联网技术为物理基础建立起来的场外债券市场来说，高质量的登记托管结算体系是金融市场基础设施的核心，是确保市场平稳运行和风险控制的关键，也是投资者选择进入市场时所要考虑的首要条件。中国的债务工具登记托管结算体系虽然建立的时间不长，但起点高，发展较快，并初步形成了自身的特色。

（一）有专门的中央登记托管机构

我国在 1996 年以前，和大多数国家的债券市场发展初期一样，债务工具的托管处于分散状态，再加上市场分割、交易不规范，曾发生数额达上千亿元的国债回购债务链难以清偿的情况，促使主管部门和发行人研究探索从根源上控制风险的办法。1996 年，经中国人民银行和财政部的共同提议，报经国务院同意，成立了中央国债登记结算有限责任公司，负责全国债券的集中登记、统一托管和统一结算。2009 年，经中国人民银行批准，由中国外汇交易中心、中央结算公司、中国印钞造币总公司、中国金币总公司等 4 家单位共同发起，设立银行间市场清算所股份有限公司。

在交易所债券市场，2001 年由中国证监会批准，上海证券交易所和深圳证券交易所设立中国证券登记结算有限责任公司，承担了交易所债券的统一登记、托管和结算功能。

（二）分市场实行不同的托管体制

债券分级托管结算体系，尤其是二级托管结算体系，虽是各国的通行做法，但简单的二级托管结算体系也有其弊端，它在扩大市场容量、分散中央托管结算机构风险的同时，在信用体系建设不完善的情况下，客观上为二级托管人挪用客户债券及套取客户资金提供了可乘之机，尤其是当债券被赋予了回购等融资功能后，这种动机更为强烈。作为新兴债券市场国家的托管结算机构，中央结算公司对这种简单的二级托管结算体制进行了改进，即中央结算公司负责债券的总托管和一级托管业务，二级托管人和分托管人在总托管账务的统驭下负责债券的二级托管业务。

在银行间债券市场，实行一级托管，即银行间市场的机构投资者在中央结算公司直接开立债券账户，中央结算公司根据机构的性质及可从事的业务范围对账户实行分类设置、集中管理。这种账户的设置模式从根本上制约了二级托管人假冒、挪用客户债券的行为，同时又为不同类型的投资者提供了多种参与市场的方式，具有很强的兼容性，不失为中国债券市场托管账户管理模式上的重要创新。

在交易所债券市场，实行二级托管，即交易所的结算机构在中央结算公司开立托管总账户，投资者在交易所的结算机构开立托管账户，交易所的结算机构承担场内债券交易的登记、托管职责，并承担和管理相应的风险。随着两个交易所结算机构的单独设立，其相关职责划归了中国证券登记结算有限责任公司。

在商业银行国债柜台交易市场也实行二级托管。中央结算公司是一级托管人，柜台业务承办银行承担二级托管职责，分别对一级托管账务和二级托管账户的真实性、准确性、完整性和安全性负责。

（三）债券账户分类设置，集中管理

根据债券交易场所投资者的不同特点，中央结算公司创立了一级、二级综合托管账户管理模式，不仅实现了账务处理功能，而且能使投资者及时知悉并掌握自身资产变动的实际情况。即在银行间市场，由中央结算公司承担一级托管业务，法人和非法人机构投资者直接在中央结算公司开立一级债券账户。对于具有结算代理业务资格的结算成员，可为其代理客户以被代理人的名义在中央结算公司开设一级债券账户。

在交易所债券市场，中国证券登记结算公司在中央结算公司开立名义托管账户，投资者在中国证券登记结算公司开立托管账户。中国证券登记结算公司承担相应的登记托管职责和风险管理工作。

在柜台交易市场，投资者在商业银行的柜台开立托管账户，用于记载投资人拥有的债券，并经过中央结算公司核查后，承办银行所记载的二级托管账户余额为拥有的债券余额。中央结算公司为承办银行开立债券自营账户和代理总户，分账记载承办银行自有债券和其托管客户拥有的债券。每日日终，商业银行必须将柜台交易数据传输至中央结算公司簿记系统，中央结算公司据此记载银行自营账户和代理账户的变化，并向个人投资者提供语音查询服务，以控制风险。

（四）灵活、高效、安全的结算机制

银行间债券市场实行逐笔实时全额结算的制度。结算周期为 T + 0 或 T + 1。结算的实现以交易双方达成的结算合同为依据，结算风险自担，中央结算公司不充当交易结算的中央对手方。

2004 年 11 月 8 日，中央结算公司运作的中央债券综合业务系统与中国人民银行大额支付系统实现连接，为银行间债券市场实现"券款对付"（DVP）结算提供了技术条件。2004 年 11 月 9 日，中国人民银行公开市场业务操作首次采用了券款对付的方式进行结算，标志着我国银行间债券市场券款对付结算方式的成功实现。市场成员在进行资金清算时，一部分直接在中国人民银行支付系统开立了资金账户的客户若选择"券款对付"进行结算，可直接通过中国人民银行的支付系统进行，而其他客户可通过中央结算公司的非金融机构 DVP 结算模式或开户银行等方式进行。2013 年 8 月 27 日，中国人民银行发布 [2013] 第 12 号公告，明确要求市场参与者应当采用券款对付结算方式办理债券结算和资金结算，DVP 结算方式大大提升了债券市场的安全和效率，提高了支付结算体系的稳定性，达到国际先进标准。

三、债券登记托管结算业务的发展趋势

党的十六届三中全会通过的决定中指出："要建立统一互联的证券市场，

完善交易、登记和结算体系"。这既充分体现了中央对托管结算业务的高度重视，又明确了今后的发展方向。毫无疑问，未来我国债券市场的托管结算业务面临着良好的发展机遇，将迎来更大、更好、更快的发展。

（一）坚持中央集中统一的登记托管体系

债券托管结算机构是一国金融市场重要的基础设施，在无纸化、网络化的现代债务工具市场形态中处于市场基础设施的核心地位。各国证券发展历史证明，证券分散登记托管结算，安全性低、效率低、成本高，而且不利于证券所有权的确权和转让交易。因此大多数国家实行证券中央集中统一托管，这是市场最高层次和最大范围内的统一，也是提高结算效率和降低结算成本与风险的基础，更是国际行业组织推荐的标准。我国债券市场目前是分散托管的模式，今后要遵守国际规则和市场规律，从维护债券中央托管、完善现有托管机制出发，充分发挥现有中央托管机构的优势，实现统一登记托管、集中结算、自由交易的市场格局。

（二）拓展托管结算机构服务功能

近些年来，国际托管结算机构呈现出服务对象国际化、服务功能多样化、组织体制股份化、名称银行化等趋势。与国外发达国家的托管结算机构相比，中央结算公司的业务品种较少，市场规模较小，市场成员相对简单，交易结算的活跃度和服务功能有待提高，特别是随着国际债券市场的迅猛发展，我国作为一个大国，要发挥其重要影响和重大作用，必须加强处于市场核心地位的托管结算体系建设。在风险、成本和收益分析的基础上，托管资产从单一债券向多样的固定收益证券及标准化的金融产品延伸；托管功能从单纯发行、登记、托管、本息偿付发展到包括转投资、预扣税、公司事务代理、融券等服务；结算功能从证券结算发展到包括匹配、账户结算、资产估价等服务，进一步可开办资金账户、货币汇兑、质押融资等与结算相关的资金活动，成为一家证券结算银行。未来还可考虑衍生产品的结算交割服务等，充分发挥托管结算机构全面服务的协同效应。

（三）加快托管结算方面的法制建设

目前，银行间债券市场在托管结算方面的主要立法还处于部门规章层次，有些还是空白。因此，必须加快该领域的立法进程。托管结算法制建设要适应簿记证券的特点，重点解决证券登记结算领域基本法律关系、证券持有模式及不同持有模式下持有人权利、证券登记结算机构协助执法、证券登记结算数据电子化、证券市场创新与登记结算机构业务拓展等法律问题，从而明晰证券流转的法律关系，简化证券执法处理，降低相关法律风险。

（四）扩大开放，逐步增加与境外托管结算机构的互联

中央要求"在有效防范风险前提下，有选择、有步骤放宽对跨境资本交易活动的限制"。自2010年银行间债市对外开放以来，境外投资者不断增加。为了提高市场效率，方便境外投资者，以托管机构为核心的多国债市互联互通将成为最佳选择。中央结算公司作为我国中央托管机构的核心力量，长久以来致力于扩大与境外托管机构的合作，增进互信，增加互联。中央结算公司和香港金管局的债券系统已成功实现跨境联网。今后将进一步扩大与国际证券托管结算机构的联网，推动跨境结算、跨境担保品管理、跨境发行等业务，方便各类发行人和投资者。

2014年10月，由中央结算公司承办的第十八届亚太中央托管组织（ACG）年会在西安举行，会议通过并发布了ACG组织自1997年成立以来首份倡议文件《西安倡议》。这份影响深远的《西安倡议》指出，ACG成员将贯彻国际标准和最优实践，促进中央托管机构稳健运营和金融稳定目标的统一；发挥中央托管机构的规模经济优势，促进市场高效有序，发展跨境互联；坚持平等、互助、开放、共赢的原则，顺应市场多样性，广泛寻求境内外利益攸关方的参与。

（五）更多地采用国际标准与惯例

国际证券组织已制定托管结算国际推荐标准，对结算系统以及国家、发行人、证券类型、币种等方面均有明确规定。2001年，十国集团央行支付清算委员会（CPSS）、国际证券委员会（IOSCO）颁布的《证券结算系统推荐标准》提出了19条建议：

（1）证券结算系统应在适用法律方面，建立健全、清晰、透明的法律基础。

（2）直接结算成员应在交易达成后尽快进行交易确认，最迟不得晚于当日。间接结算成员（如机构投资者）如果需要交易确认，也要尽快，最好不晚于当日，最迟不得晚于次日。

（3）所有证券市场都应采用滚动结算。交易结算的最终完成应不迟于交易达成后的第三日。应该评估进一步缩短结算周期的利弊。

（4）需要评估中央对手方安排的利弊。一旦采用，中央对手方需要对承担的风险有强有力的控制。

（5）证券借贷（含回购等类似的交易方式）应作为便捷证券结算的方法加以鼓励，妨碍用于结算目的证券借贷的做法应取消。

（6）证券应尽最大可能非移动化、无纸化，并通过中央托管机构的簿记系统交收。

（7）中央托管机构应通过证券交收和资金交付的对接，实现券款对付，取消本金风险。

（8）最终结算时间不应迟于结算日日终，必要时应进行同日结算或实时结算，从而降低各类风险。

（9）向参与者提供同日信贷的中央托管机构（包括运营净额结算系统的中央托管机构）应建立风险控制机制，最低限度应保障万一负有最大支付义务的参与者无法完成结算时仍能维持系统的及时结算，最可靠的风险控制措施是质押要求和信贷限额相结合。

（10）证券交易中用于最终支付的结算工具应该没有或者只有极低的信用风险和流动性风险。如果使用的不是央行货币，则应该采取措施保护结算成员免受资金结算代理服务失败引起的潜在损失和流动性压力。

（11）应查明清算和结算过程操作风险的各种风险源，并通过合适的系统、控制机制和流程，尽可能降低相关风险。系统应可靠、安全，可满足运行需要并具有可扩展性。应该建立应急计划和备份系统，使得系统运行可以及时恢复，结算过程可以及时完成。

（12）托管机构应采取相应的会计规程和保管程序，对客户证券资产提供完全的保护。客户证券资产必须免于托管机构债权人的求偿。

（13）中央托管机构、中央对手方应该建立恰当的治理结构，体现公众利益要求，并促进所有者和使用者目标的统一。

（14）中央托管机构、中央对手方应该建立客观的、公开披露的准入标准，允许市场成员公平公开地成为结算成员。

（15）在保证系统安全运行的同时，结算机构应以合适的性能价格比满足用户的要求。

（16）证券结算系统应该采用或者兼容相应的国际通信规程和标准，以便于跨境交易的高效结算。

（17）中央托管机构、中央对手方应为参与者提供充分的信息，以便准确地鉴别和评估使用该机构服务的风险和成本。

（18）证券结算系统应处于透明有效的监管之下。中央银行和证券业监管者应相互合作，并与其他相关监管当局协调配合。

（19）建立跨境交易结算系统连接的中央托管机构，应设计并运行改联网系统，使之有效降低跨境结算的相关风险。

以上建议，是目前国际上广为接受的标准，对于全球范围内的证券结算系统建设具有普遍的指导作用。

尽管我国的债券市场发展较晚，但起点较高，大多数项目达到了国际水平，今后仍要发挥后发优势，在法律、结算功能、证券编码等方面积极采用国际标准，加快并提高国际化程度，迎接证券市场国际化的挑战。

第三节　中央结算公司与中央债券综合业务系统

一、中央结算公司简介

成立于 1996 年 12 月的中央结算公司，是为全国债券市场提供国债、金融债券、企业债券和其他固定收益证券的登记、托管、交易结算等服务的国有独资金融机构。公司在党的组织上接受中国银行业监督管理委员会（以下简称"银监会"）党委的领导，公司领导干部由银监会管理，在业务上接受中国人民银行、财政部的管理，财务上接受财政部的管理。

（一）业务范围

中央结算公司主要承担以下职责：
（1）国债、金融债券、企业债券和其他固定收益证券的登记、托管、结算、代理还本付息；
（2）为中国人民银行公开市场业务系统和债券发行系统提供技术支持；
（3）担任债券基金及货币市场的托管人并办理基金单位的登记、托管、结算；
（4）债券市场与货币市场中介服务及信息服务；
（5）债券市场及货币市场的研究、咨询、培训与宣传；
（6）办理外币固定收益证券的托管、跨境结算并组织办理相关的资金结算和国际业务；
（7）根据管理部门授权对债券次级托管进行监督；
（8）经中国人民银行、财政部批准的其他业务。

（二）组织结构

经过多年发展，中央结算公司已形成"一参两控，三地协同"的业务布局，即在参股上海清算所的基础上，控股成立银行业信贷资产登记流转中心及银行业理财登记托管中心。同时为支持地方债发行及自贸区相关金融业务，设立了上海分公司和深圳客户服务中心。

中央结算公司共设 4 中心 21 部室，分别是：

中债估值中心：中债价格指标产品（含中债收益率曲线、中债估值、中债指数、中债 VaR 等）的研发、日常编制及运营。

中债担保品业务中心：提供多功能、跨市场、国际化的担保品管理服务。

中债企业债评估中心：国家发改委管理的企业债发行技术评估、发行管理政策制度的研究和落实、存续期自律管理工作协调、发行管理业务系统支持、企业信用等。

深圳客户服务中心：为地方政府债、企业债等债券发行提供服务，维护和拓展客户资源，利用当地金融优惠政策和市场资源，开拓市场等。

办公室：办公运转综合协调组织；公共关系维护协调；业务及形象宣传归口管理；企业文化建设推进；公司办公资源规划、整合和分配等。

研发部：公司经营和业务发展战略规划；业务发展研究；债券信息统计、分析、报告及发布归口管理；中国债券信息网建设及相关信息上网发布统筹管理；债券研究会组织服务。

法律合规部：风险管理、法律事务管理和内部审计工作。

客户服务部：管理和维护投资人客户关系；债券账户的管理与维护；二级市场交易结算规则的制定及业务监测；公司客户服务工作协调等。

发行服务部：发行人客户拓展、管理及关系维护；债券发行业务支持及服务协调；公开市场操作及国库现金管理业务支持。

托管部：债券登记和托管、账务管理和服务、债券付息兑付、债券存续期服务、资产托管服务等。

资金结算部：债券投资人结算资金特别账户管理；债券结算业务资金划转协调；债券兑付付息资金划转及相关账务处理。

柜台市场部：负责商业银行柜台记账式债券市场、财政部储蓄国债（电子式）产品相关业务。

资金管理系统项目部：为市场客户提供涵盖债券、票据、同业、理财等金融市场业务的资金管理系统，为客户提供资金交易决策、分析、信息等服务。

信托工作组：全国信托登记系统的开发、运行与维护；信托行业研究；系统客户维护与管理。

技术规划部：信息技术的发展规划、协调推动和评估；信息技术标准和技术规范的制订和归口管理；信息安全工作研究和实施。

系统部：数据中心基础设施和网络的建设和运行管理；业务系统和办公系统的集成建设和运行管理；IT技术支持；信息安全实施。

软件部：IT系统应用软件设计、开发和维护。

国际业务部：负责公司外事工作的归口管理，国际交流和业务合作，国际动态和国际标准研究，国际业务拓展等工作。

培训部：业务培训的设计、开发与组织。

杂志编辑部：《债券》杂志的编辑出版、发行营销及品牌推广。

纪检监事办公室：公司纪检监察和监事相关职责工作。

人力资源部：人力资源战略规划；组织机构及岗位管理；员工招聘、劳动关系、薪酬绩效管理；员工能力建设与职业发展服务。

财务会计部：财务收支的统筹管理；会计核算与监督、资金出纳及相关税务处理。

工会办公室：负责工会相关工作。

集中采购评审委员会办公室：公司固定资产、设备设施及服务等集中采购工作。

另外，中央结算公司全资设立的"银行业理财登记托管中心"，主要负责"全国银行业理财信息登记系统"，开展理财登记和托管、理财直接融资工具和银行理财管理计划、理财监测评价等业务，营运"中国理财网"等。

中央结算公司控股设立"银行业信贷资产登记流转中心"，主要负责信贷资产的登记和流转业务。

（三）中央结算公司的作用

经过 20 年的发展，公司已初步具备了国际认同的中央托管机构功能，成为中国债券市场重要基础设施的提供者和政府管理市场的重要技术平台。

一是构建了集中统一的中央债券登记托管结算体系，结束了我国债市过去分散托管的历史，并实现了与央行资金的 DVP 结算和债券生命周期的"一体化"服务模式，从而有效维护了金融市场的稳定，极大地保障了投资者权益。中央结算公司建立的托管结算系统运行平稳安全，充分发挥了债券市场基础设施的重要作用，很好地实现了公司效益和社会效益的统一。在结算量逐年加速递增的情况下，有效控制了结算过程中的各种风险，维护了正常的结算秩序。系统处理的债务工具从人民币债券逐步向外币债券、央行票据和信托受益凭证扩展。

二是实现债券无纸化，支持了大规模、高频率、无纸化的债券发行业务，有力地配合了国家财政政策和金融政策的实施，同时满足了各类发行体筹集资金的需要。公司不断改进发行系统，为发行人提供个性化服务，努力实现招投标技术上的创新。

三是成为国家宏观经济政策的实施平台。第一，为中央银行的公开市场业务提供了操作平台和相关服务，支持了货币政策的有效实施。自公司成立以来，累计支持发行央行票据近 30 万亿元，支持央行公开市场操作近 80 万亿元。另外，还配合央行开展 SLF、SLO、MLF、PSL 等货币工具的创新工作。第二，支持财政政策的实施，扎实做好如国债、地方债发行和国库现金管理等保障工作。截至 2015 年底，公司共支持发行国债 20 万亿元，地方债 5.4 万亿元。第三，落实国务院常务会议关于信贷资产证券由我公司统一托管的要求，实现与交易所交易系统的联网，支持了 7 000 多亿元信贷资产支持证券的发行。

四是为金融机构提供了利率基准和风控手段。公司以国债收益率曲线为基础，建成了一整套反映人民币债券市场价格和风险状况的指标体系，已经成为国家财政政策和货币政策操作的重要参考指标，已被财政部、一行三会广泛采纳并推荐使用，国内金融机构持有的绝大部分债券采用中债价格指标进行管理。

五是参与市场制度研发和规范化建设。公司结合市场发展情况，开展了一系列债券市场制度建设方案的论证和研发工作，如国债、地方债、债券远期交易、买断式回购、货币市场基金、企业债利率市场化、债券预发行和完善债券市场流动性等课题的研究，加强了对国际托管结算标准和组织的研究，并参与了发展亚洲债券市场的研发工作。协助主管部门制定大量的业务规则、实施细则和内部操作规程，并承担了部分市场一线监测和信息服务职能。

六是建立债券跨境交易结算通道，支持了我国债券市场的国际化。公司成立以来，已先后与欧洲清算银行（Euroclear）、明讯银行（Clearstream）等国际同行建立了良好的合作关系。2004 年，公司与香港金融管理局签署债券结算联网协议，标志着内地与香港地区债券市场的中央托管机构的合作进入了实质性的运作阶段，同时也是政策层面、制度层面、市场层面达成多方共赢的结果。2015 年，中央结算公司与韩国中央托管机构密切沟通，提出"中韩债市通"方案，得到央行支持，写入李克强总理访韩金融合作声明。中央结算公司同时还与俄罗斯国家结算存管公司（NSD）、土耳其中央证券存管公司（MKK）等签订合作备忘录，为推动我国债券市场的国际化不断努力。公司目前可为具备外汇经营资格的金融机构提供境外债券投资服务，在此基础上，积极探索与其他国际托管结算机构进行跨境结算合作的可能性，并为跨境债券投资提供技术和业务支持。

七是成为我国债券市场业务技术培训的重要基地之一。公司承担了债券市场从业人员的教育培训工作，积极开展培训需求调研，组织各类专题培训，开发培训系列教材，为债券人才素质的提高不断提供服务。

二、中央债券综合业务系统

目前，中央结算公司运营的中央债券综合业务系统是以中央债券簿记系统为核心，包括债券发行系统、中债综合业务平台（客户端）、公开市场业务支持系统、债券柜台业务中心处理系统等。中央债券综合业务系统比照国际相关经验设计开发，随着市场向深度和广度的发展已进行了多次升级改造，较好地满足了市场发展的需要，同时极大地提高了市场交易结算效率和安全性，已成为我国债券市场重要的基础技术设施。

（一）中央债券簿记系统

中央债券簿记系统是指由中央结算公司开发、运行和管理，用以办理债券登记、托管、结算、兑付及其他相关业务的电子化账务处理系统。该系统每天根据投资人在远程联网的客户端上所发送的交易结算等各类指令，进行结算等业务处理。2015 年日均处理债券结算业务 6 014 笔，日均结算额达 1.87 万亿元。债券簿记系统设计的科学性保证了投资人债券资产记录及交易结算账务处理的及时性、安全性和准确性，其业务功能设计上的前瞻性和有效性极大地满足了市场快速发展的需要。

（二）债券发行系统

债券发行系统是由中央结算公司开发和维护的、以现代计算机远程联网技术为依托的债券招投标系统。目前支持着财政部、国家开发银行、中国进出口银行、中国农业发展银行以及其他各类发行主体的债券发行业务。为满足发行体的创新要求，中央结算公司多次对发行系统进行升级改进，目前系统已具备招投标技术先进、业务功能完善、报表和数据生成迅速、监控界面便于浏览等诸多优势，极大地满足了发行主体市场化筹资的需要，以及投资人的多种投资需求，推动了债券市场的发展。同时中央结算公司还建成了"债券簿记建档系统"，支持债券非招标发行。

（三）中债综合业务平台（客户端）

中债综合业务平台（客户端）是银行间债券市场结算业务的门户，涵盖了债券结算业务、公开市场业务、发行业务、质押额度管理、自动质押融资、国库现金管理、资金账户管理、客户及用户管理、信息产品、个性化统计和柜台报价等业务。该平台为市场成员不仅提供了从债券发行、登记、托管、付息兑付和资金拨付的整个业务处理流程，而且提供了跨部门及分组权限等风险管理手段，还提供了个性化统计、债券估值等一系列信息产品服务。它采用富客户端技术，建立了直联、桌面、网上三种形式的业务渠道，能适应不同客户的需求。

（四）公开市场业务支持系统

公开市场业务是中国人民银行吞吐基础货币、调控货币供应量的重要工具。公开市场业务支持系统由中央结算公司根据央行公开市场业务的需求设计和开发，并提供技术支持和日常维护。该系统主要由"债券招投标系统"和"统计分析系统"两部分构成，中国人民银行通过该系统定期向一级交易商发行央行票据或是进行现券买卖和回购业务操作，以此实现货币政策的目标。

（五）债券柜台业务中心系统

债券柜台业务由两方面构成：一是记账式国债柜台业务；二是储蓄国债（电子式）柜台业务。记账式国债柜台业务通过承办银行的交易系统和中央结算公司的中心系统、复核查询系统、报价系统共同进行处理。柜台业务中心系统是由中央结算公司开发运营的，与各承办银行连接的柜台业务处理系统，其主要功能是：接收各商业银行日常的柜台业务数据，登记投资人的开销户信息，处理投资人账户变动资料，核对商业银行的认购交易数据，为商业银行办理认购、交易一级清算，办理投资人的转托管，更新投资人债券余额表，向商业银行反馈处理结果，对业务数据进行统计分析等。

储蓄国债（电子式）柜台业务也是由承办银行的销售系统和中央结算公司的中心系统、复核查询系统共同构成。

（六）债券信息系统

债券信息系统是中央结算公司向债券市场提供信息服务和电子商务服务的平台，是市场信息的集散中心和市场参与者获取信息的重要渠道。中央结算公司负责开发和维护的债券信息系统，主要由中国债券信息网（http：//www. chinabond. com. cn）和信息统计系统两部分组成，前者是各类投资者获得有效信息的窗口，后者是对原始数据进行汇总、整合和加工的阵地。

复习思考题

1. 银行间债券市场成立的背景是什么？
2. 银行间债券市场的组织体系是怎样的？
3. 试述债券登记、债券托管、债券结算的含义及清算和结算的区别。
4. 银行间债券市场的功能与作用是什么？
5. 银行间债券市场托管结算体制的特点有哪些？
6. 银行间债券市场、交易所债券市场与国债柜台市场的托管体制分别是怎样的？
7. 中央债券综合业务系统主要由哪些子系统构成？
8. 全球债券市场托管结算的趋势是什么？

债 券 发 行

债券发行市场，又称一级市场，是发行主体出售新债券的市场，是整个债券市场的源头，是债券流通的前提和基础。它能将政府、金融机构、工商企业以及境外机构等为筹集资金发行的债券，分散发行到投资人手中。

目前，银行间债券市场发行业务正处于增长时期，债券发行量逐年增加。发行品种由原来单一的国债、政策性金融债扩展为国债、中央银行票据、地方政府债、金融债（政策性金融债、商业银行普通债、商业银行次级债、企业集团财务公司债等金融机构债）、资产支持证券、企业债（公司债）、非金融企业债务融资工具（中期票据、短期融资券、超短期融资券等）、证券公司短期融资券、境内外币债券等；承销商涵盖商业银行、证券公司、保险公司、农村合作银行、信用社和社保基金等；中央结算公司根据各发行主体的不同需求，开发并维护适应各类券种发行的发行系统，较好地满足了各发行主体的要求。

第一节　银行间债券发行市场的发展历程与特点

一、市场发展历程

银行间债券市场是场外市场，早在银行间市场成立之前的 1994 年，即拉开了派购发行的序幕，至今银行间债券发行市场经历了派购发行、派购发行向市场化发行转轨和市场化发行三个阶段。

第一阶段（1994 ~ 1997 年）派购发行阶段

派购发行是发行主体为筹集信贷资金，经国务院批准由中国人民银行用计划派购的方式，向特定金融机构发行债券的行为。派购发行的债券为无纸化记账式债券，由中央结算公司负责托管登记，各认购人均在中央结算公司开设债券账户，中央结算公司接受发行人的委托办理还本付息业务。

第二阶段（1998～1999年）派购发行向市场化发行转轨阶段

各发行主体结合国情和根据自身具体情况，进行了不同程度的市场化发行，在转轨阶段，协议发行、招标发行等多种发行方式并存。

第三阶段（1999年以后）市场化发行阶段

在这一阶段，招标发行、簿记建档发行与协议定向发行并存。招标发行适合于发行规模大、发行频率高的发行人，已成为目前债券发行的主流模式；簿记建档发行适合于发行规模小、发行频率低的发行人，也是一种国际通行的证券市场化发行方式；协议定向发行作为市场化发行债券的一种有效补充会在今后一定时期内继续存在。

二、市场发展特点

（一）债券发行品种多样化

在银行间债券市场发行的债券，根据不同特点有不同分类方法。大体上，可以做以下分类：

1. 按照发行主体划分

（1）国债。国债是指由财政部代表国家发行的债券。由于国债的发行主体是国家，所以具有最高的信用等级。

（2）中央银行票据。中央银行票据是指由中央银行为调节商业银行超额准备金而向商业银行发行的债务凭证。

（3）地方政府债。地方政府债分为地方政府一般债券和地方政府专项债券。地方政府一般债券是指省、自治区、直辖市政府（含经省级政府批准自办债券发行的计划单列市政府）为没有收益的公益性项目发行的、约定一定期限内以一般公共预算收入还本付息的政府债券。地方政府专项债券是指省、自治区、直辖市政府（含经省级政府批准自办债券发行的计划单列市政府）为有一定收益的公益性项目发行的、约定一定期限内以公益性项目对应的政府性基金或专项收入还本付息的政府债券。

（4）金融债券。金融债券是指依法在中华人民共和国境内设立的金融机构法人在全国银行间债券市场发行的、按约定还本付息的有价证券。金融机构法人，包括政策性银行、商业银行、企业集团财务公司及其他金融机构。

（5）资产支持证券。在中国境内，银行业金融机构作为发起机构，将信贷资产信托给受托机构，由受托机构以资产支持证券的形式向投资机构发行受益证券，以该财产所产生的现金支付资产支持证券收益的结构性融资活动。

受托机构以信托财产为限向投资机构承担支付资产支持证券收益的义务。

资产支持证券由特定目的信托受托机构发行，代表特定目的信托的信托受益权份额。

（6）企业债（公司债）。企业债（公司债）是指由从事生产、贸易、运输等经济活动的企业发行的债券。

（7）非金融企业债务融资工具。非金融企业债务融资工具是指具有法人资格的非金融企业在银行间债券市场发行的，约定在一定期限内还本付息的有价证券。包括短期融资券和中期票据。

（8）证券公司短期融资券。证券公司短期融资券是指证券公司以短期融资为目的，在银行间债券市场发行的，约定在一定期限内还本付息的金融债券。

2. 按照付息方式划分

（1）零息债券。零息债券是指低于面值（一般为百元面值）折价发行，在待偿期内不支付利息，到期后按债券面值一次性偿还的债券，期限一般在1年以上。

（2）贴现债券。贴现债券是指低于面值（一般为百元面值）折价发行，期限在1年以内，到期按债券面值一次性偿还的债券。

（3）固定利率附息债券。固定利率附息债券是指在发行时标明票面利率、付息频率、付息日期等要素，发行人按照约定的利率定期支付利息，到期日偿还最后一次利息和本金的债券。

（4）利随本清债券。利随本清债券是指在发行时标明票面利率，到期兑付日前不支付利息，全部利息累计至到期兑付日和本金一同偿付的债券。

（5）浮动利率附息债券。浮动利率附息债券是指以某一短期货币市场参考指标为债券的基准利率并加上利差（发行主体可通过招标确定），确定出票面利率的附息债券。该债券基准利率在债券待偿期内可能不同，但基本利差不变。

3. 按照偿还期限划分

（1）长期债券。偿还期限在10年以上的债券。

（2）中期债券。偿还期限在1年以上、10年（含）以下的债券。

（3）短期债券。偿还期限在1年（含）以下的债券。

4. 按照选择权特征划分

（1）选择权债券。选择权债券，分为发行人选择权和投资人选择权债券。发行人选择权债券是指债券发行人有权利而非义务，在债券到期日之前以约定的价格、约定的时间赎回债券。投资人选择权债券是指债券投资人有权利而非义务，以约定的价格、约定的时间向债券发行人售回债券。

（2）无选择权债券。发行人规定在到期前不可提前偿还的债券。

5. 按照币种划分

分为人民币债券和外币债券。

6. 其他特殊债券

（1）本息分离债券。固定利率附息债券发行后，将其利息及本金剥离拆分为若干笔的零息债券，拆分后的利息和本金均有单独的交易代码，可作为独立的债券进行交易和持有。如，国开行02年第14期金融债券即为本息分离债券。

（2）远期缴款债券。债券发行日与缴款日相距较远（一般在1个月以上），债券发行后承销商可在缴款日前进行分销。

（3）利率掉期期权债券。发行时为浮动利率（或固定利率），同时约定在未来某一时点或多个时点可以按照约定的价格调换成固定利率（或浮动利率）的债券。

（二）招标、簿记建档发行方式多样化

债券招标发行系统支持数量招标、利率招标、价格招标和利差招标，支持等比数量中标、统一价位中标、多重价位中标和混合式中标方式，不同的招标与中标方式可以相互组合，满足银行间债券市场各发行人的需要。簿记建档发行系统比照招标发行系统。

第二节　债券发行方式和机理

债券发行方式总的变化趋势是逐步趋向低成本、高效率，趋向规范化、市场化。随着债券发行业务市场化程度的不断提高，招标发行已成为债券发行的主流模式，簿记建档发行是重要的市场化发行方式。

一、债券发行方式

（一）招标发行

招标发行是指由发行主体根据拟发行债券所筹集资金的用途，以及基于对市场资金松紧的分析，确定招标方式、中标方式等发行条件，在市场上通过公开竞标发行债券，承销团成员按中标额度承销债券的方式。

债券发行的招标方式与中标方式有多种组合，发行主体根据各期债券的发行特点确定组合方式。债券发行系统可以支持多券种同时招标发行，并且具有当期追加发行和续发行等多样化选择；发行系统可以实现数量、价格、利率和利差等多种招标方式；支持统一价位、多重价位及混合式三种中标方式；发行系统还可以根据发行人个性化需求，灵活选择投标指定功能，并对标位差、价位点、投标量及投标连续性等多种招标控制要素进行灵活组合设置，满足债券发行的多样化需求，达到既满足发行人意愿又真实反映市场价格的目的。

（二）簿记建档

簿记建档是一种国际通行的证券市场化发行方式，发行规模小、发行频率

低的债券发行人适合选择此种发行方式。簿记建档是指发行人和主承销商协商确定利率（价格）区间后，由簿记管理人（负责实际簿记建档操作者，一般由主承销商担任）记录投资者认购数量和债券利率（或价格）水平意愿的程序，具体是指由投资者根据自己对利率（或价格）水平的判断，确定在不同利率档次下的申购订单，再由簿记管理人将订单汇集后按约定的定价和配售方式确定最终发行利率（价格）并进行配售的方式。

（三）协议定向发行

协议定向发行是指由发行主体根据市场的需求，与债券认购人协商决定债券票面利率、价格、期限、付息方式、认购数量和缴款日期等发行条件、认购费用和认购人义务并签署债券认购协议的一种方式，因而也是带有一定市场因素的发行方式，能较好地反映出市场情况。该种方式作为市场化发行债券的一种有效补充会在今后一定时期内继续存在。

二、招标发行的招标及中标方式

通过招标方式发行债券时，债券发行主体可根据需要选择不同的招标和中标方式。

（一）招标方式

1. 数量招标

发行主体在招标书中明确债券发行总量、期限、票面利率或价格等要素，承销商只进行数量投标的招标方式。

2. 价格招标

发行主体在招标书中明确债券发行总量、期限等要素，承销商只进行价格和相应的数量投标的招标方式。

3. 利率招标

发行主体在招标书中明确债券发行总量、价格、期限等要素，承销商只进行票面利率和相应的数量投标的招标方式。

4. 利差招标

发行主体在浮动利率债券的招标书中明确浮动利率中的基准利率及其确定方式、发行总量、期限等要素。承销商只进行利差（票面利率与基准利率的差额）和相应的数量投标的招标方式。

基准利率＋利差＝招标债券第一个计息期执行的票面利率，以后计息期的票面利率类推。

目前在债券发行时所使用的浮动利率债券基准利率主要包括 4 种：（1）法定 1 年期定期存款利率；（2）银行间 7 天回购利率平均值；（3）银行间 7 天回购定盘利率；（4）上海银行间同业拆放利率。

（二）中标方式

1. 等比数量中标

在债券数量招投标结束后，如果有效投标总量小于或等于发行总量，则每个承销商的有效投标量全部中标；如果有效投标总量大于发行总量，则按各承销商有效投标数量占有效投标总量的比例分配发行总量。

[**例 2－1**] 假设债券发行总量为 100 亿元；共有 4 家承销商参与投标，投标量分别是：甲承销商 10 亿元、乙承销商 15 亿元、丙承销商 6 亿元、丁承销商 9 亿元。

则投标总量为 40（10＋15＋6＋9＝40）亿元，由于投标总量低于发行总量，因而全部中标，4 家承销商的中标量分别为各自投标量。

[**例 2－2**] 假设债券发行总量为 100 亿元；共有 4 家承销商参与投标，投标量分别是：甲承销商 24 亿元、乙承销商 30 亿元、丙承销商 36 亿元、丁承销商 60 亿元。

则投标总量为 150（24＋30＋36＋60＝150）亿元。由于投标总量大于发行总量，因而各投标人中标量按各投标人有效投标数量占有效投标总量的比例进行分配，其中，甲承销商（24/150）×100＝16 亿元、乙承销商（30/150）×100＝20 亿元、丙承销商（36/150）×100＝24 亿元、丁承销商（60/150）×100＝40 亿元。

2. 统一价位中标

统一价位中标又称荷兰式中标或单一价位中标，是指在投标结束后，发行系统将各承销商有效投标价位进行排序（价格招标由高到低排序，利率、利差招标由低到高排序），直至募满时为止，则此时的最低或最高价位为该期债券的中标价位，所有中标的承销商都以该中标价位确定中标的方法。

[**例 2－3**] 利率招标时：

假设债券发行总量为 100 亿元；共有 4 家承销商参与投标，各家投标价位（年利率）、投标量分别为：甲承销商 3.6%、30 亿元；乙承销商 3.5%、24 亿元；丙承销商 3.8%、60 亿元；丁承销商 3.7%、36 亿元。

发行系统对各承销商投标价位由低到高进行排序，并累加各投标价位点投标量：

序号	承销商	投标价位（%）	投标量（亿元）	中标量（亿元）
1	乙	3.5	24	24
2	甲	3.6	30	30
3	丁	3.7	36	36
4	丙	3.8	60	10

累加至3.8%时已募满100亿元，则此时对应的价位3.8%为中标价位，4家承销商的中标价位都为3.8%。

3. 多重价位中标

多重价位中标又称美国式中标，是指在投标结束后，发行系统将各承销商有效投标价位进行排序（价格招标由高到低排序，利率招标由低到高排序），直至累加达到预定发行额时，在此价位以内的所有有效投标，均以各承销商的各自出价中标，并分别按各自的出价计算相应缴款金额。所有中标价位加权平均后的利率或价格为该期债券的票面利率或价格。

[例2-4] 价格招标时：

假设债券发行总量为100亿元；共有4家承销商参与投标，各家投标价位、投标量分别为：甲承销商93（元/百元面值）、60亿元；乙承销商91（元/百元面值）、30亿元；丙承销商92（元/百元面值）、36亿元、丁承销商90（元/百元面值）、24亿元。

发行系统对各承销商投标价位由高到低进行排序，并累加各投标价位点投标量：

序号	承销商	投标价位（元/百元面值）	投标量（亿元）	中标量（亿元）
1	甲	93	60	60
2	丙	92	36	36
3	乙	91	30	4
4	丁	90	24	0

累加至91（元/百元面值）已募满100亿元。投标价位在91（元/百元面值）以上的承销商，按各自投标价位中标。所有中标价位加权平均后的价格92.56（93×60/100＋92×36/100＋91×4/100）（元/百元面值）为该期债券的票面价格。

4. 混合式中标

混合式中标分为利率招标和价格招标两种情形。

（1）利率招标。在投标结束后，发行系统将各承销商有效投标价位进行排序（由低到高排序），直至募满时为止。此时的最高价位点称为边际价位点，对低于边际价位点（含）的各投标价位及对应投标量计算加权平均价位，作为中标票面利率。对低于或等于票面利率的中标价位，按票面利率计算缴款金额；对高于票面利率的标位，按各自中标利率计算缴款金额。

（2）价格招标。在投标结束后，发行系统将各承销商有效投标价位进行排序（由高到低排序），直至募满时为止。此时的最低价位点称为边际价位点，对高于边际价位点（含）的各投标价位及对应投标量计算加权平均价位，作为中标价格。对高于或等于中标价格的标位，按中标价格计算缴款金额；对低于中标价格的标位，按各自中标价格计算缴款金额。

混合式中标方式目前只在国债招标发行中使用。

[例2－5] 价格招标时：

假设债券发行总量为100亿元；共有4家承销商参与投标，各家投标价位、投标量为：甲承销商90（元/百元面值）、24亿元；乙承销商91（元/百元面值）、30亿元；丙承销商92（元/百元面值）、36亿元；丁承销商93（元/百元面值）、60亿元。

发行系统对各承销商投标价位由高到低进行排序，并累加各投标价位点投标量：

序号	承销商	投标价位（元/百元面值）	投标量（亿元）	中标量（亿元）
1	丁	93	60	60
2	丙	92	36	36
3	乙	91	30	4
4	甲	90	24	0

累加至91（元/百元面值）已募满，则91（元/百元面值）为边际价位点，91（元/百元面值）以上各中标价位及中标量的加权平均价为92.56（元/百元面值）（计算同上），该价格为全场加权平均中标价格。

高于或等于全场加权平均中标价格的中标价位（即丁承销商）按92.56计算缴款金额；低于全场加权平均中标价格的标位（即乙、丙承销商）按各自中标价格计算当期国债缴款金额。

三、簿记建档发行的簿记及配售方式

簿记建档发行的簿记和配售方式均可比照招标发行的招标和中标方式。簿记建档发行的簿记方式可分为数量簿记、价格簿记、利率簿记及利差簿记；配售方式可分为等比数量配售、统一价位配售、多重价位配售、混合式配售。

第三节 债券发行流程

一、发行账户开立与变更流程

（一）债券发行账户的作用

债券发行账户包括发行账户号、发行人资料和资金账户号三个部分。

（1）发行账户号是标记机构具备债券发行业务资格的身份识别码，格式为Fnnnn000000。nnnn为顺序编码的四位数字，由系统按开户先后分配。

（2）发行人资料用于记录发行人相关的机构属性参数，包括企业注册资金、企业法人、组织机构代码、通信地址等。

（3）资金账户号是专用于发行业务付息兑付资金划拨的账户。

（二）债券发行账户开立条件

（1）经主管部门审核批准后，获得银行间债券市场发债资格。

（2）在银行间债券市场首次发行债券（包括招标发行和簿记建档发行）。

（3）与中央结算公司签订《债券发行、登记及代理兑付服务协议》（以下简称《协议》）。

（4）开户资料齐全，要求填写完整、印鉴清晰；企业法人营业执照、组织机构代码证应年检并处于有效期内。

（三）发行账户开立流程

（1）经办人员自行下载中债信用网公布的《协议》两份，请发行人签署，一份由发行人自己留存，一份送至我公司存档。集合类债券的《协议》版本和普通债券不同，不能混用，需从发行部领取。

（2）申请单位向中央结算公司发行服务部提交以下材料：

A.《债券发行、登记及代理兑付服务协议》的签字页一份。在《协议》签字页中"甲方"处填妥甲方单位名称、注册地址等内容，并签字盖章，注明日期。

B. 开户申请书一份（由发行人自行撰写，加盖公章）；

C. 法人营业执照副本复印件一份（加盖公章）；

D. 组织机构代码证副本复印件一份（加盖公章）；

E. 金融机构还需提交金融业务许可证复印件一份（加盖公章）；

F. 债券发行与兑付印鉴卡一份，所有内容均为必填项，不得省略；集合类债券使用"债券发行账户申请及相关信息备案卡"代替"债券发行与兑付业务印鉴卡"，有关发行文件由主承销商代为提交；

（3）所有材料通过审核后，由发行服务部完成发行账户的开立手续，出具《发行账户开立完成通知书》寄送给发行人。

（4）如遇发行人遗失协议，可向中央结算公司出具查询函，写明查询理由、目的和反馈方式，我公司予以反馈。

（四）发行账户开立材料的提交时间

为保证债券的顺利发行，发行人应至少在发行日前五个工作日提交开户材料。

（五）债券发行账户变更条件

已开立发行账户的机构，若发生机构重组、更名、改制以及债务承继等重大变更事项时，在新发行债券前，应首先联系托管部办理债务承继手续。

二、发行信息披露程序

（一）相关信息披露管理规则

目前，根据债券品种分类的不同，债券信息披露应遵守以下相关管理规则：

（1）《全国银行间债券市场金融债券发行管理办法》、《全国银行间债券市场金融债券发行管理操作规程》、《全国银行间债券市场金融债券信息披露操作细则》规范政策性银行债、商业银行普通债、次级债、混合资本债、财务公司债、国际开发机构人民币债等金融债券信息披露行为；

（2）《关于证券公司短期融资券发行管理和信息披露有关事项的通知》规范证券公司短期融资券信息披露行为；

（3）《非金融企业债务融资工具信息披露规则》规范短期融资券、中期票据等券种信息披露行为；

（4）《信贷资产证券化试点管理办法》、《信贷资产证券信息披露规则》、《资产支持证券信息披露规则》规范资产支持证券产品信息披露行为；

（5）《企业债券管理条例》、《中国人民银行公告》[2005] 第 30 号、《中国人民银行公告》[2007] 第 19 号文件以及国家发展和改革委员会相关规范企业债券信息披露行为的通知。

（二）信息披露内容

债券信息披露可以划分发行前、发行后和债券存续期内三个阶段。

1. 债券发行前，需要披露的信息主要包括发行公告、募集说明书、信用评级、法律意见书、财务报告等

（1）金融债券信息披露。

金融债券发行前，需要披露的信息包括以下内容：

①监管机构同意发行的文件，即发行许可文件；

②近三年经审计财务报告和最近一期财务报告；

③募集说明书和发行公告；

④债券偿债计划及保障措施的专项报告；

⑤信用评级报告及跟踪评级安排；

⑥法律意见书；

⑦主承销商、信用评级机构、会计师事务所、律师事务所等中介机构出具的专业报告质量承诺函；

⑧若债券为担保发行，还需提供担保协议及担保人资信情况说明；

⑨混合资本债券发行人还应提供近三年按监管部门要求计算的资本充足率

信息和其他债务本息偿付情况；

⑩如发行人采用招标方式发行，还应对投资人披露招标具体时间、招标方式、招标标的、中标确定方式和应急投标方案等内容；

⑪除了上述要披露的内容外，还需要披露主管机关要求提供的其他文件。

金融债券发行信息披露时，还应注意以下事项：

一是披露时间，金融债券发行人应不晚于发行日前3个工作日对市场进行发行前信息披露；发行人应将披露文件于公布日10：00前通过"债券信息自助披露系统"送达中央结算公司。超过10：00送达的，当日不计算作一个工作日，从次一工作日开始计算，后续业务日期相应顺延；

二是发行方案一经公布不得随意变更。若确需变更的，发行人应提交更正公告并与更改后的发行方案一同上网予以公告。

（2）非金融企业债务融资工具信息披露。

非金融企业债务融资工具主要指短期融资券和中期票据，发行前需要披露的文件较金融债券相对简单，包括以下内容：

①发行公告和募集说明书；

②信用评级报告和跟踪评级安排；

③法律意见书；

④最近三年经审计财务报告和最近一期会计报表；

⑤发行人分期发行短融和中票，在后续发行时还应披露《发行额度确认函》；

⑥中期票据发行人还应披露中期票据完整的发行计划。

与金融债券类似，短融和中票发行信息披露也需要关注时限要求：

首次发行中票或短融，应不晚于发行日前5个工作日披露发行文件；后续发行应不晚于发行日前3个工作日披露当期发行文件。

发行人应将发行前信息披露文件于公布日10：00之前通过"债券信息自助披露系统"送达我公司，超过10：00送达的，当日不计算作一个工作日，从次一工作日开始计算，后续业务日期相应顺延。

（3）资产支持证券信息披露。

资产支持证券在发行前需要披露的文件包括：发行说明书、募集办法、信用评级报告和承销团成员名单等。

资产支持证券发行信息披露注意事项：应不晚于发行日前5个工作日对市场进行披露；披露文件应于公布日10：00前通过"债券信息自助披露系统"送达我公司，超过10：00送达的，当日不计算作一个工作日，从次一工作日开始计算，后续业务日期相应顺延。

（4）企业债券信息披露。

企业债发行前需要披露的文件包括：

①监管机构同意发行的文件；

②募集说明书和摘要；

③信用评级报告和跟踪评级安排；

④法律意见书；

⑤最近三年经审计财务报告和最近一期会计报表；

⑥近三年无违法和重大违规行为的说明；

⑦无重大诉讼事项的说明；

⑧申购和配售管理办法；

⑨国家发改委关于债券核准的批复。

企业债券发行信息披露注意事项：应不晚于发行日前5个工作日对市场进行披露；披露文件应于公布日10：00前通过"债券信息自助披露系统"送达我公司，超过10：00送达的，当日不计算作一个工作日，从次一工作日开始计算，后续业务日期相应顺延。

2. 债券发行后信息披露内容

债券发行后，发行人或主承销商应不晚于发行结束后次一工作日披露《发行情况公告》，公告实际发行规模、利率、期限等情况。

3. 债券存续期内信息披露内容

债券存续期内需要公告的文件主要包括重大事项公告以及付息兑付公告等。

（1）金融债券存续期间内，发行人需要披露以下六方面信息：

①每年4月30日前，披露上一年度财务报告。如采用担保方式发行，还应披露担保人上一年度的经营情况说明、年度报告和涉及重大诉讼事项等内容。

②每年4月30日前，通过信息自助披露系统提交Excel格式资产负债表、利润表和现金流量表。

③每年7月31日前，披露债券跟踪信用评级报告。

④如因特殊原因无法按时披露以上三类信息，发行人需要披露延期公告说明。

⑤每次付息日前2个工作日公布付息公告，兑付日前5个工作日公布兑付公告；目前，我公司已发布付息兑付公告标准格式，可以通过中国债券信息网下载标准模板。自2010年7月19日起，不再接收非标准格式的债券付息兑付公告。

⑥存续期间内如出现可能影响发行人履行债务能力的重大事件，也应及时向投资人进行公告。

（2）非金融企业债务融资工具存续期间内，同样需要披露六方面信息：

①4月30日前，披露上一年度财务报告；

②8月31日前，披露本年度上半年资产负债表、利润表和现金流量表；

③4月30日和10月31日前，披露本年度第一季度和第三季度的资产负债表、利润表及现金流量表；

④无法按时披露以上信息，发行人应披露延期公告说明；

⑤本息兑付日前 5 个工作日公布付息、兑付公告事项；

⑥存续期间内可能影响发行人偿债能力的重大事项。

（3）资产支持证券存续期间内，应遵守以下信息披露规定：

①每年 4 月 30 日前，公布经审计的上一年度受托机构报告；

②每年 7 月 31 日前，披露上一年度的跟踪评级报告；

③每次本息兑付日前 5 个工作日公布本金兑付或付息事项；

④在发生可能对资产支持证券投资价值有实质性影响的临时性重大事件时，受托机构应在事发后的 3 个工作日内向投资人发布重大事项公告。

（4）企业债券在存续期内，需要按时披露以下文件：

①6 月 30 日前，披露上一年度财务报告和跟踪评级报告；

②本息兑付日前 5 个工作日公布付息兑付公告；

③发行人发生主体变更或经营、财务状况出现重大变化等重大事件时应及时对投资人进行公告；

④主承销商应于企业财务报表发布同时，发布该企业履约情况及偿债能力年度分析报告。

（三）信息披露格式

发行人提交信息披露文件时，应遵守以下要求：

（1）信息披露文件应为 PDF 格式，不大于 20M；

（2）字迹清晰，不能有涂改痕迹；

（3）加盖债券发行人红色公章，公章必须清晰；

（4）财务报告应以报告期为单位划分，即一个报告期的信息披露内容合并为一个文件进行公告。经注册会计师审计的年度财务报告中，审计报告部分应由会计师事务所注册会计师盖章；

（5）信息披露文件名称应为全称，财务报告电子版文件的文件名应包含发行人全称及财务报告期所属年度；

（6）信息披露文本应采用中文。

（四）信息披露方式——"债券信息自助披露系统"简介

（1）发行人应通过"债券信息自助披露系统"提交相关电子文件。与传统邮件传递方式相比，信息自助披露系统具有以下优势：

一是文件传输依托于中国债券信息网高数据带宽，建立独立信息传输通道，保证信息传输的迅速和安全；

二是将信息分类前置，由发行人或主承销商在提交前按规定对文件自行分类，选择相应发布"频道"，提高信息采编效率；

三是减少信息发布操作环节，提供一站式信息披露服务，强化披露工作时效性。

（2）面向客户群体。

考虑到不同债券类别的发行人对于信息披露工作熟悉程度有所差异，信息自助披露系统面向的客户群体有所选择：

①对于金融债券，直接向发行人开放系统。要求发行人具备系统操作权限，由发行人自行完成披露工作；

②对于资产支持证券，系统直接向发行人（即受托机构）开放；

③对于公司债和企业债，系统仅向主承销商开放，要求其代理发行人完成信息披露工作。

（3）信息自助披露系统功能概述。

信息自助披露系统分为录入端和中心端两个组成部分。录入端供发行人或主承销商使用，主要包括4个功能模块：

①债券信息披露。

债券信息披露功能根据不同的债券品种，下设"发行文件"、"发行结果"、"缴款提示"、"付息兑付公告"、"财务报告（存续期）"、"评级文件（存续期）"和"其他公告通知"等七类信息披露频道。发行人在选择债券品种和信息披露频道后，可通过此功能提交信息披露文件。

②初始登记材料提交。

初始登记材料是指在办理债券登记时所提交的《债券代码＋简称申请书》、《债券注册要素表》、《债券承销额度分配表》、《国际证券识别码系统基础数据资料表》和《发行款到账确认书》。发行人可将上述表格原件扫描后通过此功能模块提交。

③财务报表上传。

金融债券发行人应于每年4月30日前通过此模块提交 Excel 格式的财务报表。

④业务通知。

发行人或主承销商可通过该模块查看我公司公布的各项业务通知。

（4）信息自助披露系统注册申请。

发行人或主承销商如要申请开通信息自助披露系统，可以在中国债券信息网上查询《关于启用债券信息自助披露系统的通知》，并按要求填写申请表后传真至我公司发行服务部。通知内附《信息自助披露系统录入端快速学习手册》下载地址，可自行下载学习。

（五）信息披露流程

（1）发行人或主承销商输入用户名和密码，进入信息自助披露系统录入端；

（2）选择信息披露债券种类及信息类型，信息类型分为七类，分别是"发行文件"、"发行结果"、"缴款提示"、"付息兑付公告"、"财务报告"、"评级文件"和"其他公告通知"，发行人可根据所披露的文件内容选择对应频道；

（3）填写具体信息内容，包括"信息标题"、"批文文号"、"发行人名称"、"主承销商名称"等内容，全部填写完毕后进行提交；

（4）我公司发行服务部将通过中心端对信息进行审核，审核无误后予以上网公告。有误信息将通过自助披露系统退还发行人进行修改。

（六）信息披露特殊情况处理

如遇债券信息自助披露系统出现故障，发行人或主承销商可通过邮件系统提交电子文件。

对于已经上网披露的文件，发行人不能随意进行变更。如因存在错误确需进行更改，应向投资人出具"更正说明"，写明更正原因和内容并和更改后的文件一同上网公布。

三、招标发行程序及簿记建档发行程序

一个完整的债券发行过程由 6 个部分组成，所有步骤均在主管部门的监控下有序进行。

（一）发行准备工作

发行准备工作包括发行人准备工作和承销商准备工作。

（1）发行人根据债券发行计划制定债券发行招标公告或簿记建档公告，并将该公告通过中国债券信息网向全体市场参与者披露（非公开发行的除外），同时在债券发行系统中进行债券发行注册并制作发行招标书或发行要约。

（2）承销商在看到发行公告后对发行价格进行研究，并开始寻找分销对象签订分销协议书。

（二）发行投标及申购

债券发行人在招标当日通过招标系统将招标书发送给承销商，并在规定的时间内接受承销商的投标。承销商投标时，应注意查看系统价位点设置、投标量限制、连续性检查等项目。簿记建档发行的申购比照招标发行的投标进行。

（三）确定中标及配售

投标时间截止后，发行系统不再接受承销商的投标，并对合法投标书进行统计，按发行人规定的中标方式进行中标处理。簿记建档发行的配售比照招标发行的中标进行。

（四）公布中标结果及配售结果

中标结果的公布分为两个渠道，一是通过债券发行系统向参与投标的承销商反馈招标结果，包括承销商个人中标明细和全场基本情况，此信息在确定中

标后即可通过发行系统的客户端获得；二是通过中国债券信息网向全体市场参与者及社会公众公布（仅包括部分可公开信息），一般不迟于招标日次一工作日公布。簿记建档发行的配售结果公布比照招标发行的中标结果公布进行。

（五）债券分销

在发行人规定的分销期内承销商开始向其他市场参与者进行债券分销。

（六）登记托管

承销商在规定的日期向发行人缴纳债券承销款，中央结算公司根据发行人提供的缴款情况进行相应的债券登记托管。

债券发行流程如图 2-1 所示。

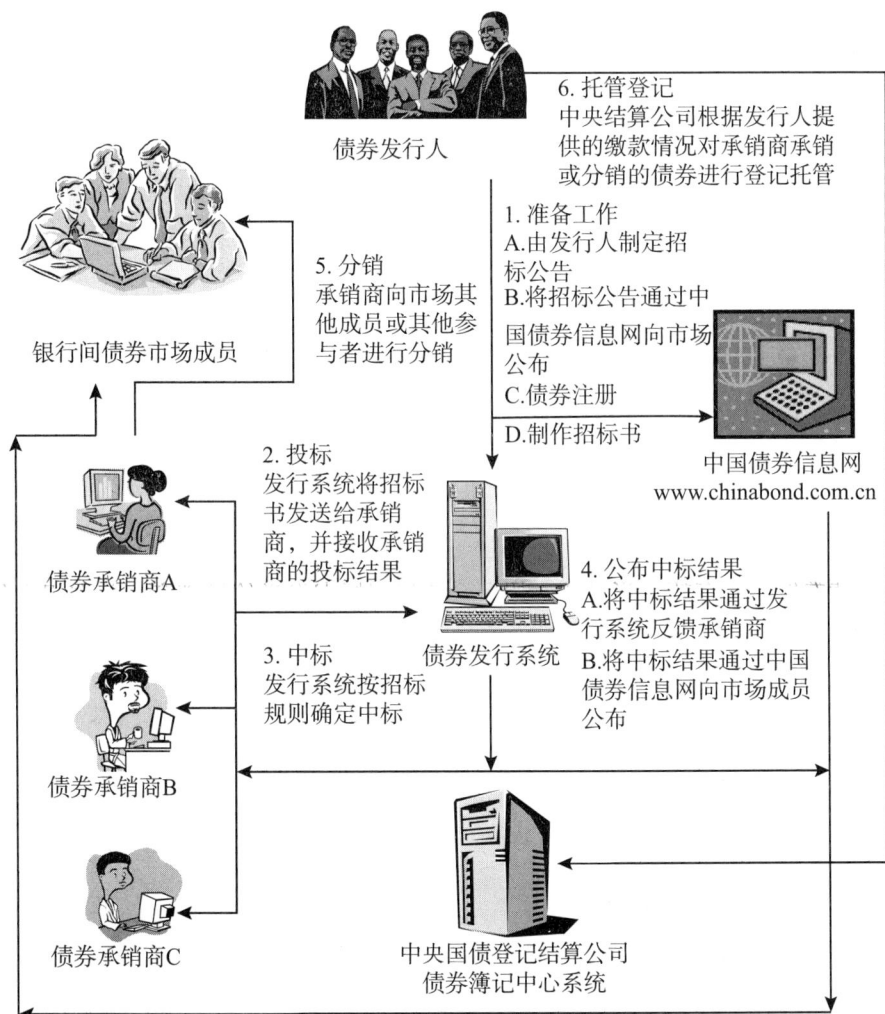

图 2-1 债券发行流程

复习思考题

1. 简述债券不同分类方法。
2. 简述各种招标方式和中标计算方法。
3. 简述债券发行业务流程。

债 券 账 户

账户是记载金融资产所有权的一种表现形式，债券账户反映了投资者所持有债券的数量、品种等要素，是进行债券托管和结算的基础。

第一节　结算成员与债券账户

一、结算成员

凡符合主管部门有关市场准入规定要求的投资者，均可成为中央结算公司的结算成员。结算成员参与债券结算，应与中央结算公司签署相关协议，开立债券账户。

按照参与债券结算业务资格和方式的不同，结算成员分为甲类结算成员、乙类结算成员和丙类结算成员。

（一）甲类结算成员

甲类结算成员可办理债券自营结算业务，也可代理丙类结算成员进行债券结算业务或从事债券柜台交易业务。具体包括：

（1）具有中国人民银行批准的债券结算代理业务资格的金融机构（更新至 2016 年 5 月，共有 47 家商业银行有资格开展债券结算代理业务，又称结算代理人）；

（2）具有全国银行间债券市场柜台业务开办资格的金融机构（更新至 2016 年 5 月，有工、农、中、建、交、民生、南京等 8 家商业银行从事柜台交易业务，又称二级托管机构）。

甲类结算成员必须安装中债综合业务平台桌面客户端，并通过其办理债券结算业务。

（二）乙类结算成员

乙类结算成员只能办理债券自营结算业务。具体包括：

（1）法人类投资者。包括但不限于商业银行、信托公司、财务公司、证券公司、基金管理公司、期货公司、保险公司等经金融监管部门注册的金融机构，以及金融机构的授权分支机构。

（2）非法人类投资者。①金融机构以及投资管理机构作为资产管理人设立的各类投资基金，包括但不限于证券投资基金、银行理财产品、信托计划等。②保险产品、经基金业协会备案的私募基金、住房公积金、社会保障基金、企业年金、养老基金、慈善基金等。

乙类结算成员必须安装中债综合业务平台桌面客户端，并通过其办理债券结算业务。

（三）丙类结算成员

丙类结算成员须委托结算代理人代为办理债券结算业务，不需安装桌面客户端，可选择安装网上客户端进行业务查询。

具体包括在我国境外依法注册成立的商业银行、保险公司、证券公司、基金管理公司及其他资产管理机构等各类金融机构，上述金融机构依法合规面向客户发行的投资产品，以及养老基金、慈善基金、捐赠基金等中国人民银行认可的其他中长期机构投资者。结算成员类型见表3-1。

表3-1　　　　　　　　　　　结算成员类型

机构类型	详细分类	甲类	乙类	丙类
金融机构	商业银行	●	~	~
	非银行金融机构	~	●	~
	证券公司	~	●	~
	基金管理公司	~	●	~
	保险公司	~	●	~
银行理财产品非法人投资者	证券投资基金	~	●	~
	社会保障基金	~	●	~
	企业年金基金	~	●	~
	保险产品	~	●	~
	信托计划	~	●	~
	基金公司特定资产管理组合	~	●	~
	证券公司资产管理计划	~	●	~
境外机构	境外金融机构及产品等	~	~	●

注：●表示可开立账户；~表示不可开立账户。

二、债券账户

(一) 债券账户含义

根据中国人民银行令〔2009〕第1号《银行间债券市场债券登记托管结算管理办法》，债券账户是指在债券登记托管结算机构开立的用以记载债券持有人所持有债券的品种、数量及其变动等情况的电子簿记账户，债券账户具有托管和结算两种基本业务功能。

(二) 债券账户类型

1. 一级债券账户和二级债券账户

一级债券账户，是指债券持有人、二级托管机构或分托管机构在中央结算公司开立的债券账户。

二级债券账户，是指债券持有人在二级托管机构或分托管机构开立的债券账户。

2. 一级债券账户的分类

一级债券账户分为债券自营账户和债券代理总账户。

债券自营账户用以记载债券持有人自营债券余额及其变动情况。债券代理总账户用以记载二级托管机构和分托管机构所托管的债券余额及其变动情况。

3. 结算成员、一级债券账户、二级债券账户的关系

结算成员、一级债券账户、二级债券账户的关系可以简要描述为：

甲类、乙类和丙类结算成员开展债券自营业务应在中央结算公司分别以自己的名义开立债券自营账户。这是指一级债券账户。

甲类结算成员开办柜台业务应在中央结算公司开立债券代理总账户。这是指一级债券账户。

符合规定的投资者可以在具有柜台业务资格的甲类结算成员处（二级托管机构）开立二级债券账户。

符合条件的投资者可以在中国证券登记结算有限责任公司（分托管机构）开立二级债券账户。

结算成员与相关债券账户关系如图3-1所示。

(三) 一级债券账户的记账结构

为反映债券的不同使用状态，每个一级债券账户内部又分为各种科目。这些科目有两种划分依据，即债权和额度。其中债权类科目细分为可用、待付、质押式回购待购回、冻结、质押五个科目；额度类科目细分为承销额度、承销额度待付、待确认债权、待确认债权待付四个科目（如表3-2所示）。

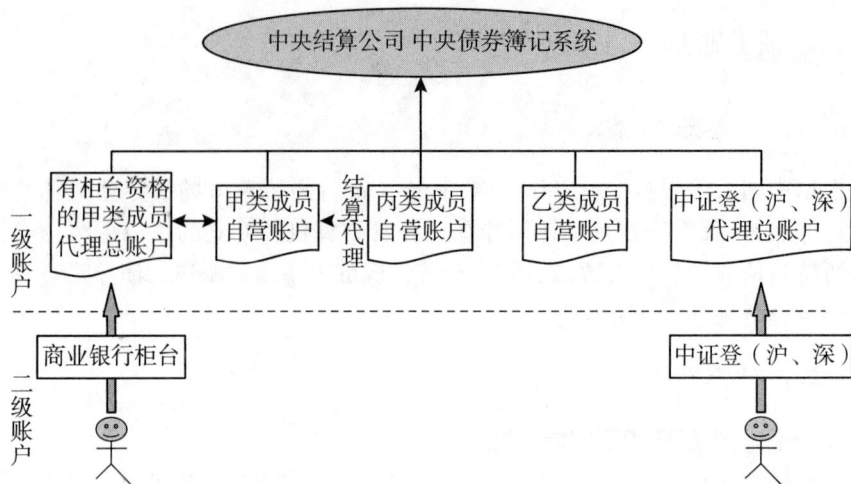

注：↑　表示各类结算成员直接持有债券一级托管账户。

　　↔　表示具有柜台业务资格的甲类结算成员开展柜台业务时，其债券自营账户与其代理总账户之间存在此增彼减的账务关系。

　　◄---　表示具有债券结算代理业务资格甲类结算成员代理丙类结算成员进行债券结算。

　　──　表示直接开在中央结算公司中央债券簿记系统的债券账户。

　　☻　表示投资者。

图 3 –1　结算成员与债券账户关系

表 3 –2　　　　　　　　　　**债券账户的记账结构**

查询方式	科目名称	科目含义
债权类科目	可用	记载实际持有且可动用的债券余额
	待付	记载已从付券方可用余额中扣减、但未实际过户的债券余额，是过渡性科目，专用于纯券过户（FOP）以外的其他结算方式
	质押式回购待购回	记载质押式回购业务中正回购方已卖出待购回的债券余额
	冻结	记载因特殊原因（如司法冻结）而冻结的债券余额
	质押	办理债券质押、直接质押融券等各项与质押有关的业务时，记载质押期间出押的债券余额
额度类科目	承销额度	办理承销额度注册、承销额度注销、分销过户和承分销额度确认时使用，记载承销、分销的债券余额，是过渡性科目
	承销额度待付	
	待确认债权	
	待确认债权待付	

第二节 债券账户管理①

债券账户是银行间债券市场机构投资者进行债券托管和结算的账户,由中央结算公司提供业务办理和咨询服务,业务范围主要包括:(1)银行间债券市场债券账户开立、暂停、恢复和注销;(2)债券账户更名、结算成员类型变更、投资管理或托管变更、债券账户基本信息变更、印鉴变更、资金清算资料变更、结算代理行或相关委托机构变更等变更业务;(3)CA证书和中债KEY、中债综合业务平台联网、电子密押器等申请和相关业务办理;(4)债券账户信息查询和咨询等其他相关服务;(5)债券账户管理制度的拟定和完善。

一、银行间债券市场准入政策

(一)法人投资者市场准入政策

1999年8月,银发〔1999〕288号:关于印发《基金管理公司进入银行间同业市场管理规定》和《证券公司进入银行间同业市场管理规定》的通知

2000年6月,银发〔2000〕194号:关于印发《财务公司进入全国银行间同业拆借市场和债券市场管理规定》的通知

2000年10月,银发〔2000〕325号:关于开办债券结算代理业务有关问题的通知

2002年4月,中国人民银行公告〔2002〕第5号:金融机构加入全国银行间债券市场有关事宜公告

2002年4月,银办发〔2002〕90号:关于全国银行间债券市场实行准入备案制有关事宜的通知

2002年10月,银发〔2002〕329号:关于中国工商银行等39家商业银行开办债券结算代理业务有关问题的通知

2004年8月,银发〔2004〕168号:关于哈尔滨市商业银行等四家金融机构开办债券结算代理业务的通知

2005年12月,银复〔2005〕117号:关于上海市农村商业银行开办债券结算代理业务的批复

2006年7月,银发〔2006〕231号:关于货币经纪公司进入银行间市场有关事项的通知

2010年8月,银发〔2010〕217号:关于境外人民币清算行等三类机构运用人民币投资银行间债券市场试点有关事宜的通知

2013年3月,银发〔2013〕69号:关于合格境外机构投资者投资银行间

---

① 债券账户管理业务以中央结算公司公布的相关账户业务指引为准。

债券市场有关事项的通知

2013 年 5 月，关于实施《人民币合格境外机构投资者境内证券投资试点办法》有关事项的通知

2015 年 7 月，银发〔2015〕220 号，境外央行类机构运用人民币投资银行间市场有关事宜的通知

2016 年 2 月，中国人民银行公告〔2016〕第 3 号，其他境外机构投资者投资银行间债券市场有关事宜公告

2016 年 5 月，中国人民银行公告〔2016〕第 8 号，合格机构投资者进入银行间债券市场有关事项公告

（二）非法人投资者市场准入政策

2005 年 5 月，银复〔2005〕36 号：关于亚债中国基金进入全国银行间债券市场开展债券交易的批复

2007 年 1 月，银发〔2007〕56 号：关于企业年金基金进入全国银行间债券市场有关事项的通知

2008 年 5 月，银发〔2008〕122 号：关于保险机构以产品名义开立债券托管账户有关事项的通知

2008 年 12 月，中国人民银行公告〔2008〕第 22 号：信托公司在全国银行间债券市场开立信托专用债券账户有关事项公告

2009 年 3 月，中国人民银行公告〔2009〕第 5 号：基金管理公司为开展特定客户资产管理业务在全国银行间债券市场开立债券账户的有关事项公告

2009 年 7 月，中国人民银行公告〔2009〕第 11 号：证券公司为开展证券资产管理业务在全国银行间债券市场开立债券账户有关事项公告

2014 年 1 月，银市场〔2014〕1 号，商业银行理财产品进入银行间债券市场有关事项的通知

2014 年 11 月，银市场〔2014〕43 号，部分合格机构投资者进入银行间债券市场有关工作的通知

2015 年 6 月，银市场〔2015〕17 号，私募基金进入银行间债券市场有关事项的通知

（三）其他

2006 年 3 月，中国人民银行公告〔2006〕第 3 号：授权中国人民银行上海总部承办金融机构进入全国银行间债券市场的准入备案工作和进入全国银行间同业拆借市场的准入管理、限额管理以及信息披露管理工作

2008 年 9 月，中国人民银行上海总部公告〔2008〕第 3 号：全国银行间债券市场准入备案有关事宜公告

2009 年 1 月，中国人民银行令〔2009〕第 1 号：银行间债券市场债券登

记托管结算管理办法

2013 年 6 月，中国人民银行上海总部通知：全国银行间债券市场准入备案管理

2013 年 7 月，中国人民银行公告〔2013〕第 8 号：先备案再开户

2015 年 4 月，中国人民银行上海总部公告〔2015〕第 1 号，准入备案信息系统运行通知

2016 年 5 月，中国人民银行上海总部公告〔2016〕第 1 号，合格机构投资者备案管理实施细则

2016 年 5 月，中国人民银行上海总部公告〔2016〕第 2 号，境外机构投资者备案管理实施细则

二、债券账户开立

（一）开户前准备

债券账户开立前，投资者须完成进入银行间债券市场的备案手续。

1. 申请备案

（1）合格境内机构投资者。向人民银行上海总部提出备案申请并取得《中国人民银行全国银行间债券市场准入备案通知书》。备案具体要求详见中国人民银行上海总部公告〔2016〕第 1 号。

（2）境外投资者。其中境外央行、国际金融组织、主权财富基金等相关境外机构投资者，应当通过原件邮寄或银行间市场结算代理人代理递交等方式向中国人民银行提交中国银行间市场投资备案表；其他境外机构投资者，可委托结算代理人向中国人民银行上海总部申请投资备案，由结算代理人代理提交《境外机构投资者投资中国银行间债券市场备案表》及结算代理协议，具体备案要求详见中国人民银行上海总部公告〔2016〕第 2 号。

2. 开户材料准备

按照中国人民银行《银行间债券市场债券登记托管结算管理办法》，一个投资者只能在中央结算公司开立一个债券账户，中国人民银行另有规定的除外。

申请开立债券账户，应根据中央结算公司公布的相关业务指引准备开立所需的材料。

（1）合格境内投资者，所需准备的材料包括中国人民银行上海总部出具的备案通知书、合格机构投资者业务申请表、合格机构投资者物理联网登记表（如有）、业务协议签署页和增值税一般纳税人资格证明文件（如有）。

（2）境外央行、国际金融组织、主权财富基金等相关境外机构投资者，所需准备的材料包括相关境外机构投资者业务申请表和业务协议签署页。

（3）其他境外机构投资者，所需准备的材料包括中国人民银行上海总部出具的备案通知书、境外机构投资者业务申请表和业务协议签署页。

3. 协议阅读与签署

开户前，申请机构应仔细阅读相关协议，并按照开户要求签署协议，签署后作为开户材料向中央结算公司提供。

协议包括：

（1）中央结算公司《客户服务协议》（适用于非丙类结算成员）；

（2）中央结算公司《客户服务协议》（适用于丙类结算成员）；

（3）中央结算公司《电子密押器管理使用协议书》；

（4）《债券交易券款对付结算协议》；

（5）中央结算公司《债券结算资金账户使用协议》；

（6）中央结算公司《CA证书使用协议》（资产管理人及资产托管人适用）。

4. 联网准备

法人投资者与债券系统联网，可通过以下三种接入方式：（1）单一专线接入，并以3G接入为应急方式；（2）双通信运营商双专线互备接入；（3）双通信运营商双3G互备接入。

详细内容见本书第七章第三节（联网方式与方法）。

线路申请与费用标准由结算成员向通信运营商咨询。

5. 硬件与软件准备

结算成员应按照中债综合业务平台的硬件与软件标准准备用于结算的PC机。安装了中债综合业务平台的PC机应专机专用，不可安装其他结算系统的客户终端，以免发生软件冲突。

详细内容见本书第八章第一节（客户端软硬件配置要求）。

（二）开户办理流程

1. 提交申请材料

选择申请甲、乙类结算成员的法人投资者，可将开户申请材料面交或邮寄至中央结算公司。

选择申请乙类结算成员的非法人投资者（证券投资基金、企业年金基金、保险产品、信托产品、基金公司特定客户资产管理组合、证券公司资产管理计划等），由托管人将开户申请材料面交或邮寄至中央结算公司。

选择申请丙类结算成员的境外投资者，由结算代理人将开户申请材料面交或邮寄至中央结算公司。

2. 审核开户材料

中央结算公司收到申请机构的开户材料后即进行材料审核，审核通过后完成账户开立手续。审核未通过的通知申请机构更正材料，无误后再办理开户。

3. 领取通知书

开户完成后，甲、乙类结算成员授权经办人应当面领取债券账户开户通知书、CA证书下载凭证、中债KEY（法人投资者适用）及电子密押器（法人投资者适用）。

丙类结算成员的开户通知书由中央结算公司寄送至结算代理人，由结算代理人转交。

（三）开户后相关业务

债券账户开立完成后，负责进行业务操作的人员应当熟悉银行间债券市场有关政策法规和业务规则，了解业务办理流程，掌握业务系统操作技能，并完成联网、软件安装、CA 证书下载激活、用户注册等步骤，方可正常开展业务。

1. 建立联网

乙类法人机构通过中央结算公司分配的 3G 接入用户名和成员的自设密码进行联网设置，或直接通过已设好的专线建立与中央结算公司的联网。丙类结算成员通过互联网接入中央结算公司债券系统。

2. 安装相关软件

结算成员应通过中国债券信息网下载并安装最新版本的中债综合业务平台安装程序、中债 KEY 驱动程序，并完成网络配置。

3. CA 证书下载及激活

结算成员获得 CA 证书下载凭证后，应在 14 个自然日内通过中债综合业务平台的"证书下载"功能进行 CA 证书的下载并激活后，方可正常登录中债综合业务平台。

4. 添加客户端操作员

由已注册的客户端管理员根据业务需要进行客户端操作员的注册及授权，并根据所授权限将操作员与可操作账户进行关联绑定。

5. 电子密押器使用

电子密押是中央结算公司对客户在办理第一张 CA 证书激活、账户变更业务、应急投标、应急结算等离线业务时进行身份认证和业务要素认证的凭证。业务人员应熟悉电子密押器使用和保管方法、应急凭单下载位置和填写方法、离线业务办理流程、电子密押相关业务规则。

三、债券账户变更

债券账户变更前，投资者须向中国人民银行上海总部提出备案申请并取得备案证明，备案具体要求详见中国人民银行上海总部相关公告。备案证明为账户变更业务的必备文件，须随其他材料一并提交。所需材料以中央结算公司相关业务指引为准。

（一）变更基本信息、预留印鉴及资金清算资料

结算成员如发生法定注册信息变更、预留联系信息变更等情况，应及时提交办理更新。

结算成员如发生预留印鉴变更、收取付息兑付资金的银行账户变更等情况，应第一时间提交《合格机构投资者业务申请表》或《境外机构投资者业务申请表》办理更新。

（二）变更债券账户名称

结算成员名称发生变化时，须及时向中国人民银行上海总部重新备案，获得《备案通知书》，同其他更名材料一并提交至中央结算公司办理更名业务。

结算成员申请债券账户更名，债券账户账号保持不变。更名办理期间，结算成员的交易结算业务可正常进行。更名时应提交《合格机构投资者业务申请表》或《境外机构投资者业务申请表》，重新签署的各项业务协议签署页，增值税一般纳税人资格证明文件（如有）。

中央结算公司收到结算成员面交或邮寄的更名材料后即进行审核，审核通过后完成更名手续并出具债券账户更名通知书。审核未通过的通知结算成员更正材料，无误后再办理更名。

（三）变更结算成员类型

结算成员开户后，可申请办理结算成员类型变更，变更可以在甲类和乙类以及乙类和丙类之间进行。详细变更内容如表3-3所示。

表3-3　　　　　　　　　结算成员类型变更情况一览表

变更类型	变更事项	可能的变更理由
甲类结算成员变更为乙类结算成员	取消债券结算代理资格（如有）或取消柜台交易资格（如有）	当甲类结算成员被取消相关业务资格时
乙类结算成员变更为甲类结算成员	如取得债券结算代理资格，则设置结算代理业务资格；如取得柜台交易资格，则开立债券代理总账户	当乙类结算成员取得相关业务资格时
丙类结算成员变更为乙类结算成员	取消指定的结算代理关系；参与中央结算公司业务培训，安装簿记系统客户端，指定业务经办人员	当丙类结算成员业务规模扩大、希望自己办理债券结算业务时
乙类结算成员变更为丙类结算成员	与结算代理人签署债券结算代理协议，指定其作为自己的结算代理人；取消簿记系统客户端原业务经办人员的权限	当乙类结算成员业务规模缩小、希望减轻成本，但要保留债券账户时

债券账户类型变更前，须及时向中国人民银行上海总部重新备案，获得《备案通知书》，同其他更名材料一并提交至我公司。

结算成员类型变更后，债券账户账号保持不变。申请结算成员类型变更时，须符合所要申请的结算成员类型相关要求。变更时应提交《合格机构投资者业务申请表》或《境外机构投资者业务申请表》，重新签署的各项业务协议签署页，增值税一般纳税人资格证明文件（如有）。

中央结算公司收到结算成员面交或邮寄的结算成员类型变更材料后即进行审核，审核通过后完成类型变更手续并出具结算成员类型变更通知书。审核未通过的通知结算成员更正材料，无误后再办理结算成员类型变更。

（四）变更结算代理人

丙类结算成员开户后，可以变更指定的结算代理人。变更结算代理人前，须及时向中国人民银行上海总部重新备案，获得《备案通知书》，同其他材料一并提交至我公司。

结算代理人变更后，债券账户账号保持不变。丙类结算成员更换结算代理人时应按照双方签订的结算代理协议与原结算代理人确认结算代理关系的终止。

代理人变更时应提交《相关境外机构投资者业务申请表》或《境外机构投资者业务申请表》。

中央结算公司收到新结算代理人邮寄的代理人变更材料后即进行审核，审核通过后完成代理人变更手续并出具结算代理人变更通知书。审核未通过的通知结算代理人更正材料，无误后再办理代理人变更。

（五）托管人、管理人变更

经相关监管部门批准，非法人投资者可以变更其托管人或管理人，变更托管人、管理人前，须及时向中国人民银行上海总部重新备案，获得《备案通知书》，同其他材料一并提交至我公司。

托管人、管理人变更后，债券账户账号保持不变。变更时应提交《合格机构投资者业务申请表》，重新签署的各项业务协议签署页。

中央结算公司收到结算成员面交或邮寄的托管人或管理人变更材料后即进行审核，审核通过后完成变更手续并出具代理人变更通知书。审核未通过的通知结算成员更正材料，无误后再办理托管人、管理人变更。

（六）账户暂停

结算成员如遇特殊情况需要对债券账户进行暂停处理的，应提交加填电子密押的《债券账户专项业务申请表》（业务凭单号 E17），并同时提交书面情况说明向中央结算公司提出申请。中央结算公司确认符合暂停条件的，予以办理暂停手续。

结算成员应按时向中央结算公司支付服务费用。如结算成员未足额支付任何服务费用超过 3 个月，则中央结算公司有权暂停向结算成员提供服务。

结算成员账户余额为零，且最近一年内未发生结算业务的，中央结算公司有权对账户进行暂停。

（七）账户恢复

处于暂停状态的债券账户需要恢复时，结算成员应提交加填电子密押的

《债券账户专项业务申请表》（业务凭单号 E17）向中央结算公司提出申请。中央结算公司确认后根据实际情况决定是否恢复账户。

（八）变更客户端管理员

甲类、乙类结算成员的客户端管理员发生变更时，应提交加填电子密押的《债券账户客户端管理员申请表》（业务凭单号 E14）进行办理。

四、债券账户注销

结算成员在确认债券账户中无债券托管，无未到期的回购、质押以及司法冻结等未了结的债权债务关系，无未结清费用的前提下，可向中央结算公司申请注销债券账户。

申请债券账户注销，应提交加填电子密押的《债券账户注销申请书》（业务凭单号 E15），中央结算公司审核通过后，对该债券账户进行费用结算及暂停处理，结算成员应于次一工作日通过中债综合业务平台打印当前缴费季的"结算成员缴费通知单"并及时进行费用缴纳。中央结算公司在确认结算成员已缴清全部费用后即办理债券账户注销手续，并出具债券账户销户通知书。

非法人类投资者终止时，中央结算公司将在产品到期后的第三个工作日日终自动办理销户手续。

第三节　客户（用户）管理系统与债券账户

客户管理系统是中债综合业务平台的一个子系统，实现对客户信息、业务资格、账户信息、用户信息及权限信息等的统一管理，为用户登录时的身份认证和权限控制提供基础数据。

各类市场成员的客户及用户基础信息主要包括：

客户：指各类市场成员。客户管理系统记录所有客户的基本资料、业务资格以及代理关系。

账户：指成员在中央结算公司开设的各种类型账户，包括债券账户（自营账户、代理总户）、资金账户，客户管理系统记录各类型账户的基本资料。

用户：指成员内部各类业务经办人员。客户管理系统提供用户管理功能，统一管理用户的基本资料及业务权限。

一、客户管理系统的功能

（一）客户信息管理

客户相关信息由中央结算公司负责管理，客户可以查询，主要包括基本资料、业务资格、代理关系等。

1. 客户基本资料

客户基本资料主要包括客户名称、客户简称、客户类型、组织机构代码（"三证合一"后为统一社会信用代码）、注册资本、通信地址等。

2. 客户业务资格

客户管理系统通过"业务资格"对客户可办理的业务范围进行管理，系统提供的业务资格分为自营业务、代理业务、基础管理三大类，针对每类业务定义了相应的业务资格（如表3-4、表3-5、表3-6所示）。

表3-4　　　　　　　　　客户自营业务资格一览表

业务资格名称	可办理的业务	可具有该业务资格的客户范围
债券结算资格 债券结算操作资格 债券结算查询资格	债券业务	所有甲类、乙类客户
柜台交易资格	债券业务	债券柜台交易业务承办银行
一级交易商资格 一级交易商操作资格 一级交易商查询资格	公开市场	公开市场一级交易商
一级承销商资格 一级承销商操作资格 一级承销商查询资格	发行业务	发行承销商（任一发行人）
商业银行定期存款资格 商业银行定期存款操作资格 商业银行定期存款查询资格	国库现金	国库现金管理交易商
质押及授信额度管理资格 质押及授信额度管理操作资格 质押及授信额度管理查询资格 质押额度管理资格 质押额度管理操作资格 质押额度管理查询资格	质押额度管理	小额质押额度管理业务成员
自动质押融资资格 自动质押融资操作资格 自动质押融资查询资格	自动质押融资	自动质押融资业务成员
资金业务资格	资金业务	所有甲类、乙类客户
证书业务资格	证书管理	所有甲类、乙类客户
柜台报价	柜台报价	柜台双边报价商
计费自营资格	费用查询	所有甲类、乙类客户
生产数据下载自营资格 簿记下载资格 资金下载资格 客户管理下载资格	数据批量下载	所有甲类、乙类客户

业务资格名称	可办理的业务	可具有该业务资格的客户范围
信息产品下载自营资格 公共数据下载资格 个体信息数据下载自营资格 承销数据下载资格 托管账户总对账单自营资格	信息产品 债券业务（托管账户总对账单含估值）	已签署中债估值协议的客户 已签署中债估值协议的各类债券承销团成员 已签署中债估值协议的甲类、乙类客户
个性化统计自营资格	个性化统计	所有甲类、乙类客户

表 3 – 5　　　　　　　代理业务资格一览表

业务资格名称	可办理的业务	可具有该业务资格的客户范围
结算代理资格 结算代理操作资格 结算代理查询资格	债券业务（被代理客户）	债券结算代理人
产品代理资格 产品代理操作资格 产品代理查询资格	债券业务（被代理客户）	非法人产品投资管理人
托管代理资格 托管代理操作资格 托管代理查询资格	债券业务（被代理客户）	非法人产品托管人
资金结算代理资格 资金结算代理操作资格 资金结算代理查询资格	资金业务（被代理客户）	资金结算代理人
资金产品代理资格 资金产品代理操作资格 资金产品代理查询资格	资金业务（被代理客户）	资金产品代理人
计费代理资格	费用查询（被代理客户）	债券结算代理人
生产数据下载代理资格	数据批量下载	债券结算代理人
信息产品下载代理资格 个体信息数据下载自营资格 托管账户总账单代理资格	债券业务（托管账户总对账单含估值）	已签署中债估值协议的债券结算代理人
个性化统计代理资格	个性化统计	所有甲类客户

表 3 – 6　　　　　　　基础管理业务资格一览表

业务资格名称	可办理的业务	可具有该业务资格的客户范围
客户管理资格 客户管理操作资格 客户管理查询资格	客户管理	所有甲类、乙类客户

3. 代理关系

客户管理系统通过在代理人与被代理客户之间建立代理关系的方式来对客

户之间的代理关系进行管理。代理关系由中央结算公司负责管理。

为便于结算成员对代理业务的管理和控制，在客户管理系统中，可为代理人设置一个或多个代理分组，被代理客户按代理分组进行管理，每一被代理客户的分组编号在开户时确定。

目前，在客户管理系统中代理关系共有五种。债券业务分为产品代理、托管代理和结算代理。资金业务分为资金产品代理和资金结算代理。

（二）账户信息管理

结算成员可以在中央结算公司开设债券账户和资金账户。其中债券账户分为自营账户和代理总户，在簿记系统中进行账务记载；资金账户在资金系统中进行账务记载。账户编号由客户管理系统按照一定规则统一生成，是每一账户的唯一标识。

客户管理系统记录各类账户的基本资料，结算成员在客户管理系统客户端中可以查询相关资料。

账户基本资料主要包括账户编号、账户全称、账户简称、账户类别、账户状态等。

（三）用户信息管理

1. 用户分类

当前系统提供的用户种类有两类：客户端管理员和客户端操作员。这两类人员有权限登录中债综合业务平台进行业务操作。用户以客户为单位进行管理。

客户端管理员由中央结算公司进行设置和管理。客户端操作员由客户端管理员进行设置和管理，中央结算公司提供应急操作服务。

结算成员在注册开户时，可向中央结算公司申请为每个客户设置不少于两位的客户端管理员。结算成员如果需要增加新的客户端管理员、修改客户端管理员的权限，或者注销特定的客户端管理员，须向中央结算公司客户服务部传真提交加填电子密押的《债券账户客户端管理员申请表》（业务凭单号E14），中央结算公司核验通过即完成相关操作。

用户在系统中以"用户名"作为唯一标识，同一客户下的用户名不得重复。在登录时需要输入注册的用户名和密码，系统检验通过后方可登录。

2. 用户权限

客户端管理员具有授权权限和操作权限。客户端操作员只具有操作权限。

操作权限指该用户自身具有的业务权限。授权权限指客户端管理员可以向客户端操作员授予的业务权限。

用户只能在其所属客户的业务资格及其权限范围内进行授权或办理业务。

系统提供的业务资格分为自营业务、代理业务、基础管理三大类，针对每种业务资格定义了相应的客户端子系统及功能点。对每一位用户的授权就是设置其可以具有的业务资格以及操作权限，授权操作可以具体至功能点。

客户管理系统根据用户所具有的权限来控制该用户可否登录系统、登录系统后可完成的业务操作。

注意：

（1）每一位用户只能具有自营业务、代理业务两者中的一类业务资格。办理自营业务的用户须为其设定"自营业务"资格，办理结算代理业务的用户需为其设定"代理业务"资格；

（2）每一位用户对于某项业务资格而言只能具有操作或查询资格二者之一。进行业务操作的用户须为其设定"操作"资格，进行业务查询的用户需为其设定"查询"资格。

（四）用户和账户的关联关系管理

在客户管理系统中建立用户与债券账户或资金账户等账户之间的关联关系就是指设置用户可以操作与之关联的账户。建立用户与账户的关联关系后，用户方可登录中债综合业务平台进行业务操作。

表3－7列出了各类业务需要绑定的账户类别：

表3－7　　　　　　　　　　各业务绑定的账户类别

可办理的业务	需绑定的账户类别
债券业务	债券账户
资金业务	资金账户
发行业务	债券账户（自营）
公开市场	债券账户（自营）
国库现金	债券账户（自营）
质押额度管理	债券账户（自营）
自动质押融资	债券账户（自营）
证书管理	债券账户（自营）
柜台报价	债券账户（自营）
费用查询	债券账户（自营）
数据批量下载	债券账户（自营）
债券业务（托管账户总对账单含估值）	债券账户（自营）
个性化统计	债券账户（自营）

二、客户管理系统的操作

在中债综合业务平台主页面选择"用户管理"，在菜单栏中将显示当前登录用户可进行的客户管理操作的菜单项。

（一）用户管理

客户端管理员可以完成客户端操作员的注册、修改、暂停、恢复、注销各项操作，也可进行重置密码操作。

1. 用户注册

第一步，在菜单选择如图 3 - 2 所示的用户管理 > 用户主页，单击"新建"按钮，系统弹出如图 3 - 3 所示的对话框。

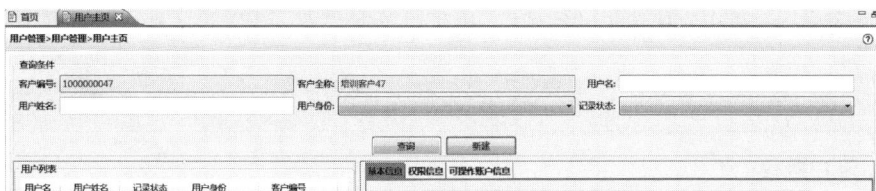

图 3 - 2 用户管理界面

图 3 - 3 新建用户页面

第二步，顺序填写图3-3中所示的各项要素，填完后可以直接单击"完成"，也可以单击"下一步"进入授权环节。

第三步，单击"下一步"，进入图3-4所示授权界面，可以选择预先定义好的权限模板，也可以直接从业务资格中勾选。在"业务资格"一栏勾选后，"业务资格明细"自动列出所选资格下的明细，可以对明细资格做进一步的勾选。勾选完成后，可以直接单击"完成"，也可以单击"下一步"进入账户关联环节。

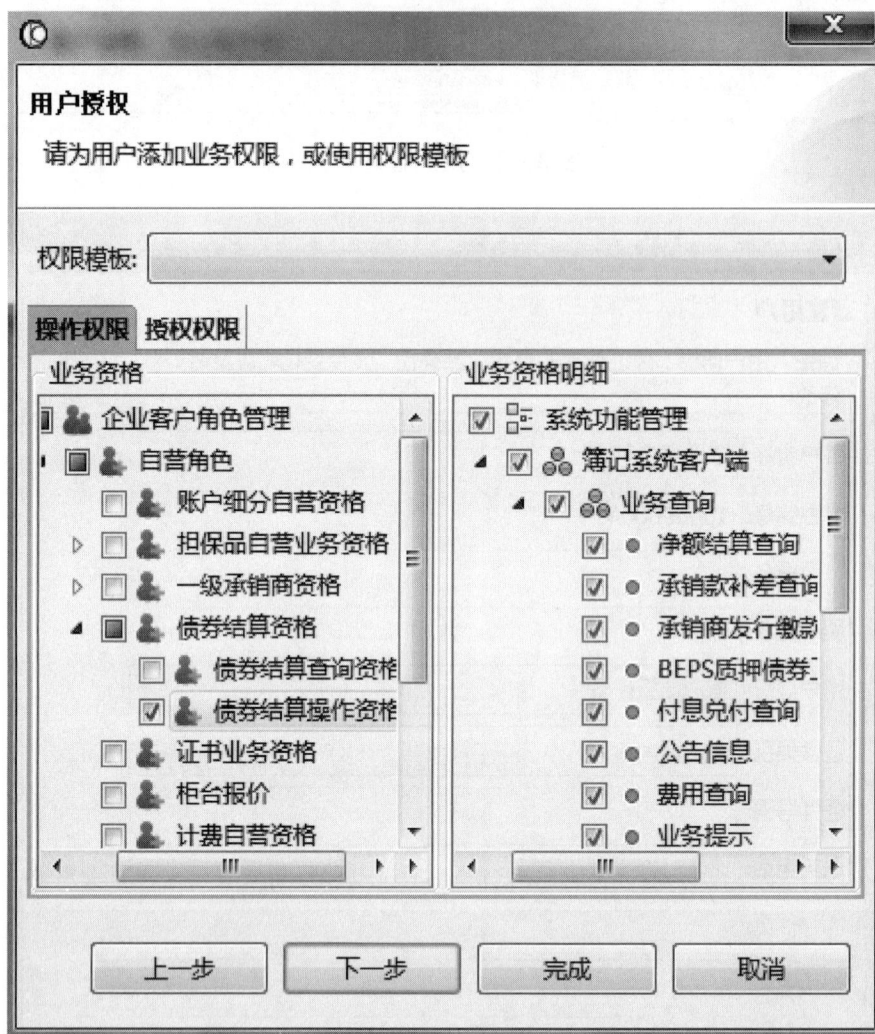

图3-4　用户授权

第四步，单击"下一步"，进入图3-5所示的账户关联界面，列表中包括"债券账户"和"资金账户"，根据需要勾选后，单击"完成"，系统会弹出如图3-6所示的"待复核"提示信息，单击"确定"，关闭提示对话框，系统生成一条待复核记录，需要由另一客户端管理员登录系统进入统一复核页面进行复核。

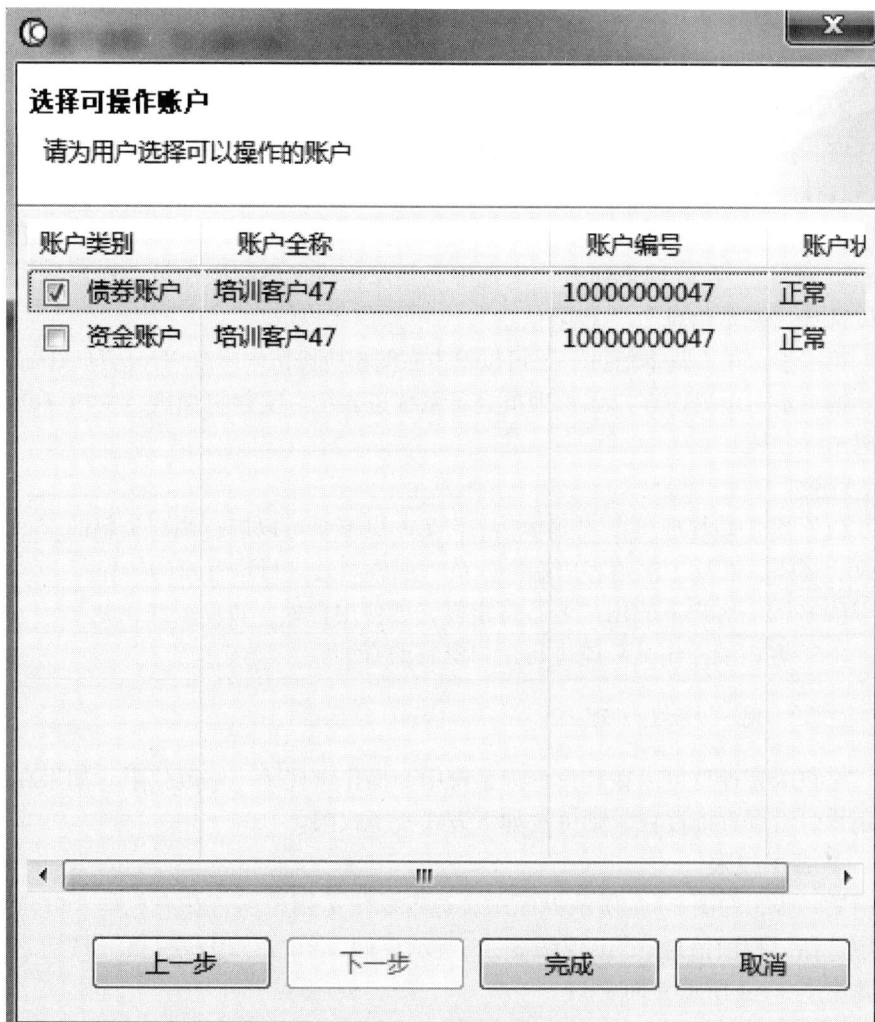

图 3 − 5 账户绑定界面

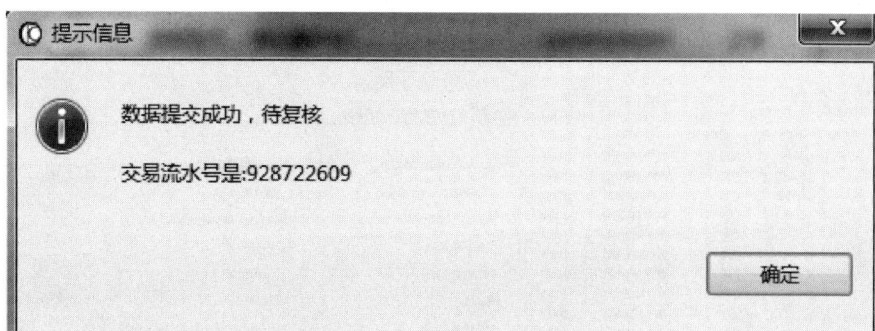

图 3 − 6 提示复核界面

注：在第二步、第三步直接单击"完成"时，系统同样生成一条待复核记录，但没有授权信息、账户关联信息。

2. 用户修改

客户端管理员可以对客户端操作员进行修改、注销、暂停、恢复、重置密码，具体操作如下：

第一步，单击左侧菜单栏用户管理＞用户主页（如图3－6所示），单击"查询"按钮，在"用户列表"中选中需要修改的客户端操作员，在右侧栏中可以选择"基本信息"、"权限信息"、"可操作账户信息"。

第二步，在"基本信息"下可以单击右侧相应按钮来修改用户信息或状态。

第三步，由另一客户端管理员登录系统进入统一复核页面进行复核（重置密码不需复核）。

注意：

（1）客户端管理员在"基本信息"Tab页下，可以进行用户资料的查询及修改、暂停、恢复、注销客户端操作员，或者对其进行重置密码操作；

（2）同一客户下的用户名不得重复，即使用户处于暂停或注销状态；

（3）客户端操作员只能进行用户资料的查询。

（二）用户授权管理

客户端管理员可以在客户管理系统中为操作员授予、修改权限。如果在新建用户时没有直接授权，则可按如下方式授予权限。

1. 授予权限

第一步，在图3－7所示界面中，选定操作员用户名，在右栏的Tab选项卡中选择"权限信息"，出现图3－8所示界面，单击"用户授权"按钮，系统弹出图3－4所示界面。

图3－7　用户管理界面

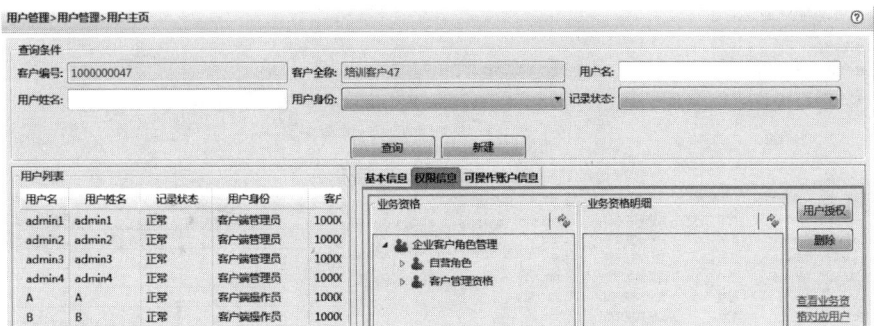

图3-8 用户授权

第二步，在图3-4界面中进行权限的勾选，完成后单击"确定"，生成待复核记录，由另一客户端管理员登录系统进入统一复核页面进行授权复核。

2. 修改权限

与授予权限的步骤一样，区别是在进入图3-4界面时，系统会将用户已具备的权限自动勾选上。

（三）用户与账户管理

客户端管理员可以在客户管理系统添加、修改、删除操作员与各类账户或操作员与代理分组之间的关系。客户端操作员添加和授权完成后，必须要添加用户与账户的关联关系，然后该操作员才能对相应的账户进行系统操作。具体流程如下：

第一步，进入如图3-7所示用户管理界面，选中一个操作员用户名，在右栏Tab选项卡中单击"可操作账户信息"，出现如图3-9所示界面，单击右侧的"账户绑定"，系统弹出如图3-5所示界面。

第二步，在如图3-5界面中，勾选要绑定的账户或代理分组后，单击"确定"，生成待复核记录，由另一客户端管理员登录系统进入统一复核页面进行账户绑定复核。

（四）统一复核

所有业务操作提交后，均会生成一条待复核记录，系统自动生成交易流水号，由另一客户端管理员登录系统，单击左侧菜单栏用户管理 > 客户管理复核 > 统一复核，进入复核页面进行复核操作。具体流程如下：

第一步，勾选图3-10中一条或多条流水，单击"确认"。

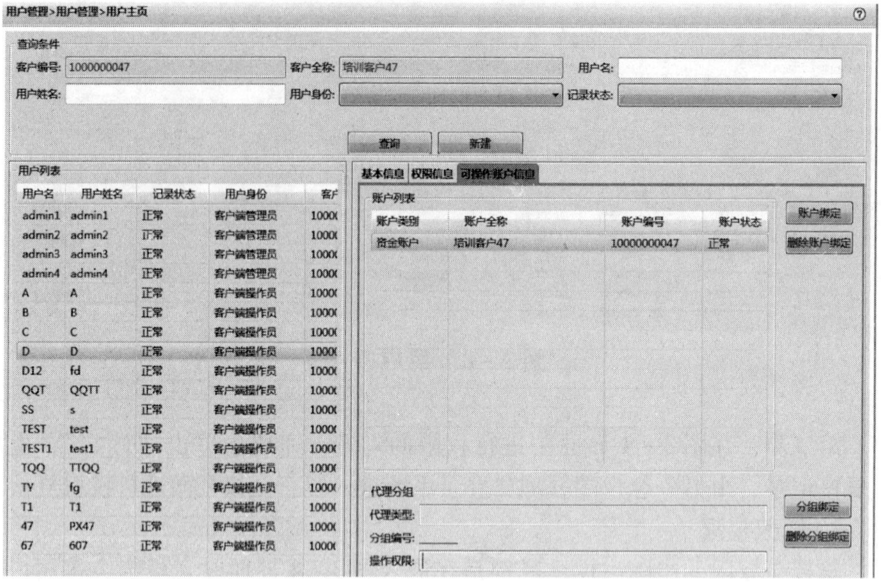

图 3 – 9　用户与账户绑定

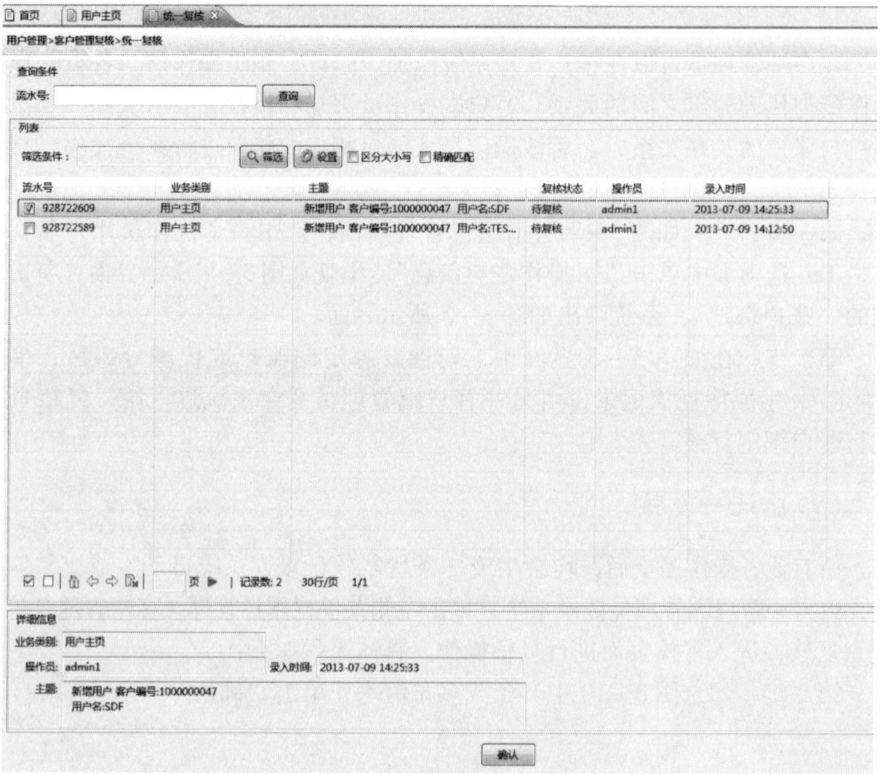

图 3 – 10　统一复核界面

第二步，业务要素核对无误的，在图 3 - 11 的界面中，单击"提交"按钮进行复核；勾选多条交易流水时，如对某条交易流水有疑义，可单击"跳过"按钮进入下一条记录。

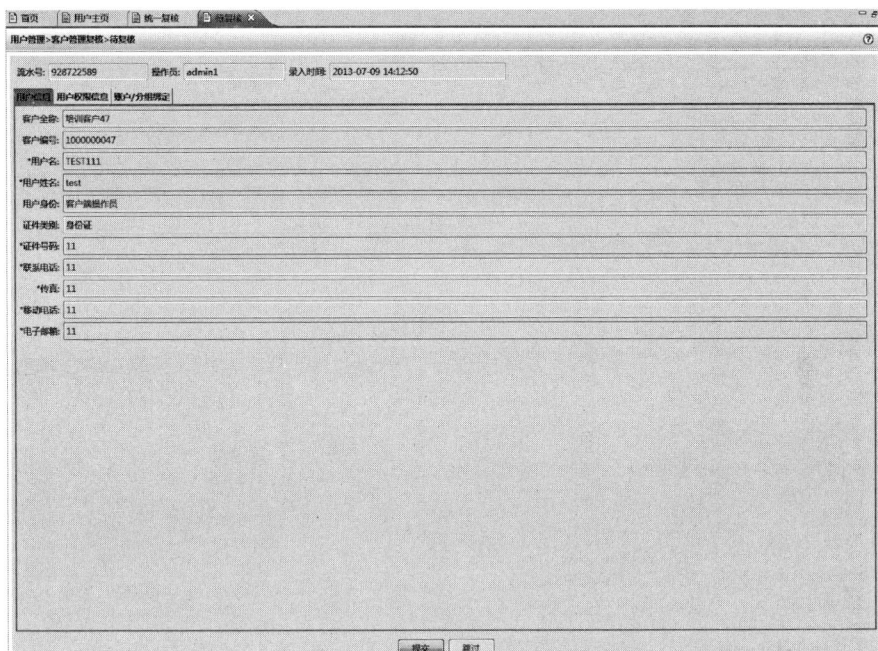

图 3 - 11 待复核界面

第三步，提交后系统会自动返回复核处理结果（如图 3 - 12 所示）。

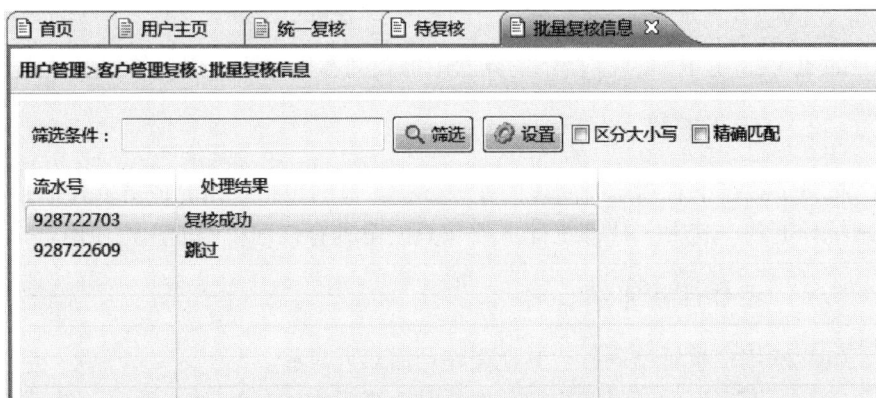

图 3 - 12 批量复核信息界面

（五）统一修改

对要素内容有误的流水，客户端管理员可进入如图3-13所示的界面中进行修改或删除，修改操作完成后，仍需由另一客户端管理员进行复核。

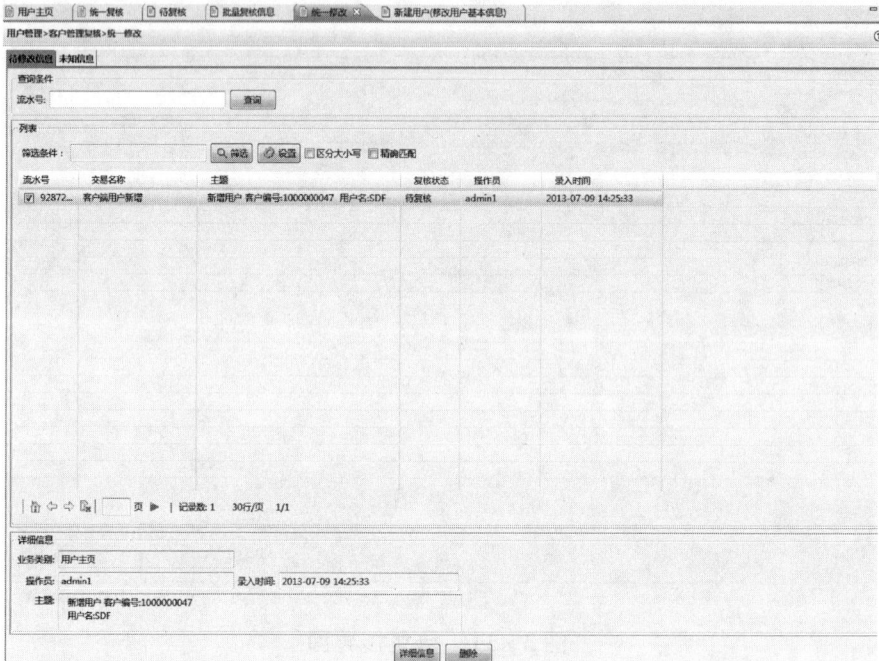

图3-13　统一修改界面

（六）高级查询-用户权限信息查询

如图3-14、图3-15所示的界面中可查询本机构所有用户的权限详情。

（七）批量下载

批量下载可下载指定时间段的业务数据。范围包括：结算成员资料下载和代理统计下载。其中"代理统计下载"只能由具有代理权限的用户使用。

（八）操作注意事项

（1）除用户重置密码外，其他操作均需双人复核。

（2）所有操作的结果在用户下次登录系统时生效。

（3）暂停和恢复用户：如果用户短期离岗，可以通过暂停功能停止相应人员的登录系统许可。被暂停的用户可以用"恢复"功能进行反向操作，恢复该用户的登录许可。用户暂停和恢复操作需要另一客户端管理员复核方能生效。

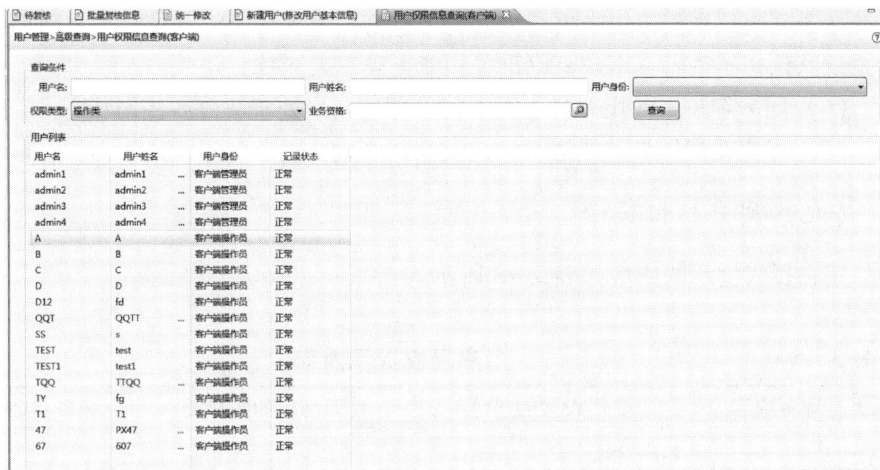

图 3 – 14　用户权限信息查询（客户端）界面

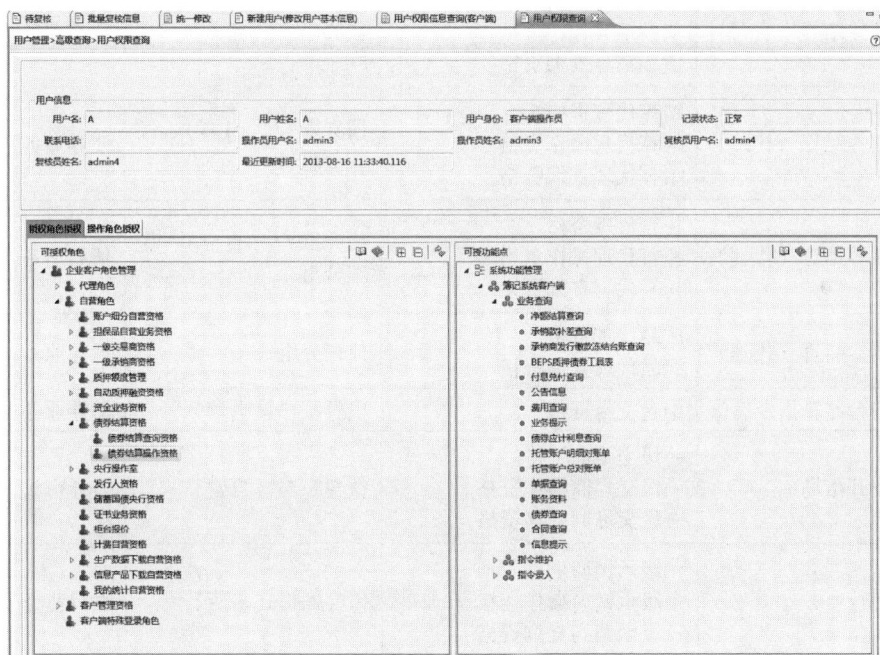

图 3 – 15　用户权限查询界面

（4）注销用户：如果特定用户已经离开相应岗位，可以用"注销"功能永久取消该用户。处于注销状态的用户其信息仍然在系统中保留。经办人员注销操作需要另一授权经办人员进行复核方能生效。

（5）用户密码重置：如果客户端操作员因长期未使用系统或其他原因而遗忘系统登录密码，客户端管理员可以通过密码重置功能将相应客户端操作员的登录密码重新设定为系统默认初始密码"111111"。如果客户端管理员遗忘系统登录密码，则需要由中央结算公司通过密码重置功能将登录密码重新设定为系统默认初始密码。用户密码重置功能无须双人复核。

（6）同一客户下的用户名不得重复，即使用户处于暂停或注销状态。

（7）客户端操作员只能进行用户资料的查询。

（九）用户授权提示

用户授权提示的内容如表 3 - 8 所示。

表 3 - 8 用户授权提示内容

办理业务内容	需设置的角色	需绑定的账户类别	业务功能
客户及用户管理	客户管理资格 客户管理操作资格 客户管理查询资格	—	客户管理
债券结算（自营）	债券结算资格 债券结算操作资格 债券结算查询资格	债券账户（自营）	债券业务
债券结算（代理）	结算代理资格 结算代理操作资格 结算代理查询资格	债券账户（自营）、代理分组	债券业务
债券结算（代理）	托管代理资格 托管代理操作资格 托管代理查询资格	债券账户（自营）、代理分组	债券业务
债券结算（代理）	产品代理资格 产品代理查询资格	代理分组	债券业务
柜台结算指令确认	柜台交易资格	债券账户（自营）	债券业务
公开市场	一级交易商资格 一级交易商操作资格 一级交易商查询资格	债券账户（自营）	公开市场
发行业务	一级承销商资格 一级承销商操作资格 一级承销商查询资格	债券账户（自营）	发行业务
国库现金	商业银行定期存款资格 商业银行定期存款操作资格 商业银行定期存款查询资格	债券账户（自营）	国库现金
质押额度管理	质押及授信额度管理 质押及授信额度管理操作资格 质押及授信额度管理查询资格 质押额度管理资格 质押额度管理操作资格 质押额度管理查询资格	债券账户（自营）	质押额度管理

办理业务内容	需设置的角色	需绑定的账户类别	业务功能
自动质押融资	自动质押融资资格 自动质押融资操作资格 自动质押融资查询资格	债券账户（自营）	自动质押融资
资金业务	资金业务资格	资金账户	资金业务
资金结算（代理）	资金结算代理资格 资金结算操作资格 资金结算查询资格	资金账户、代理分组	资金业务
资金结算（代理）	资金产品代理资格 资金产品查询资格	资金账户、代理分组	资金业务
证书管理	证书业务资格	债券账户（自营）	证书管理
柜台报价	柜台报价	债券账户（自营）	柜台报价
费用查询	计费自营资格	债券账户（自营）	费用查询
数据下载	生产数据下载自营资格 簿记下载资格 资金下载资格 客户管理下载资格	债券账户（自营） 资金账户 ——	债券业务 资金业务 客户管理
费用查询	计费代理资格	债券账户（自营）、代理分组	费用查询
数据下载	生产数据下载代理资格	债券账户（自营）、代理分组	债券业务 客户管理
信息产品 债券业务（托管账户总对账单含估值）	信息产品下载自营资格 公共数据下载资格 个体信息数据下载自营资格 承销数据下载资格 托管账户总对账单自营资格	—— —— —— 债券账户（自营）	信息产品 债券业务
个性化统计	个性化统计自营资格	债券账户（自营）	个性化统计
债券业务（托管账户对账单含估值）	信息产品下载代理资格 个体信息数据下载自营资格 托管账户总账单代理资格	债券账户（自营）	债券业务
个性化统计	个性化统计代理资格	债券账户（自营）、代理分组	个性化统计

债券登记与托管

债券登记与托管，是债券业务的基础环节，是确保交易结算准确的前提，也是明晰债权债务关系、保障投资人权益的有效途径，因此，债券登记托管业务是债券市场安全有效运行、防范市场风险的核心业务。

第一节 债券登记

一、债券登记

根据中国人民银行〔2009〕第 1 号《银行间债券市场债券登记托管结算管理办法》，债券登记是指债券登记托管结算机构以簿记方式依法确认债券持有人持有债券事实的行为。

债券登记包括债券初始登记、变更登记、受限登记、注销登记等类型。

二、债券初始登记

债券发行结束后，债券发行人应当向债券登记托管结算机构提供相关机构和组织出具的债券发行审批、核准、注册等文件复印件、有关发行文件及相关资料。债券登记托管结算机构应当根据债券发行募集资金收讫确认及时办理债券登记。

债券初始登记包括债券要素注册、承销商额度登记、债权债务登记等多个步骤。

（一）与债券初始登记有关的日期

在债券初始登记过程中经常遇到的日期如表 4-1 和图 4-1 所示。

表 4 – 1 与债券初始登记有关的日期

日期名称	日期含义
公告日	债券发行前，发行人在中国债券信息网等媒体上公布债券发行办法和发行通知的日期
招标日、簿记建档日	发行人招标、承销商投标的日期；发行人进行簿记建档的日期
起息日	债券开始计息的日期
分销开始日	承销商开始分销债券的日期
分销结束日	承销商停止办理分销的日期
缴款日	承销商向发行人缴款的日期
债权债务登记日	登记托管结算机构办理债权债务登记的日期，其办理依据是发行人提供的发行款到账确认书，意味着发行人与投资人之间的债权债务关系正式生效。该日一般在缴款日当日或缴款日之后的某一日。目前，各类债券的债权债务登记日有所不同
交易流通起始日	债券开始交易流通的日期

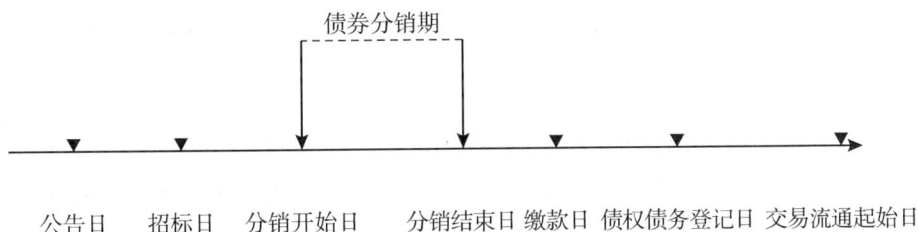

图 4 – 1 与债券初始登记有关的日期

（二）债券初始登记前的准备

发行人首次发行债券的，应在取得债券发行审批、核准或注册部门相关文件后，自行或委托主承销商与中央结算公司联系以下事宜：与中央结算公司签订《债券发行、登记及代理兑付服务协议》；开立发行账户；按照有关规定进行相关信息披露。具体参见本书第二章相关内容。

（三）债券要素注册与额度登记

通过中央结算公司发行系统发行债券的，对于国债、地方政府债和政策性银行债中央结算公司直接导入发行数据，并自动将承销额度记入承销商的债券账户承分销科目，对于其他券种，中央结算公司将依据发行人或主承销商提交的债券登记材料（表 4 – 2 中第一项和第三项）办理债券要素注册与额度登记。

发行人通过其他途径发行债券的，中央结算公司将根据发行人或主承销商提交的债券登记材料（如表 4 – 2 所示）办理债券要素注册并手工将承销额度录入承销商的债券账户承分销科目。

表 4 - 2　　　　　　　　　　**债券登记提交材料一览表**

材料名称	材料用途及说明
《债券注册要素表》（2010 年版）一份（发行人盖章）或《债券注册要素表——资产支持证券专用（2014 年版)》	记载与债券发行相关的各种要素。填写本要素表时请参考填写说明。详见本节第三部分
债券承销额度分配表一份（发行人或主承销商盖章）	记载各承销商所承销的债券额度
国际证券识别码系统基础数据资料表一份（发行人盖章）	用于国际证券识别码系统登记该债券的基础数据

中央结算公司收到上述材料后，办理债券要素注册和承销商额度登记手续。承销商可以通过客户端，查询其债券账户内的债券是否已进入到额度类科目。

（四）债券分销

债券分销是指承销商将其认购的并已记入其债券账户承分销科目的债券，分销给其他市场成员的过程。不具备债券承销商资格的认购人如果准备在债券发行期间认购债券，需要通过承销商进行分销认购。

在发行文件规定的债券分销期内，承销商根据与认购人的分销协议，通过客户端发送"债券分销"指令：系统据此减少承销商债券账户承分销科目余额，增加认购人债券账户承分销科目余额，并生成"债券分销过户确认单"。

如出现系统故障，承销商或认购人也可以采取分销应急方式办理分销业务。应急业务凭单可在中国债券信息网上自行下载。

（五）债权债务登记

中央结算公司于债权债务登记日后向发行人签发《证券发行登记完成确认书》。

如果发行人延迟提交发行款到账确认书导致当日债权债务关系无法确立的，则中央结算公司顺延办理债权债务登记手续。

三、债券注册要素的填写

近几年来，随着债券市场的不断发展，经各监管部门批准发行的新品种债券不断增加，发行人对债券期限、起息到期时间、计息天数、计息方式、节假日、闰年管理及债券要素关系等问题的处理也不断创新。与此同时，发行文件中公布的各种债券要素越来越复杂，但由于市场缺乏统一标准，实践中经常出现债券要素表述不清晰，内容不明确（如跨闰年债券的应付利息计算规则、选择权债券的日期确定、浮动利率债券的利率确定等），甚至出现某个或某些要素明显与市场惯例不符或者错误的现象，给投资人的理解和交易定价带来不便，也带来了极大的操作风险。

为便于市场成员全面地了解和掌握情况，中央结算公司根据历史经验和市场创新实践，对债券要素进行了较为全面的归纳总结，于2009年5月19日发布了《中央债券综合业务系统债券应付利息资金核算方法说明》。该方法遵循中国人民银行有关文件要求，以我国银行、证券业相关的财务会计准则和国际惯例为标准，计算合理、科学、公平，以便于投资人理解和操作及有利于二级市场交易流通为原则，体现了各类已发行债券对应付利息资金计算的普遍性要求。

为进一步做好债券登记工作，中央结算公司结合当前债券市场的实践，以核算方法为依据，更新设计编排了《债券注册要素表（2010年版）》与《债券注册要素表——资产支持证券专用（2014年版）》。新表不仅符合核算方法的标准要求，要素更加全面，栏目布局更加合理，还增加了简单、清晰和易理解的填写说明，有利于提高填写效率。《债券注册要素表（2010年版）》的内容及其填写说明见表4-3。《债券注册要素表——资产支持证券专用（2014年版）》的内容及填写说明见表4-7。

表4-3 　　　　债券注册要素表及填表说明（2010年版）

> 重要提示：1. 发行人或主承销商填写本表前请仔细阅读填表说明，请特别关注表中加黑栏目。2. 请根据实际发行情况选择性填写以下要素，确保所填内容真实准确完整，且与发行公告或募集说明书相关条款一致。3. 有单选或多选项，请在□中打钩。4. 没有或无关项，可不填。

（一）债券基本信息

1. 发行批文名称：	2. 批准文号：
3. 债券全称：	
4. 主承销商全称：	
5. 债券期限：	6. 期限单位：□年□月□日（选一项）
7. 计划发行总额：　　　　万元	8. 实际发行总额：　　　　万元
9. 起息日：　　年　　月　　日	10. 到期兑付日：　　年　　月　　日
11. 发行开始日：　　年　　月　　日	12. 发行结束日：　　年　　月　　日

续表

13. 分销开始日: 年 月 日	14. 分销结束日: 年 月 日
15. 公告日: 年 月 日	16. 承销缴款日: 年 月 日
17. 发行价格: 元/百元面值	
18. 发行范围(可多选):□银行间市场□柜台市场□上交所市场□深交所市场□其他	
19. 债券评级机构简称:	20. 债券信用级别:	21. 发行人信用级别:
22. 担保方式(可多选):□担保或保证 □质押 □抵押 □其他	
23. 担保机构全称:	
24. 担保机构评级机构简称:	25. 担保机构信用级别:
26. 计息方式(选一项): □贴现式 □零息式 □利随本清式 □附息式固定利率 □附息式浮动利率 □无	

（二）利率、闰年计息天数信息（利随本清式、附息式债券需填写此栏）

27. 发行时票面利率:				%	
28. 计息年度天数	□365 天	闰年计息天数	□365 天	2 月 29 日是否计息	□计息
					□不计息
			□366 天		
	□360 天	整月计息天数	□30 天		
			□实际天数		

（三）附息式债券的付息信息（附息式债券需填写此栏）

29. 付息日: 说明:	30. 付息频率: 个月/次 说明:
31. 利息分配方式: □平均分配 □按实际天数分配	

（四）附息式浮动利率债券的利率确定信息（附息式浮动利率债券需填写此栏）

32. 基准利率: %	33. 基准利率种类名称:	34. 发行时利差: %
35. 是否有利率上限:□是, %；□否 说明:	36. 是否有保底利率:□是, %；□否 说明:	

37. 基准利率生效方式	□付息后生效	生效时期：□计息期有效　□计息年度有效
	□当期生效	
	□指定条件生效	生效条件： □基准利率变动后固定间隔时间生效 □付息前指定日期的有效基准利率

（五）含权信息（含权债券需填写此栏）

含权类型（可多选）	行权详情
38. □发行人赎回权	39. 选择权公告日：　　年　　月　　日（第　　个计息期） 说明：
	40. 赎回价格：　　　　　　　　　　元/百元面值
	41. 选择权行使日：　　年　　月　　日（第　　个计息期）
	42. 发行人不行权，后几年债券的利率或利差：　　　　% 说明：
43. □投资人回售选择权	44. 回售登记期及选择权行使日（可扩展）： 第1次：　年　　月　　日至　　年　　月　　日；　年 月　　日（第　　个计息期）；回售价格：　　元/百元； 说明：
	45. 选择权行使触发条件：□无□有　说明具体条件：
46. □发行人上调票面利率选择权　说明：公告时间、利率调整信息	
47. □发行人合并债券选择权　说明：并入债券名称和代码、合并日期	
48. □投资人调换债券选择权　说明：换入债券名称和代码、调换日期	
49. □发行人/投资人递延兑付选择权　说明：递延期限、递延后利率信息	
50. □投资人定向转让选择权　　说明：受让人名称、受让人债券账号、受让价格、 转让申请登记期、转让结算日	
51. □其他选择权　　　　　　　　说明：	

（六）发行人提前偿还本金计划信息（有提前偿还本金计划安排的债券填写此栏）

52. 还本计划（可扩展）： 第1次：　　年　　月　　日（第　　计息期），本次偿还金额占发行总额比例　　%或 本次偿还金额　　万元

（七）集合类债券信息（集合类债券需填写此栏）

请列表写明各发行人全称、各发行人发行额度、各发行人主体评级结果以及其他相关信息。

（八）其他信息（其他需要说明的填写此栏）

（九）印鉴信息

兹声明：以上所填内容真实有效，请按以上信息办理债券登记手续，现予以确认。

发行人联系人：　　　　　手机：

主承销商联系人：　　　　手机：

53. 发行人全称：　　　　　　　　　　　　　　　　　（单位公章）

　　提交时间：　　年　月　日　时　分

　　注：如发行人就本债券的《债券承销额度分配表》委托主承销商提供，则以主承销商签章后的《债券承销额度分配表》为准。

债券注册要素表填表说明

本说明供发行人和主承销商填写债券注册要素表时参考使用，在提交债券注册要素表时可不提供本说明。

本说明依据中国人民银行的有关规定及中债字〔2009〕38 号"关于公布《中央债券综合业务系统债券应付利息资金核算方法说明》的通知"制作。如有疑义，请直接与中央结算公司联系。

各项要素含义或填法、选法如下：

（1）第 1 项填债券发行主管部门的审批、核准、备案的法律性文件全称，如"接受注册通知书"。

（2）第 2 项填债券发行主管部门审批、核准、备案的法律性文件的文件编号，如"中市协注〔2009〕CP145 号"。

（3）第 3 项填发行公告或募集说明书中披露的拟发行债券全称。最长字符长度为 82 位，或最长可输入 40 位汉字。

（4）第 4 项填主承销商机构全称。可填多家主承销商，排在第一的视为第一主承销商。

（5）第 5 项填拟发行债券的实际期限，为阿拉伯数字。

（6）第 6 项债券期限单位分年、月、日三种，一只债券只能选择一种。债券期限应为期限单位的整数倍，如 1 年、2 年、3～20 年……，1 月、2 月、3～15 月……，7 日、14 日、92～467 日……，不能有 1.5 年、2.3 月等。

（7）第 10 项是发行公告中确定的到期本息兑付日期。（1）债券期限单位

为"日"的，兑付日为起息日加上期限天数对应的日期。（2）债券期限单位
为"月"的，兑付日为起息日所在年、月、日加上期限月份数后对应的年、
月、日。如起息日是2007年3月28日，期限4个月，则到期日为2007年7月
28日。当起息日是31日，如到期年份的该月份没有31日，即该月最后一日
是30日或28日（非闰年的2月）或29日（闰年的2月），则兑付日为30日
或28日或29日。起息日是30日，到期月份是2月，则兑付日为28日或29
日。（3）债券期限单位为"年"的，兑付日为起息年份加上期限年数对应年份
的对应月份、日期；如兑付年份该月没有该日，则按照前面兑付日的要求确定。

（8）第11～14项的关系是：发行开始日≤分销开始日≤分销结束日≤发
行结束日。

（9）第17项指该债券按百元面值计的实际发行价格。如"100.235元/百
元"、"95.69元/百元"。

（10）第18项填该债券发行的市场或场所。

（11）第26项计息方式分贴现、零息、利随本清和附息（附息式固定利
率和附息式浮动利率）四种，一只债券只能选择其中一种。具体含义如表4－4
所示。

表4－4   计息方式

计息方式	发行价格特点	期限特点	存续期间是否支付利息或本金
贴现式	一般低于100元/百元面额	不超过一年（含）	不支付
零息式	一般低于100元/百元面额；如为本息剥离债，则无发行价格	超过一年	不支付
利随本清式	高于、等于或低于100元/百元面额	任何期限	不支付
附息式	高于、等于或低于100元/百元面额	任何期限	支付利息，可能支付本金

（12）第27项填债券发行时的票面利率。贴现、零息债不填，利随本清
和附息式债券填写。

（13）第28项计息年度是指债券生命周期中，从债券起息日开始的一个
完整的自然年度。计息年度天数是指一年的计息天数基数，分365天/年（闰
年为366天或365天）和360天/年两种，一只债券只能选择其中一种。境内
人民币债券建议采用365天/年，境内外币债券可采用360天/年。建议尽可能
采用365天/年。

计息年度天数选择365天的，如债券存续期跨越闰年，还要选择闰年计息
年度天数（闰年计息年度以其一个完整的计息年度内是否跨越闰年中2月29
日为标准确定），分365天和366天两种。闰年计息年度天数选择365天的，

还要选择 2 月 29 日是否计息。

计息年度天数选择 360 天/年的，需选择整月计息天数，分 30 天和实际天数两种（见表 4 - 5）。

表 4 - 5　　　　　　　计息年度天数基数分类分层选择含义

第一层选择	第二层选择	第三层选择	含义
365 天	闰年按照 365 天计息	2 月 29 日计息	非闰年按照 365 天计算每天利息，乘 365 天为全年应付利息金额；遇到闰年时，该年按照 365 天计算每天应计利息，乘 366 天为全年应付利息金额
		2 月 29 日不计息	非闰年按照 365 天计算每天利息，乘 365 天为全年应付利息金额；遇到闰年时，该年按照 365 天计算每天利息，乘 365 天为全年应付利息金额
	闰年按照 366 天计息	无	非闰年按照 365 天计算每天利息，乘 365 天为全年应付利息金额；遇到闰年时，该年按照 366 天计算每天利息，乘 366 天为全年应付利息金额
360 天	每月按照 30 天计息	无	按照 360 天计算每天利息，乘 30 天为每月利息金额，乘 360 天为全年应付利息金额。无论该月是 28 天、29 天、30 天还是 31 天，满一整月的一律按照 30 天计算，全年则按照 360 天计算
	每月按照该月实际天数计息	无	按照 360 天计算每天利息，乘该月实际天数为该月利息金额，乘 365 天（闰年 366 天）得全年应付利息金额

（14）附息式债券需填第 29 项。填每次付息日期，如：

①每年付息一次，各年度的付息日为存续期内各年中与起息日相同的日期，如果某年中无该日期，按兑付日的要求确定。如每年 4 月 20 日。②半年付息一次，起息日所在月份加 6 个月后的对应自然日为付息日，以下依此类推；如某计息期中无该日期，按兑付日的要求确定。如每年 4 月 20 日和 10 月 20 日。③按"季度"付息，起息日所在月份加 3 个月后的对应自然日为付息日，以下依此类推；如某计息期中无该日期，按兑付日的要求确定。如每季度 20 日。④按"月"付息，则付息日为每月中与起息日相同的日子，如某月中无该日期，按兑付日的要求确定。如每月 20 日。建议按照以上规则设计付息周期和付息日。⑤如该债券的付息日不按以上规则确定，则详细写明。

（15）附息式债券需填第 30 项。如"12 个月/次"指 12 个月付息一次，"6 个月/次"指 6 个月付息一次。如该债券的付息频率不按以上规则确定，请详细写明，如"×天/次"、"×天/第一次"、"×天/第二次"或实际付息日期等。

建议按照"×个月/次"设计付息频率。

（16）付息频率一年超过一次的附息式债券需填第 31 项。平均分配是指全年利息按照付息频率在各计息期间平均分配；按实际天数分配是指全年利息按照各计息期的实际天数计算。

（17）基准利率生效方式、生效条件和生效时期含义如表 4－6 所示。

表 4－6　　　　基准利率生效方式、生效条件和生效时期含义

第一层次选择：基准利率生效方式	第二层次选择：生效条件	第三层次选择：基准利率生效时期	含义和要求
当期生效	无	计息期有效（唯一选择）	基准利率一旦变动，本计息期执行利率即随之变动。因此其有效时期也只能是本计息期
付息后生效	无	年度有效	基准利率发生变化时，本计息期执行利率不变，付息后的下一个计息年度变动。按照完整计息年度确定执行利率。一个完整计息年度内尽管多次付息，但仍执行该计息年度初的基准利率，下一个完整计息年度按下一计息年度起息日当日或起息日前某一天的最新基准利率执行
		计息期有效（最常见）	基准利率发生变化时，本计息期执行利率不变，付息后的下一个计息期变更。每次付息后的下一计息期按该计息期起息日当日或起息日前某一天的最新基准利率执行
指定条件生效	基准利率变动后固定间隔时间生效	无	以该基准利率变动之日起预先确定的时间后该基准利率生效，此前仍执行原利率。因此一个计息期内可能有分段计息利率
	付息前指定日期的有效基准利率	计息期有效	付息时，本计息期的执行利率按照预先确定的付息前某个时间的最新基准利率执行

（18）第 42 项，发行人如不行使赎回权，则需要确定新的票面利率（或利差）。如为附息式固定利率债券，则填写利率；如为附息式浮动利率债券，则填写利差和基准利率名称。需要说明的，请填写说明。

（19）第 44 项按投资人回售期次填写，注明每次回售开始日期和截止日

期。行使日为每次回售所在计息期的付息日。如有特殊条款的，请填写说明。

（20）第45项选择权行使触发条件是指投资人行使回售选择权的满足条件。如无，则填"无"；如有，则填写具体条件。

（21）本表由发行人加盖单位法人公章。

如发行人就本债券的《债券承销额度分配表》委托主承销商提供，则以主承销商签章后的《债券承销额度分配表》为准。

集合类债券发行采取各发行人统一授权主承销商办理登记手续的，本表由授权主承销商签章；不采取各发行人统一授权主承销商办理登记手续的，本表由主承销商制表、各发行人分别加盖各自的法人公章后，统一由主承销商交中央结算公司。

表 4 - 7　　债券注册要素表——资产支持证券专用（2014 年版）

重要提示：1. 发行人或主承销商填写本表前请仔细阅读填表说明，请特别关注加黑栏目。2. 请根据实际发行情况选择性填写以下要素，确保所填内容真实准确，且与发行公告或募集说明书相关条款一致。3. 有单选或多选项，请在□中打钩。4. 没有或无关项，可不填。

（一）基本信息

1. 发行批文名称：	2. 批准文号：
3. 发起/委托机构名称：	4. 发起/委托机构债券账号：
5. 受托机构名称：	6. 受托机构债券账号：
7. 贷款服务机构名称：	8. 贷款服务机构债券账号：
9. 资金保管机构名称：	10. 资金保管机构债券账号：
11. 主承销商名称：	12. 交易管理人机构名称：
13. 资产池名称：	14. 资产规模：　　　　万元
15. 资产种类：□信贷资产　□住房抵押贷款　□其他：	
16. 证券化方式：□信托　□资产　□其他：	
17. 发行开始日：　年　　月　　日	18. 发行结束日：　年　　月　　日
19. 分销开始日：　年　　月　　日	20. 分销结束日：　年　　月　　日
21. 公告日：　年　　月　　日	22. 承销缴款日：　年　　月　　日

（二）分档品种信息

档次结构	优先档			次级档
	优先 A 档	优先 B 档	- - - （向右扩充）	
23. 证券全称				
24. 实际期限单位	□年□月□日	□年□月□日		□年□月□日
25. 实际期限				
26. 加权平均期限单位	□年□月□日	□年□月□日		□年□月□日
27. 加权平均期限				
28. 实际发行额（万元）				
29. 发行价格（元/百元）				
30. 起息日				
31. 预期到期日				
32. 法定到期日				
33. 存续期内有无付息	□有□无	□有□无		□有□无
34. 第一次付息日				
35. 计息方式	□附息固定利率 □附息浮动利率 □贴现式 □零息式 □利随本清式	□附息固定利率 □附息浮动利率 □贴现式 □零息式 □利随本清式		36. 说明：
37. 付息频率（月/次）				
38. 发行时票面利率				
39. 基准利率要素（附息浮动利率债填写）	基准利率名称			
	发行时基准利率			
	利差			
	是否有利率上限	□是， %；□否 说明：	□是， %；□否 说明：	
	是否有保底利率	□是， %；□否 说明：	□是， %；□否 说明：	
40. 债券信用级别				
41. 信用评级机构简称				
42. 担保机构及信用级别（如有）				

（三）利率、闰年计息天数信息（有利随本清式、附息式债券需填写此栏）

43. 计息年度天数	□365 天	闰年计息天数	□365 天	2 月 29 日是否计息	□计息
					□不计息
			□366 天		
	□360 天	整月计息天数	□30 天		
			□实际天数		
44. 利息分配方式：	□平均分配		□按实际天数分配		

（四）附息式浮动利率债券的利率确定信息

45. 基准利率生效方式	□付息后生效	生效时期：□计息期有效　□计息年度有效 □自然年度有效
	□当期生效	
	□指定条件生效	□基准利率变动后固定间隔时间　　　　　生效
		□付息前指定日期　　　　　的有效基准利率
		□基准利率调整后指定日期生效：每年__月__日生效

（五）资产支持证券优先档各计息期安排一览表

证券代码：　　　　　　证券简称：

计息期次	起息日（含）	结息日（不含）
首个计息期		
第 2 个计息期——倒数第 2 个计息期		
最后计息期		

（本表可添加）

备注：1. 按年付息和按季付息的，填写__月__日，按月付息的，填写__日。

2. 除首个计息期结息日外，存续期内的每个结息日应按照规定的付息频率设定。自第二个结息日起，结息日的日期（此处仅指日期，不包含年份及月份）应为与第一个结息日所对应的自然日并固定不变，即遇节假日时，结息日不变。

（六）其他信息（其他需要说明的填写此栏）

（七）印鉴信息

兹声明：以上所填内容真实有效，请按以上信息办理债券登记手续，现予以确认。

发行人联系人：　　　　　　　　手机：
主承销商联系人：　　　　　　　手机：

46. 发行人全称：　　　　　　　　　　　　　　　（单位公章）

　　提交时间：　　　年　　月　　日　　时　　分

注：如发行人就本债券的《债券承销额度分配表》委托主承销商提供，则以主承销商签章后《债券承销额度分配表》为准。

填写说明：

1. "14. 资产规模"项应填写资产池的规模，而不是此次发行的资产支持证券的总规模，最多保留四位小数；

2. "24. 实际期限单位"项必须精确到"日"；

3. "28. 实际发行额（万元）"项最多可保留四位小数；

4. "五、资产支持证券优先档各计息期安排一览表"此部分为资产支持证券必填项，所有优先档均须正确填写计息期信息。

以上要素如有变化，以最新发布的通知为准。

四、债券交易流通

债券交易流通是指经批准后债券可以在银行间债券市场投资者之间流通转让。

根据中国人民银行公告［2015］第9号文规定：依法发行的各类债券，债权债务关系确立并登记完毕后，即可在银行间债券市场交易流通。

五、其他登记

（一）变更登记

债券因交易结算、非交易过户、选择权行使等原因引起债券账户余额变化的，债券登记托管结算机构应当办理变更登记。涉及二级托管账户的，柜台交易承办银行和其他交易场所证券登记托管结算机构等应当为二级托管账户持有人办理变更登记。

因分立、合并或解散等原因导致债券发行人变更的，债务承继人应当及时向债券登记托管结算机构提交相关证明材料，债券登记托管结算机构应当依法及时办理变更登记。

（二）受限登记

债券登记托管结算机构可依法为债券持有人提供债券质押登记服务，对相应债券进行冻结；或依照法律法规对债券进行冻结。债券被冻结时，债券登记托管结算机构应当在相应债券账户内加以明确标记，以表明债券权利受到限制。

（三）注销登记

因到期兑付、提前兑付、选择权行使等原因导致债权债务终止的，债券登记托管结算机构应当办理债券注销登记；涉及二级托管账户的，柜台交易承办银行和其他交易场所证券登记托管结算机构等应当及时办理托管债券余额注销。

仍处于冻结状态的债券到期兑付时，债券登记托管结算机构应当提存其本息，待相关当事人出具有效法律文件后，按有关规定办理。

（四）派生债券登记

债券存续期内，因债券发行人预先约定或债券持有人合法要求而派生的债券，债券登记托管结算机构应当根据发行文件和债券持有人的委托，办理派生债券的登记。

第二节 特殊债券登记

目前债券市场上特殊类债券种类繁多，既有含有各种权利的债券，也有要素不规则的品种。作为发行人，应尽量明确该只债券所涉及的各种要素条件，以利于登记等相关工作的顺利进行。作为债券投资人，也应对这些债券的基本特征有所了解，避免出现操作风险。本节对市场上已有的特殊品种进行了总结，方便投资人认识和掌握其基本特征。

一、发行人选择权类债券

发行人选择权类债券一般包括附单纯发行人赎回权债券、附发行人上调票面利率选择权债券、附发行人确定担保选择权债券、附发行人合并（增发）债券选择权债券附发行人递延支付选择权等品种。

（一）附单纯发行人赎回选择权债券

其基本特征是，在债券的存续期内，发行人有权利在计划赎回日按面值赎回全部或部分该债券，如果不赎回，一般在存续期的后几年进行票面利率调整。该类债券的实际存续期存在不确定性。目前，主要在政策性金融债、企业债、商业银行债、中期票据等品种中含有此权。

关于后几年利率调整，在实务中至少又分为以下几种情况：

附息式固定利率债券的，后几年的票面利率在原定利率基础上增加确定的百分点。这种情况应用较多。

[例4-1] 2010 年河北银行股份有限公司次级债券（1020004）规定："本期债券前 5 年票面年利率为 5.95%，在本期债券的前 5 年固定不变；如在第 5 年末发行人不行使赎回权，则本期债券后 5 年票面年利率为前 5 年票面年利率加 3 个百分点（3%）"。

附息式固定利率债券的，后几年的票面利率在原定利率基础上增加不确定的（即区间）百分点。这种情况应用较少。

[例4-2] 中国商用飞机有限责任公司 2010 年度第一期中期票据（1082008）规定："本期中期票据第 3 个付息日，本公司有权选择按面值全额赎回本期中期票据。如果本公司不行使赎回权，则本期票据第 4、5 个计息年度的票面利率将根据簿记建档结果在初始发行利率的基础上提高 100~250BP（1.00%~2.50%），以本期中期票据发行申购要约为准。"

附息式固定利率债券的，后几年的票面利率在发行时未提及、待赎回前才知晓，如 2010 年中信银行股份有限公司次级债券。这种情况应用较少。

附息式浮动利率债券的，后几年的基本利差在原定利差基础上增加若干个百分点。这种情况应用不多。

[例4-3] 2005 年中国工商银行债券第一期品种三（050503）规定："前 5 个计息年度基本利差由承销团成员投标确定；如果发行人不行使赎回权，则从第 6 个计息年度开始到本期债券品种三到期为止，后 5 个计息年度基本利差为原招标确定的利差加 1 个百分点（1%）。"

目前市场上关于此类债券又出现了新的创新，即发行人的赎回日期不确定，同时也无后续利率调整说明。

[例4-4] 2010 年中国民生银行次级债券（1008001）规定："本期债券为设定一次赎回权的 10 年期债券。本期债券设定一次发行人提前赎回的权利，即在本期债券发行满 5 年之日起至到期日期间，经中国银监会批准，发行人有权按面值一次性赎回全部或部分本期债券。发行人行使提前赎回的权利无须征得债券持有人的同意。"本债券的赎回日并非某个固定的付息日，而是在后几年的任何一天。

对于单纯附有发行人选择赎回权的债券，发行人通常在行使赎回权之前，至少提前一定期限发出债券赎回公告，因此，投资人应注意公告日期，提前做好准备。对于发行人是否会选择赎回，其判断的主要因素：一是目前市场收益率曲线中所隐含的远期收益率状况；二是该类品种后续票息附加值的高低（假设发行人不执行赎回权利)。如果两者相比,前者高于后者,则基本可以判断出发行人不会行使赎回权利。

(二) 附发行人上调票面利率选择权债券

其基本特征是,在债券存续期内,发行人有权调整票面利率。目前的做法多是在发行文件中规定一个利率调整的区间(个别的债券未确定区间,甚至调整方向),因此利率存在很大的不确定性。在企业债、中期票据等品种中多含有此权。此类债券在附有此权的基础上通常还附有投资人回售选择权。

[例4-5] 2008 年昆明市城建投资开发有限责任公司公司债券 (08800)规定:"发行人有权决定在本期债券存续期的第 3 年末上调本期债券后 2 年的票面利率,上调幅度为 0~100 个基点(含本数)。"这种情况是主流模式。

[例4-6] 浙江省交通投资集团有限公司 2009 年度第 2 期中期票据(0982110)规定:"在本期中期票据存续期内的第 5 个计息年度末,发行人可选择提升或降低票面利率,票面年利率为本期中期票据存续期前 5 年票面年利率加或减发行人选择的提升或降低的基点,在本期中期票据存续期后 2年固定不变。"这种既未确定利率调整区间、也未确定调整方向的情况极为个别。

对于此类债券,发行人一般会在发行文件上明确上调票面利率公告日期。

(三) 附发行人确定担保选择权债券

其基本特征是,在债券的存续期内,如发行人无法就债券剩余年限设立新的担保,则发行人将赎回债券。在少数企业债中含有此权,如 08 东特、09 神火、09 中小大连等。此类债券在附有此权的基础上通常还附有投资人回售选择权和发行人赎回选择权。

[例4-7] 2009 年河南神火集团有限公司公司债券 (098046) 规定:"本期债券担保期限与债券存续期限存在差异,若本期债券存续期的第 5 个计息年度期满前发行人能就本期债券剩余期限设立新的担保,在发行人发出后续担保情况公告后,投资者有权在回售登记期内选择继续持有本期债券或行使回售选择权将债券回售给发行人;若本期债券存续期的第 5 个计息年度期满前发行人无法就债券剩余年限设立新的担保,则发行人将发出赎回公告将本期债券按面额全部赎回,并将于赎回期内兑付债券的本金及利息。"

对于此类债券,发行人一般会在发行文件上明确后续担保情况公告日期。投资者应关注此日期,做好进一步的投资决策。

(四) 附发行人合并 (增发) 债券选择权债券

其基本特征是,发行人在发行文件中规定增发或合并债券的权利。目前在政策性金融债券、国债等品种中有此应用。

[**例4-8**]国家开发银行2003年第22、23期金融债券（030222、030223）规定："2003年第22、23期金融债券的票面利率、起息日和到期日同我行发行的2001年第9期债券。两期债券上市后合并交易。"

[**例4-9**]国家开发银行2010年第16期金融债券（100216）规定："本期金融债券为2010年第7期金融债券的增发债券；本期债券上市后同我行2010年第7期金融债券合并交易；发行人对本期债券保留增发权利。"

对于此类债券，投资者应关注合并或增发的历史情况以及相关日期。

（五）附发行人递延支付选择权

其基本特征是，发行人在发行文件中规定递延支付利息的权利。目前在企业债、金融债中有此应用。

[**例4-10**]2011年深圳发展银行股份有限公司第一期混合资本债券（1116001）规定："本期债券到期前，若发行人参照最近一期经审计的财务报告计算的核心资本充足率低于4%，发行人有权选择延期支付利息；若与此同时发行人最近一期经审计的资产负债表上盈余公积与未分配利润之和为负，且最近12个月内未向普通股股东支付现金股利（向普通股股东支付现金股利的日期以发行人股东大会审议通过关于支付现金股利决议的日期为准），则发行人必须延期支付利息。本期债券到期时，若（1）发行人无力偿付受偿顺序在本期债券之前的债务，或（2）发行人偿付本期债券将导致无力偿付受偿顺序在本期债券之前的债务，则本期债券的持有人应暂停索偿权。在此情形下，发行人有权延期支付本期债券本金和所有应付利息。

发行人延期支付利息的，则延期支付的利息构成欠息，欠息将根据适用于本期债券的利率计算利息。发行人延期支付利息应事先得到中国银监会的批准并报人民银行备案。当发行人不满足利息递延的条件时，欠息及欠息孳生利息应立即到期并予以支付"。

对于此类债券，发行人一般会在到期前发布公告，明确付息/延期支付利息事宜。

二、投资人选择权类债券

投资人选择权类债券一般包括附单纯投资人回售选择权债券、附投资人调换选择权债券、附投资人定向转让选择权债券、附投资人延期兑付选择权债券等品种。

（一）附单纯投资人回售选择权债券

其基本特征是，在债券存续期规定的时间内，债券持有人对其持有的债券可选择按规定的价格全部或部分回售给发行人。关于规定的价格有两种方式：一种是按面值；另一种是按固定价格。该类债券目前在政策性金融债、企业债、证券公司债、中期票据等品种中有大量应用。

[例4-11] 国家开发银行 2005 年第 7 期金融债券（050207）规定："本期债券的持有人可选择在 2006 年 6 月 1 日、2007 年 6 月 1 日、2008 年 6 月 1 日及 2009 年 6 月 1 日向发行人全部或部分回售债券，回售价格为 99.8 元/百元面值，即发行人按每百元面值向投资人支付 99.8 元本金。利息计算方法不变（仍按 100 元本金面值计算）。"

[例4-12] 中国石油天然气股份有限公司 2010 年度第 2 期中期票据（1082101）规定："发行人作出关于是否调整本期中期票据票面利率及调整幅度的公告后，投资者有权在投资者回售登记期内进行登记，将持有的本期中期票据按面值全部或部分回售给发行人，或选择继续持有本期中期票据。"

对于此类债券，投资者需要关注的首先是做出是否回售的判断，可以考虑的因素有回售价格、自身资金情况、票息情况、市场利率情况、其他权利行使情况等；其次要关注回售登记期和赎回日期等要素，在规定的时间内完成回售登记，避免遗忘和错误登记。

如债券持有人拟行使回售权利，需在发行人公告的回售申请期间内通过中债综合业务系统客户端发送"投资人回售"指令。指令发送成功后，系统指令状态显示"合法"。在回售申请期间内，该指令可以多次发送，但系统以最新指令为准。为便于回售成功，投资人应确保拟回售的债券在回售申请截止日"可用"科目有足够的余额。在回售申请截止日日终，系统将对投资人发送的回售指令进行检查，如投资人托管账户内拟回售债券"可用"科目下余额足够，则做冻结处理；如不足，则做回售失败处理。回售成功的债券持有人将于行权日收到回售债券的本息资金。

（二）附投资人调换选择权债券

其基本特征是，在债券存续期规定的时间内，债券持有人可以选择将持有的全部或部分债券按规定的价格和比例调换为另一只债券。目前在政策性金融债、商业银行债、企业债券中有少量的应用。

[例4-13] 国家开发银行 2011 年第 17 期金融债券（110217）规定："2012 年 3 月 24 日本期债券持有人有权选择将持有的全部或部分债券调换为我行发行的 2011 年第十六期债券。债券按面值调换，调换比例为 1:1，调换数量最低为面值 1 000 万或其整数倍。并于 2012 年 3 月 14~21 日期间向中央结算公司提出调换债券的指令。"

[例4-14] 国家开发银行 2010 年第 34、35、36 期金融债券（100234、100235、100236）规定：债券存续期内，这三期债券中的任何一期的持有人有权选择将持有的全部或部分债券调换为另外两期债券，"调换日为每年 3 月 7

日、6月7日、9月7日、12月7日，债券按面值调换，调换比例为1:1，调换数量最低为面值1 000万或其整数倍。每年2月7~21日，5月7~21日，8月7~21日，11月7~21日期间向中央结算公司提出调换债券的指令。每期债券到期日前不注销，调换后债券托管量可为零，投资人仍可将另外两期债券调换为该期债券。"本案的特点是三期债券之间可以互转。

［例4-15］2004年中国华电集团公司企业债券（048010、048011）规定："投资者有权利选择在本期债券第三次付息后将持有的全部或部分本期固定利率债券按1:1的比例调换为本期浮动利率债券，或将持有的全部或部分本期浮动利率债券按1:1的比例调换为本期固定利率债券。投资者必须在调换申请受理期限内行使选择权，且选择权只能行使一次。"本案的特点是两个品种之间可以互转。

对于此类债券，投资者需要关注的首先是做出是否调换的判断，可以考虑的因素有调换比例、调换券种情况、自身资金情况、票息情况、市场利率情况等；其次要关注调换登记期，在规定的时间内完成调换登记。

如债券持有人拟行使调换权利，需在发行人公告的调换申请期间内通过中债综合业务系统客户端发送"投资人债券调换"指令。指令发送成功后，系统指令状态显示"合法"。在调换申请期间内，该指令可以多次发送，但系统以最新指令为准。为便于调换成功，投资人应确保拟换出的债券在调换申请截止日"可用"科目有足够的余额。在调换申请截止日日终，系统将对投资人发送的调换指令进行检查，如投资人托管账户内拟换出债券"可用"科目下余额足够，则做冻结处理；如不足，则做调换失败处理。

在行权日，系统自动进行债券调换操作。

（三）附投资人定向转让选择权债券

其基本特征是，在债券存续期规定的时间内，投资人可以选择将全部或部分本期债券按规定的价格转让给规定的第三人。目前在少数企业债券中有此应用。关于转让的第三人，有转让给主承销商的，也有转让给担保机构或再担保机构的。关于投资人可行权次数，有一次的，也有多次的。

［例4-16］2010年武汉市中小企业集合债券（1080045）规定："本期债券投资人享有5次全部或部分转让本期债券给武汉国有资产经营公司的权利，行权的频率为从本期债券的首个起息日起每半年一次，转让净价为本期债券面值。欲行使定向转让选择权的投资人须在投资人定向转让登记期内进行登记，在投资人定向转让期内向武汉国有资产经营公司实施转让。"本案第三人是再担保人，且投资人行权频率为多次。

［例4-17］2007年上海华谊（集团）公司企业债券（078058）规定："投资人有权选择在本期债券第2、4、6、8、10、12、14、16、18个计息期末将持有的本期债券全部或部分转让给主承销商海通证券股份有限公司，转让净

价为本期债券面值。欲行使定向转让选择权的投资者须在投资人定向转让登记期内进行登记，在投资人定向转让期内向主承销商实施转让。"本案第三人是主承销商，投资人也有多次权利。

对于此类债券，投资者需要关注的要素有定向转让登记期、定向转让期、转让价格、第三人等。

如债券持有人（转让人）拟行使定向转让权利，需在发行人公告的定向转让申请期间内通过中债综合业务系统客户端发送"投资人定向转让"指令。指令发送成功后，系统指令状态显示"合法"。在定向转让申请期间内，该指令可以多次发送，但系统以最新指令为准。为便于转让成功，转让人应确保拟转让的债券在该债券定向转让申请截止日"可用"科目有足够的余额。在定向转让申请截止日日终，系统将对转让人发送的定向转让指令进行检查，如转让人托管账户内拟转让债券"可用"科目下余额足够，则做冻结处理；如不足，则做定向转让失败处理。在定向转让行权期间内，转让人和受让人根据定向转让指令办理结算。

（四）附投资人延期兑付选择权债券

其基本特征是，债券到期后投资人可以选择延期兑付。

［**例 4 - 18**］国家开发银行 2004 年第 11 期金融债券（040211）规定，"本期债券为 3 年期固定利率（附延期选择权）金融债券，兑付日为 2007 年 7 月 12 日。本期债券的持有人在债券到期时有权要求将持有的债券延期至 2009 年 7 月 12 日兑付，发行人应按照该债券的票面利率在 2008 年 7 月 12 日和 2009 年 7 月 12 日继续向要求延期的投资人支付利息，并于 2009 年 7 月 12 日兑付本金。但投资人必须在 2007 年 6 月 1 ~ 15 日通过中央结算公司向我行提出债券延期申请。"本期债券本质上可以看成是 1 只 5 年期品种。

如债券持有人拟行使延期兑付权利，需在发行人公告的申请期间内填写"债券延期兑付申请书"，其中甲类和乙类结算成员将申请书签章加密押后传真给中央结算公司，丙类结算成员将申请书签章后交其结算代理人，由代理人签章加密押后传真给中央结算公司。在兑付日，中央结算公司进行债券兑付操作。对于申请延期兑付的，投资人继续持有该债券；对于没有申请延期兑付的，办理债券兑付手续。

三、多权类债券

本类债券是指债券发行条款中附有多项权利，且对权利的行使有先后顺序的债券。实务中有双权组合，也有三权组合等各种形式。目前主要有以下几类品种：

（1）发行人上调票面利率选择权和投资人回售选择权组合。目前在企业债券、中票中有大量应用。

［**例4-19**］2009年潍坊市投资公司企业债券（098056）规定："发行人作出关于是否上调本期债券票面利率及上调幅度的公告后，投资者有权选择在投资者回售登记期内进行登记，将持有的本期债券按面值全部或部分回售给发行人，或选择继续持有本期债券。"

（2）发行人确定担保选择权和投资人回售和发行人赎回选择权组合。目前在少数企业债中有应用，如08东特、09神火、09中小大连等。

（3）投资人回售选择权和发行人强制赎回权组合。

［**例4-20**］国家开发银行2009年第9期金融债券（090209）规定："投资人如选择回售债券必须在2014年7月19日前告知中央结算公司托管部；如选择回售的债券规模达到本期债券发行规模90%以上（含90%），则发行人可以选择强制赎回全部债券。"

（4）发行人上调票面利率选择权、投资人回售选择权、提前还本组合。2010年以来，这类债券的数量有逐步增加的趋势，且操作复杂度增大，无论是发行人、承销商，还是投资者，抑或是专业登记托管机构，都应该对这类债券加以重视，以规避操作风险。

［**例4-21**］2009年苏州汾湖投资集团有限公司公司债券（0980144）规定："发行人有权决定在本期债券存续期的第5年末上调本期债券后3年的票面利率。发行人将于本期债券第5个付息日前的第10个工作日在主管机关指定的媒体上刊登关于是否上调本期债券票面利率以及上调幅度的公告和本期债券回售实施办法公告。投资者在投资者回售登记期内有权按回售实施办法所公告的内容进行登记，将持有的本期债券按面值全部或部分回售给发行人，或选择继续持有本期债券。本期债券分次还本，2016年偿还投资者行使回售选择权后的债券存续余额的50%，2017年一次性偿还剩余本金。"在该只债券中，最先行使的权利是发行人上调票面利率选择权，然后是投资人回售选择权，最后是发行人提前还本。也就是说，后两年发行人是按照投资人回售后的余额计算提前还本数额。在发行时发行人未来提前还本数额存在很大的不确定性。2010年邵阳城投债、常德城投债的三权组合与此类似。

［**例4-22**］2010年寿光市金财公有资产经营有限公司企业债券（1080103）规定："本期债券的本金在2013~2020年分期兑付：在2013~2017年每年分别偿还本金的10%，总计偿还本金的50%；在2017年偿还10%本金的同时，如有投资者行使回售选择权，则继续偿还投资者回售的本金；在2018~2020年分别偿还2017年兑付日后剩余本金的20%、40%和40%。"在该只债券中，发行人首先按年提前还本，存续期的第7年发行人行使上调票面利率选择权和投资人回售选择权，然后再次是发行人提前还本。也就是说，投资人行使回售权的时间嵌在发行人提前还本过程中。在该只债券前些年（第3~7年）发行人所偿还的现金流可以确定，但后4年的现金流发行人是无法预计的（如表4-8所示）。此类债券的操作更为复杂，也更加不标准化。

表 4 - 8　　　　　　　　　　**寿光债本金偿还计划**　　　　　　单位：万元

年度	当年偿还本金总额	当年每一投资者获偿本金金额
1	0	0
2	0	0
3	10 000	$A_3/9$
4	10 000	$A_4/8$
5	10 000	$A_5/7$
6	10 000	$A_6/7$
7	10 000 + X	$A_7/6 + R_i$
8	(50 000 - X) × 20%	$A_8/5$
9	(50 000 - X) × 40%	$A_9/2$
10	(50 000 - X) × 40%	A_{10}

注：1. $A_i (i = 3 \sim 10)$ = 第 i 年度债权登记日日终在债券登记托管机构托管名册上登记的各债券持有人所持债券面值；

2. $R_i (i = 1, 2, 3, \cdots, n)$ = 每一投资者在 2017 年回售金额。

（5）发行人赎回权、续期选择权和递延支付选择权组合。

四、含选择权债券信息披露与行权信息提示

（一）发行人信息披露

含选择权债券发行人应于发行文件（发行公告、募集说明书或相关公告）规定的公告时间内在中国债券信息网刊登选择权行使公告，并将选择权行使通知原件传真并邮寄提交中央结算公司。

为保证含选择权债券权利行使的有效进行，中央结算公司于 2012 年 5 月发布了《关于发布〈含选择权债券业务操作细则（2012 年修订版）〉的通知》（中债字〔2012〕40 号），发行人应采用标准格式制作选择权行使公告，并于规定时间内通过债券信息自助披露系统提交 PDF 格式扫描件。公告相关要素应与发行人在发行期内提交的债券注册要素保持一致。

（二）行权信息提示

在债券存续期内，投资人应关注债券发行文件中发行人关于选择权种类、选择权行使公告日期、选择权行使日期和选择权行使办法等规定，提前做好准备。

为避免投资人遗忘行权时间，防范行权风险，中央结算公司目前采取以下措施对投资人进行行权提示：

第一，公开提示。一是每年初在中国债券信息网刊登当年行使权利的全部含选择权债券的提示性公告；二是在每月月底发布的"企业债券、非金融企业

债务融资工具付息兑付提示"中，对下月行使权利的含选择权债券进行特别提示；三是针对投资人回售选择权、投资人调换选择权、定向转让选择权债券，于每次行权申请期前在中国债券信息网刊登个券行权信息提示。

第二，定向订制提示。针对投资人回售选择权、投资人调换选择权、定向转让选择权债券，于每次行权申请期间通过中债综合业务系统客户端向持有人提供定向订制提示服务。

需要说明的是，以上行权信息提示服务仅供参考，投资人对于行权的确定及判断，请一律以发行人公开披露的相关公告为准。

五、不规则品种

此类品种通常不遵循惯例，与习惯做法不太一致，因此，投资者应重点关注其特殊性。

（一）提前还本债券

其基本特征是指发行人在债券到期兑付日之前向持有人一次或多次偿还债务部分本金、到期兑付日偿还剩余本金，已偿还的本金部分不再计息。目前在企业债券中得到广泛应用。通常做法是在规定的计息期（也有不按计息期的）支付一定的本金。本金偿还时既有按固定金额偿还的，也有按固定比例（按发行额计）或按余额偿还的。

［例4-23］2010年盐城东方投资开发集团有限公司公司债券（1080070）规定："设置债券提前偿还条款，分别于2015年6月8日偿还本期债券本金2亿元，2016年6月8日偿还本期债券本金3亿元，2017年6月8日偿还剩余5亿元本金，最后3年的本金随利息的支付一起兑付。"此案是在存续期后几年按固定金额偿还本金的，实践中应用较多。

［例4-24］2008年山东省诸城市经济开发投资公司企业债券（1088026）规定："自2009~2017年每年偿还本金7 000万元，占本期债券发行额的8.75%，2018年一次性偿还剩余本金1.7亿元"，此案是在每个付息期都偿还一定的金额。与此相似的是按照发行额的固定比例偿还本金。

［例4-25］2010年抚顺市城建投资有限公司公司债券（1080056）规定："8年期，第6年、第7年、第8年按30%、30%、40%的比例分期偿还本金4.5亿元、4.5亿元和6亿元。"

［例4-26］2009年苏州汾湖投资集团有限公司公司债券（078089）规定："本期债券每年付息一次，分次还本，2016年偿还投资者行使回售选择权后的债券存续余额的50%，2017年一次性偿还剩余本金。"本案是按投资人回售后的余额还本。

［例4-27］2007年中关村高新技术中小企业集合债券规定："每半年付息一次，自第3年最后一个季度即2010年10月起至2010年12月，逐月按照

约定比例，即30%、30%和40%提前偿还部分本金及截止到该时点的利息，到期利息随本金一起支付。"本案不是按照惯例计息期还本，而是在规定的最后3个月按比例还本，属个案情况。

提前还本债券的本金减记方法有两种：其一是减少面值（减本金值/百元面额），即按每次提前还本本金金额占总发行本金额的比例计算出每百元面额债券兑付的本金金额，以每百元面额债券兑付的本金金额核减债券面值，持有人债券账户中的债券余额不变；其二是减少托管量（减数量），即按每次提前还本本金金额占总发行本金额的比例核减各持有人债券账户中的债券余额。若采用第一种方法，投资者需要关注的是其本金值的变化情况以及在交易过程中的价格变化情况，特别是要在回购业务中引起相当重视，避免抵押品不足的情况。

中央结算公司按照以下原则处理债券提前还本本金减记：

对于只在银行间债券市场交易流通的债券，（1）发行文件中约定提前兑付本金次数两次或两次以上的债券（例如资产支持证券优先档、提前还本次数在两次以上的债券等）一般选择减少面值（减本金值/百元面额）的减记处理方式；（2）发行文件中约定分两次兑付本金或发行人经合法合规程序临时决定提前兑付部分本金的债券一般选择减少托管量（减数量）的处理方式。对于跨市场交易流通债券，为确保跨市场处理的一致性，中央结算公司与相关交易场所协商确定统一的处理方式。

提前还本债券发行人应在发行文件（发行公告、募集说明书或其他相关公告）中对债券提前兑付本金次数、每次兑付本金量或比例做出明确安排。若在债券存续期内进行临时性提前兑付部分本金的，发行人应取得债券发行审批、核准或注册部门的批准或经持有人会议决议通过。发行人或主承销商应在付息公告或临时性提前兑付公告中提示提前兑付部分本金事项。

（二）提前付息债券

其基本特征是在发行结束后即支付一次利息，最后一个计息期则无利息支付。目前仅1只。

［例4-28］2008年泸州市兴泸投资集团有限公司公司债券（088003）规定："发行首日：本期债券发行期限的第1日，即2008年2月26日。还本付息方式：每年期初付息一次，到期一次还本。付息首日：自2008~2017年每年的2月26日。"

（三）计息期不规则等债券

［例4-29］浙江恒逸集团有限公司2010年度第1期短期融资券（0881110）规定："短期融资券期限：361天，自2010年2月5日起至2011年2月1日止。付息方式：自缴款日开始计息，第一次付息为缴款日后180天，最后一期

利息与本金一同支付。第一次付息日：2010 年 8 月 4 日，第二次付息日：2011年 2 月 1 日。"按照惯例"半年付息一次"的做法，本债的第一次付息日应为2010 年 8 月 5 日，而非 2010 年 8 月 4 日。对于此类债券，建议不采用。

此外，本债还有一个特殊情况，即"计息基础：本期短期融资券的利息按每年 360 天和实际发生天数（包括每个计息期起始日但不包括每个计息期结束之日）计算，即 ACT/360。"通常情况下这种计息方式用于外币债券，人民币债券并不采用。

（四）集合类债券

其基本特征是统一产品设计、统一券种冠名、统一组织共同发行。最突出的特点是发行人有多个。目前在企业债券和中小企业集合票据中有所应用。

（五）本息拆离债券

目前属于个案，只有国开行 2002 年发行过两期，即第 14 期和第 19 期。

[例 4 - 30] 第 14 期发行文件规定："本期债券可以进行本息拆离交易，即按照每笔付息和最终本金偿还拆分为 11 只单笔的零息债券，每笔拆分出的零息债券都具有单独的代码，可以作为独立的债券进行交易和持有。为扩大单只债券的流通总量，提高二级市场流动性，发行人对本期债券保留增发的权利。发行人今后发行的付息日相同的本息分离债券，剩余期限相同的利息部分可以使用同一个债券代码，合并交易或持有。"第 14 期的实际情况是有部分投资人提出了申请，但第 19 期无人申请。

（六）可续期债券

其基本特征是债券没有固定期限，发行人在债券存续期内只支付利息，到期一次还本。以固定的几个计息年度为一个重定价周期，在每个重定价周期末，发行人可选择全部赎回或选择再延长一个重定价周期。在一个重定价周期内利率不变，如果发行人选择延长一个重定价周期，则有权对新的重定价周期的票面利率进行调整。此外，发行人有权利递延支付利息。

[例 4 - 31] 2015 年中国电力投资集团公司可续期企业债券（1580164）规定：债券以每 3 个计息年度为 1 个重定价周期，在每个重定价周期末，发行人有权选择将本次债券期限延长 1 个重定价周期（即延续 3 年），或全额兑付本次债券。发行人应至少于续期选择权行权年度付息日前 30 个工作日，在相关媒体上刊登续期选择权行使公告。本次债券采用浮动利率形式，单利按年计息。在本次债券存续的前 4 个重定价周期（第 1 个计息年度至第 12 个计息年度）内，票面利率由基准利率加上基本利差确定。如果发行人选择延长本次债券期限，则从第 5 个重定价周期开始，每个重定价周期适用的票面利率调整为

当期基准利率加上基本利差再加上 300 个基点。

　　本次债券附设发行人延期支付利息权，除非发生强制付息事件，本次债券的每个付息日，发行人可自行选择将当期利息以及按照本条款已经递延的所有利息及其孳息推迟至下一个付息日支付，且不受到任何递延支付利息次数的限制。每笔递延利息在递延期间应按当期票面利率累计计息。如发行人决定递延支付利息的，发行人应在付息日前 5 个工作日披露《递延支付利息公告》。

　　由于可续期债券近几年才开始发行，目前尚未有可续期债券进入第二个重定价周期，也未有发行人延期支付利息。

第三节　债券托管

一、债券托管的主要内容

　　根据《银行间债券市场债券登记托管结算管理办法》，债券托管是指债券登记托管结算机构对债券持有人持有的债券进行集中保管，并对其持有债券的相关权益进行管理和维护的行为。

　　债券持有人应当委托债券登记托管结算机构托管其持有的债券。债券托管关系自债券登记托管结算机构为债券持有人开立债券账户后成立，至债券账户注销后终止。

　　债券登记托管结算机构应当对债券持有人托管的债券采取安全有效的管理措施，保证其托管账务的真实、准确、完整和安全。债券登记托管结算机构对所托管的债券不享有任何性质的所有权，不得挪用所托管的债券。

　　债券登记托管结算机构出现破产、解散、分立、合并及撤销等情况时，债券持有人在该机构所托管的债券和其他资产不参与资产清算。

　　债券发行人委托债券登记托管结算机构办理债券兑付本息或相关收益资金分配时，债券发行人应当及时、足额向债券登记托管结算机构支付相关款项，债券登记托管结算机构收到相关款项后应当及时办理；债券发行人未履行上述支付义务的，债券登记托管结算机构有权推迟办理，债券发行人应当及时向市场说明有关情况。

二、债券付息与兑付

（一）债权登记

1. 附息式债券付息时的债权登记

债权登记日是附息式债券每次付息前的权益登记日。中央结算公司根据债权登记日日终登记在册的债券持有人名单及其债券余额，确定本期债券利息或收益资金应发放的持有人以及应收金额。

债权登记日日终前买入并办理交割过户（即已收到债券）的享有本期利息，债权登记日日终前卖出并办理交割过户（即已付出债券）的不享有本期利息。

处于出押冻结状态或质押式回购未到期的债券，本期利息归出押方或正回购方。

根据《关于明确银行间债券市场债权登记日及截止过户日的通知》（中债字〔2009〕29 号），银行间债券市场债券付息时的债权登记日分为以下三种情况：

第一，除企业债券以外的债券付息时，债权登记日为付息日前 1 个工作日；

第二，2008 年 2 月 15 日以前发行的企业债券付息时，债权登记日为付息日前 2 个工作日；

第三，2008 年 2 月 15 日以后发行的企业债券付息时，债权登记日为付息日前 1 个工作日。

以上规定如有变化，以最新发布的通知为准。

2. 兑付本息时的债权登记

根据中国人民银行公告〔2015〕第 9 号，经批准交易流通的债券自到期日前 1 个工作日起终止交易流通。

零息债券、贴现债券、到期一次还本付息债券、附息式债券本金和最后一期利息到期兑付前规定的日期即为债权登记日，该日也称截止过户日、交易流通终止日。

根据中国人民银行公告〔2015〕第 9 号，在全国银行间债券市场上市的所有债券到期兑付时，截止过户日为债券到期兑付日前第 1 工作日，从截止过户日起停止办理结算过户事宜。凡于截止过户日日终持有该债券的投资人，为该债券的本息受益人。

质押到期日、回购到期日等不得超过兑付债权登记日。

到期日（即兑付日，以下同）仍处于出押冻结状态的债券，其兑付本息按双方协商或法院裁决执行。对于有本金兑付的债券，如果在债权登记日日终，有"非可用"科目，则该部分本金和利息暂不支付，待回到"可用"科目后进行划付。

3. 结息日和资金支付日

根据计息"算头不算尾"的惯例，付息日或到期日前一自然日为利息资金计算的结息日，结息日应固定不变。

资金支付日有两种确定方法，可选择其中一种：

（1）资金支付日和付息日或到期日为同一天，当付息日或到期日遇节假日时，资金支付日顺延到节假日后第 1 个工作日，但付息或兑付资金仍计算到付息日或到期日的前一自然日即结息日。

（2）资金支付日为付息日或到期日后某一天。发行时需要明确资金支付日与付息日或到期日之间间隔的自然日天数，按此确定的支付日如遇节假日，则顺延到节假日后第 1 个工作日。

（二）付息兑付公告

债券发行人应在债券到期日或付息日的若干日之前，在主管部门指定的信息披露媒体上以公告形式公告债券兑付或付息的具体事项。目前在实际操作中不同的债券品种有不同的要求，现举例如下：

1. 中国人民银行《全国银行间债券市场金融债券发行管理办法》

第三十三条　发行人应于金融债券每次付息日前 2 个工作日公布付息公告，最后一次付息暨兑付日前 5 个工作日公布兑付公告。

2. 交易商协会《银行间债券市场非金融企业债务融资工具信息披露规则》

第十一条　企业应当在债务融资工具本息兑付日前 5 个工作日，通过中国货币网和中国债券信息网公布本金兑付、付息事项。

3. 中国人民银行《资产支持证券信息披露规则》

第八条　资产支持证券存续期内，受托机构应在每期资产支持证券本息兑付日的 3 个工作日前公布受托机构报告，反映当期资产支持证券对应的资产池状况和各档次资产支持证券对应的本息兑付信息。

4. 中央结算公司《银行间债券市场公司债券发行、登记、托管、交易流通操作细则》

第十八条　发行人应不晚于债券付息或到期日前的第 3 个工作日在中国债券信息网、中国货币网等指定的信息披露媒体上以公告形式披露债券兑付或付息的具体事项。

5. 中央结算公司《实名制记账式企业债券登记和托管业务规则》

第三十八条　债券发行人应在债券兑付日或付息日的 15 个自然日之前，在主管部门指定的信息披露媒体上以公告形式公告债券兑付或付息的具体事项，刊登的公告文本应经中央结算公司认可。

为保证债券付息兑付工作的有效进行，方便发行人进行债券付息兑付公告的撰写和提交，加强付息兑付公告的标准化和规范化，中央结算公司于 2010 年 6 月发布了《关于统一使用标准格式的债券付息/兑付公告的通知》（中债字［2010］37 号），明确各发行人可以在下载债券付息/兑付公告电子版后，自行填写有关要素并加盖公章，于每次付息、兑付前规定的时间通过债券信息自助披露系统提交 PDF 格式扫描件。举例如图 4－2 所示。

09 湘华菱 MTN1(0982112)2010 年付息公告

为保证 09 湘华菱 MTN1（0982112）2010 年付息工作的顺利进行、方便投资者及时领取付息资金，现将有关事宜公告如下：

一、本期债券基本情况

1. 发行人：湖南华菱钢铁股份有限公司
2. 债券名称：湖南华菱钢铁股份有限公司 2009 年度第一期中期票据
3. 债券简称：09 湘华菱 MTN1
4. 债券代码：0982112
5. 发行总额：17 亿元
6. 本计息期债券利率：3.6%
7. 付息日／到期兑付日：8 月 12 日

二、付息/兑付办法

托管在中央国债登记结算有限责任公司的债券，其付息/兑付资金由中央国债登记结算有限责任公司划付至债券持有人指定的银行账户。债券付息日或到期兑付日如遇法定节假日，则划付资金的时间相应顺延。债券持有人资金汇划路径变更，应在付息/兑付前将新的资金汇划路径及时通知中央国债登记结算有限责任公司。因债券持有人资金汇划路径变更未及时通知中央国债登记结算有限责任公司而不能及时收到资金的，发行人及中央国债登记结算有限责任公司不承担由此产生的任何损失。

登记结算有限责任公司而不能及时收到资金的，发行人及中央国债登记结算有限责任公司不承担由此产生的任何损失。

三、本次付息相关机构

1. 发行人：湖南华菱钢铁股份有限公司
   联系人：刘昂
   联系方式：0731-82565967
2. 主承销商：交通银行股份有限公司
   联系人：吕昱
   联系方式：021-58781234 转 2310
3. 托管机构：中央国债登记结算有限责任公司
   联系部门：托管部
   　　　　　资金部

四、备注

特此公告。

湖南华菱钢铁股份有限公司
2010 年 8 月 9 日

图 4-2　09 湘华菱 MTN1 2010 年付息公告

（三）付息兑付提示

为方便发行人进行付息兑付准备工作，中央结算公司提供两种付息兑付提示服务。

（1）在债权债务登记日后，通过《发行登记完成确认书》进行付息兑付提示。在该确认书中列示预期的各计息期付息资金额和兑付资金额，供发行人参考。对于各类含权类债券的情况，发行人需特别予以重视和关注。

（2）每月 25 日前，通过中国债券信息网"托管业务公告专栏"，公布次 1 个月的《企业债券、非金融企业债务融资工具付息兑付及服务费提示》（中债字〔2009〕78 号）。对于该提示需注意以下几点：

①提示仅供发行人参考，不作为发行人实际拨付资金或履行内部划款手续的依据。中央结算公司以发行人实际拨付资金办理有关付息兑付手续。

②对于含权类债券、浮动利率债券、跨闰年债券等各类特殊债券，由于存在付息兑付资金无法事先确定的因素，提示也仅作为参考。

③对于跨市场托管的债券，中央结算公司将于转托管停办日之后另行书面通知发行人各市场债券托管量及相应付息兑付资金。

（四）付息兑付流程

发行人委托债券登记托管结算机构办理债券兑付本息或相关收益资金分配时，应当及时、足额向债券登记托管结算机构支付相关款项，债券登记托管结算机构收到相关款项后应当及时办理。债券发行人未履行上述支付义务的,债券登记托管结算机构有权推迟办理,债券发行人应当及时向市场说明有关情况。

(1) 发行人应不迟于付息日或到期日当日 10：00 前将应付利息或本息资金划至中央结算公司指定账户。具体划付时间以发行人签订的《发行、登记及代理兑付服务协议》为准。

(2) 付息日或到期日,中央结算公司按债权登记日登记的各持有人的托管余额计算利息或兑付本息,并划到持有人指定的银行账户。

(3) 各持有人可通过客户端查询债券付息兑付单据和台账,了解债券付息兑付的债券数量、资金额及相关的手续费。

三、跨市场转托管

(一) 跨市场转托管的制度体系

根据《银行间债券市场债券登记托管结算管理办法》第三十六条规定,跨市场交易的债券持有人可将其持有的跨市场交易流通债券进行转托管。债券登记托管结算机构应当及时为其提供转托管服务。

根据财政部 2003 年 12 月 1 日发布的《国债跨市场转托管业务管理办法》(财库〔2003〕1025 号),跨市场转托管是指同一国债托管客户(以下简称"客户"),将持有国债在不同托管机构间进行的托管转移。国债实行分级托管体制,财政部授权中央结算公司承担国债的总登记职责;授权各托管机构分别承担在特定市场交易国债的登记、托管职责。国债托管机构是指办理国债登记、托管业务的中央结算公司、中国证券登记结算有限责任公司、记账式国债柜台交易托管机构。中央结算公司负责建设和维护国债托管簿记系统(以下简称"簿记系统")。簿记系统应满足以下要求:

(1) 登记托管。为财政部开立国债总账户,登记财政部发行并委托中央结算公司托管国债的面值总量以及各期次数量;为各托管机构开立国债分账户,登记各托管机构托管国债的面值总量以及各期次数量。

(2) 托管转移。发送和接收国债转托管指令、记录转托管信息、办理转托管过户、输出转托管过户成功或失败通知单及对账单等。

(3) 信息查询。国债托管总账户、分账户国债总量以及各期次数量的余额、发生额查询,国债转托管状态及信息的实时查询等。

(4) 故障应急。因系统故障或其他原因无法通过簿记系统用户终端发送或接收转托管指令的,由中央结算公司根据转出方的书面指令代为录入。国债转托管应最迟于 2 个工作日内完成,即：代理机构最迟于受理客户转托管申请的 T+1 个工作日 14：00 前,向转出方托管机构提出申请;转入、转出方托管机构最迟于 T+2 个工作日完成转托管。可流通国债最迟于转托管完成后的下一工作日恢复交易。

（二）国债跨市场转托管的基本流程

根据中央结算公司2004年6月1日制定的《国债跨市场转托管业务细则》及其后续的相关通知，国债跨市场托管的基本流程如下：

（1）办理跨市场转托管条件：债券持有人具备所转入交易场所的交易资格；债券持有人在申请转托管前应在拟转入交易场所的托管机构开有债券或证券账户，且与其在转出交易场所托管机构的债券或证券账户的户名完全一致；债券持有人申请转托管的债券应在转出交易场所和转入交易场所都具备交易流通资格。

（2）跨市场转托管的完成时间：由于目前中央结算公司与中证登（上海和深圳分公司，以下同）实行不同的结算模式，使得一笔跨市场转托管的完成至少需要1天。债券持有人可在中央结算公司工作日内的任何时间（8：30～17：00）实时办理转出、转入业务，但中证登则必须在交易所市场闭市以后（15：00）才能进行清算，也就是说，中证登必须在15：00前完成转入或转出指令的录入，才能保证债券持有人在次1个工作日可以使用转入或转出的债券。

（3）从银行间债券市场转托管到交易所市场的流程。

甲类或乙类结算成员办理国债跨市场转托管时，应于14：00前通过客户端发送"转托管"指令（如表4－9所示）；丙类结算成员通过结算代理人代发"转托管"指令。

表4－9　　　　　　　　　跨市场转托管指令及填写说明

转托管业务
转出方托管账号：（指申请人在银行间市场的债券账户号）
转入方托管账号：（指中国证券登记结算公司上海或深圳分公司在中央结算公司开立的代理总账户号）
债券代码：（填银行间债券市场的债券代码）
债券面额（万元，保留一位小数）：
执行日期：
转托管申请人（全称）：
申请人在转出方托管账号（二级账号）：（不填）
申请人在转入方托管账号（二级账号）：（指申请人在中国证券登记结算公司开立的证券账户号）

转入的中证登确认收到转托管指令，于交易场所闭市后，根据客户端输出的"转托管记账通知单"，增记申请人在其处开立的债券二级托管账户（证券账户）。申请人次日即可使用该债券。

（4）从交易所市场向银行间债券市场，或从一个交易场所向另一个交易场所转托管的流程。

结算成员向转出方交易场所托管机构提出申请，具体手续按转出方交易所托管机构的规定办理。

转出方交易所托管机构受理并审核无误后，通过客户端发送"转托管"指令。转托管成功后，结算成员即可使用该债券。

（5）记账式国债在柜台市场与银行间债券市场和交易所市场之间转托管流程。

结算成员将记账式国债在柜台市场上不同承办银行之间或在柜台市场和交易所市场之间办理转托管业务的，按照相关转托管机构的规定办理。

（三）企业债跨市场转托管

为进一步规范实名制记账式企业债券的登记和托管行为，降低发行成本，防止债券的超冒发行和挪用，维护债券发行人和债券持有人的合法权益，中央结算公司从 2003 年 1 月 1 日起对新批准发行的实名制记账式企业债券停止使用企业债券托管凭证方式办理登记和托管，而改用依托簿记系统和债券柜台业务系统实行完全电子化登记和托管。

根据中央结算公司发布的《实名制记账式企业债券登记和托管规则》，企业债券经证监会批准到证券交易所公开上市交易，债券上市推荐人应向中央结算公司出示证监会批准该债券上市的批文原件，中央结算公司留存该批文复印件。

债券一级托管账户持有人向中央结算公司提出转托管申请；二级托管账户持有人向二级托管人营业网点提出转托管申请，有关转托管的具体操作流程依照《实名制记账式企业债券上市转托管操作规程》执行。

四、非交易过户

非交易过户是指不以支付对价为条件进行的债券过户业务，具体包括：司法扣划、抵债、破产清偿、捐赠、投资主体间因非交易原因发生的债券划转、交易违约清偿等。

非交易过户分以下几种情况处理：

（1）办理司法扣划等由司法机关执行的非交易过户，中央结算公司根据司法机关出具的法律文件办理过户手续。手续完成后通知双方。

（2）办理因抵债而非交易过户的，当事人应向中央结算公司提交债务人与债权人双方签署的协议或合同以及非交易过户申请，中央结算公司根据审慎原则对当事人提交的法律文件进行审核后办理过户手续。

（3）办理因破产清偿而非交易过户的，中央结算公司根据破产清算组织出具的关于机构破产清偿方案的有效法律文件办理。

（4）办理因捐赠而非交易过户的，申请人应向中央结算公司提交经公证的赠与书、受赠书或者赠与合同，以及"非交易过户申请书"。中央结算公司根据审慎原则对相关文件进行审核后办理过户手续。

（5）办理因投资主体的合并、拆分需要非交易过户的，申请人应向中央结算公司提交主管部门关于机构正式批准或撤销文件、合并机构在指定媒体上公布的合并公告或者其他证明投资主体变更的法律文件，以及"非交易过户申请书"，中央结算公司根据审慎原则对相关文件进行审核后办理过户手续。

（6）办理因监管部门要求发生债券投资和核算管理主体变化需要非交易过户的，申请人应向中央结算公司提交监管部门对于债券管理主体变化的文件或者其他证明投资主体变更的法律文件，以及"非交易过户申请书"，中央结算公司根据审慎原则对相关文件进行审核后办理过户手续。

（7）办理因交易违约清偿而非交易过户的，需要双方达成协议并向中央结算公司提交申请。如双方未能达成协议，中央结算公司根据仲裁机关或人民法院的有效文件办理。具体办理情况如下：

办理质押式回购到期违约需要对出质债券进行清偿过户的，需提交"质押债券到期结算失败协议清偿过户申请书"，签章后连同双方签署的违约清偿协议复印件一份提交中央结算公司。中央结算公司审核无误后办理过户手续。

办理债券借贷到期违约需对保证券进行清偿过户的，需提交"债券借贷到期结算失败协议清偿过户申请书"，签章后连同双方签署的违约清偿协议复印件一份提交中央结算公司。中央结算公司审核无误后办理过户手续。

办理远期交易结算违约处理的，如达成协议，则结算双方需提交"违约处理意见书"，签章后连同双方签署的违约清偿协议复印件一份提交中央结算公司。中央结算公司审核无误后办理过户手续。未达成协议的，中央结算公司将依据结算双方任何一方送达的仲裁或诉讼最终结果进行处理。

办理债券买断式回购到期，结算双方中任意一方出现不能履约，需要对保证券和买断式回购标的债券办理清偿过户的，如双方有协议，中央结算公司根据书面指令和协议办理过户；双方无协议的，中央结算公司根据仲裁机关或人民法院的有效文件办理。

在办理非交易过户时，中央结算公司对当事人提交的材料的审核不代表对其提交的材料的真实性、准确性和完整性负责，也不会承担因此发生的相关责任。

第四节 账务管理与查询

一、账务管理原则

债券账务管理的原则为分级管理。

中央结算公司负责一级托管账务的管理，保证一级债券账务的正确、完整、真实和平衡。

二级托管机构和分托管机构对二级托管账务的真实、准确、完整和安全负责，保持债券二级托管账务的平衡，确保债券二级账户持有人持有的债券总额与债券代理总账户记载的债券余额相等。

$$债券实际发行量 = 发行账户内该债券的登记总量 = \sum 债券账户托管量$$

二、对账方式

甲类、乙类结算成员可通过客户端输出各种业务结算单据或报表。

丙类结算成员有三种查询渠道，它们分别是：通过结算代理人输出各种业务结算单据或报表；通过中央结算公司的电话语音和传真查询系统（查询电话为 400 - 862 - 4365 或 400 - 666 - 5000）查询其债券账户中的债券余额及其结算过户情况；通过中央结算公司的网上客户端进行查询。

结算成员如需要中央结算公司签章的对账单，可以向中央结算公司发出查询函。中央结算公司审核无误后签章确认并反馈。

反映二级托管账户债券托管、过户、冻结、转托管以及兑付等业务结果的账务处理单据由二级托管人（或分托管人）向其托管客户提供。二级托管人（或分托管人）应定期与其托管客户进行对账。

三、账单类型

目前中央结算公司提供的主要账单有总对账单、明细对账单、台账和单据。这些账单显示在客户端—债券业务—账务查询、单据查询模块，其查询功能说明如表 4 - 10 所示。

（一）债券账户总对账单

债券账户总对账单提供本债券账户在指定日期所持有的所有债券对应各债权或额度科目的余额。

单击操作界面左侧"账务查询"菜单下面的"债券账户总对账单"子菜单，出现如图 4 - 3 所示查询界面。

总对账单具有以下几个特点：债券账户持有人可以查询指定日期的债券余额情况；债券账户持有人可以实时查询本账单，也就是说本账单是实时变化的；按照债券是否已经确权，本账单有两种查询方式，即债权方式和额度方式；债券账户持有人可以按照债券品种进行查询。

（二）债券账户明细对账单

债券账户明细对账单提供指定债券在指定时间段内对应各债权或额度科目的详细余额变动情况。

表4－10　　　　　　　　　债券业务账单查询操作功能

分类	功能（菜单）名称	查询内容	查询方式	组合查询条件
账务查询	债券账户总对账单	指定日期债券对应各债权科目的余额	债权	日期、币种、债券品种
		指定日期债券对应各额度科目的余额	额度	日期、币种、债券品种
	债券账户明细对账单	指定日期指定债券对应各债权科目余额变动情况	债权	债券代码、起始日期、截止日期
		指定日期指定债券对应各额度科目余额变动情况	额度	债券代码、起始日期、截止日期
	台账查询	业务台账资料	按业务类型查询	业务类型、完成情况、参与角色、台账日期类型、台账开始日期、台账结束日期、债券代码
			按科目查询	科目、完成情况、参与角色、台账日期类型、台账开始日期、台账结束日期、债券代码
		保证券台账资料	按业务类别查询	完成情况、参与角色、台账日期类型、台账开始日期、台账结束日期、债券代码
		保证金台账资料	按业务类别查询	完成情况、参与角色、台账日期类型、台账开始日期、台账结束日期
		清偿台账资料		台账类型、台账开始日期、台账结束日期
		冻结台账资料		债券代码、冻结情况、冻结开始日期、冻结结束日期
单据查询	交割单查询	结算单据		交割日期、单据类别、业务类型
		非结算单据		执行日期、单据类别
		清偿单据		交割日期、业务类型
	付息兑付单据	今明两日付息兑付计划		
		付息兑付查询		付息兑付起止日期

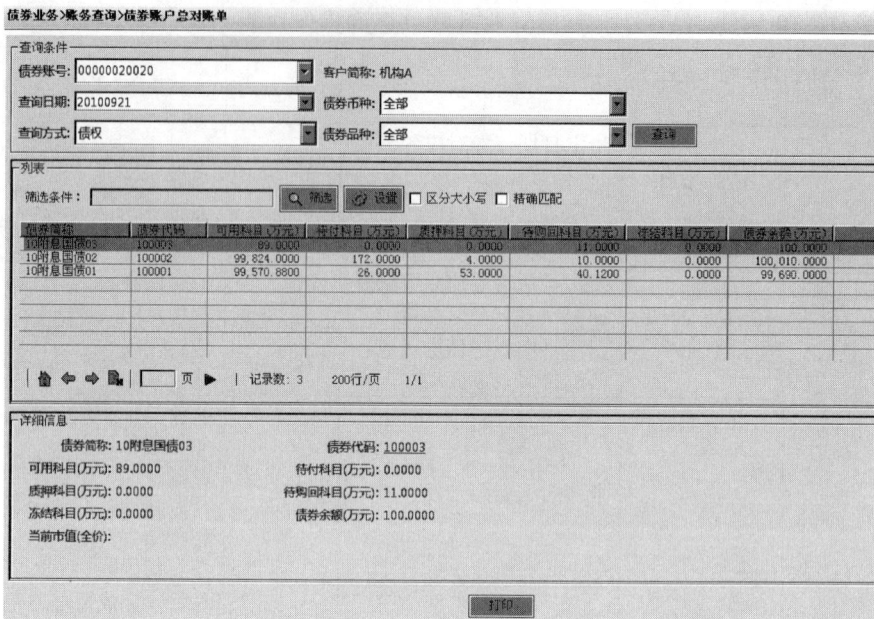

图4-3　债券账户总对账单界面

单击操作界面左侧"账务查询"菜单下面的"债券账户明细对账单"子菜单，出现如图4-4所示查询界面。

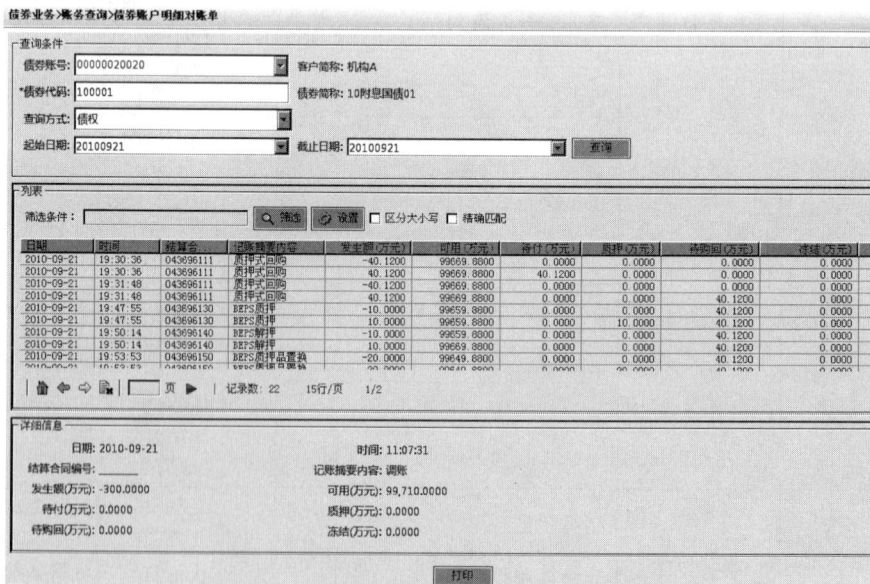

图4-4　债券账户明细账单界面

债券账户明细对账单具有以下几个特点：债券账户持有人可以查询指定债券在指定时间段内的发生额变化情况；债券账户持有人可以实时查询本账单，也就是说本账单是实时变化的。

表4－11是某单位在一段时间内000696债券的发生额变化情况。

表4－11　　　　　债券账户托管债券余额变动明细对账单

债券账号：＊＊＊＊＊＊＊＊＊＊　　　　　　成员名称：＊＊＊＊＊

债券代码：000696　　　　　　　　　　　债券简称：96国债06

时间：2010年1月2日～2010年3月31日　　　查询方式：债权　　　　单位：万元

日期（日/月）	时间（时/分/秒）	业务	合同号	发生额	可用	待付	质押式回购待购回	冻结	质押	合计
＊＊＊	＊＊＊	期初余额		＊＊＊	20 000	0	3 000	0	0	23 000
05/01	10/20/30	现券交易	0005	＋5 000	25 000	0	3 000	0	0	—
06/01	10/15/20	质押式回购开始	0201	－5 000	20 000	0	3 000	0	0	—
06/01	10/15/20	同上	0201	＋5 000	20 000	5 000	3 000	0	0	—
06/01	11/20/30	同上	0201	－5 000	20 000	0	3 000	0	0	—
06/01	11/20/30	同上	0201	＋5 000	20 000	0	8 000	0	0	—
05/03	14/15/20	质押式回购到期	0202	－5 000	20 000	0	3 000	0	0	—
05/03	14/15/20	同上	0202	＋5 000	25 000	0	3 000	0	0	—
08/03	10/20/15	现券交易	0002	－3 000	22 000	0	3 000	0	0	—
08/03	10/20/15	现券交易	0002	＋3 000	22 000	3 000	3 000	0	0	—
08/03	10/20/25	现券交易	0002	－3 000	22 000	0	3 000	0	0	—
22/03	10/20/25	现券交易	0003	－5 000	17 000	0	3 000	0	0	—
22/03	10/20/25	现券交易	0003	＋5 000	17 000	5 000	3 000	0	0	—
22/03	16/30/00	现券交易	0003	－5 000	17 000	0	3 000	0	0	—
22/03	16/30/00	现券交易	0003	＋5 000	22 000	0	3 000	0	0	—
＊＊＊	＊＊＊	期末余额		＊＊＊	22 000	0	3 000	0	0	25 000

```
说明：该债券账户交易业务如下：
1月5日    现券买入        合同号0005    5 000万元    DVP结算    成功
1月6日    质押式正回购开始   合同号0201    5 000万元    DVP结算    成功
3月5日    该笔回购到期      合同号0202    5 000万元    DVP结算    成功
3月8日    现券卖出        合同号0002    3 000万元    DVP结算    成功
3月22日   现券卖出        合同号0003    5 000万元    DVP结算    款未收到    失败
```

（三）台账

台账是对相关业务账单的补充记录，是辅助账。目前中央结算公司提供的台账有五种类型，即业务台账、保证券台账、保证金台账、清偿台账和冻结台账。它们的查询方式如下：

1. 业务台账查询

单击操作界面左侧"账务查询"菜单下面的"台账查询"子菜单，出现如图4-5所示查询界面，缺省为业务台账查询界面。

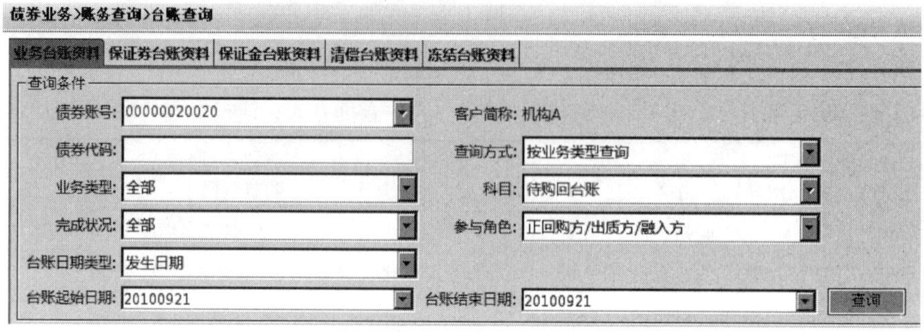

图4-5　台账查询界面

其中，查询方式下拉框可以指定按业务类型或科目进行查询。如果选择按业务类型查询，则业务类型下拉框可以指定查询的具体业务类型；如果选择按科目查询，则科目下拉框可以指定查询的具体台账类型。

单击"查询"按钮，即可查询到台账内容。

特别需要指出的是，对于质押式回购业务，由于在整个回购期间，只有正回购方债券账户内的账务会发生变化，即债券仅质押在正回购方"质押式回购待购回"科目，逆回购方的债券账户内的账务没有变化。因此，对于逆回购方而言，通过查询本业务台账是了解其自身账务变化的一个重要渠道。

2. 保证券台账资料

在图4-6所示页面选择"保证券台账资料"选项卡，会出现保证券台账查询页面。

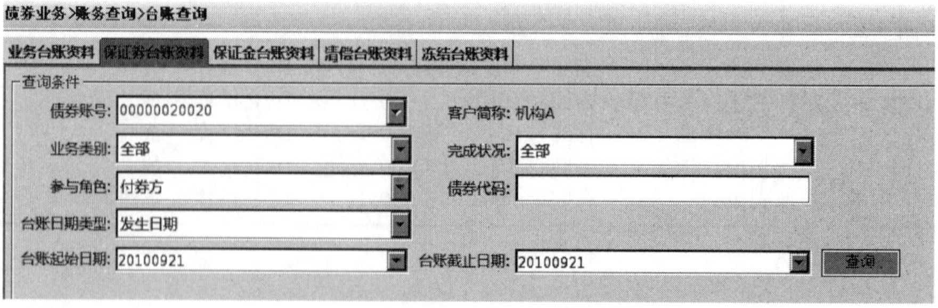

图4-6　保证券台账查询界面

可根据业务类别、完成情况、参与角色等条件查询保证券台账的详细内容。

3. 保证金台账资料

在图4-7所示页面单击"保证金台账资料"选项卡，会出现保证金台账查询页面。

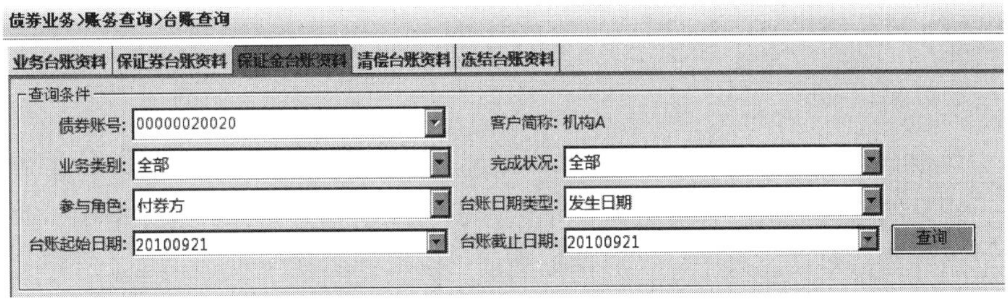

图4-7　保证金台账资料界面

在参与角色下拉框中选择"付券方"或"收券方"，在台账日期类型下拉框中选择"发生日期"或"到期日期"，并输入起始日和截止日后，单击"查询"按钮，即可查询到台账内容。

4. 清偿台账资料

在图4-8所示页面单击"清偿台账资料"选项卡，会出现清偿台账查询页面。

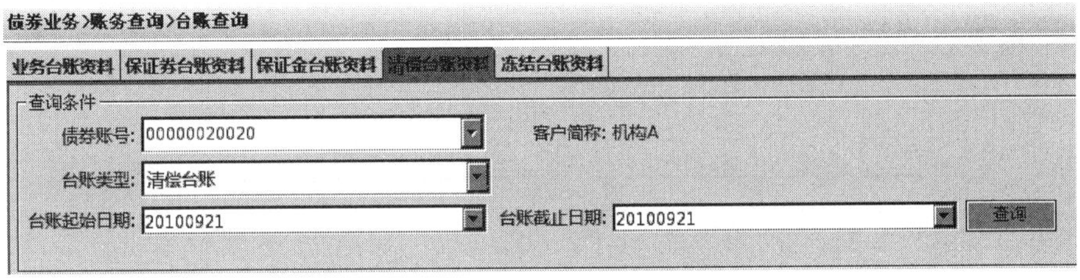

图4-8　清偿台账资料界面

在台账类型下拉框中选择"清偿台账"或"受偿台账"，并输入台账发生的起始日和截止日后，单击"查询"按钮，即可查询到台账内容。

5. 冻结台账查询

在图4-9所示页面单击"冻结台账资料"选项卡，会出现冻结台账查询页面。

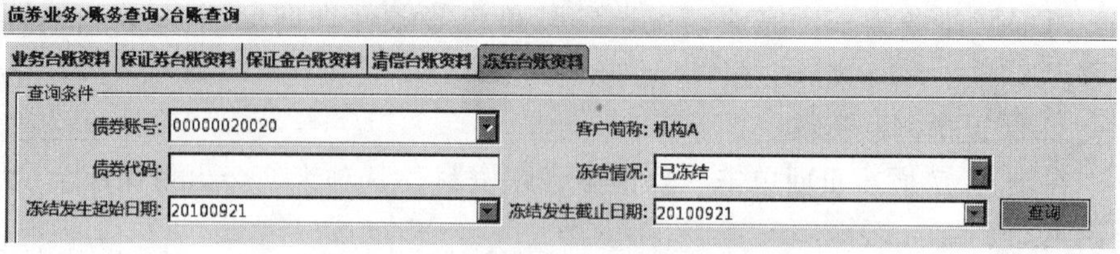

图 4-9　冻结台账资料界面

（四）单据

单据是指每笔业务完成后逐笔生成的、记录该笔业务基本要素的业务凭证，它是结算成员进行账务处理的记账依据。单据分为三类：结算单据、非结算单据和清偿单据。其中，结算单据查询可以得到所有与当前债券账户相关的结算类单据，包括交割单和交割失败通知；非结算单据可以查询投资人提前赎回、BEPS 及债券借贷（双边）业务的相关单据；清偿单据可以查询质押券和保证券的清偿和受偿单据。

1. 结算类单据查询

对于结算类业务，合同处理完成后，不论是成功还是失败，系统都应生成相应的结算单据和通知，供交易双方查询打印。

单击操作界面左侧单据查询菜单下的交割单查询子菜单，出现如图 4-10 所示查询界面，缺省为结算类单据查询界面。

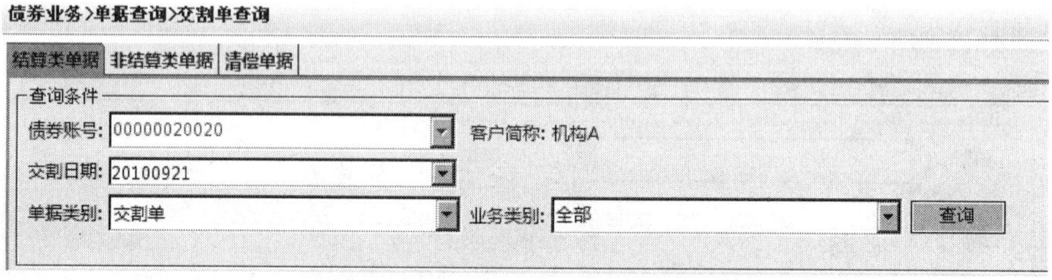

图 4-10　结算类单据查询界面

其中，查询日期文本框用于指定单据生成日期，单据类别下拉框可以指定所查询的单据为交割单、交割失败通知或买空卖空通知。查询结果界面如图 4-11 所示。

单击"详细信息"中的合同序号，可以查看生成单据的具体的合同详情。在列表中勾选拟打印单据的合同行首复选框，单击最下方的"打印"按钮，可以得到各种单据的明细情况。交割单明细查询结果如表 4-12 所示。

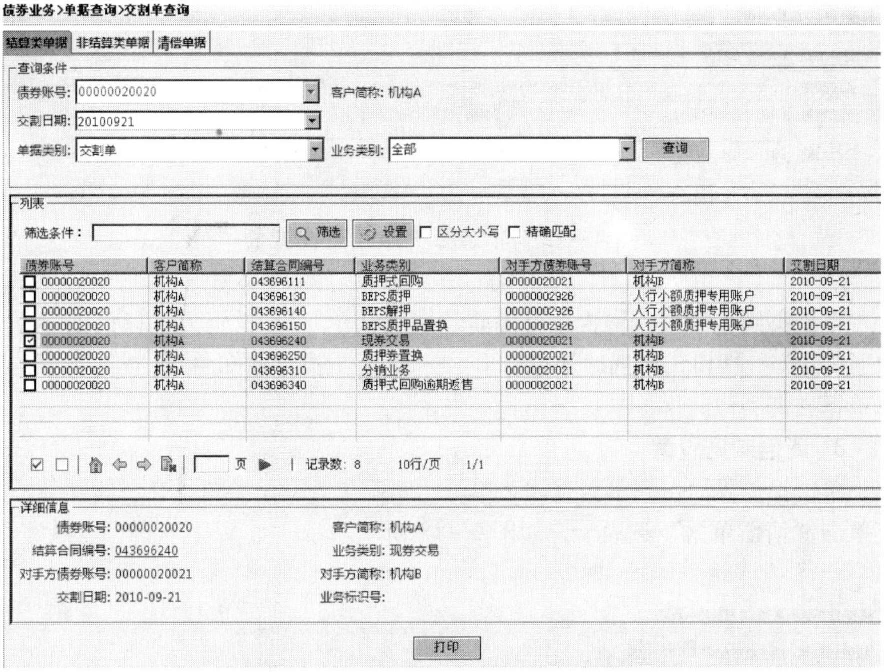

债券业务>单据查询>交割单查询

结算类单据 | 非结算类单据 | 清偿单据

查询条件
债券账号: 00000020020   客户简称: 机构A
交割日期: 20100921
单据类别: 交割单   业务类别: 全部   查询

列表
筛选条件: 🔍 筛选   ⚙ 设置   □ 区分大小写   □ 精确匹配

债券账号	客户简称	结算合同编号	业务类别	对手方债券账号	对手方简称	交割日期
□ 00000020020	机构A	043696111	质押式回购	00000020021	机构B	2010-09-21
□ 00000020020	机构A	043696130	BEPS质押	00000002926	人行小额质押专用账户	2010-09-21
□ 00000020020	机构A	043696140	BEPS解押	00000002926	人行小额质押专用账户	2010-09-21
□ 00000020020	机构A	043696150	BEPS质押品置换	00000002926	人行小额质押专用账户	2010-09-21
☑ 00000020020	机构A	043696240	现券交易	00000020021	机构B	2010-09-21
□ 00000020020	机构A	043696250	质押券置换	00000020021	机构B	2010-09-21
□ 00000020020	机构A	043696310	分销业务	00000020021	机构B	2010-09-21
□ 00000020020	机构A	043696340	质押式回购逾期返售	00000020021	机构B	2010-09-21

☑ □ 🖨 ⇦ ⇨ 📄 | □ 页 ▶ | 记录数: 8   10行/页   1/1

详细信息
债券账号: 00000020020   客户简称: 机构A
结算合同编号: 043696240   业务类别: 现券交易
对手方债券账号: 00000020021   对手方简称: 机构B
交割日期: 2010-09-21   业务标识号:

打印

图4-11 结算类单据查询结果界面

表4-12 交割单明细查询结果

债券交割单（现券交易）			
卖出方简称	机构 A	债券账号	00000020020
买入方简称	机构 B	债券账号	00000020021
结算合同编号	043696240	交割时间	2010-09-21 15：04：38
结算合同编号为043696240的现券交易已按双方指令办理债券过户手续。特此通知。			

序号	债券简称	债券代码	结算方式	本金值（元/百元面额）	过户面额（万元）
1	10 附息国债 01	100001	券款对付	100.0000	20.0000

结算金额（元）	20 000.00		
全价（元/百元面额）	10.0000	净价（元/百元面额）	8.7004
应计利息（元/百元面额）	1.2996		
净价金额（元）	17 400.77	应付利息额（元）	2 599.23
制简	中央国债登记结算有限责任公司		
打印	操作员 1	打印时间	2010-10-18 11：41：11

2. 非结算类单据查询

单击操作界面左侧单据查询菜单下的交割单查询子菜单，在右侧操作界面上单击"非结算类单据"选项卡，如图4-12所示。

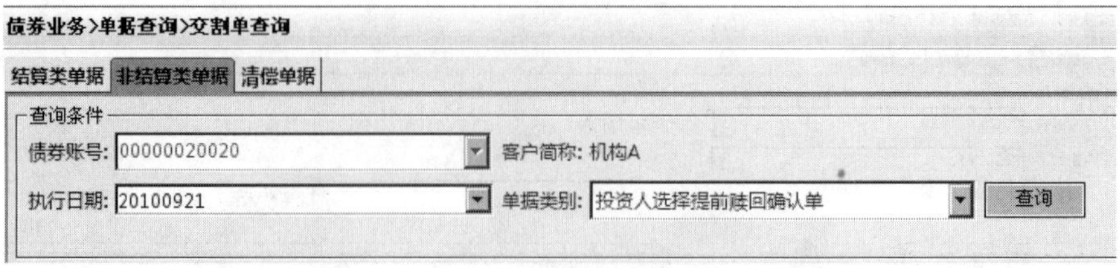

图 4 - 12　非结算类单据查询界面

单据类别包括"投资人选择提前赎回确认单"、"投资人选择提前赎回失败通知单"、"BEPS 冲抵通知单"和"利息资金拨付通知单",查询步骤与结算单据查询类似。

3. 清偿单据查询

单击操作界面左侧单据查询菜单下的交割单查询子菜单,在右侧操作界面上单击"清偿单据"选项卡,如图 4 - 13 所示。

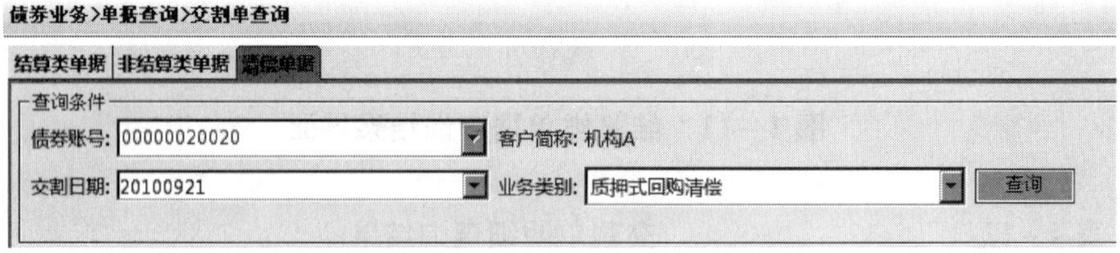

图 4 - 13　清偿单据查询界面

业务类别包括"质押式回购清偿"、"质押债券清偿"和"保证券清偿",查询步骤与结算单据查询类似。

四、有关业务的账务处理流程

目前,结算成员的日常债券业务主要包括现券买卖、质押式回购、买断式回购、协议转让、债券冻结、债券质押、非交易过户、债券分销等。这些业务的账务处理需要根据具体业务类型和结算方式而确定。有关业务的账务处理如表 4 - 13 所示。相关业务流程详见本书第五章。

表 4 - 13　　　　　　　　各种业务的账务处理流程

类别	结算方式	账务流程
现券交易	DVP	卖方(可用)→卖方(待付)→买方(可用)
远期交易	DVP	卖方(可用)→卖方(待付)→买方(可用) 可以约定保证券

续表

类别	结算方式	账务流程
质押式回购交易	首期DVP	正回购方（可用）→正回购方（待付） →正回购方（质押式待购回）
	到期DVP	正回购方（质押式待购回）→正回购方（可用）
买断式回购交易		两次现券买卖，可以约定保证券
债券冻结		被冻结方（可用）→被冻结方（冻结）
非交易过户	赠与、破产清偿、扣划、抵债、继承、其他	卖方（可用）→买方（可用）
债券分销	承销额度注册	记入：承销商（承分销）
	分销过户	承销商（承分销）→认购人（承分销）
	承分销余额增托管确认	承销商（承分销余额）→承销商（可用）
		认购人（承分销余额）→认购人（可用）

五、账务查询方法

在熟悉有关业务的账务处理流程基础上，业务人员进行账务查询可以通过两种方式进行：第一种为从小到大，即结算指令—结算合同—总账、明细账、台账—交割单的顺序查询；第二种为从大到小，即总账、明细账、台账—交割单—结算合同—结算指令的顺序查询。同时经办人员应注意相关业务环节操作准确，避免操作风险。经办人员查询账务时应注意的要点如下：

（一）查看结算指令状态

进行结算业务操作时，为确保结算业务顺利进行，发起方的经办人员录入结算要素时应仔细认真，确保相关要素准确无误，复核人员及时复核（通过"本方指令复核"）；确认方应仔细确认发起方录入的各相关要素是否正确（通过"对手方指令确认"，该指令无须复核）。

进行结算指令查询时，可以按照指令生成日期查询，也可以按照指令编号查询。

注意：在结算指令环节，对于"待复核"、"待确认"的结算指令可以撤销。

（二）查看相对应的结算合同状态

如果结算指令状态正常无误，可以继续查询结算合同的状态。

进行结算合同查询时，可以按照交割日期查询，也可以按照结算合同编号查询。

注意：在结算合同查询环节，待履行的结算合同（到期合同除外）可撤销。

（三）查看并输出账单

日间查询时，如果结算合同成功，则输出交割单，查看总对账单和明细对账单，涉及回购业务的，查询相关业务台账。

日终结算合同失败时，可以打印交割失败通知单。

如果账务核对相符，则账务处理无误；如果不符，则账务处理异常或查询方法不当，应及时与中央结算公司联系。

六、费用查询操作

（一）收费概述

成员在中央结算公司开立债券账户办理债券托管和交易结算业务，需按《中央国债登记结算有限责任公司收费办法》的规定，每季度向中央结算公司缴纳相关费用。

（1）收费对象：在中央结算公司开立债券账户的甲类、乙类、丙类结算成员。

（2）收费项目：账户维护费和交易结算费等。其中：账户维护费是固定费用，成员债券账户无论是否发生债券交易，每季度都要按时向中央结算公司缴纳账户维护费。

（3）计费方式：成员发生计费业务，中央结算公司先行计费，然后由成员后向中央结算公司缴纳，并以一个季度作为一个计费周期。

（4）缴费凭证：成员缴费凭证的获取，可以通过登录客户端的费用查询界面打印每季度的"缴费通知单"作为缴费依据，按照通知单上的缴费金额和银行缴费账号向中央结算公司办理汇款缴费。

（5）缴费时间：成员每个季度第1个月缴纳上一个季度的账户维护费和交易结算费等。

（二）费用查询操作

成员登录中债综合业务平台主页面选择"费用查询"，在菜单栏中将显示菜单项有：缴费资金明细查询、费用明细查询、本期费用累计、缴费情况查询、缴费确认、收费标准、打印缴费通知单（如图4-14所示）。

1. **缴费资金明细查询（见图4-15）**

成员可以通过该菜单查询自己的汇入缴费资金及缴费资金的使用明细情况。操作方法如下：

第一步，成员单击费用查询菜单栏下的缴费资金明细查询项。

第二步，进入该界面，成员首先要输入自己要查询的时间段。

第三步，再单击时间段右边的"查询"按钮，界面将显示该时间段缴费资金的明细情况，贷方记载的是汇入金额，借方记载的是缴费金额，摘要记载的是缴费的具体项目和发生时间。

第四步，通过移动光标和翻页，界面下方可显示每笔的详细信息。

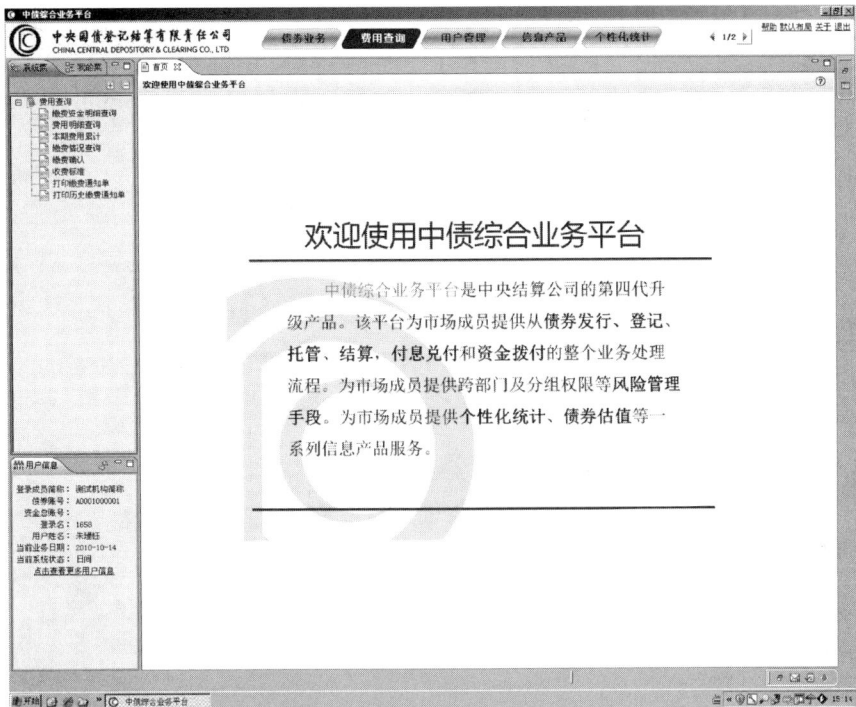

图 4 –14 费用查询菜单

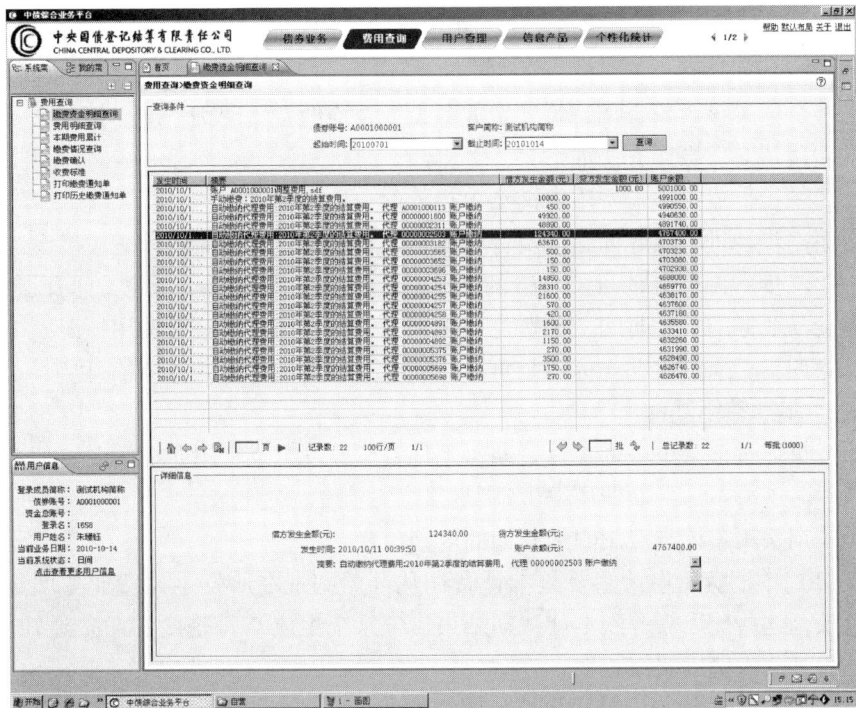

图 4 –15 缴费资金明细查询界面

2. 费用明细查询（见图4－16）

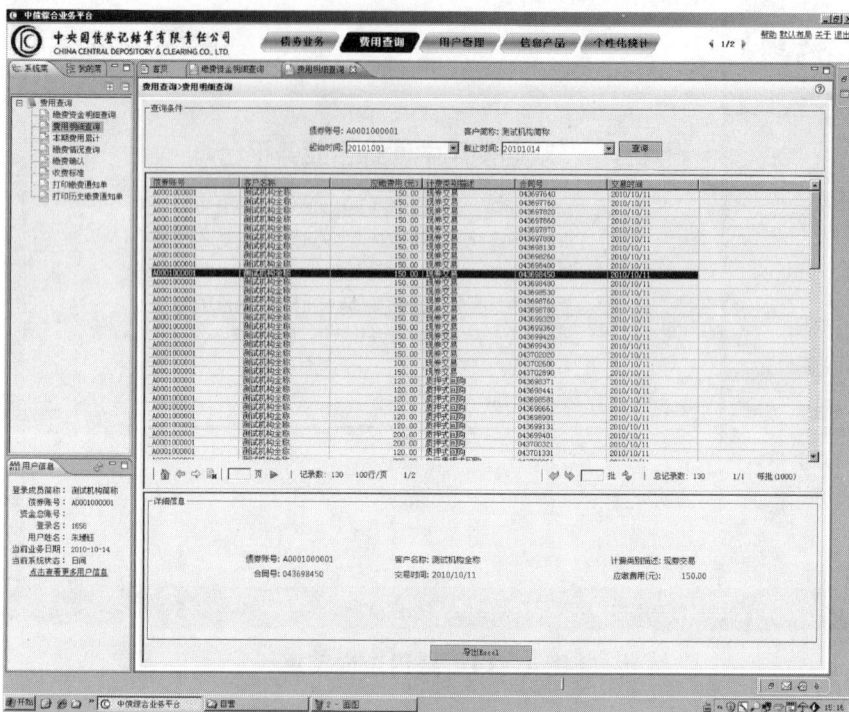

图4－16　费用明细查询界面

成员通过该菜单查询每笔计费业务发生及应缴费用明细情况，用于成员自身的费用核对。操作方法如下：

第一步，成员单击费用查询菜单栏下的费用明细查询项。

第二步，进入该界面，成员首先要输入自己要查询的时间段。

第三步，再单击时间段右边的"查询"按钮，界面将显示该时间段每笔债券交易业务的发生时间、计费业务类别、合同号和每笔应缴费用情况。

第四步，通过移动光标和翻页，界面下方可显示每笔的详细信息。

3. 本期费用累计

成员通过该菜单查询本计费期每笔计费业务发生及费用明细情况，使成员可以时时了解本计费期费用发生情况。

本期费用累计与费用明细查询的区别与联系：

（1）本期费用累计主要是本计费期从开始到现在所发生计费业务明细情况反映，这些费用需等到本计费期结束后，系统生成"每季度的缴费通知单"后才将其放入费用明细查询。

（2）费用明细查询是历史交易明细查询。

（3）这两项界面显示的计费金额仅供成员查询和对账使用，不能作为缴费依据。

本期费用累计操作方法如下：

第一步，成员单击费用查询菜单栏下的本期费用累计项。

第二步，进入该界面，成员可直接单击右上方的"查询"按钮，界面将显示本计费期计费业务项目、笔数和费用发生的明细情况。

4. 缴费情况查询

成员可以通过该菜单时时查询自己每个季度的应缴、已缴和未缴费用情况，方便成员及时缴费。操作方法如下：

第一步，成员单击费用查询菜单栏下的缴费情况查询项。

第二步，进入该界面，成员首先选择年份，再选择所要查询的季度或查询全部（四个季度）。

第三步，再单击时间段右边的"查询"按钮，界面将显示该时间段发生的费用类型、计费周期、应缴费用、已缴费用和未缴费用的详细情况。

第四步，通过移动光标和翻页，界面下方可显示每笔的详细信息。

5. 缴费确认

成员汇款缴费金额小于自身各季度未缴费用金额时，需要成员通过该菜单自行办理手工缴费确认，方可完成向中央结算公司的缴费。

注意：如成员银行汇款金额与其未缴费金额一致时，中央结算公司计费系统将自动进行缴费处理，成员不需要通过该菜单办理缴费确认。所以成员在办理汇款缴费前，应先通过缴费情况查询界面查询自己每个季度的费用是否已缴，以免发生漏缴。

缴费确认的操作方法如下：

第一步，成员单击费用查询菜单栏下的缴费确认项。

第二步，进入该界面，成员首先选择要缴费的计费期，如选择全部，界面将显示每个计费期的应缴费用、已缴费用和未缴费用情况。

第三步，成员将光标移到自己所要缴纳的计费期，下方详细信息将显示该笔操作界面。

第四步，成员在操作前，要查看详细信息"账户余额"一栏显示的金额是否足够（如不足，操作后将显示金额不足），再通过下方的"缴纳费用"一栏手工输入缴费金额，并单击最下方的"确认缴费"按钮，系统将自动弹出确认缴费"是"或"否"，如确认无误后请单击"是"，系统将完成本次缴费操作。

第五步，操作完成后，成员可以通过"缴费资金明细查询"和"缴费情况查询"菜单查询完成情况。

6. 收费标准

成员可以通过该菜单查询中央结算公司相关业务收费标准。操作方法为成员单击费用查询菜单栏下的收费标准项。

7. 打印缴费通知单

（1）每季度初的第 1 个工作日，中央结算公司计费系统会自动生成每家成员的"季度缴费通知单"，作为成员向中央结算公司缴费的依据。

（2）成员可以登录联网客户端的费用查询里的这个界面，打印"缴费通知单"，按照通知单上的缴费金额和银行缴费账号向中央结算公司办理汇款缴费。

（3）该菜单也可以打印历史缴费通知单（从 2010 年第三季度开始的）。

打印缴费通知单的操作方法如下：

第一步，成员单击费用查询菜单栏下的打印缴费通知单项。

第二步，进入该界面，成员首先要选择打印通知单的年份。

第三步，界面显示该年度的各个计费期和应缴费用，成员将光标移动到自己要打印的计费期。

第四步，再单击界面最下方的"打印缴费通知单"按钮，将会显示要打印的"缴费通知单"格式。

第五步，连接打印机，就可打印出该"缴费通知单"。

（三）成员缴费注意事项

（1）从 2010 年 10 月 8 日起，成员可以通过新一代客户端的费用查询界面打印每季度的"缴费通知单"，并通过该界面时时查询自己各季度的应缴、已缴和未缴费情况，请及时缴费，避免漏缴或欠缴。

（2）成员须按"缴费通知单"上所列中央结算公司银行收款账号办理汇款。该账号是中央结算公司为每个甲类、乙类成员设置的与其债券账户一一对应的银行缴费账号，仅限本债券账户缴费使用，不能转借；该缴费账号只用于成员缴纳"缴费通知单"上所列账户维护和结算等费使用，不能用于中债数据、培训及中债杂志等缴费使用。

（3）甲类、乙类成员每次银行汇款金额与其未缴费金额一致时，中央结算公司计费系统将自动进行缴费处理，否则需要甲类、乙类成员通过联网客户端的费用查询界面自行办理缴费确认。

（4）丙类成员的缴费，由代理行收齐后通过自营缴费账号办理汇款，并需要通过联网代理客户端的费用查询界面为其办理缴费确认。

（5）成员通信地址若有变更，请及时书面通知中央结算公司。

（6）成员开通债券账户后，如单位业务或部门、人员调整长期不用，请及时向中央结算公司申请办理暂停或销户，否则仍需每季度按时向中央结算公司缴纳账户维护费。

复习思考题

1. 根据中央结算公司关于应付利息资金核算的推荐标准，关于下列到期兑付日的规定正确的是：

A. 起息日是2007年3月28日，期限4个月，则兑付日为2007年7月28日

B. 起息日是31日，如到期年份的该月份没有31日，即该月最后一日是30日或28日（非闰年的2月）或29日（闰年的2月），则兑付日为30日或28日或29日

C. 起息日是30日，到期月份是2月，则兑付日为28日或29日

D. 起息日是2007年3月21日，期限6个月，则兑付日为2007年9月20日

2. 下列关于债券登记和债券托管的含义正确的有：

A. 债券登记是指债券登记托管结算机构以簿记方式依法确认债券持有人持有债券事实的行为

B. 债券托管是指债券登记托管结算机构对债券持有人持有的债券进行集中保管，并对其持有债券的相关权益进行管理和维护的行为

C. 债券债权债务登记是指债券登记托管结算机构以簿记方式依法确认债券持有人持有债券事实的行为

D. 债权登记是指债券登记托管结算机构以簿记方式依法确认债券持有人持有债券事实的行为

3. 下列说法正确的是：

A. 付息/兑付日与资金支付日一般为同一天

B. 如付息/兑付日遇法定节假日，则资金支付日相应顺延

C. 付息兑付资金仍计至付息/兑付日前一个自然日

D. 如付息/兑付日遇法定节假日，则付息/兑付日相应顺延

4. 一只债券，期限10年，半年付息一次，起息日为2007年4月7日，则其闰年计息年度为：

A. 从2007年4月7日到2007年10月7日

B. 从2007年10月7日到2008年4月7日

C. 从2007年4月7日到2008年4月7日

D. 从2008年4月7日到2009年4月7日

5. 闰年计息年度以其一个完整的计息年度内是否跨越闰年中的2月29日为标准确定。这个说法正确吗？

6. 处于出押冻结或质押式回购未到期的债券，本期利息归受押方或正回购方。这个说法正确吗？

7. 不同的结算成员如何进行对账？

8. 简述结算成员进行账务查询的方法。

9. 简述中央结算公司的费用类型及缴费方法。

托 管 创 新 服 务

第一节　债券资产分组合服务

债券资产分组合服务是中央结算公司根据市场发展及结算成员需求，为结算成员对自营债券账户内持有的债券按照不同规则和要求实行分类管理、核算和交易结算等提供的专项服务。

一、资产分组合服务的背景

（一）跨境交易结算的需要

随着利率市场化和人民币国际化进程的推进，投资者跨境投资需求日益增加。2013 年 9 月，国务院发布了《中国（上海）自由贸易试验区总体方案》，进一步深化中国经济体制改革。2015 年 2 月，人民银行上海总部发布《中国（上海）自由贸易试验区分账核算业务境外融资与跨境资金流动宏观审慎管理实施细则》，允许区内企业和金融机构按照既定规则，自主开展境外融资活动。同时要求参与自贸区的金融机构需建立的自由贸易专用账务核算体系，并建立相应的机制实现与金融机构其他业务分开核算。为此，我公司提供债券资产分组合服务，满足相关主管部门监督管理及投资者风险防控和跨境交易结算的需要。

（二）其他

1. 会计准则对金融资产分类确认、计量的要求

2006 年财政部发布了新企业会计准则，要求按照持有目的将金融资产分为以公允价值计量且其变动计入当期损益的金融资产、持有至到期投资、贷款

和应收款项以及可供出售金融资产四类，分别采用不同的计量属性和方法进行会计核算。为实现新会计准则对银行业、保险业金融资产分类确认、计量和风险控制的要求，我公司为结算成员提供债券资产分组合服务。

2. 结算成员资产精细化管理和业绩考核的需要

为了满足客户资产精细化管理的需要不同资金性质要求单独管理、单独核算，如：第一是不同险种（传统险、分红险、投连险、财险）独立核算、总行自营与代保管分行的债券区分管理等。第二是成员业绩考核的需要对交易账户的管理和考核，对部门业务的管理和考核以及对机构所在地域之间业务考核和市场分析。第三是风险控制需要，资产分组合管理后，按照不同交易团队划分，就有效进行了前端控制，避免了用超、用错债券的情况。第四是会计核算需要以及其他一些内部管理的需要。

二、债券资产分组合服务申请

结算成员中的桌面客户端用户如需使用分组合功能，需向中央结算公司提交"债券资产分组合功能开通申请书"申请开通分组合服务。中央结算公司将收到结算成员申请，确认其已完成相关准备工作后，为其开通债券资产分组合管理功能。账户分组合功能将在开通后的次一个工作日正式生效。

中央结算公司将于分组合功能开通后向结算成员出具"分组合功能开通通知书"和"债券账号变更通知书"。结算成员应于收到"债券账号变更通知书"的当日变更在同业拆借中心登记的债券账号。

为便于识别，并保持历史账务数据管理的连续性，中央结算公司将为开通债券资产分组合管理功能的结算成员配发新的债券账户账号，原债券账户账号自动降为其第一个分组合号，原债券账户的所有账务数据均由该分组合承继，原未了结的债券结算业务亦通过该分组合办理。

结算成员中的直联接口用户在申请开通账户分组合功能前，应在其内部业务系统实现账户细分管理功能基础上与债券系统完成直联测试，然后向中央结算公司提交服务申请，履行前述开通步骤。

三、债券资产分组合管理

（一）账务平衡关系

1. 账务结构

开通分组合管理功能后，客户债券账户的账务记载和核算将分为两个层次：其中，整个账户的汇总数据将记载于债券账户下，债券的明细数据则将记载于各分组合中。分组合的科目设置与债券账户科目设置是一致的，分为"可用"、"待付"、"质押式待回购"、"质押"、"冻结"五个科目。

2. 平衡关系

账务平衡关系指两个方面：一是债券账户下的托管总额等于各分组合下记载

额之和，即：债券账户债券余额 = $\sum$ 分组合1 + 分组合2 + 分组合3 + …。二是债券账户下分科目余额等于各分组合对应科目余额之和，如：总账户余额（可用）= $\sum$ 分组合1（可用）+ 分组合2（可用）+ 分组合3（可用）+ …。

（二）账务查询及财务报表

结算成员可以通过债券系统客户端进行账务查询，查询内容包括：债券账户总对账单、债券账户明细对账单、台账查询。

四、债券资产分组合后的债券结算

（一）结算指令管理新要求

因会计准则或精细化管理需求开通分组合功能后，在进行业务操作时的"第三方指令确认"环节增加了新的要素，即需要填写"本方分组合号"。具体而言：

（1）在办理现券、质押式回购、买断式回购、远期交易、债券借贷等银行间市场交易业务结算时，客户端用户通过同业拆借中心成交的，中央结算公司收到成交数据后，提交客户端供交易双方确认。交易双方确认时，需在确认指令中指定的位置输入该笔结算对应的分组合号。

直联接口用户直接从接口接收、提交指令，需在指令数据中明确该笔结算对应的分组合号。

（2）在办理质押式回购清偿、质押券清偿、保证券清偿、冻结券清偿业务时，收券账户实行分组合的须在指令书中指明"目标账户分组号"与"清偿账户分组合号"。

（3）在结算成员申请其持有债券办理向第三方质押业务时，相关质押申请指令书须填写用于办理质押的分组合号。

（4）在行使投资人回售选择权和债券定向转让选择权时，结算成员发送行权指令时需在指定的位置输入对应的分组合号。

（二）兑付付息

债券付息兑付时，中央结算公司按照结算成员债券账户进行汇总付息兑付资金计算和资金汇划。

债券兑付、提前兑付时，按照债券账户汇总并注销债权，同时按分组合进行账务记载。

五、债券资产分组合与相关业务的衔接

（一）须通过第一分组合办理的业务

开通分组合功能后，系统设定以下业务必须通过第一分组合办理：

（1）记账式国债柜台业务；

（2）债券发行系统投标；

（3）承销额度注册；

（4）债券分销；

（5）债权确认；

（6）央行现券；

（7）央行质押式回购；

（8）央行买断式回购；

（9）国库现金管理业务；

（10）大额支付系统自动质押融资业务；

（11）小额支付系统质押额度管理业务；

（12）在柜台和银行间市场相互转托管业务。

通过第一分组合办理上述业务，在债权确认后如结算成员需要将认购的债券转到其他分组合，或在结算过户需要用到其他分组合的债券，可向中央结算公司申请债券调拨操作完成相关债券的调拨。

（二）须通过相应分组合办理的业务

1. 因会计准则或精细化管理需求开通银行间分组合

现券、质押式回购、买断式回购、远期交易、债券借贷等银行间市场交易的结算以及在银行间市场和交易所市场相互转托管、行使投资人回售选择权和债券定向转让选择权、结算成员申请其持有债券办理向第三方质押业务则须通过相应的分组合办理。

2. 因跨境交易结算需求开通分组合

各市场相关交易通过相应分组合办理。

第二节　担保品管理业务

担保品是金融市场安全、高效运行的基石，有利于金融市场深化改革、创新发展、扩大开放，特别是在市场波动、经济下行时期，发挥着稳定器的关键作用。在众多金融资产中，债券，尤其是以主权债、准主权债为代表的高信用等级债券，由于价值稳定、流动性强，被市场视为最优担保品。担保品管理包括对债券的选择、计算、质押、解押、盯市、替换、调整等工作，担保品管理

服务范围已涵盖货币政策、财政政策、支付结算体系、社保体系、金融市场交易的方方面面，蔚然可观，已逐步形成一个立足自身、联网国际、多功能、跨市场的服务模式。相应的，担保品管理服务也已成为国际主流托管结算机构的创新着力点，战略增长极，"流动性中枢"、"担保品高速公路"等系列概念性产品纷纷问世。随着金融市场的深化发展，担保品的管理及应用将进一步得以创新，加以开拓，成为金融市场安全、稳定、繁荣、创新的核心基础设施和中坚力量，推动市场不断向前。

一、担保品管理的重要性

（一）债券是最优质的担保品

担保品是一种能有效减少违约损失的信用风险缓释工具，是金融市场安全、高效运行的基石。担保品种类十分广泛，金融担保品一般包括现金、债券和股票等有价证券，也包括现货或者期货形式的商品、贵重金属和其他财产形式等。债券，被公认为是最优质的担保品。债券具有以下特点：一是流动性较好，能够以合理价格迅速变现；二是价值相对稳定，不会随着市场环境变化出现价格的剧烈波动；三是价值易于确定且具有公允的市场价格；四是成本效益好，即出质人的占用成本和质权人的管理成本较低。用债券充当担保品，可以有效防范对手方信用风险，最大限度地起到降低成本的作用。同时，它提高了债券流动性和资产的使用效率。所以说，"债券天然不是担保品，担保品天然是债券"。

担保品管理是指依托中央托管机构对质押债券进行选择、计算和使用，并通过盯市、替换和调整等手段实现自动化管理的过程。担保品管理能将复杂的信用风险转化为较容易计量和预测的市场风险，是一种具有基础性和创新性的金融风控工具。

（二）国际市场担保品管理发展

为顺应市场主流的发展趋势和要求，诸多国际市场指引规则对担保品管理进行了指导。比如国际证券协会在《回购交易实践指导》中就提出逐日盯市、提供以及维持初始保证金/券的要求；证券业与金融市场协会、国际资本市场协会在《全球回购主协议》中也对保证金/券的维系及转让机制做出相应规定。而在经历 2008 年金融危机后，各国监管机构将规避风险作为其首要任务，愈加重视担保品管理的有效性和灵活性：《巴塞尔新资本协议》对相关保证券、折扣系数做出相应调整；《多德－佛兰克法案》、《欧盟金融基础设施规则》等新规的全面风险管理框架也突出担保品管理的重要性。一系列相关监管新政的实施，旨在完善担保品管理服务，用更严格更高标准的要求，及时应对市场波动带来的风险。

金融危机带来的全球经济动荡催生了市场去杠杆化要求，随着监管机构对担保品提出更严格的要求，国际市场对合格担保品的需求急剧增加。但与此同时，下行的宏观经济形势令债券发行人信用风险加大，加之部分国家出现主权信用危机，市场上可以用作合格担保品的各类债券紧缺，最终引发了2012年的"担保品危机"。此次欧美金融震荡是市场上合格担保品供不应求的结果，金融担保品的供需失衡为世界市场带来警示：需要严格担保品使用要求，重视担保品管理效率，未雨绸缪，预控风险。

在国际经济动荡和担保品市场供给短缺的双重背景下，为满足保证金头寸、流动性管理、监管规定的要求，加强和完善担保品管理已成为各国监管机构的重中之重，国际金融市场的主流趋势。国际中央托管机构纷纷推出相关的创新业务，实现了场外交易清算交收中担保品处理的全球直通式流程，提供了全球范围内的集中化担保品管理服务。如明讯银行的"流动性中枢"、欧清银行的"担保品高速公路"等。这些国际业务的发展能使客户不受资产类别、地域和时区的限制，高效地管理担保品，实现担保品跨境流动和在全球范围内的灵活调拨。与此同时，各中央托管机构还通过成立合资公司或建立全球担保品管理联盟的模式开展合作，以进一步推进跨境业务，促进跨境担保品的有效使用；一些大型国际银行也纷纷推出担保品管理服务，通过其对全球市场担保品的适度调配和协同管理，以帮助其客户在全球市场中应对不同监管规则和市场环境的需要。

（三）国内市场担保品管理情况

近年来随着金融市场的发展，相关部门愈加重视担保品管理，并出台相关措施支持其发展：银监会在《商业银行资本管理办法》中规定商业银行必须建立相应的抵质押品管理体系，人民银行在其发布的《中国支付体系发展报告（2008）》中明确表示，我国应积极借鉴国际先进经验，逐步构建担保品管理机制，银行间市场交易商协会也通过发布《中国银行间市场债券回购交易主协议（2013年版）》明确担保品管理的相关标准。与此同时，银行间市场的发展也令越来越多的投资者开始重视担保品管理，提出更为精细化、专业化的市场需求，形成了诸多客观需求：如出质方在债券质押期间希望进行担保品替换，质权方希望及时准确地把握担保品价值的变化，在担保品价值出现剧烈变化时希望通过调整担保品价值以覆盖风险敞口等。

在这样的背景下，中央结算公司承担了绝大部分债券的登记托管职责，同时，中国人民银行颁布的《银行间债券登记托管结算管理办法》又赋予公司担保品管理职能，建立担保品管理服务系统，推出担保品管理服务，以提升使用效率、完善市场监管、满足服务需求，实现担保品管理服务的集中、统一、安全、高效。

二、担保品管理业务分类及服务领域

中央结算公司担保品管理系统所提供的服务领域涉及政府经济管理职能、商业机构各类金融交易、现货市场交易、期货衍生品交易、双边及多边交易等。以上实践在把握国际市场趋势、借鉴国际同业经验的情况下，很好地结合国内市场需求和特点，使得我国的担保品管理形成多层次、多领域的业务格局。

（一）服务宏观经济政策

1. 货币政策

在人民银行公开市场业务债券交易中，涉及担保品管理的主要是央行回购交易。人民银行于 2013 年新增的货币政策工具——常备借贷便利、中期借贷便利以及一些支持小微企业再贷款等，需要金融机构提供债券质押。此类业务的担保品均由担保品管理系统管理，调节市场流动性，以保证货币政策工具实施的准确性与有效性。

2. 财政政策

地方国库现金管理是财政部门财政政策的重要组成部分。地方国库现金管理主要以商业银行定期存款的方式实现，是指将地方国库现金存放在商业银行，商业银行以国债、地方政府债为质押获得存款并向地方财政部门支付利息的交易行为。目前，国库现金管理的担保品均由中央结算公司管理。

（二）服务中国支付结算体系

中国现代化支付系统作为中国金融市场基础设施，包括大额和小额支付系统。为保证清算效率、避免流动性不足，大小额支付系统均向成员行提供流动性支持，成员行需向人民银行质押债券，大额支付系统自动质押融资和小额支付系统质押额度管理，一直由中央结算公司提供担保品管理服务。

（三）服务于社保体系

在社保体系中，全国社保基金理事会及地方人社财政部门将相关社保资金以商业银行协议存款的方式实现管理要求。商业银行需提供相应债券质押作为担保品。中央结算公司于 2015 年 5 月为辽宁省社会保障基金养老基金协议存款提供担保品管理服务。同年 12 月为全国社保基金协议存款提供担保品管理服务。2016 年 7 月为河北社保基金管理提供担保品管理服务。

（四）服务外汇管理

在外汇管理中，担保品主要应用于外汇委托贷款业务，外管局委托商业银行将其持有的外汇储备以委托贷款的形式借贷给需要用汇的企业，商业银行在用汇时，需要向外管局提供一定的担保品作为质押。2014 年 4 月，中央结算公司与外管局正式签订了服务协议，为其外汇委托贷款业务提供担保品管理服务。

（五）现货市场

中央结算公司可为质押式回购、买断式回购、远期交易、债券借贷等双边质押类业务提供担保品盯市、替换、调整等服务。

（六）服务衍生品市场

衍生品交易市场中，也往往会接受国债等有价证券来充抵期货保证金，以此作为履行期货保证金债务的担保。2014年12月中国金融期货交易所修订了《中国金融期货交易所结算细则》，正式引入了国债作为期货保证金制度。2014年底，中央结算公司和中金所发布国债作为期货保证金业务相关指引，正式启动实施国债作为期货保证金业务。国债作为期货保证金，推动期货市场的发展，并实现期现货市场的良性互动。

（七）贵金属市场和跨境担保品

债券充抵黄金交易保证金业务，是中央结算公司与上海国际黄金交易中心共同在前期深入研究和充分论证基础上，借鉴国内其他金融市场成熟经验与运作实践推出的重要创新举措。2016年6月，双方同步向市场发布业务指引，正式启动债券充抵黄金交易保证金业务，通过该业务，中央结算公司的担保品管理服务将助力黄金市场，有效降低市场参与各方的资金成本，激活市场交易的热情与活跃度，同时也将进一步增强我国黄金交易市场在国际金融领域的定价权与话语权，提升双方在国内外金融市场的影响力。另外，该业务参与者主要是黄金市场国际版成员，属于境外机构，业务启动也标志着跨境担保品管理取得实质突破。

三、双边质押类业务

双边质押类业务指业务标的和担保品均由质押双方一对一协商确定的质押业务，包括质押式回购、买断式回购履约保证质押、远期交易履约保证质押、债券双边借贷质押等。

（一）委托受理

申请双边质押类业务担保品管理服务的结算成员，应向中央结算公司提交申请文件，明确需要开通担保品管理服务的双边质押类业务名称及期限。中央结算公司受理后，在担保品管理服务系统中办理相关注册手续。开通担保品管理服务后，结算成员通过担保品管理服务系统客户办理担保业务。

（二）敞口管理

1. 敞口管理的相关概念

风险敞口指担保品覆盖的标的金额，分为固定敞口、浮动敞口和变动敞口三种类型。

固定敞口：指担保品覆盖的标的金额在质押期间内固定不变的风险敞口，一般为某笔担保品业务到期应付的本息金额，在结算期内固定不变。固定敞口类业务，在整个担保品管理期间，风险敞口无须维护。

浮动敞口：指担保品覆盖的标的金额在质押期内随质押标的物、担保品价值或其他因素变化而变化的风险敞口。浮动敞口类业务，系统每日日初根据前一日最新的中债估值结果计算并更新敞口金融数据。

变动敞口：指担保品覆盖的标的金额可根据业务需要、人为调增或调减的风险敞口，由质权方、主质权方或签约对手方根据业务情况自行调整维护，通过担保品管理服务系统客户端发送指令办理。

2. 双边质押类业务的敞口管理

敞口管理指针对每种业务类别，分别设置其敞口类型、敞口计算方法（即根据各业务要素计算其敞口值）、敞口调整方式和担保品调整规划。双边质押类业务的风险敞口管理如表 5 - 1 所示。

表 5 - 1

业务大类	业务类别	敞口类型	敞口计算方法	敞口调整方式	担保品调整规则
双边质押类	质押式回购	浮动	正回购方：担保品价值 - 资金成本	系统自动计算	质押双方协商确定，发送指令办理
			逆回购方：资金成本 - 担保品价值		
	买断式回购	浮动	正回购方：标的券价值 + 出押的保证券价值 - 资金成本 - 受押的保证券价值	系统自动计算	
			逆回购方：资金成本 + 出押的保证券价值 - 标的券价值 - 受押的保证券价值		
	远期交易	浮动	卖券方：远期结算全价金额 - 标的券面额 × 标的券估值/100	系统自动计算	
			买方券：标的券面额 × 标的券估值/100 - 远期结算全价金额		
	双边借贷	浮动	标的券面额 × 标的券估值/100	系统自动计算	

注：资金成本 = 首期金额 + 首期金额按回购利率计算的从首期到估值日的利息。

（三）质押解押

质押首日，中央债券簿记系统根据结算指令指定的担保品及其面额进行质押，到期日对符合条件的予以解押。质押成功后，簿记系统将质押数据提交担保品管理服务系统，后者将为已选择接受双边质押类业务担保品管理服务的相应期限业务品种的担保品进行管理。

（四）担保品期间管理

（1）双边质押类业务质押成功后，担保品管理服务系统将根据结算成员选定的相应期限的相应业务品种的担保品数据更新相关后台账和报表。

（2）每个工作日初，担保品管理服务系统根据前一工作日的中债估值，计算、比较每笔担保品业务的担保品担保价值和风险敞口，并在相关报表和台账中列示计算、比较结果。

（3）质押双方可根据上述比较结果或其他原因，协商是否增补、调减、置换担保品。

（4）增补、调减、置换担保品均通过发送担保品置换指令完成。担保品指令为双边指令，由正回购方（借入方）送出，逆回购方（借出方）确认。

单纯置换：发送指令时，输入换出债券代码、面额，换入债券代码、面额。

增补：发送指令时，换出债券面额为零，换入债券面额为增补额，或者换入债券担保价值超过换出债券担保价值，超过部分足可弥补需要增补的担保价值。

调减：发送指令时，换入债券面额为零，换出债券面额为调减额，或者换出债券担保价值超过换入债券担保价值，超过部分足可弥补调减的担保价值。

四、中央质押类业务

中央质押类业务指具有唯一质权方、至少两个以上潜在出质方的质押业务。分为以融资为目的的中央融资质押类业务和以结算履约保证为目的的保证金替代类业务等。

中央质押类业务的客户分主质权客户和普通客户两类。主质权客户即某项中央担保品业务的主办方。普通客户指某项中央质押业务的签约对手方。

（一）委托管理

1. 中央质押类业务主质权方申请及受理

某一中央质押类业务的主质权方若需开通担保品管理服务，应与中央结算公司签署相关协议，并提交相关材料，中央结算公司受理并审核材料通过后，办理相应手续。

开通担保品管理服务后，主质权方通过担保品管理服务系统客户端办理担保品业务。

中央质押类业务的主质权方如需开通双边质押类业务担保品管理服务，需单独申请。

2. 中央质押类业务签约对手方申请及受理

某项中央质押类业务的签约对手方应向中央结算公司提交申请材料，中央结算公司受理后办理相关手续。主质权方与其签约对手方签署相关协议后，可通过担保品管理系统客户端注册该签约对手方的相关业务资格。主质权方若需终止某签约对手方的该项业务资格，可通过担保品管理服务系统客户端办理注销手续。

开通担保品管理服务后，签约对手方通过担保品管理服务系统客户端办理担保品业务。

已注册为某项中央质押类业务签约对手方的结算成员，如需申请双边质押类业务担保品管理服务，需单独申请。

（二）质押参数管理

中央质押类业务无须质押双方逐一协商确定质押条件，仅需中央质权方统一设置一系列规则与标准，担保品管理服务系统将按次规则自动选择计算担保品。主质权方设置统一规则是以各种参数为基础和标准，相关参数设置完成后，担保品管理将按照设定参数自动进行。

担保品管理服务系统主要参数包括公共参数与中央质押类业务基本参数。

1. 公共参数管理

公共参数指担保品管理服务所共用的基础性参数，由中央结算公司负责管理和维护。

（1）待偿期：指某债券从质押业务发生开始日至其到期兑付日之间的天数。待偿期参数包括待偿期名称和天数区间两个要素，如表 5 - 2 所示。

表 5 - 2

待偿期名称	天数区间
1 个月	≤60 天
3 个月	>60 天，≤135 天
6 个月	>135 天，≤255 天
9 个月	>255 天，≤315 天
1 年	>315 天，≤18 个月
2 年	>18 个月，≤30 个月
3 年	>30 个月，≤4 年半
5 年	>4 年半，≤6 年半

待偿期名称	天数区间
7 年	>6 年半，≤9 年半
10 年	>9 年，≤13 年
15 年	>13 年，≤18 年
20 年及以上	>18 年

（2）债券信用评级：指合格的专业评级公司对某只债券所做的信用评级。中央结算公司根据市场上公开合格的债券评级信息于担保品管理服务系统内设置债券信用评级参数，包括评级机构名称、债券信用级别代码等。

（3）质押顺序：指在办理中央质押类业务时选取质押债券的先后顺序，可按债券性质、待偿期、债券信用评级排序，分"顺序"和"倒序"两种排序方式，如表5-3所示。

表5-3

	顺序	倒序
债券性质	主权级优先质押	非主权级优先质押
待偿期	待偿期短的优先质押	待偿期长的优先质押
债券信级	信用债券中评级高的优先质押	信用债券中评级低的优先质押

（4）担保品到期自动置换启动间隔日：指担保品到期兑付前仍处于质押状态的，系统自动启动担保品置换的开始日与债券截止过户日的间隔天数。

2. 中央质押类业务基本参数管理

中央质押类业务基本参数指所用中央质押类业务所共用的业务参数，由主质权方确定、设置和维护，也可由主质权方确定后委托中央结算公司设置和维护。

（1）担保品范围：指某项中央质押类业务的主质权方可接受的质押债券范围，包括质权性质范围、待偿期范围和债券信级范围。

确定担保品范围的步骤为：第一，选取可接受的担保品性质；第二，在选取的担保品性质项下选取可接受的待偿期；第三，对于非主权信用类债券，选取可接受的信用评级；第四，设定生效日期，自生效日起启用新的担保品范围，原担保品范围失效，但已处于质押状态的质押业务不受影响。签约对手方在主质权方设置的该业务质押范围内，可以通过客户端设置和调整本方的该项业务担保品子范围。

（2）担保品价值计算基础值：指核算担保品担保价值所用的基数，有估值、面额、发行价格、本金值四种可选。

（3）质押率：指风险敞口金额与覆盖该风险敞口所需担保品价值的比例，

即计算担保品价值时的折扣率，用％表示。

确定质押率时，应根据已经选定的担保品范围，按债券性质质押率、待偿期质押率和债券信级质押率分别设定，若某项未设定，则系统默认为该项质押率为100％。具体某只债券的总质押率为上述三项质押率的乘积。

（4）质押顺序：指在主质权客户办理中央质押类业务时选取质押债券的先后排序，即对于债券性质、待偿期、债券信用评级，按"顺序"或"倒序"排列。

（5）质押超额率：指在质押率的基础上计算的担保品担保价值超过风险敞口金额的比例，用％表示。质押超额率最小可设置为0。如不设置质押超额率，则系统默认为0。风险敞口与覆盖敞口所需担保品面额的关系为：

$$风险敞口金额×(1+质押超额率)=担保品面额×每百元担保品价值计算基础值$$
$$×该券种总质押率/100$$

（6）敞口差值临界比例。敞口差值比例指担保品担保价值与风险敞口金额只差占风险敞口金额的比例，用％表示：

$$敞口差值比例=(担保品担保价值-风险敞口金额)/风险敞口金额×100\%$$

敞口差值临界比例是主质权方设定的敞口差值比例的最低值。当实际敞口差值比例小于敞口差值临界比例时，担保品管理服务系统将启动担保品自动增补业务。

（三）质押解押

对于中央质押类业务，中央债券簿记系统和担保品管理服务系统根据相关指令以及预设的担保品管理业务参数，自动完成担保品的选取、计算、质押和解押处理，具体步骤为：

1. 质押

（1）确定待选担保品

出质方若设定了担保品子范围，则以其设置的担保品子范围内的券种作为待选品种；若未设置，则根据主质权方设置的该业务担保品范围，选定出质方有可用余额的债券品种作为待选担保品。

（2）确定担保品排序

根据主质权方设置的担保品顺序，对待选担保品进行排序，债券性质、待偿期和债券评级均相同的债券，则按照可用余额大数优先的原则排序。

（3）计算所需担保价值

根据风险敞口金额、质押超额率等参数计算覆盖风险敞口所需的担保价值：

$$担保价值=风险敞口金额×(1+质押超额率)$$

（4）确定担保品面额

担保品面额与风险敞口及担保价值之间的关系为：

$$担保价值=风险敞口金额×(1+质押超额率)$$
$$=担保品面额×每百元担保品价值计算基础值×该券种总质押率/100$$

根据上述关系及担保品排序，首先检查排序第一的担保品，若其价值大于等于所需的担保品价值，直接在该债券中确定具体质押面额。

如果排序第一的担保品价值小于所需的担保价值，该债券可用余额全部质押；再对排序第二的担保品与剩余担保价值按同样方法计算，以此类推，直到所需担保价值全部覆盖为止。如果担保品范围内的所有债券合计价值不足，可以部分质押的按照实际可用余额质押，不能部分质押的等券到日终，日终仍不足的质押失败。对于质押成功的，可通过担保品管理服务系统客户端查询质押结果。

2. 解押

解押通过在担保品管理服务系统中调减风险敞口完成，中央债券簿记系统根据调减的风险敞口解冻相应的担保品，若风险敞口调减为 0，则担保品全部解押。

（四）担保品期间管理

中央质押类业务的担保品期间管理服务包括台账与报表、盯市、替换、调整等服务。

1. 台账与报表

中央质押类业务质押成功后，中央债券簿记系统将其担保品数据提交担保品管理服务系统，更新有关台账和报表。

2. 逐日盯市

每个工作日初，担保品管理服务系统根据前一日工作日的中债债券估值（公允价值），计算、比较每笔担保品担保价值和风险敞口，并在相关报表和台账中列示计算、比较结果。

3. 担保品自动增补

当敞口差值比例小于临界比例时，发起担保品自动增补业务。担保品管理服务系统将增补请求发送至簿记系统。后者收到增补请求后，即按照设定的参数及质押业务流程完成增补担保品的选取及质押，并将增补结果反馈担保品管理服务系统，成员可通过担保品管理服务系统客户端查询增补结果。

需增补的担保价值 = 风险敞口金额 × (临界比例 − 差值率) × (1 + 超额率)

4. 担保品到期自动置换

在担保品到期自动置换开始日，系统自动发起自动置换业务，将自动置换指令提交簿记系统，簿记系统根据置换面额对应担保品价值，按照设定参数及质押流程完成换入担保的计算质押，同时将换出担保品解押，并向担保品管理服务系统反馈结果。成员可通过担保品管理服务系统客户端查询置换结果及更新后的台账与报表。到债券截止过户日日终没有完成置换的，停止自动置换，该笔担保品兑付资金留存至主质权方的该笔风险敞口有足够的担保品覆盖为止。

5. 担保品人工置换

若要办理担保品人工置换，需出质方通过发送置换指令办理。中央质押类业务只能发起等额担保品置换，担保品的增补和退还须通过调增调减风险敞口完成。

五、担保品管理系统功能及优势

（1）参数化管理：担保品管理系统对关键要素实行参数化管理，可根据个性化要求，设置、维护、修改各类参数。目前系统的主要参数包括担保品范围、质押率、质押超额率、质押顺序、敞口差值临界比例等。

（2）自动化管理：设定好参数后，在办理具体业务时，质押双方无须商讨相关细节，只需根据确定的敞口金额发送风险敞口指令，担保品管理系统将根据系统参数实现自动化管理。有效减少业务环节，提高担保品管理效率。

（3）期间管理：担保品管理系统提供的期间管理主要包括盯市、替换、调整等。这些功能涵盖了整个质押期间，质押双方可实现对风险的全程监测与及时防范。

（4）数据统计：质押双方可通过系统掌握担保品业务最全面翔实的数据信息，实现集中整合的数据管理，包括：签约对手方汇总信息、风险敞口变动信息、在押担保品明细、担保品盯市结果等。

债 券 结 算

债券结算是债券交易实现的关键环节。统一的债券中央托管体制,科学的结算机制,以及基于现代信息电子技术的结算系统,对提高债券结算的效率和安全性、降低债券结算的信用风险和流动性风险有着重要意义。

第一节 概 述

一、债券结算的基本类型

(一) 全额结算与净额结算

根据债券交易和结算的相互关系,债券结算可分为全额结算和净额结算两种类型。

全额结算也称逐笔结算,是指结算系统对每笔债券交易都单独进行结算,一个买方对应一个卖方,当一方遇券或款不足时,系统不进行部分结算。逐笔全额结算是最基本的结算方式,适用于高度自动化系统的单笔交易规模较大的市场。在全额结算过程中,结算机构并没有参与到结算中去,不对结算完成进行担保。全额结算的优点在于:由于买卖双方是一一对应的,每个市场参与者都可监控自己参与的每一笔交易结算进展情况,从而评估自身对不同对手方的风险暴露,逐笔金额进行结算,有利于保持交易的稳定和结算的及时性,降低结算本金风险,而其缺点在于会对频繁交易的做市商有较高的资金要求,其资金负担较大,结算成本较高。

净额结算是指结算系统在设定的时间段内,对市场参与者债券买卖的净差额和资金净差额进行交收。净额结算在指定时间段内只有一次净额结算,其降低了市场参与者的流动性需求、结算成本和相关风险,也提高了市场参与者尤其是做市商投资运用和市场运作的效率。净额结算实际上也是一个交易链，要求指定时间段内所有的结算都顺利进行，如果有某个参与者无法进行结算，则会对其他参与者的结算带来影响，甚至给整个市场带来较大的系统性风险。净额结算比较适合交易非常频繁和活跃的市场，尤其是在交易所撮合交易模式和做市商机制比较发达的场外市场，这种结算模式需要结算系统与资金清算系统紧密合作。净额结算也有不同的分类，按净额交收的标的区分，有券款都实行净额交收、券或款有一种实行净额交收两种方式；按参与净额结算各方的关系区分，有双边净额结算和多边净额结算两种方式。在多边净额结算中，按照结算机构在结算中是否担当中央对手方，可以分为中央对手方净额结算和非中央对手方净额结算两种模式。目前，银行间债券市场主要采用全额结算方式。

（二）实时处理交收和批量处理交收

根据结算指令的处理方式债券结算可分为实时处理交收和批量处理交收。

实时处理交收是指结算系统实时检查参与者券款情况，只要结算所需条件满足即刻进行券款的交收；而批量处理交收则是将某一时段内满足条件的所有结算集中在一个特定时间段内集中进行处理。批量处理一般按每个营业日进行，也有按其他时段进行的。批量处理可以全额结算或净额结算方式进行交收，而实时处理只能以全额结算方式进行交收。实时处理的全额结算也就是实时全额结算，结算效率较高，其结算的本金风险较小，但对市场参与者的流动性要求也相对较高。目前，银行间债券市场采用实时处理交收方式。

二、债券结算的框架

（一）制度基础

目前，在银行间债券市场办理债券结算业务的基本制度依据是中国人民银行颁布的《全国银行间债券市场债券交易管理办法》、《全国银行间债券市场债券登记托管结算管理办法》、《全国银行间债券市场债券交易流通审核规则》和中央结算公司颁布的《全国银行间债券市场债券交易结算规则》。

此外，具体业务的操作还应遵守中国人民银行颁发的相关部门规章和重要通知、中央结算公司制定的结算业务规则和实施细则以及参与者签署的关于相关业务协议等。比如质押式回购和买断式回购的结算需遵循参与者签署的《中国银行间市场债券回购交易主协议》，债券远期交易的结算需遵守央行颁布的《全国银行间债券市场债券远期交易管理规定》和参与者签署的《全国银行间债券市场债券远期交易主协议》，债券借贷业务交易结算需遵守央行颁布的《全国银行间债券市场债券借贷业务管理暂行规定》，债券应计利息和到期收益率的计算遵循《中国人民银行关于完善全国银行间债券市场债券到期收益率计算标准有关事项的通知》（银发〔2007〕200号）等。

（二）业务系统

目前，办理债券结算的业务系统是中债综合业务平台，与之相关的业务系统主要包括全国银行间同业拆借中心本币交易系统和中国现代化支付系统。

银行间债券市场参与者达成债券交易后，通过中债综合业务平台办理债券结算。中债综合业务平台是中央结算公司自主开发的第四代业务系统平台，该平台覆盖债券发行、登记、托管、结算以及付息兑付、资金拨付等整个业务处理流程，为市场参与者提供跨部门及分组权限等风险管理手段，提供个性化统计、债券估值等一系列信息产品服务，能够使债券登记托管、债权过户、债权质押等业务处理在指定的时间内准确、安全、及时地完成。

全国银行间同业拆借中心的本币交易系统是为市场参与者提供达成债券交易的电子平台，2005年10月17日，全国银行间同业拆借中心与中央结算公司实现了交易数据的接口联网运行，为银行间债券市场的参与者提供了数据直通式（STP）处理服务。

中国现代化支付系统（CNAPS）是中国人民银行按照我国支付清算需要，并利用现代计算机技术和通信网络自主开发建设的，能够高效、安全处理各银行办理的异地、同城各种支付业务及其资金清算和货币市场交易的资金清算的应用系统。它是各银行和货币市场的公共支付清算平台，是中国人民银行发挥其金融服务职能的重要的核心支持系统。该系统于2004年11月8日与中央结算公司业务系统实现联网，为市场参与者提供券款对付（DVP）结算服务。

（三）办理债券结算业务的条件

凡符合银行间债券市场有关准入要求的投资者，在取得中国人民银行上海总部出具的备案通知书或接收单后，首先应在中央结算公司开立相应的债券账户，成为中央结算公司的结算成员。结算成员开立债券账户时，应与中央结算公司签署《客户服务协议》等相关协议。

按照参与债券结算业务资格和方式的不同，中央结算公司将结算成员分为甲、乙、丙三类。

甲类、乙类结算成员应安装配有电子身份认证机制的中债综合业务平台终端，与中央结算公司业务系统联网，才能进行业务操作。丙类结算成员不与中央结算公司直接联网，但需先确定自己的结算代理人，并与之签订相应的结算代理协议，然后通过其结算代理人进行债券交易结算的操作。

按照市场参与者办理债券结算的不同方式，银行间债券市场的债券结算途径可分为直接结算和结算代理两种。在结算成员中，直接结算成员应安装与中债综合业务平台联网的终端，并通过该终端发送电子结算指令办理债券结算，这种结算称为直接结算；间接结算成员无须安装中债综合业务平台，而是委托一家具有结算代理资格的甲类成员代为办理结算，这种结算称为结算代理。结算代理业务资格必须经中国人民银行批准才能获得。

（四）债券结算途径

1. 直接结算成员

甲类、乙类结算成员为直接结算成员，丙类为间接结算成员。直接结算成员应具备一定数量的合格业务人员，业务人员分为客户端管理员和客户端操作员，客户端管理员和客户端操作员应经中央结算公司培训。直接结算成员应向中央结算公司提交《客户端管理员申请表》，由中央结算公司为客户端管理员办理注册和授权。客户端操作员注册和授权由客户端管理员通过中债综合业务平台办理。客户端管理员和客户端操作员均应至少为两名，并可根据业务开展需要增加相应人员，至此直接结算成员方具备了办理债券结算业务的条件。

2. 间接结算成员

丙类为间接结算成员，按照现行规定，委托人委托其结算代理人与其他市场参与者达成交易后，结算代理人应按照委托人的委托指令代其办理债券结算。

结算代理人应根据委托人的逐笔委托指令代其办理债券结算业务。结算代理人与委托人商定的委托指令的形式及发送、接收方式应能保证结算代理人可确认该指令的真实性和合法性。结算代理人应严格按照有关业务规则进行代理业务操作。中央结算公司不直接接受委托人的业务委托。

结算代理人应为委托人保守商业秘密，不得占压委托人的资金，不得与委托人串通进行违规操作。结算代理人应本着公平的原则为委托人提供市场报价并进行交易，不得强买强卖，不得与委托人串通进行虚假交易。结算代理人应忠实按照委托人的委托向中央结算公司发送结算指令，但对委托人违规或违约的委托应拒绝执行。结算代理人应对向中央结算公司发送的结算指令的真实性、合规性负责。中央结算公司根据匹配相符的结算指令办理债券的结算。结算代理人应对结算代理业务中可能发生的风险进行有效控制。

为方便结算代理人对委托人提供结算服务，中央结算公司为结算代理人提供债券结算代理分组业务。结算代理人可根据委托人的数量及业务量等情况划分若干代理组，并进行组内操作和查询。结算代理人可通过跨组查询功能实现对所有委托人账户的监控。

委托人委托结算代理人代其办理债券结算业务后，应及时查询业务完成情况，并加强日常账务核对工作。委托人有三条途径查询自身账务情况：

（1）通过结算代理人查询。结算代理人应及时、准确、完整地向委托人提交由中央结算公司出具的各种单据，并应对委托人的账务情况及其他相关资料信息承担保密义务。

（2）在营业时间内通过中债电话服务系统直接查询。

中债电话服务系统是利用计算机电话集成技术，采用电话自动语音的服务方式为客户提供查询服务的一种业务系统，它集余额查询、明细查询、传真输出等功能于一身。电话号码为 400 - 862 - 4365 或 400 - 666 - 5000。

（3）网上客户端查询。

丙类结算成员通过结算代理行向中央结算公司申请使用网上客户端，通过网上客户端查询或下载：①债券结算指令、合同、交割单、付息兑付单据、债券账户总对账单和明细兑账单、债券资料的查询、打印和相关数据的批量下载；②资金清算资料、资金账户信息、资金业务、资金账务信息及相关单据的查询、打印及相关数据的批量下载；③中债估值、中债收益率曲线、中债指数、中债 VaR、公共统计信息、我的统计、托管账户总对账单（含估值）的查询和下载。

如委托人通过中债电话服务系统或网上客户端查询的结果与其结算代理人提供的单据不符，应先向结算代理人核查，如对结算代理人的业务处理及核查结果存有异议，可向中央结算公司提出书面复查要求。

（五）结算指令与结算合同

1. 结算指令

结算指令是结算成员要求中央结算公司办理债券交易结算及相关业务时的正式委托。结算成员要通过向中债综合业务平台发送结算指令的方式来完成债券结算。结算指令按其功用可分为基本指令和辅助指令，其中基本指令是结算成员向其对手方收券或收款的要求和付款或付券的承诺，一方的要求与另一方的承诺应对应一致；辅助指令是对相关基本指令进行补充、更正或撤销的指令。

结算指令的两种主要生成方式：

（1）根据交易系统在成交日传送至中债综合业务平台的交易数据，中债综合业务平台生成待确认的交易结算指令，结算双方在成交当日（或 T + 1日）分别通过中债综合业务平台进行"第三方指令确认"。现券、质押式回购、买断式回购、债券远期和债券借贷共五类业务的结算指令均采用该种方式生成。中国人民银行［2013］第 8 号公告规定：中央国债登记托管结算有限责任公司和银行间市场清算所股份有限公司不得为未通过同业拆借中心交易系统达成的债券交易办理结算。

（2）付券方通过中债综合业务平台发送交易结算指令，收券方交割日通过中债综合业务平台进行"对手方指令确认"。采用该方式的结算指令包括分销指令和收款确认、付款确认等辅助指令。

通过中债综合业务平台录入的指令都要求双人完成，即经办人录入（确认）、复核人复核，而指令的确认（包括由本币交易系统的交易数据生成的"第三方指令确认"和"对手方指令的确认"）则只要求单人操作完成。对于所有的指令录入、复核和确认操作，系统都记录操作人员的身份和操作时间。

2. 结算合同

结算合同是由通过中债综合业务平台合法性检查并经结算双方确认，所含各要素均匹配的结算指令形成，是中央结算公司办理债券结算业务的正式依据。

中债综合业务平台接收到结算指令后进行合法性检查，对合法的指令生成结算合同，并根据结算合同办理债券交割，实现债券在结算成员债券账户之间的转移。

（六）中债综合业务平台运行时间和重要日期

中央结算公司营业日为每周一至周五，法定节假日除外。结算日遇周末和法定节假日均顺延至其后的第一个营业日。中债综合业务平台债券结算业务办理时间为每个营业日的9：00～17：00，自17：00起停止接收结算指令，自17：00至第二日的9：00，中债综合业务平台提供业务查询服务。在营业日的业务办理时间内，对指定该日为交割日的逐笔办理结算。

结算成员在银行间债券市场参与债券的交易结算时，有几个应该掌握的重要日期：交易流通起始日、结算日、交易流通终止日和截止过户日。

交易流通起始日是指某只债券在银行间债券市场开始交易流通的日期。交易流通终止日，即指该只债券在银行间债券市场交易流通终止的日期。结算日，也称交割日，是指债券交易双方达成交易后实际执行债券交割和资金交收的日期。截止过户日是指中央结算公司为某只债券在银行间债券市场的交易结算办理相应债券过户的最后日期，该日日终之后，中债综合业务平台不再办理该债券的交易结算业务。

按照中国人民银行有关规定，中央政府债券、政策性金融债券可流通且期限在366天以上的，交易流通起始日为该只债券的债权债务登记日后的第3个工作日；可流通且期限在366天（含）以下的，交易流通起始日为该只债券债权债务登记日的次1个工作日。证券公司、企业短期融资券的交易流通起始日为该券债权债务登记日的次1个工作日。上述债券的债权债务登记日为债券缴款截止日的次1个工作日（多次缴款的债券以最后一次缴款日为准）。而无论期限长短，央行票据的交易流通起始日均为债权债务登记日当天，其债权债务登记日为债券缴款日。需中国人民银行逐期审批的债券，其交易流通起始日为收到中国人民银行批复和发行人交易流通公告的第3个工作日。企业债券在其债权债务登记日后的5个工作日内由中央结算公司安排其交易流通。

按照规定，一般情况下各类债券的交易流通终止日为债券兑付日前的第1个工作日。债券在交易流通终止日日初，就停止在银行间债券市场交易流通，投资者不能对该债券进行报价交易，也不能办理债券过户。在全国银行间债券市场中发行的可流通债券应按照中国人民银行规定的时间开始和终止交易流通，全国同业拆借中心相应停止办理债券的报价交易，中央结算公司相应停止办理债券的过户。

某只债券的交易流通起始日和终止日可从中央结算公司编制的债券交易流通要素公告中获知，该公告在债券开始交易流通之前会在中国债券信息网向市场公布。

目前银行间债券市场现券交易的结算日有"T＋0"和"T＋1"两种，其中T为交易达成日。交易双方在银行间债券市场达成债券交易后，应于交易达成日尽快在中央结算公司中债综合业务平台形成结算指令，"T＋0"结算是指在交易达成的当日办理债券结算，"T＋1"结算是指在交易达成的次1个营业日办理债券结算。回购业务的结算分为两次，第一次结算的执行日称为债券首期交割日，第二次称为债券到期交割日。办理债券远期交易业务时，结算双方应在成交当日或次1个工作日发送和确认内容完整并相匹配的远期交易结算指令。

三、基本流程

债券结算业务的全过程从结算双方发送结算指令开始，到最后完成债券与资金的交收，其基本流程如下：

第一步，债券交易达成日，付券方通过中债综合业务平台录入合法的结算指令并加以复核或通过中债综合业务平台对"第三方指令确认"列表中的本币交易系统交易数据形成的指令进行确认；

第二步，收券方通过簿记系统客户端对"对手方指令确认"列表中的付券方录入的结算指令或"第三方指令确认"进行确认；

第三步，经确认后的结算指令生成结算合同；

第四步，中债综合业务平台在合同指定的结算日根据结算合同的条件检查结算双方的券款情况，在券足情况下，付款方应及时划款，若有需要，结算双方需根据采用的结算方式及时发送收款确认、付款确认等辅助指令；

第五步，中债综合业务平台在券足和款足的情况下为每笔债券结算全额办理相应的债券交割。

在结算日系统运行时间内，因指定券种数额暂时不足，或款项暂时未足额到账或暂未收到相关收付款确认指令而未能成功办理结算的结算合同，系统将其放入等待队列，在结算日日终前若相关条件具备后，系统将再次启动该笔结算的处理流程。

在结算日系统运行时间结束时指定券种数额仍不足，或在指定期限（包括系统允许的宽限期）截止时，款项仍未足额到账或未收到相关收付款确认指令的结算合同，系统不再处理，并通知相关结算成员结算失败。

结算成员应保证其结算业务由被授权人操作。操作人员应使用与其所办结算业务种类相对应的结算指令并及时、准确、完整地通过客户端发送或确认。在办理结算业务过程中，直接结算成员因联网终端出现技术故障无法及时修复，可以按照中央结算公司的有关规定采用应急方式办理债券结算业务。

四、基本特点

目前，中央结算公司为银行间债券市场提供的债券结算服务具有以下特点：

（一）实时全额结算

银行间债券市场目前的债券结算采用"实时全额结算"方式，即在每个营业日日间，中债综合业务平台逐笔进行实时结算处理，结算双方一一对应，只要结算双方的券款符合结算合同条件则即时办理债券交割。

（二）账户支配权属于账户所有人

除人民法院依法执行冻结或扣划外，对结算成员债券账户中债券转移、变更的权利完全属于结算成员自身，其他人都无权擅自动用。这种权利具有唯一性和排他性。作为结算代理人的甲类成员在没有得到其委托人的委托授权时也不能擅自动用丙类账户中的债券。

（三）忠实地按照结算成员的委托办理结算

结算指令是结算成员要求中央结算公司办理债券结算的正式委托，中央结算公司完全按照结算成员的结算指令为其办理债券结算，不得擅自更改结算成员的委托内容。除人民法院依法执行冻结或扣划外，没有结算成员的委托指定，不得转移、变更结算成员债券账户中的债券。

（四）为账户所有人保密

除依据法律和监管要求向有权部门提供账户信息外，中央结算公司有义务对结算成员的账户变化及余额变动情况进行保密。结算代理人应对与其建立委托关系的间接结算成员债券账户的变动情况进行保密。

（五）不办理透支

目前，中央结算公司不为结算成员办理账户透支业务。即结算成员的债券托管账户在结算日必须有履行结算义务所需的足额债券方可办理结算，否则结算即告失败。

第二节 结算业务类型和结算方式

一、结算业务类型

目前在银行间债券市场开办的债券结算业务主要有以下几种类型：债券分销、现券买卖、质押式回购、买断式回购、债券远期交易、债券借贷。

(一) 分销业务

分销业务是指承销商在发行期内将承销债券向其他结算成员（和分销认购人）进行承销额度的过户。分销业务按单一券种进行，通过分销指令办理。债券在分销期间允许办理分销业务。债券发行期内，债券承销商向分销认购人进行债券分销过户时只能采用券款对付的结算方式。

(二) 现券业务

现券买卖，即债券的即期交易，是指交易双方以约定的价格转让债券所有权的交易行为。现券交易的结算按单一券种办理，结算日为"T + 0"或"T + 1"，按照中国人民银行2001年银货政〔2001〕27号文件《关于落实债券净价交易工作有关事项的通知》的规定，从2001年7月2日起，全国银行间债券市场现券交易采用净价交易。

(三) 质押式回购业务

与现券交易一样，质押式回购从1997年开始就在银行间债券市场开展，是我国债券交易结算的主流品种之一。

质押式回购是交易双方进行的以债券为权利质押的一种短期资金融通业务，指资金融入方（正回购方）在将债券出质给资金融出方（逆回购方）融入资金的同时，双方约定在将来某一指定日期由正回购方按约定的回购利率计算的资金额向逆回购方返还资金，逆回购方向正回购方对出质债券进行解押的融资行为。在回购期内，资金融入方出质的债券，回购双方均不得动用。质押冻结期间债券的利息归出质方所有。按央行规定，质押式回购期限最长为365天，在365天之内由投资者双方自行商定回购期限。在目前我国债券市场的质押式回购中，1天和7天回购是交易量最大、最为活跃的品种。

在办理质押式回购业务前，市场参与者应签订回购主协议，而进行每笔交易时应订立书面形式的合同，主协议和书面形式的合同构成一笔质押式回购的完整合同。办理质押式回购结算时可选择使用单一券种或多个券种进行质押，结算方式为券款对付。在质押式回购中，交易双方需要商定首期结算金额、到期结算金额和回购债券数量，在确定上述要素时回购期间的利率是主要考虑的因素。

（四）买断式回购业务

买断式回购是一种典型的回购交易，也是国外比较常见的一种交易方式。2004 年 5 月 20 日买断式回购在银行间债券市场正式推出。

买断式回购是指债券持有人（正回购方）将债券卖给债券购买方（逆回购方）的同时，交易双方约定在未来某一日期，正回购方再以约定价格从逆回购方买回相等数量同种债券的交易行为。在买断式回购期内，该债券归逆回购方所有，逆回购方可以使用该笔债券，只要到期有足够的同种债券返还给正回购方即可。回购期间回购债券如发生利息支付，则所支付利息归债券持有人所有，因此交易双方在进行买断式回购时应考虑回购债券付息的问题。按规定，目前买断式回购的期限最长不得超过 91 天，具体期限由交易双方确定。

市场参与者进行买断式回购前应签订回购主协议，而进行每笔交易时应订立书面形式的合同，主协议和书面形式的合同构成一笔买断式回购的完整合同。办理买断式回购结算时，结算双方在首期结算时可以按照交易对手的信用状况协商以约定品种和数量的债券（保证券）作为履约担保；回购期间用于担保的债券将被冻结在债券提供方债券账户，当回购到期正常结算时予以解冻。买断式回购以净价交易，全价结算。买断式回购的结算债券及用于担保的债券均应为单一券种，可选择的债券券种范围与现券买卖相同。买断式回购期间，交易双方可以换券、现金交割和提前赎回。在买断式回购中，交易双方需要商定首期交易净价、到期交易净价和回购债券数量。按央行规定，到期交易净价加债券在回购期间的新增应计利息应大于首期交易净价。

按照中国人民银行《全国银行间债券市场债券买断式回购业务管理规定》［2004］的规定，任何一家市场参与者在进行买断式回购交易时单只券种的待返售债券余额应小于该只债券流通量的 20%，任何一家市场参与者待返售债券总余额应小于其在中央结算公司托管的自营债券总量的 200%。

（五）债券远期交易

2005 年 6 月 15 日中国人民银行在银行间债券市场正式推出了债券远期交易。

债券远期交易是指交易双方约定在未来某一日期，以约定价格和数量买卖标的债券的行为。根据中国人民银行的规定，债券市场参与者进行远期交易时应签订远期交易主协议。市场参与者开展远期交易应逐笔订立书面形式的合同。交易双方认为必要时，可签订补充合同。远期交易主协议、书面合同、补充合同构成远期交易的完整合同。

依法成立的远期交易合同，对交易双方具有法律约束力，交易双方不得擅自变更或者解除。远期交易双方可按对手的信用状况协商建立履约保障机制，提供保证金或保证券。

债券远期交易从成交日至结算日的期限（含成交日不含结算日）为 2～365 天。远期交易实行净价交易，全价结算。结算双方应在成交日或次 1 个工作日向中央结算公司及时发送和确认内容完整并相匹配的远期交易结算指令。远期交易应采用券款对付结算方式，远期交易到期应实际交割资金和债券。

根据中国人民银行《全国银行间债券市场债券远期交易管理规定》（2005）：

（1）任何一家市场参与者（基金管理公司运用基金财产进行远期交易的，为单只基金）单只债券的远期交易卖出与买入总余额分别不得超过该只债券流通量的 20%，远期交易卖出总余额不得超过其可用自有债券总余额的 200%。

（2）市场参与者中，任何 1 只基金的远期交易净买入总余额不得超过其基金资产净值的 100%，任何一家外资金融机构在中国境内的分支机构的远期交易净买入总余额不得超过其人民币营运资金的 100%，其他机构的远期交易净买入总余额不得超过其实收资本金或者净资产的 100%。

（六）债券借贷

2006 年 11 月 20 日，中国人民银行在银行间债券市场推出债券借贷业务。

债券借贷是债券融入方以一定数量的债券为质物，从债券融出方借入标的债券，同时约定在未来某一日期归还所借入标的债券，并由债券融出方返还相应质物的债券融通行为。

债券借贷的期限由借贷双方协商确定，但最长不得超过 365 天。债券借贷期间，如果发生标的债券付息，债券融入方应及时向债券融出方返还标的债券利息。债券借贷的融入方应向融出方支付债券借贷费用，费用标准由借贷双方协商确定。

债券借贷首期采用券券对付（DVD）结算方式，到期采用券费对付（BLDVP）结算方式。

根据中国人民银行《全国银行间债券市场借贷业务管理暂行规定》（2006）：单个机构自债券借贷的融入余额超过其自有债券托管总量的 30%（含 30%）或单只债券融入余额超过该只债券发行量 15%（含 15%）起，每增加 5 个百分点，该机构应同时向同业中心和中央结算公司书面报告并说明原因。

二、结算方式

结算方式是指在债券结算业务中，债券的所有权转移或权利质押与相应结算资金的交收这两者之间不同的制约形式。中央债券簿记系统目前所提供的结算方式有券款对付、见券付款、见款付券、纯券过户四种。

(一) 券款对付

券款对付 (Delivery Versus Payment, DVP), 是指在结算日债券交割与资金支付同步进行并互为约束条件的一种结算方式。DVP 的特点是结算双方交割风险对等, 是一种高效率、低风险的结算方式。DVP 一般需要债券结算系统和资金划拨清算系统对接, 同步办理券和款的交割与清算结算, 是国际债券结算行业提倡且较为安全高效的一种结算方式, 也是发达债券市场最普遍使用的一种结算方式。券款对付的实现, 可使相互并不熟悉或信用水平相差很大的交易双方安全迅速地达成债券交易结算 (如图 6-1 所示)。

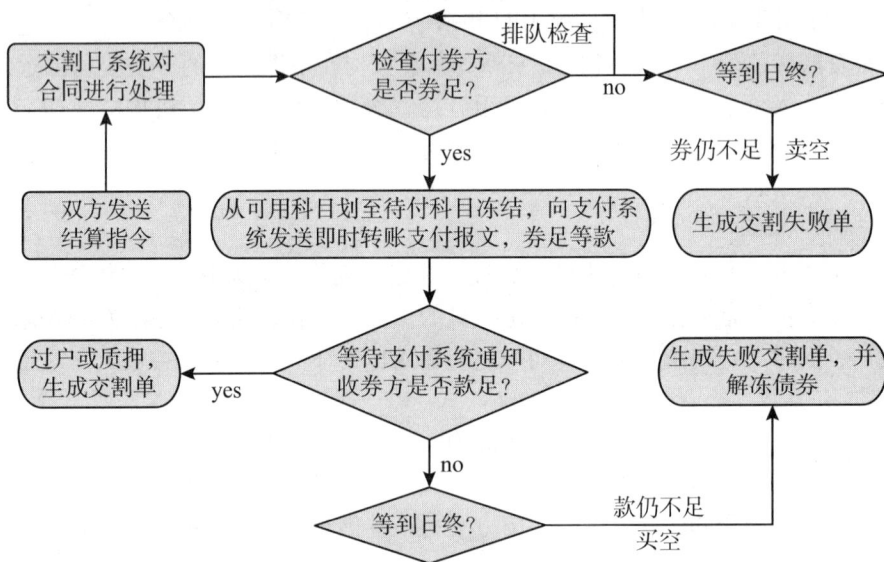

图 6-1 券款对付流程

中央结算公司业务系统与中国人民银行支付系统实现连接后, 中央结算公司可以第三方的身份直接向支付系统发起借记、贷记有关清算账户的即时转账业务。2008 年 1 月 28 日, 为适应非银行机构券款对付的需要, 非银行机构可在中央结算公司开立资金专户, 由中央结算公司提供代理为其办理 DVP 结算。目前可办理的即时转账业务有中国人民银行公开市场操作室发起的现券和正逆回购业务的结算、银行间债券市场二级市场债券交易的资金清算业务。根据中国人民银行 [2013] 第 8 号公告的相关规定: 现在银行间债券市场的现券买卖、质押式回购、买断式回购、债券远期交易、债券借贷业务等债券业务的结算都应采用 "DVP" 结算方式; 债券分销可选择券款对付结算方式。

使用券款对付结算方式时, 结算双方应具有券款对付结算资格, 结算成员资金账户开户行是支付系统直接参与者, 与中央结算公司签署 "券款对付协议"，通过开户行在中国人民银行的清算账户办理债券结算款项的即时转账。结算成员资金账户开户行不是支付系统直接参与者，与中央结算公司签署"资金账户管理使用协议"、"券款对付协议"等。

（二）见券付款

见券付款（Payment After Delivery，PAD），是指在结算日收券方通过中央债券簿记系统得知付券方有履行义务所需的足额债券，即向对方划付款项并予以确认，然后通知中央结算公司办理债券结算的方式。这是一种对收券方有利的结算方式，有利于收券方控制风险，但付券方会有一个风险敞口，付券方在选择此方式时应充分考虑对方的信誉情况。采用见券付款方式往往是收券方信用比付券方要好（如图6-2所示）。

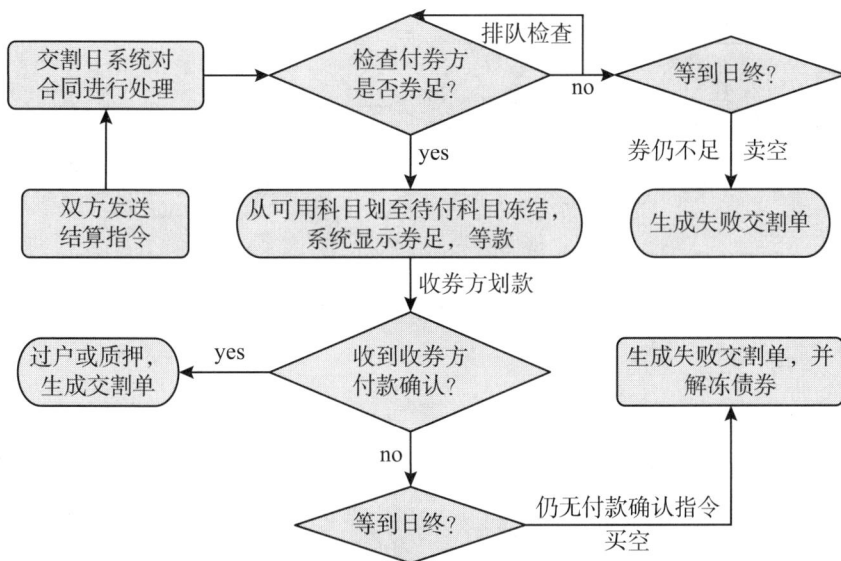

图 6-2　见券付款结算流程

（三）见款付券

见款付券（Delivery After Payment，DAP），指付券方确定收到收券方应付款项后予以确认，要求中央结算公司办理债券交割的结算方式。这是一种对付券方有利的结算方式，有利于付券方控制风险，但收券方会有一个风险敞口，该方式在收券方对付券方比较信赖的情况下可以采用。采用见券付款方式往往是付券方信用比收券方要好。在见款付券结算方式下，由于付款方资金可能会出现银行资金在途的时间，因此允许结算资金有一个延迟到账的期限，即结算宽限期，为指定结算日后的次一营业日。但结算宽限期的存在绝不是允许付款方可以延迟一天划款，付款方的款项应在结算日划出（如图

6 – 3 所示)。

　　见券付款和见款付券这两种结算方式都是对一方有利,对另一方不利,双方在履行结算中的权利实际上并不对等,是结算双方信用不对等情况下的一种选择。

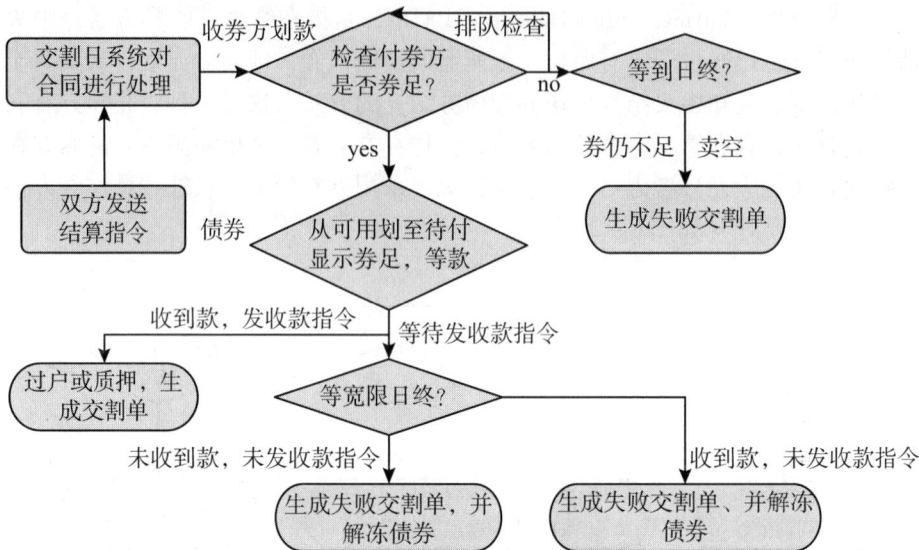

图 6 – 3　见款付券结算流程

(四) 纯券过户

　　纯券过户 (Free Of Payment,FOP),是指交易结算双方只要求中央结算公司办理债券交割,款项结算自行办理。这是一种交易双方建立在互相了解和信任基础上的一种结算方式,也是国外发达市场常用的一种结算方式。纯券过户的特点是快捷、简便,其本质是资金清算风险由交易双方承担。纯券过户的结算方式对结算双方都存在风险,即对手方可能不如期交券或付款的风险,因此采用此种结算方式应谨慎选择对手方 (如图 6 – 4 所示)。

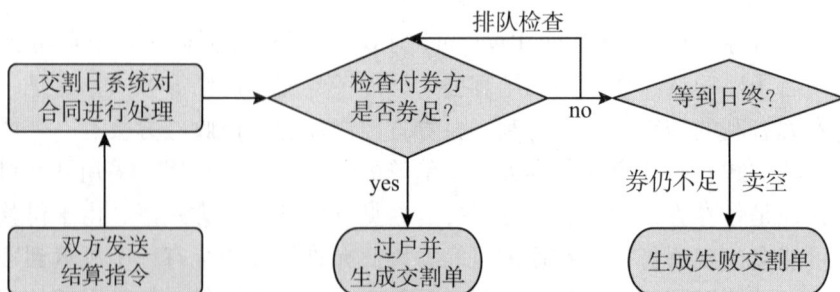

图 6 – 4　纯券过户结算流程

第三节　结算业务操作

一、结算指令及处理

结算指令是结算成员向簿记系统发出的，要求中央结算公司办理债券结算业务的正式委托。每条结算指令均由系统自动赋予一个唯一的序号作为该指令在系统内的标识，该序号称为"指令编号"。结算成员在客户端通过发送或确认结算指令的方式办理各类结算业务。系统根据结算指令生成结算合同，并依据结算合同完成结算处理，记载相关账务，并将处理结果以单据或通知的形式反馈给结算成员。

（一）结算指令分类

结算指令的分类方法主要有三种：按照用途、按照来源、按照发送方式。

1. 按照用途分类

按照用途，指令分为基本指令和辅助指令两大类。

基本指令用于为结算成员办理债券结算过户业务，包括现券买卖、质押式回购、买断式回购、债券远期、债券借贷、债券分销共六类基本业务指令。辅助指令用于对基本指令或合同在执行过程中进行特殊的辅助处理，包括收款确认、付款确认、撤销指令等。

2. 按照来源分类

按照来源，指令分为内部指令和外部指令两大类。

内部指令为中央结算公司业务部门通过中心系统用户端发送的指令或由综合业务系统内部自动生成的指令。

外部指令为结算成员通过结算客户端发送的指令以及由相关外部系统接口（包括公开市场业务系统、柜台系统、国库现金管理系统、自动质押融资系统、支付系统、银行间债券市场交易系统等）发送的指令。

3. 按照发送方式分类

按照发送方式，指令分为单边指令和双边指令两大类。

单边指令由一方（如转托管）办理，无须对手方操作。单边指令通过系统合法性检查后直接生成合同。

双边指令需要结算双方共同完成指令录入、复核和确认操作，所需的操作视指令的用途和来源的不同而不同。在结算双方完成全部所需要的录入、复核和确认操作后生成合同。

（二）结算指令操作

1. 指令基本操作

指令的操作包括录入、修改、复核、确认及撤销，系统根据结算双方所做的操作完成以下处理：

（1）指令录入。在指令录入时，进行交互式合法性检查，以尽早发现错误，录入完成后系统根据指令录入的内容补充指令要素，系统进行后台合法性检查。指令录入后需要复核。

在菜单栏中选择"指令管理"项下的不同业务种类的子菜单项，可以完成各种业务指令的录入。

（2）指令修改。由指令发令方完成，且只能对允许修改的指令进行。修改完成后的指令处理与新录入的指令相同。指令修改后仍需复核。

在菜单栏中选择"指令管理"项下"其他指令录入"下的"指令修改"，系统将列出当前操作员可修改的指令列表供选择修改。

（3）指令复核。由指令发令方完成，对于本方所录入的指令进行复核，复核完成后系统自动分配新的指令编号，系统进行后台合法性检查。

在菜单栏中选择"指令确认、复核"项下的"本方指令复核"，系统将列出当前操作员可复核的指令列表供选择复核。操作员可选择单条指令逐笔复核或多条指令批量复核。

（4）指令确认。包括对手方指令确认，及外部系统指令确认，确认完成后系统对指令进行合法性检查。根据所需的确认全部完成且通过合法性检查的指令生成业务处理合同，等待执行。指令确认操作由单人完成，不需要复核。

在菜单栏中选择"指令确认、复核"项下的"第三方指令确认"、"对手方指令确认"、"公开市场指令确认"和"柜台指令确认"，系统将列出当前操作员可确认的分别由交易系统、交易对手方、一级交易商、柜台系统接口发送的指令列表供选择确认。操作员可选择单条指令逐笔复核或多条指令批量复核。

（5）指令撤销。通过发送撤销指令来对一笔已进入系统但允许撤销的指令进行撤销处理。对于由付券方录入、收券方确认的双边指令，在对手方（收券方）确认之前，允许撤销。对于一方发送的单边指令，在发令方复核之前允许撤销。撤销指令自身的处理与其他指令相同。外部系统接口发送的指令不允许撤销。

在菜单栏中选择"指令管理"项下"其他指令录入"项下的"撤销指令"，系统将列出当前操作员可撤销的指令列表供选择撤销。

2. 不同类型指令的操作

对于债券分销业务指令，应当由付券方录入并复核，由对手方进行确认。系统根据经过确认并通过合法性检查的指令内容生成结算合同。对于转托管业务而言，由转出方录入并复核指令即可。

对于辅助指令，视结算业务和结算方式的不同，由特定一方录入并复核，即可直接生成辅助合同。

对于通过外部系统接口生成的基本指令和辅助指令，视指令的用途和来源的不同，需要结算一方或双方进行确认操作，或无须操作。

结算成员可办理的指令及所属类型、指令来源列表，如表 6 - 1 所示，表 6 - 1 中同时列出对于不同指令来源的指令，结算双方或一方在客户端所需完成的操作。

表 6 - 1　　　　　　　　　　　　结算指令类型、来源

序号	业务类别	基本/辅助	双边/单边	指令来源			中心应急发送
				客户端发送	系统接口发送		
1	普通分销	基本	双边	承销方录入、复核 分销客户确认	N/A	对手方指令确认	√
2	现券	基本	双边	N/A	交易系统接口发送	第三方指令确认	√
3	质押式回购	基本	双边	N/A	交易系统接口发送	第三方指令确认	√
4	买断式回购	基本	双边	N/A	交易系统接口发送	第三方指令确认	√
5	远期交易	基本	双边	N/A	交易系统接口发送	第三方指令确认	√
6	债券借贷（双边）	基本	双边	N/A	交易系统接口发送	第三方指令确认	√
7	质押券置换	基本	双边	出押方录入、复核 受押方确认	N/A	N/A	√
8	BEPS 质押	基本	单边	出押方录入、复核	N/A	N/A	√
9	BEPS 解押	基本	单边	出押方录入、复核	N/A	N/A	√
10	BEPS 质押品置换	基本	单边	出押方录入、复核	N/A	N/A	√
11	投资人选择提前赎回	基本	单边	赎回方录入、复核	N/A	N/A	√
12	转托管	基本	单边	转出方录入、复核	柜台中心系统接口发送	自营账户确认	√
13	柜台专项结算	基本	双边	N/A	柜台中心系统接口发送	自营账户确认	√
14	央行现券	基本	双边	N/A	公开市场操作系统接口发送	一级交易商确认	√
15	央行质押式回购	基本	双边	N/A	公开市场操作系统接口发送	一级交易商确认	√
16	商业银行定期存款	基本	双边	N/A	商业银行定期存款系统接口发送	一级交易商确认	√
17	融资质押	基本	双边	N/A	自动质押融资系统接口发送	N/A	√

续表

序号	业务类别	基本/辅助	双边/单边	指令来源			中心应急发送
				客户端发送	系统接口发送		
18	融资解押	基本	双边	N/A	自动质押融资系统接口发送	N/A	√
19	质押式回购逾期返售	辅助	双边	正回购方录入、逆回购方确认	N/A	N/A	√
20	收款确认	辅助	单边	收款方录入、复核	N/A	N/A	√
21	付款确认	辅助	单边	付款方录入、复核	N/A	N/A	√
22	撤销指令	辅助	单边	发令方录入、复核	N/A	N/A	√
23	撤销合同	辅助	单边	发令方录入、复核	N/A	N/A	√
			双边	发令方录入、复核对手方确认	N/A	N/A	√
24	现金了结交割	辅助	双边	付券方录入、复核收券方确认	N/A	N/A	√

（三）结算指令状态

结算指令进入簿记系统后，系统会根据结算双方发起的操作对指令进行相应的处理。在此过程中，指令将经历从初始状态到终结状态的状态转换过程。对于不同用途、不同来源和不同发送方式的指令，其所经历的状态转换过程是不同的。

为保证系统对指令的有序处理，指令可能出现以下几种状态：

（1）待复核：通过客户端和中心端录入的指令在进入系统后的初始状态为"待复核"。对于"待复核"双边指令，复核后进入"待确认"状态；对于"待复核"单边指令，复核后进入"已复核"状态。处于"待复核"状态的指令允许修改，修改后状态不变。

（2）已复核：单边指令复核完成后进入"已复核"状态。系统将对处于此状态的指令进行合法性检查，检查通过指令进入"合法"状态，否则进入"非法"状态。此状态为指令处理中间状态。

（3）待确认：双边指令在录入、复核完成，外部系统接口发送的需要确认的指令发送后的状态为"待确认"，需结算一方或双方确认，确认完成后进入"已确认"状态；客户端发送的处于"待确认"状态的指令不允许修改。

（4）已确认：客户端发送的、外部系统接口发送的需要确认的双边指令所需的确认完成后、外部系统接口发送的不需确认的指令发送后的状态为"已确认",系统将对处于此状态的指令进行合法性检查,检查通过指令进入"合法"状态,否则进入"非法"状态。此状态为指令处理中间状态。

(5)合法:通过合法性检查的指令,状态为"合法",此状态为指令处理中间状态。

(6)成功:系统将根据"合法"状态的指令生成合同,合同生成后指令的状态为"成功",此状态为指令的终结状态。

(7)非法:表明指令未通过合法性检查。非法指令在当日日终之前可由原发令方对其进行修改,修改后指令进入"待复核"状态,外部系统接口发送的指令不允许修改。

(8)撤销:对于处于"待确认"状态的结算指令可以由发令方/付券方撤销,撤销成功后指令进入"撤销"状态,此状态为指令的终结状态;外部系统接口生成的指令不允许撤销。

(9)作废:系统日终处理时,将所有处于"非法"状态且交割日小于等于当前工作日期的"待复核"或"待确认"的指令置为"作废"状态,此状态为指令的终结状态。

(四)指令要素

指令要素通常按照如下规则处理:

(1)所有指令均包含指令编号要素,由中心端根据复核后指令的接收次序统一分配。

(2)对于所有自营业务,录入方的托管账号由系统自动根据用户身份自动识别,用户简称由系统自动填充。

(3)如果在客户端录入基本指令时需要指定交易对手方,那么需要在客户端输入对手方账号,该账号为11位数字或字符,系统根据该账号补充对手方简称。

(4)所办理的业务类别,根据所选择的指令所在的菜单确定。

(5)如果涉及债券,客户端应当输入债券代码,系统根据所输入的债券代码补充债券简称要素。

(6)如果需要输入债券面额,均以万元为单位,输入框填写数字,允许输入一位小数。

(7)如果需要输入全价金额,以元为单位,输入框填写数字,允许输入两位小数,系统会根据所输入的债券面额和全价金额自动计算净价、应计利息、全价、应计利息额、净价金额等要素。

(8)如果需要输入首次结算金额/到期结算金额,以元为单位,输入框填写数字,允许输入两位小数,系统会根据所输入的首次结算金额/到期结算金额自动计算回购利率等要素。

（9）所有交割日，填写 8 位数字，格式为 yyyy-mm-dd。

（10）操作员、复核员、确认人等要素，由系统根据具体的经办人员自动填充，外部系统接口发送的指令由系统根据规则填写。

（11）对于基本指令中的现券、回购类指令等，指令要素中包含业务标识号要素，该要素对应为成交编号。

（12）所有辅助指令均采用引导式方式，由系统辅助完成录入，即由系统自动列出允许发起相应辅助指令的指令列表供选择。

二、结算合同及处理流程

合同由簿记系统根据通过合法性检查的结算指令生成。簿记系统生成合同时为其统一分配一个合同编号，合同编号为簿记系统内部合同的唯一标识。

（一）合同的分类

在簿记系统中，合同分为两大类：由基本指令生成的合同称为结算合同，由辅助指令生成的合同称为辅助合同。结算合同是簿记系统内部债券过户的处理依据，是簿记系统执行债券过户处理的执行单元。辅助合同施加于其他结算指令和结算合同，促成其状态变换。

结算业务分为需要一次结算过户完成和需要两次结算过户完成两大类，每次结算过户由一个结算合同执行。对于需要两次结算过户完成的结算业务，首次结算过户由首次结算合同完成，到期结算过户由到期结算合同完成。

（二）合同状态和结算合同一般处理流程

1. 合同状态

系统在执行合同时使用合同状态表示合同执行过程的不同阶段和处理结果。合同可能会出现 14 种状态："待履行"、"应履行"、"履行中"、"等券"、"等款"、"已结算"、"成功"、"失败"、"逾期完成"、"已清偿"、"作废"、"撤销"、"待生效"和"现金了结交割"。

另外，合同执行时还使用另外两个辅助状态标志：债券状态和资金状态，分别表示合同处理过程中相关债券和资金的处理变化情况。债券状态取值为："未检查"、"等券"、"券足"和"N/A"（不适用状态，如果该合同不涉及债券）。资金状态取值为："未检查"、"等款"、"款足"和"N/A"（不适用状态，如果该合同不涉及资金）。

2. 合同处理

（1）结算合同的一般处理。

结算合同的处理流程与结算方式有关。

对采用纯券过户结算方式的合同，如果执行时付券方科目债券余额足够支付，则直接办理债券过户。

对采用见券付款、见款付券、券款对付结算方式的合同，如果执行时付券方债券余额足够支付，则首先将债券由付券方的相应科目转移到其"待付"科目，然后根据合同结算方式的不同分别处理：对采用DVP结算方式的合同，簿记系统向支付系统发送CMT231即时转账报文，结算资金成功支付后，系统立即将待付债券过户。对采用见款付券结算方式的合同，需要等待付券方发送收款确认指令，系统收到收款确认后立即将待付债券过户。而采用见券付款结算方式的合同，需要等待收券方发送付款确认指令，系统收到付款确认后立即将"待付"债券过户，过户科目视具体结算业务的不同而不同，可能为"可用"、"质押待购回"、"质押"或"承分销"科目。

适用于债券借贷（双边）业务的券券对付和券费对付方式与上述三种方式相类似，但要完成双方债券的过户处理。

对采用券券对付结算方式的合同，如果执行时结算双方科目债券余额足够支付，则直接办理债券过户。

对采用券费对付结算方式的债券借贷（双边）合同，在融入方标的债券足额的情况下簿记系统办理融券返还，同时簿记系统向支付系统发送CMT231即时转账报文完成融券费用的支付。在融券返还并且费用支付后，系统完成质押债券解押。

（2）结算合同的特殊处理。

对于使用质押券的结算合同，如质押式回购、央行质押式回购、商业银行定期存款、融资质押，如果首次合同结算成功，而到期合同因各种原因结算失败或被作废后，可以在中心端办理质押债券的清偿处理。

对于使用保证券的结算合同，如远期交易、买断式回购等，如果保证券已质押成功但远期交易合同或买断式回购到期合同因各种原因结算失败或被作废后，可以在中心端办理保证券清偿处理。

对于债券借贷（双边）业务，如果首次合同结算成功，而到期合同结算失败，要区分不同失败原因完成质押券和标的券的清偿。

清偿处理成功后，合同状态为"已清偿"。

3. 合同状态变换

（1）结算合同状态变换。

合同生成时合同状态初态为"待履行"或"应履行"（到期合同状态初态为"待生效"），债券状态和资金状态初态均为"未检查"。在合同指定履行日日初处理过程中，合同状态被置为"应履行"，开始执行，在日间处理过程中，根据系统对合同处理的进程，合同状态发生相应变化。如果首次结算合同执行成功，则其对应的到期合同的合同状态被置为"待履行"，否则其对应的到期合同作废。

（2）辅助合同状态变换。

对于辅助合同，由于不涉及券、款条件，如果合同处于应履行状态，在找到该合同涉及的目标合同以前该合同状态不变；对依据辅助合同内容完成相应目标合同处理之后，辅助合同状态为成功，否则为失败。

（三）一般结算合同

1. 分销合同

在指定过户日，系统根据分销合同内容，办理分销过户，具体过程参照合同一般处理流程，过户涉及的科目为交易双方相关债券"承销分销"科目。

如果分销过户完成，合同执行成功，生成"债券分销过户确认单"，供承销方和分销方双方提取、打印，分销过户完成；否则合同失败，系统生成"债券分销过户失败通知"供承销方和分销方双方提取、打印，同时生成"债券分销超卖通知"供承销方提取、打印。

2. 现券合同

在指定结算日，系统根据现券合同内容按照合同指定的结算方式办理现券过户，具体过程参照合同一般处理流程，过户涉及的科目为交易双方相关债券"可用"科目以及付券方的"待付"科目。

如果现券过户完成，合同执行成功，则生成"债券交割单（现券）"，供付券方和收券方双方提取、打印；否则，合同日终失败，生成"债券交割失败通知（现券）"，供付券方和收券方双方提取、打印，同时生成"债券买空通知"或"债券卖空通知"供违约方提取、打印。

3. 质押式回购首次合同

在首次结算日，系统根据质押式回购首期合同内容按照合同指定的结算方式办理质押式回购首次过户，具体过程参照合同一般处理流程，过户涉及的科目为回购方账户"可用"科目、"待付"科目和"质押待购回"科目。

如果质押式回购首期过户完成，合同执行成功，则登记质押回购台账，生成"债券交割单（质押式回购开始）"，供回购方和返售方双方提取、打印，对应到期合同状态变为"待履行"；否则，合同日终失败，系统生成"债券交割失败通知（质押式回购开始）"，供回购方和返售方双方提取、打印，同时生成"债券买空通知"或"债券卖空通知"供违约方提取、打印，对应到期合同状态变为"作废"。

4. 质押式回购到期合同

在到期结算日，系统根据质押式回购到期合同内容按照合同指定的结算方式办理质押式回购到期过户，具体过程参照合同一般处理流程，过户涉及的科目为回购方账户"质押式待购回"科目和"可用"科目。

如果质押式回购到期过户完成，合同执行成功，则销记质押式回购台账，生成"债券交割单（质押式回购到期）"，供回购方和返售方双方提取、打印；否则，合同日终失败，系统生成"债券交割失败通知（质押式回购到期）"供回购方和返售方双方提取、打印，同时生成"债券买空通知"或"债券卖空通知"供违约方提取、打印。

5. 买断式回购首次合同

在首次结算日，系统按照合同指定的结算方式办理交易债券的首次过户以及保证券的冻结。过户处理过程与现券合同处理流程基本相同，只是在处理交易债券过户的同时还处理保证券的冻结，需要注意的是合同在执行时，系统首先检查双方保证券债券余额是否足够，如果交易一方或双方保证券不足，则合同立即失败，生成"债券交割失败通知（买断式回购开始）"；若双方保证券足额，则待付双方保证券，后续处理过程与现券合同类似。交易债券过户涉及的科目为回购方"可用"、"待付"以及返售方"可用"科目，保证债券冻结涉及双方的"可用"和"质押"科目。

如果双方交易债券和保证券过户完成，合同执行成功，则登记买断式回购台账和保证券台账，生成"债券交割单（买断式回购开始）"，供回购方和返售方双方提取、打印，对应到期合同状态变为"待履行"；否则，合同日终失败，系统生成"债券交割失败通知（买断式回购开始）"供回购方和返售方双方提取、打印，同时生成"债券买空通知"或"债券卖空通知"供违约方提取、打印，对应到期合同状态变为"作废"。

6. 买断式回购到期合同

在到期结算日，系统按照合同指定的结算方式办理交易债券的到期过户以及保证券的解冻。过户处理过程与买断式回购开始合同处理流程基本相同。不同之处在于保证券是解冻处理过程。交易债券过户涉及的科目为返售方"可用"、"待付"以及回购方"可用"科目，保证债券解冻涉及双方的"质押"和"可用"科目。

如果双方交易债券和保证券过户完成，合同执行成功，则销记买断式回购台账和保证券台账，生成"债券交割单（买断式回购到期）"，供回购方和返售方双方提取、打印；否则，合同日终失败，系统生成"债券交割失败通知（买断式回购到期）"供回购方和返售方双方提取、打印，同时生成"债券买空通知"或"债券卖空通知"供违约方提取、打印。

7. 远期交易合同

远期交易合同在指令确认日生成，如果合同使用了保证券/金，系统办理保证券/金的冻结。如果日终指定的保证券/金冻结不成功，则合同失败，生成"远期交易保证券/金冻结失败通知"，系统继续冻结已被成功冻结的保证券/金。只有保证券/金都冻结成功后，生成"远期交易保证券/金冻结成功通知"，登记保证券台账，合同状态进入"待履行"。

在指定结算日，系统按照合同指定的结算方式办理交易债券的过户以及保证券/金的解押。交易债券过户涉及的科目为付券方"可用"、"待付"以及收券方"可用"科目，保证债券解冻涉及双方的"质押"和"可用"科目。

如果合同交易债券和资金过户完成后，合同状态为"已结算"，合同中保证金/券状态仍为"已冻结"/"已质押"，生成"债券交割单（远期交易）"，系统办理保证券/金的解冻。解冻成功后，销记保证券台账，合同状态置为"成功"，生成"债券交割单（远期交易）"。如果日终交易债券不足，则合同失败，生成"债券交割失败通知（远期交易）"和卖空通知，保证券/金继续冻结。如果在交割日终或交割宽限期日终款不足，则合同失败，生成"债券交割失败通知（远期交易）"和买空通知。

8. 债券借贷（双边）首次合同

在首次结算日，系统办理质押债券质押和融券过户处理。如果出质方质押债券"可用"科目以及质权方融出债券"可用"余额全部足额时，办理质押券质押和融券过户，标的债券过户涉及的科目为融出方和融入方的"可用"科目，质押债券过户涉及的科目为融入方的"可用"和"质押"科目。

如果标的券和质押券过户完成，合同执行成功，登记质押台账和融券台账，并相应生成"债券交割单（债券借贷）"供双方查询、打印，对应到期合同状态变为"待履行"。

如果日终出质方账户所有质押债券或质权方账户融出债券不足，则合同失败，生成"债券交割失败通知（债券借贷）"供双方查询、打印，对应到期合同状态变为"作废"。

9. 债券借贷（双边）到期合同

在指定到期结算日，系统按照合同指定的结算方式办理融券和融券费用的过户处理。标的债券过户涉及的科目为融入方和融出方的"可用"科目，质押债券过户涉及的科目为"融入方的质押"和"可用"科目。

融入方偿还了所融债券并支付融券费用后，合同状态为"已结算"，销记融券台账，生成"债券交割单（债券借贷到期）"，质押券为"未解押"。系统进行解押处理。解押成功后，销记债券借贷质押台账，合同成功，生成"债券交割单（债券借贷到期）"，质押券为"已解押"。

若合同被现金了结，则系统不办理融券和融券费用的过户处理，合同状态为"已结算"，销记融券台账，执行上述质押券解押过程，解押完成后合同状态更新为"现金了结交割"，生成"现金交割通知单"。

日终时，如果融入方未偿还融券或未支付融券费用，合同失败，质押券仍处于质押状态，生成"债券交割失败通知（债券借贷到期）"。

10. 质押券置换合同

在指定的置换日质押券置换合同执行置换过户。

置换时，簿记系统首先检查合同中所有换出债券的质押科目余额是否大于等于合同中指定的换出面额，如果有 1 只换出债券的质押科目余额不足，合同失败，生成"债券交割失败通知（质押券置换）"。若所有换出债券的质押科目余额都足够，则系统检查合同中所有换入债券的"可用余额"是否足额。如果足额，则簿记系统进行置换处理。合同成功，生成"债券交割单（质押券置换）"。否则日终合同失败，生成"债券交割失败通知（质押券置换）"。

11. BEPS 质押合同

在指定交割日，簿记系统检查合同所有指定债券的可用面额。若有 1 只指定债券的可用面额小于合同指定面额，则合同立即失败，生成"债券交割失败通知（BEPS 质押）"和"债券卖空通知"。

若所有指定债券的可用面额均大于等于合同指定面额，则簿记系统立即办理质押过户，涉及的科目为出质方的"可用"和"质押"科目；登记 BEPS 质押品台账；通知小额支付借记限额管理系统增加该成员的未分配质押额度，同时生成"债券交割单（BEPS 质押）"，合同执行成功。

12. BEPS 解押合同

在指定交割日，簿记系统通知小额支付借记限额管理系统扣减该成员的未分配质押额度。如果小额支付借记限额管理系统扣减不成功，则合同失败，生成"债券交割失败通知（BEPS 解押）"。

如果小额支付借记限额管理系统扣减成功，且各解押债券的质押科目余额足够，则簿记系统依据台账进行解押过户处理，涉及的科目为出质方"质押"和"可用"科目，销记 BEPS 质押品台账，生成"债券交割单（BEPS 解押）"，合同执行成功。否则合同失败。

13. BEPS 质押品置换合同

在指定交割日，簿记系统检查合同中所有换入债券的面额是否均小于等于其可用面额。若某只债券的可用面额小于合同中指定面额，合同失败，生成"债券交割失败通知（BEPS 质押品置换）"和"债券卖空通知"。

若所有换入债券的可用面额均大于等于合同指定面额，则簿记系统检查所有换出债券的质押科目余额是否足够，如果有 1 只指定债券的质押科目余额不足，合同解押失败。

若所有换入债券的可用面额均大于等于合同指定面额，且所有换出债券的质押科目余额足够，则簿记系统依据台账进行置换处理，换入债券处理同 BEPS 质押，换出债券处理同 BEPS 解押，记录换入债券台账。如果置换引起成员质押额度增加，则簿记系统同时通知小额支付借记限额管理系统增加该成员的未分配质押额度，生成"债券交割单（BEPS质押券置换）"，合同执行成功。

14. 转托管合同

转托管合同在执行的时候，直接从转出方账号下相关债券的"可用"科目转移到转入方的对应可用科目中，同时生成"债券交割单（转托管）"供双方提取打印。如果转出方券不足，合同日终失败。

（四）辅助合同

1. 收款确认合同

收款确认合同由采用见款付券结算方式办理结算业务的付券方，在合同履行日当日或收款宽限期内发送的收款确认指令生成。系统对待确认的目标合同进行处理，将其资金状态设置为"款足"，收款确认合同状态为"成功"。

2. 付款确认合同

付款确认合同由采用见券付款结算方式办理结算业务的收券方，在合同履行日当日发送付款确认指令生成，系统对待确认的目标合同进行处理，将其资金状态设置为"款足"，付款确认合同状态为"成功"。

3. 撤销指令的合同

对未确认之前的指令（单边指令，本方未复核前；双边指令，对手方未确认前），发令方可以发送撤销指令予以撤销。系统根据撤销指令的内容生成撤销指令合同，然后对待撤销指令进行撤销处理，将其状态设置为"撤销"，撤销指令的合同状态为"成功"。

4. 撤销合同的合同

对于处于"待履行"状态的合同（"待履行"的到期合同不能撤销），原发令方可以发送撤销合同指令，如果待撤销合同是双边指令生成的合同，还需要对手方进行确认。系统对处于已确认状态的指令生成撤销合同的合同，并据此对待撤销合同进行撤销处理，将其状态设置为"撤销"，撤销合同的合同状态为"成功"。

对于现券买卖、质押式回购、买断式回购、债券远期、债券借贷五类基本业务指令和合同，均不得撤销。

5. 质押式回购逾期返售合同

质押式回购逾期返售合同的执行将触发对质押式回购到期结算失败合同的继续处理。

合同处理成功后，质押式回购到期合同状态为"逾期完成"，系统生成"债券交割单（质押式回购逾期返售）"，格式同原交割单，但标明逾期天数。

质押式回购到期合同逾期返售处理完成后，质押式回购逾期返售合同的状态为"成功"。

6. 现金了结交割

对于处于"待履行"、"应履行"、"履行中"等状态的债券借贷（双边）到期合同，允许双方使用现金了结交割。在指定结算日即被了结合同的到期日，系统检查被了结合同的融入方债券状态，如果融入方足，则现金了结合同失败。如果被了结合同融入方债券状态为"等券"，系统将被了结合同了结状态更改为"了结"，现金了结交割合同成功，系统对被了结合同执行了结处理。

（五）公开市场、国库现金管理、自动质押融资合同

1. 央行现券合同

央行现券合同执行过程与现券合同相似，不同之处在于，如果结算方式为DVP，则发起的CMT231即时转账报文以特许参与者——央行公开市场操作室的身份向支付系统发送。

如果合同执行成功，则生成"债券交割单（央行现券）"，供付券方和收券方双方提取、打印；否则，合同日终失败，生成"债券交割失败通知（央行现券）"，供付券方和收券方双方提取、打印，同时生成"债券买空通知"或"债券卖空通知"供违约方提取、打印。

2. 央行质押式回购首次合同

央行质押式回购首次合同与质押式回购首次合同的不同之处：一是合同中并未直接指定质押债券面额，而是指定了结算金额和质押券扣券顺序表，由系统按照顺序扣券，直至所扣债券价值之和达到合同指定的结算金额；二是如果结算方式为DVP，则发起的CMT231即时转账报文以特许参与者——央行公开市场操作室的身份向支付系统发送。

在首次结算日，系统按照合同指定的结算方式办理央行质押式回购首次过户时，首先计算出所需质押的所有债券面额，随后的过户步骤与质押式回购首次结算一致，过户涉及回购方账户"可用"、"待付"和"质押待购回"科目。需要注意的是扣券顺序表中指定的债券若处于"冻结"状态将不能作为质押券。

如果央行质押式回购首次过户完成，则登记质押式回购台账，生成"债券交割单（央行质押式回购开始）"，供回购方和返售方双方提取、打印，对应到期合同状态变为"待履行"；否则，合同日终失败，生成"债券交割失败通知（央行质押式回购开始）"，供回购方和返售方双方提取、打印，同时生成"债券买空通知"或"债券卖空通知"供违约方提取、打印。

3. 央行质押式回购到期合同

央行质押式回购到期合同执行过程与质押式回购到期合同相似，不同之处在于，如果结算方式为DVP，则发起的CMT231即时转账报文以特许参与

者——央行公开市场操作室的身份向支付系统发送。

4. 商业银行定期存款首次合同

商业银行定期存款首次合同与央行质押式回购首次合同一致。

5. 商业银行定期存款到期合同

商业银行定期存款到期合同与央行质押式回购到期合同一致。

6. 融资质押合同

根据指令中指定的融资金额、债券质押顺序表（包括债券质押顺序和质押率，处于"冻结"状态的债券不能作为质押券）和相关参数以及当前债券余额计算质押债券面额和实际融资额，办理出质行债券质押。债券质押涉及的科目为出质方"可用"和"质押"科目。

如果债券质押完成，合同执行成功，登记质押台账，生成"债券交割单（融资质押）"，否则生成"债券交割失败通知（融资质押）"，供出质方和质权方双方提取、打印，并将债券质押完成情况和实际融资情况反馈自动质押融资系统。

7. 融资解押合同

根据质押台账办理债券解押过户，涉及科目为出质方账户"质押"和"可用"科目。解押成功后，合同执行成功，销记质押台账，生成"债券交割单（融资解押）"，供出质方和质权方双方提取、打印。否则，合同失败，生成"债券交割失败通知（融资解押）"，供出质方和质权方双方提取、打印；并将债券解押完成情况反馈自动质押融资系统。

（六）柜台合同——柜台专项结算合同

柜台专项结算合同处理与纯券过户结算方式的现券合同处理类似，不同之处为如果代理账户交易债券余额不足，合同立即失败；如果自营账户交易债券余额不足，系统将进行部分过户，即将交易债券的当前余额全部过户，同时根据合同的卖空数量乘以柜台冻结比例所得到债券冻结量，按照簿记系统默认扣券顺序（债券性质优先级优先、待偿期短优先、取大优先、向下取整）冻结成员持有的其他债券，等待交易债券补足后继续过户，过户成功则解冻冻结债券。

三、债券业务操作

客户端的债券业务操作主要包括指令管理和查询两大类，其中指令管理包括各种结算业务品种的指令录入、指令复核与确认；查询操作主要包括指令合同查询、账务查询、单据查询、信息查询等。

不同结算业务品种的指令录入要素有所不同，本章第二节中已经介绍了要素名称、取值或精度要求、录入方式等，下面重点介绍系统操作。

（1）普通分销。普通分销指令的录入界面如图6-5所示。

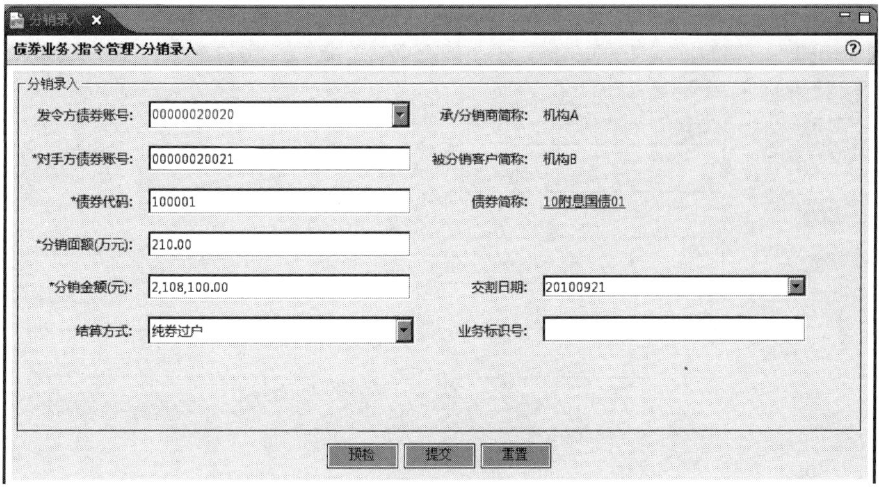

图 6-5 普通分销录入界面

提交指令后，生成待复核记录，复核成功后，系统为该指令分配指令编号，指令详情如图 6-6 所示，对手方确认后即可生成份销合同。

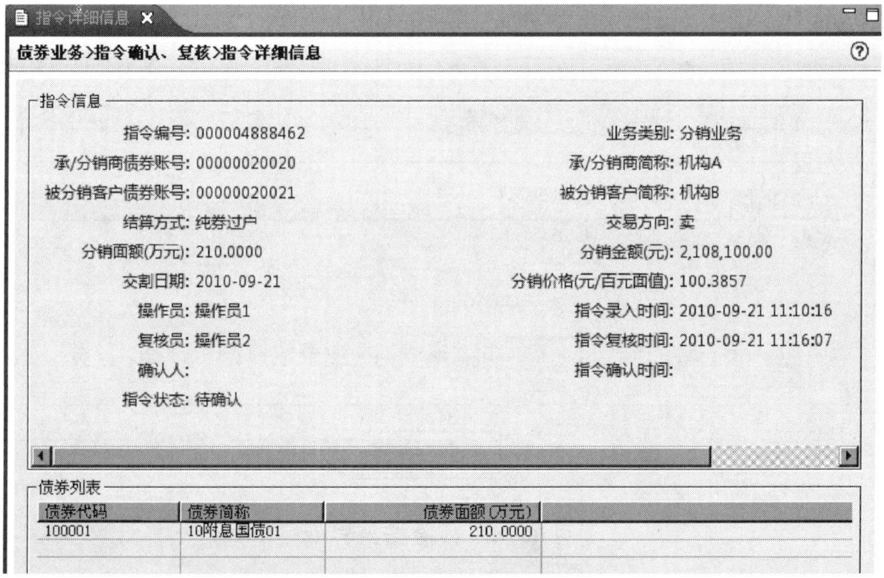

图 6-6 指令详细信息界面

现券指令的录入界面如图 6-7 所示。

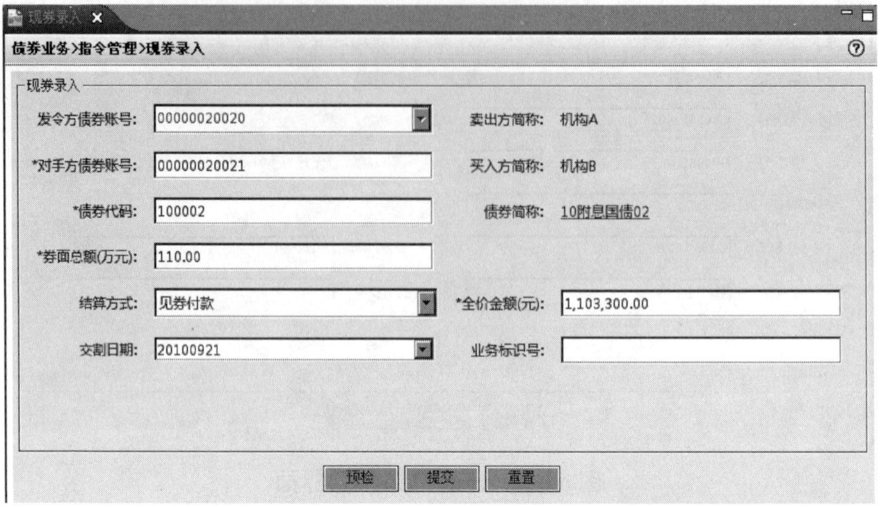

图 6-7　现券录入界面

点击"预检"按钮可预先检查卖出方可用科目中是否有足额的债券面额，为发令方提供交易管理的便利。但无论预检结果为券足还是券不足，都可以通过点击"提交"按钮完成指令录入。预检结果界面如图 6-8 所示。

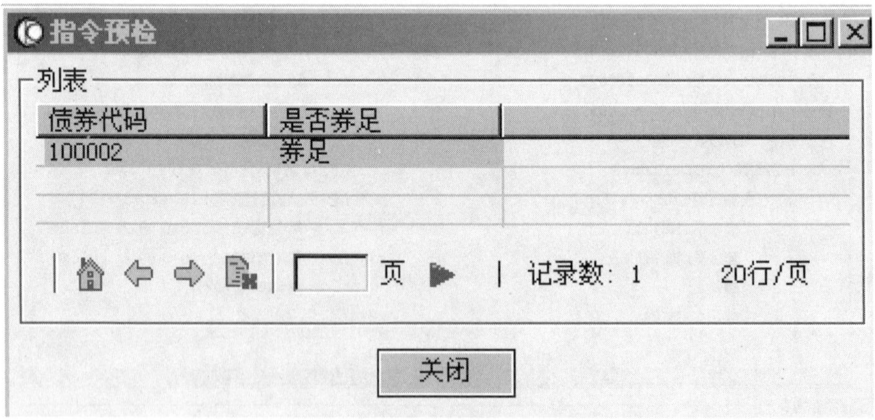

图 6-8　预检结果界面

复核指令成功后，指令详细信息查看界面如图 6-9 所示。

如果指令中包含非法要素，系统提示非法的具体要素，用户可根据非法要素提示检查并修正。指令非法详情一般反馈界面如图 6-10 所示。

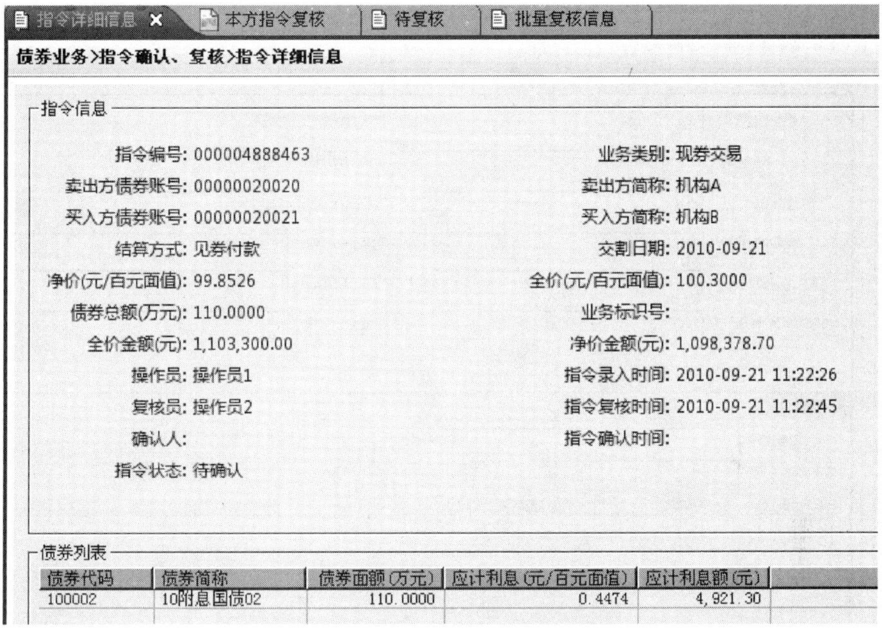

指令详细信息 ✕	本方指令复核	待复核	批量复核信息

债券业务>指令确认、复核>指令详细信息

指令信息

指令编号: 000004888463	业务类别: 现券交易
卖出方债券账号: 00000020020	卖出方简称: 机构A
买入方债券账号: 00000020021	买入方简称: 机构B
结算方式: 见券付款	交割日期: 2010-09-21
净价(元/百元面值): 99.8526	全价(元/百元面值): 100.3000
债券总额(万元): 110.0000	业务标识号:
全价金额(元): 1,103,300.00	净价金额(元): 1,098,378.70
操作员: 操作员1	指令录入时间: 2010-09-21 11:22:26
复核员: 操作员2	指令复核时间: 2010-09-21 11:22:45
确认人:	指令确认时间:
指令状态: 待确认	

债券列表

债券代码	债券简称	债券面额(万元)	应计利息(元/百元面值)	应计利息额(元)
100002	10附息国债02	110.0000	0.4474	4,921.30

图 6 – 9　指令详细信息界面

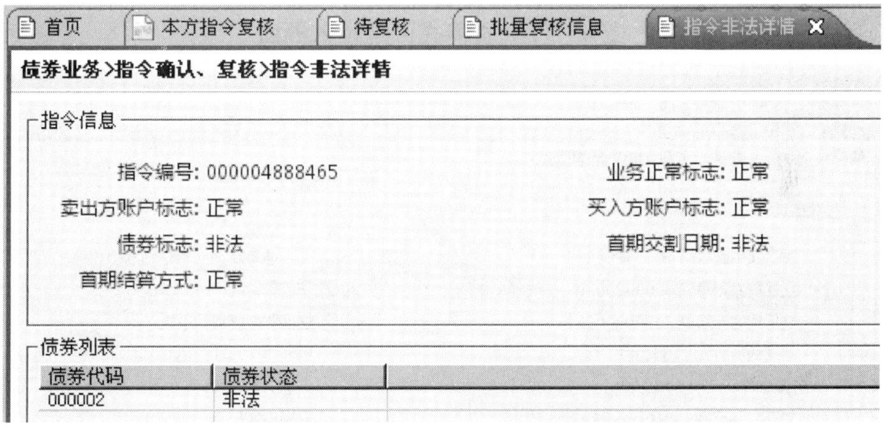

首页	本方指令复核	待复核	批量复核信息	指令非法详情 ✕

债券业务>指令确认、复核>指令非法详情

指令信息

指令编号: 000004888465	业务正常标志: 正常
卖出方账户标志: 正常	买入方账户标志: 正常
债券标志: 非法	首期交割日期: 非法
首期结算方式: 正常	

债券列表

债券代码	债券状态
000002	非法

图 6 – 10　指令非法详情界面

质押式回购指令录入界面如图 6 – 11 所示。

回购债券的增删：填写"债券代码"和"债券面额"，点击"添加"按钮，则可增加质押债券品种；若需删除指定质押债券，勾选相应债券行首的复选框，点击"删除"按钮即可。

成功复核质押式回购指令后，系统将反馈如图 6 – 12 所示。

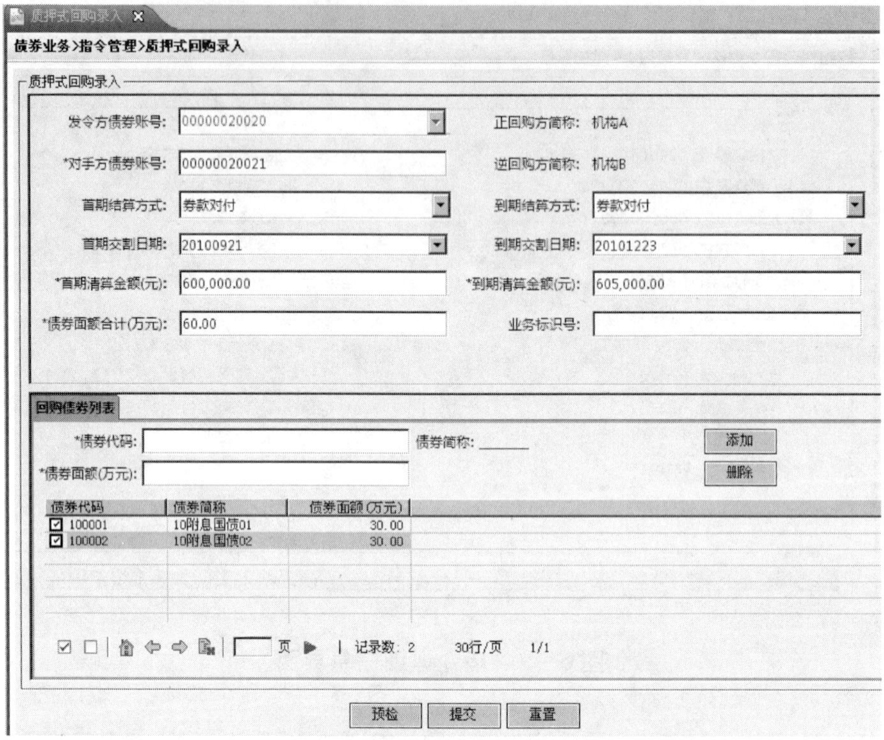

质押式回购录入

债券业务>指令管理>质押式回购录入

质押式回购录入

发令方债券账号: 00000020020	正回购方简称: 机构A
*对手方债券账号: 00000020021	逆回购方简称: 机构B
首期结算方式: 券款对付	到期结算方式: 券款对付
首期交割日期: 20100921	到期交割日期: 20101223
*首期清算金额(元): 600,000.00	*到期清算金额(元): 605,000.00
*债券面额合计(万元): 60.00	业务标识号:

回购债券列表

*债券代码: _____　　　债券简称: _____　　　添加

*债券面额(万元): _____　　　　　　　　　　　　删除

债券代码	债券简称	债券面额(万元)
☑ 100001	10附息国债01	30.00
☑ 100002	10附息国债02	30.00

☑ □ │ ⬚ ⇦ ⇨ ⬚ │ _____ 页 ▶ │ 记录数: 2　　30行/页　1/1

预检　提交　重置

图6-11　质押式回购录入界面

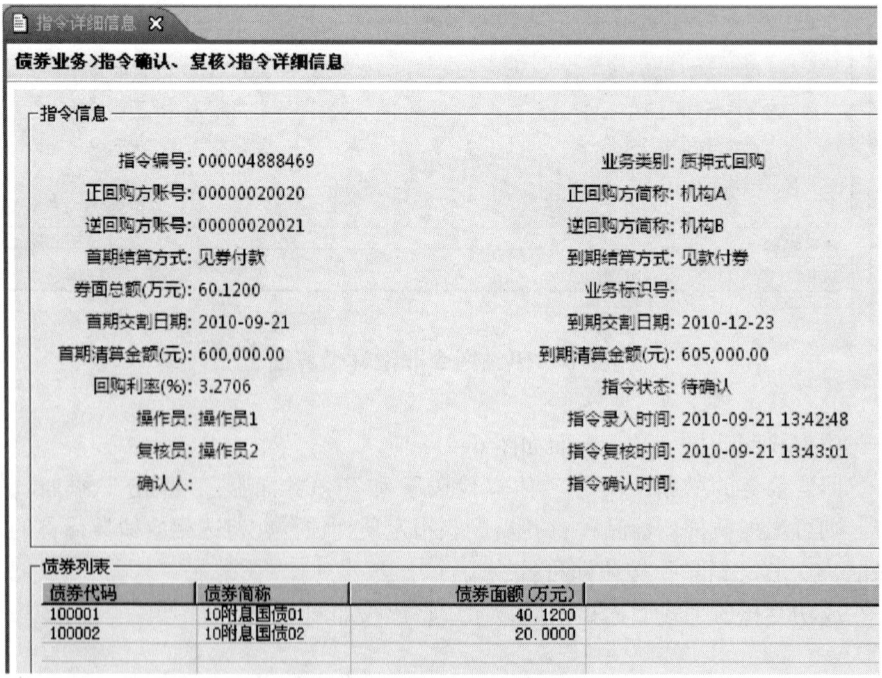

指令详细信息

债券业务>指令确认、复核>指令详细信息

指令信息

指令编号: 000004888469	业务类别: 质押式回购
正回购方账号: 00000020020	正回购方简称: 机构A
逆回购方账号: 00000020021	逆回购方简称: 机构B
首期结算方式: 见券付款	到期结算方式: 见款付券
券面总额(万元): 60.1200	业务标识号:
首期交割日期: 2010-09-21	到期交割日期: 2010-12-23
首期清算金额(元): 600,000.00	到期清算金额(元): 605,000.00
回购利率(%): 3.2706	指令状态: 待确认
操作员: 操作员1	指令录入时间: 2010-09-21 13:42:48
复核员: 操作员2	指令复核时间: 2010-09-21 13:43:01
确认人:	指令确认时间:

债券列表

债券代码	债券简称	债券面额(万元)
100001	10附息国债01	40.1200
100002	10附息国债02	20.0000

图6-12　指令详细信息界面

买断式回购指令录入界面如图6-13所示。

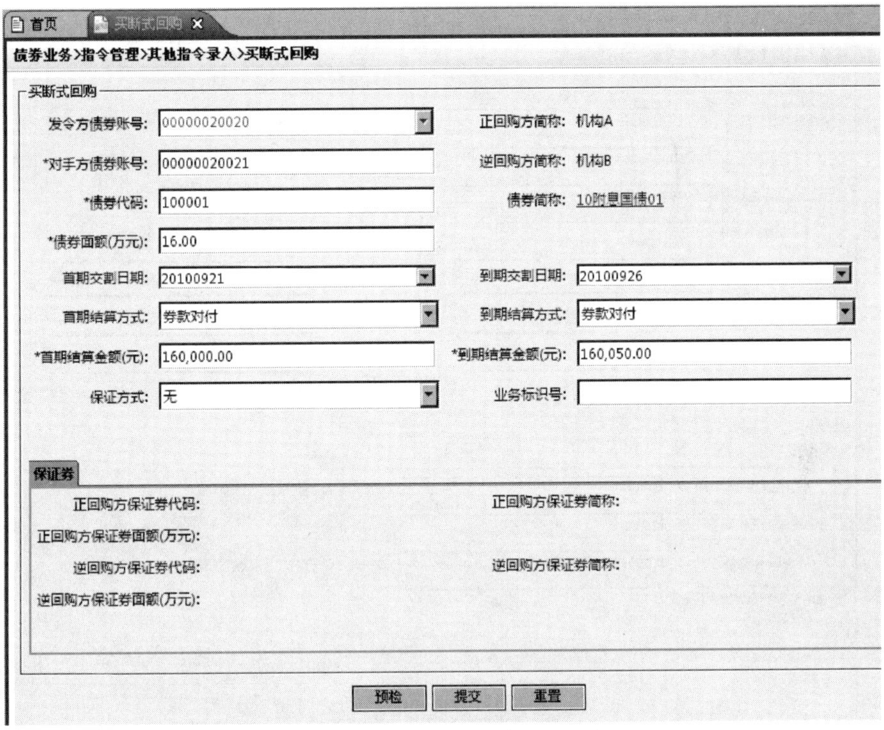

图 6 - 13 买断式回购录入界面

成功录入买断式回购指令，系统将反馈如图6-14所示。

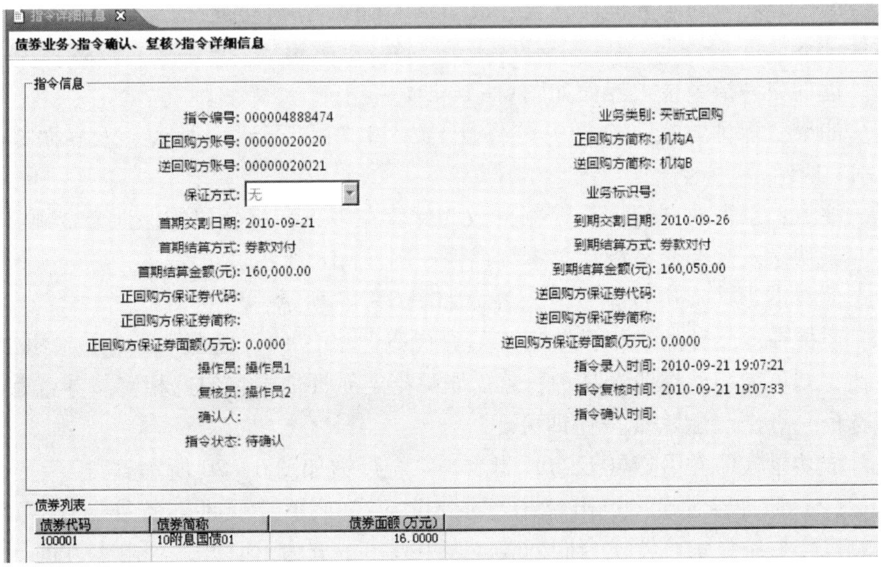

图 6 - 14 指令详细信息界面

如果"保证方式"选择为"保证券"，则录入界面如图6-15所示。

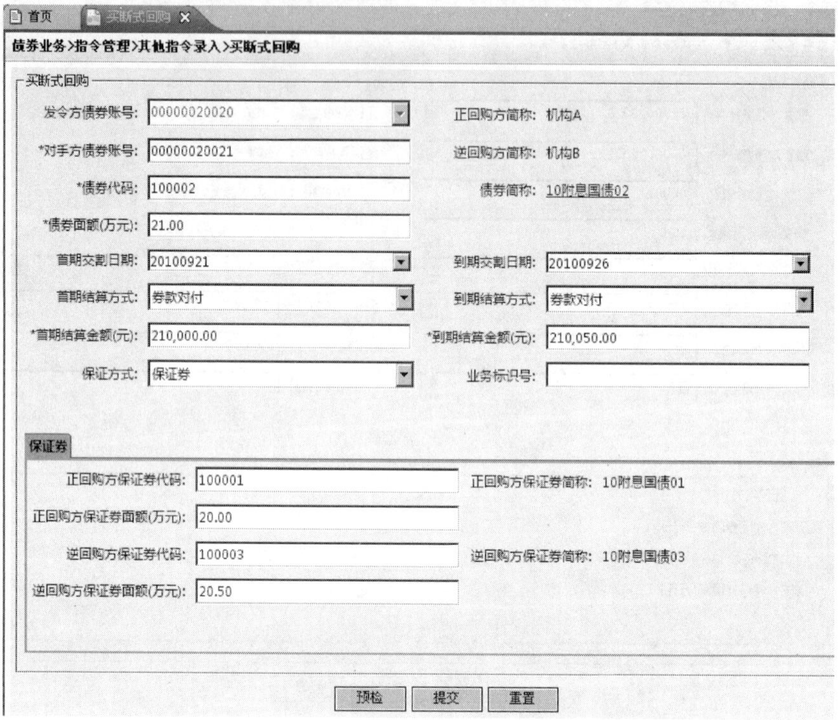

图6-15　保证券方式下买断式回购录入界面

注意：系统允许单方保证券。如果是单方保证券的情况，那么没有提供保证券的一方对应的录入框应置空。成功录入指令之后，相应的反馈界面也将显示保证券信息。

远期交易指令录入界面如图6-16所示。

如果"保证方式"选择为"保证券"和"保证金"，那么录入界面如图6-17所示。

注意：录入的"保证金金额"仅为保管在中央结算公司的保证金金额。

成功录入远期交易指令，系统反馈如图6-18所示。

债券借贷（双边）指令录入界面如图6-19所示。

质押债券品种的增删：填写"债券代码"和"债券面额"，点击"添加"按钮，则可增加质押债券品种；若需删除指定质押债券，勾选相应债券行首的复选框，点击"删除"按钮即可。

成功录入债券借贷（双边）指令，系统反馈如图6-20所示。

（2）质押券置换。点击"指令录入"菜单项下"质押券置换"子菜单，右侧操作栏中显示可置换合同列表，表中列出本方为出质方，可由本方进行置换的结算合同，如图6-21所示。

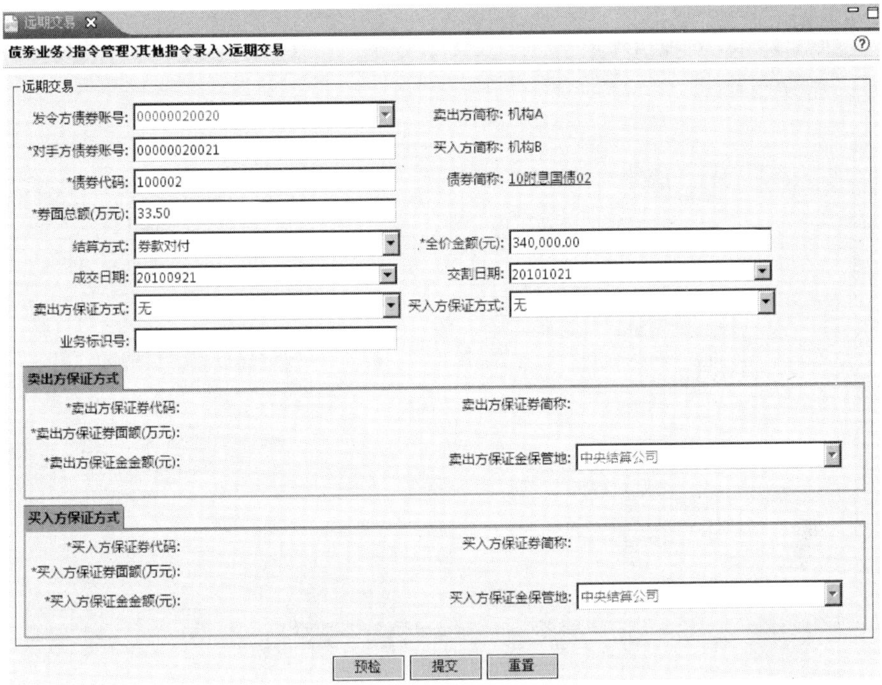

图6-16 远期交易指令录入界面

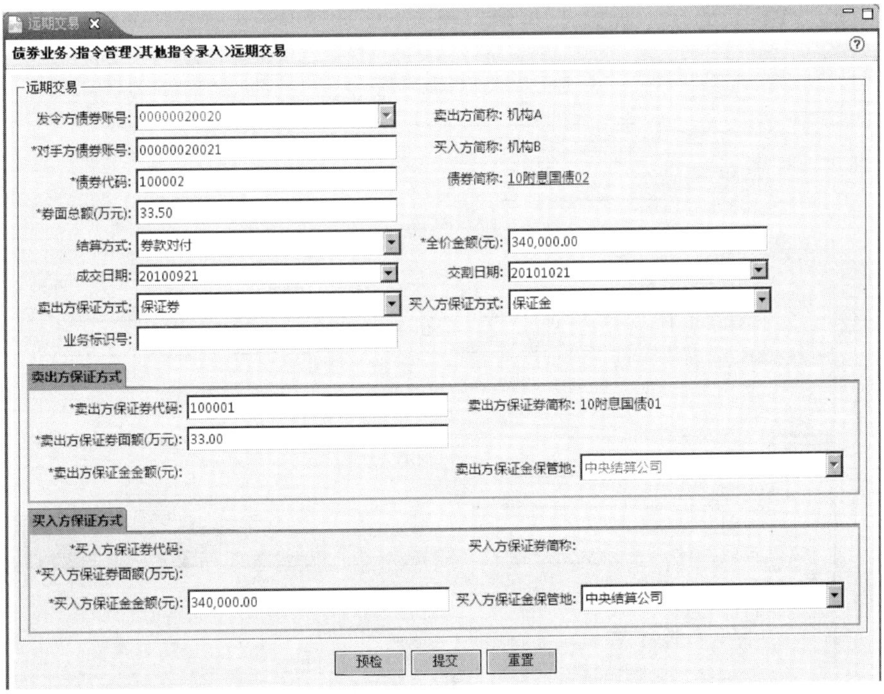

图6-17 保证券和保证金方式下远期交易录入界面

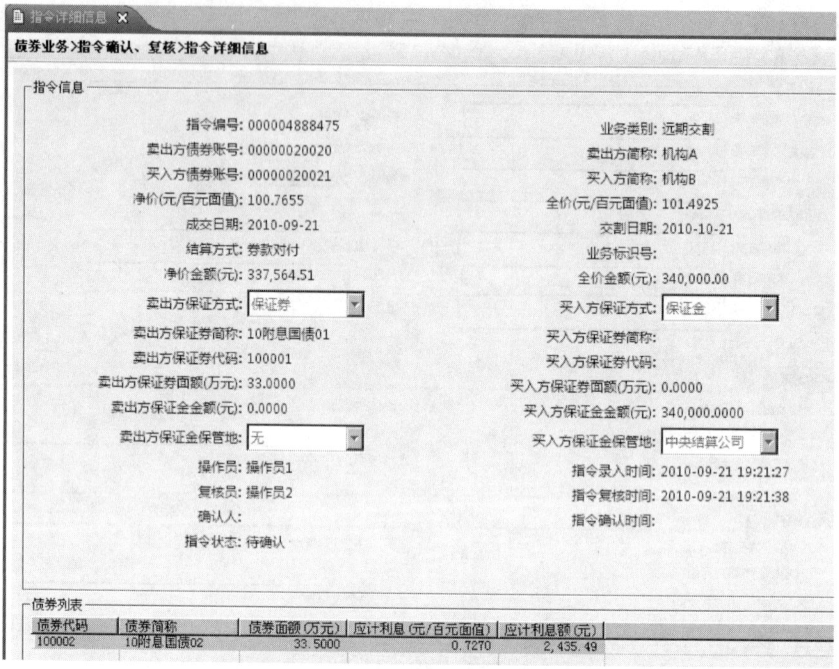

图 6 – 18　指令详细信息界面

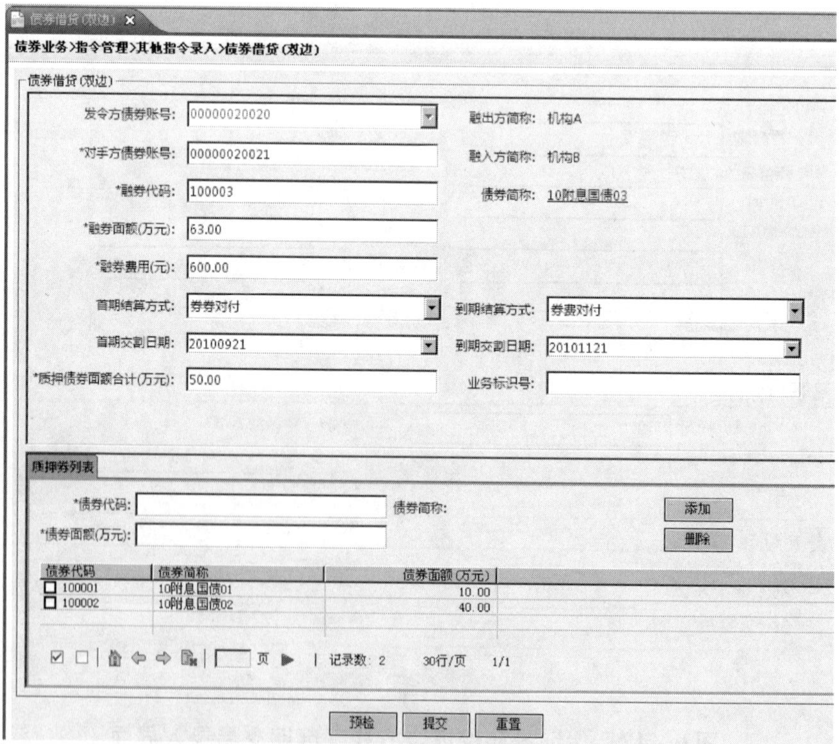

图 6 – 19　债券借贷（双边）指令录入界面

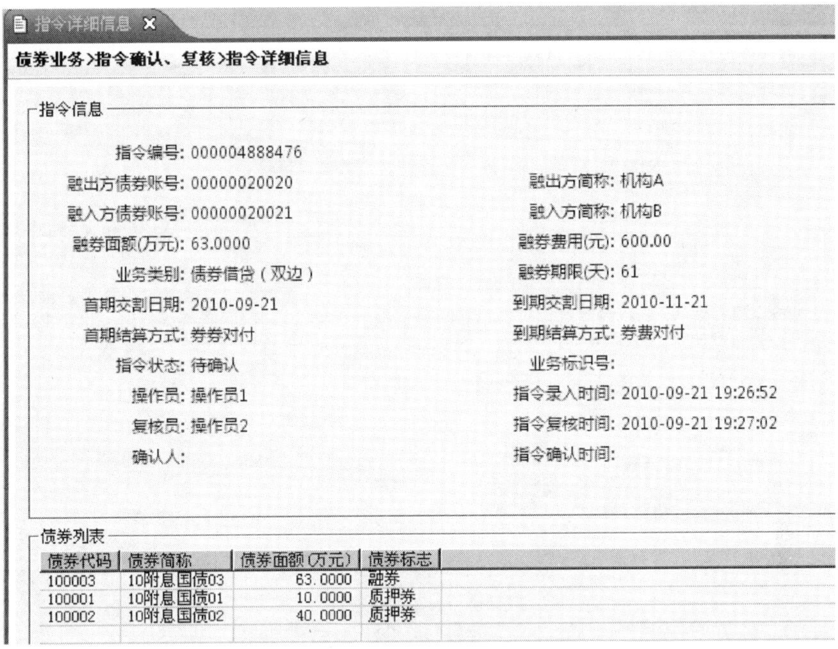

图6-20　指令详细信息界面

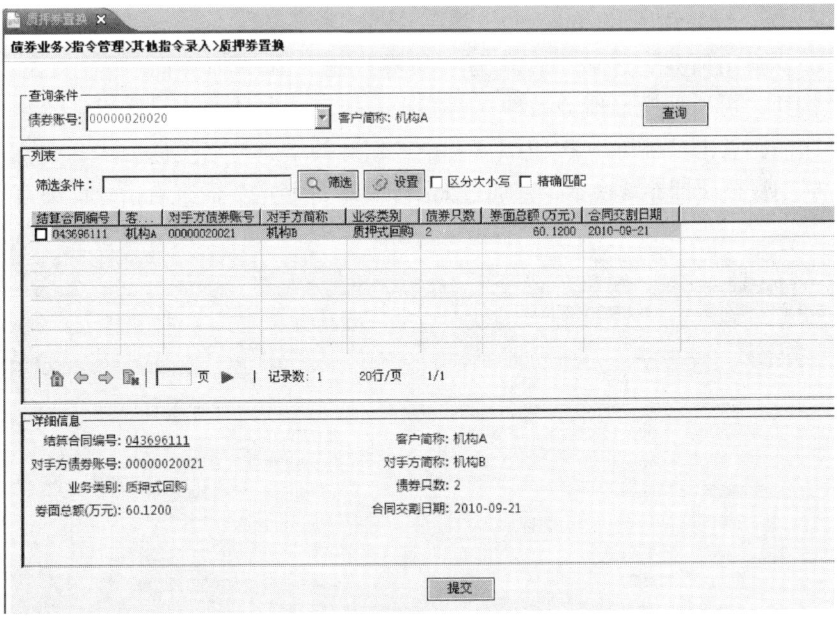

图6-21　质押券置换指令录入界面

　　通过列表中第一列的选择栏选中要发送质押券置换指令的合同，然后点击"提交"按钮。系统会显示待置换合同明细，要求确认发送质押券置换指令（如图6-22所示）。

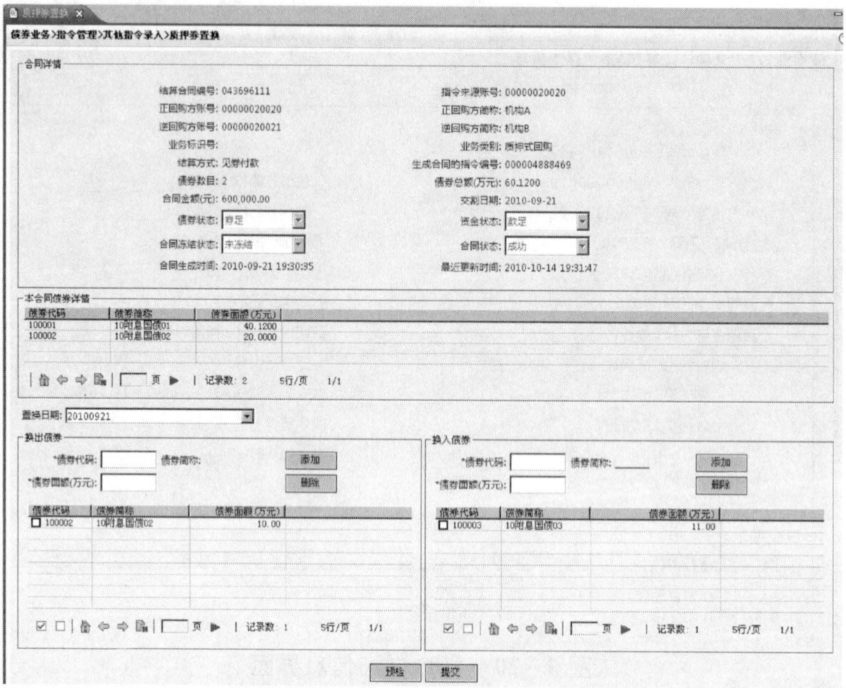

图 6-22　待置换合同明细界面

在"换出债券"区域中，填写"债券代码"和"债券面额"，点击"添加"按钮，可增加换出债券品种；若需删除指定债券品种，勾选相应债券行首的复选框，点击"删除"按钮即可。换入债券的增删与之类似。

成功复核质押券置换指令，通过如图 6-23 所示的界面查看指令详细信息。

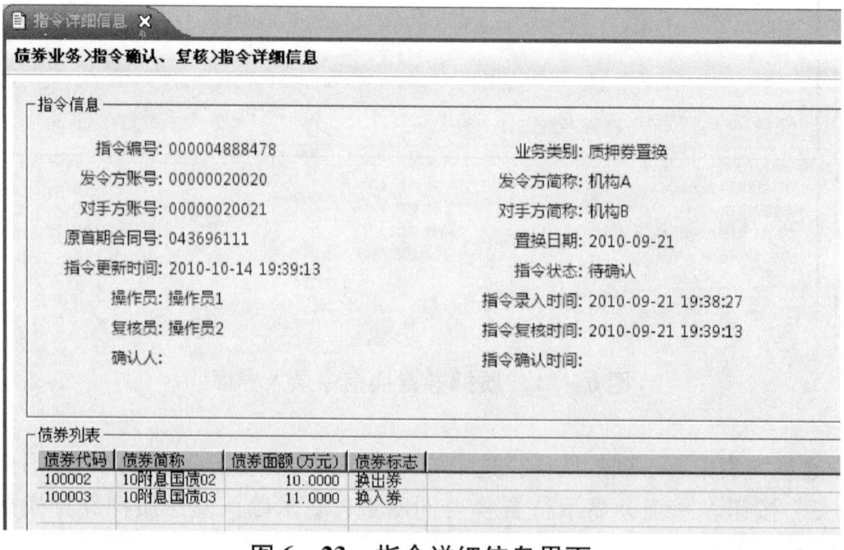

图 6-23　指令详细信息界面

（3）BEPS 质押。BEPS 质押指令录入界面如图 6 - 24 所示。

图 6 - 24 BEPS 质押指令录入界面

质押债券品种的增删：填写"债券代码"和"债券面额"，点击"添加"按钮，则可增加质押债券品种；若需删除指定质押债券，勾选相应债券行首的复选框，点击"删除"按钮即可。

成功复核 BEPS 质押指令，系统反馈如图 6 - 25 所示。

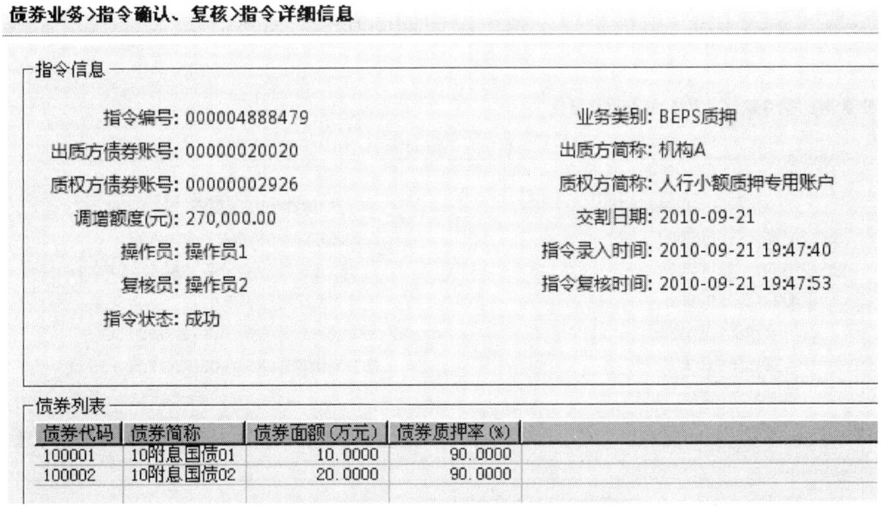

图 6 - 25 指令详细信息界面

（4）BEPS 解押。BEPS 解押指令录入界面如图 6 - 26 所示。

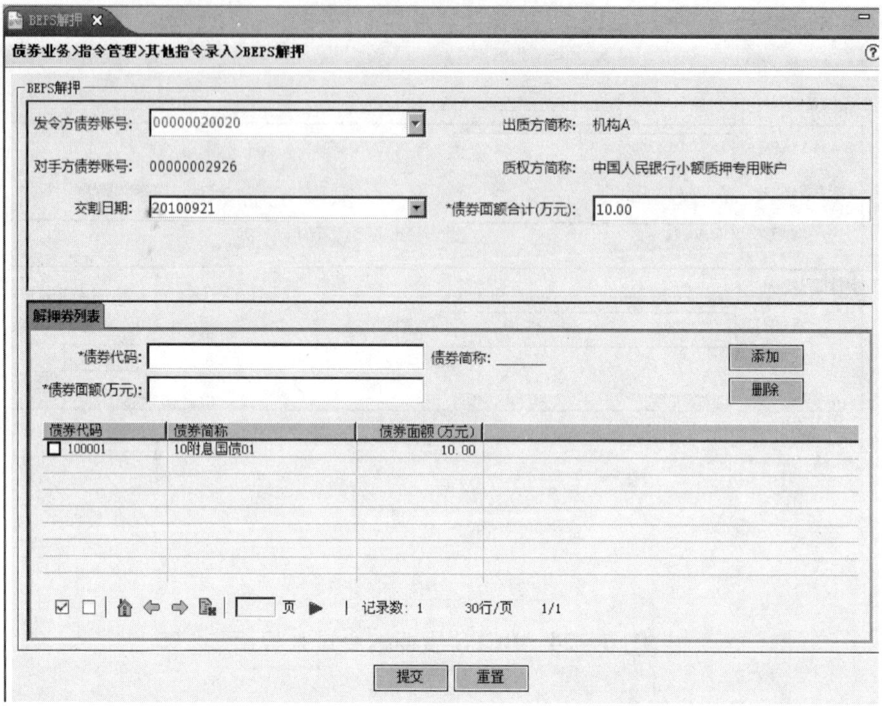

图 6 – 26　BEPS 解押指令录入界面

解押债券品种的增删：填写"债券代码"和"债券面额"，点击"添加"按钮，则可增加质押债券品种；若需删除指定质押债券，勾选相应债券行首的复选框，点击"删除"按钮即可。

成功录入 BEPS 解押指令，系统反馈如图 6 – 27 所示。

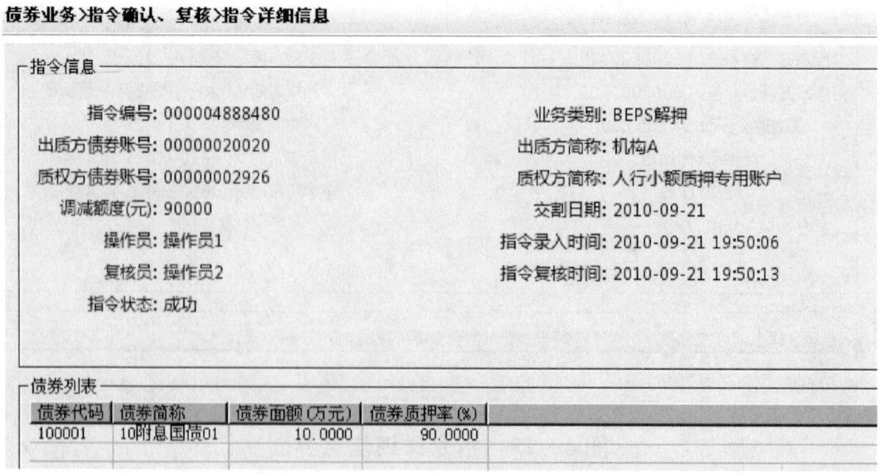

图 6 – 27　指令详细信息界面

（5）BEPS 质押品置换。BEPS 质押品置换指令录入界面如图 6 - 28 所示。

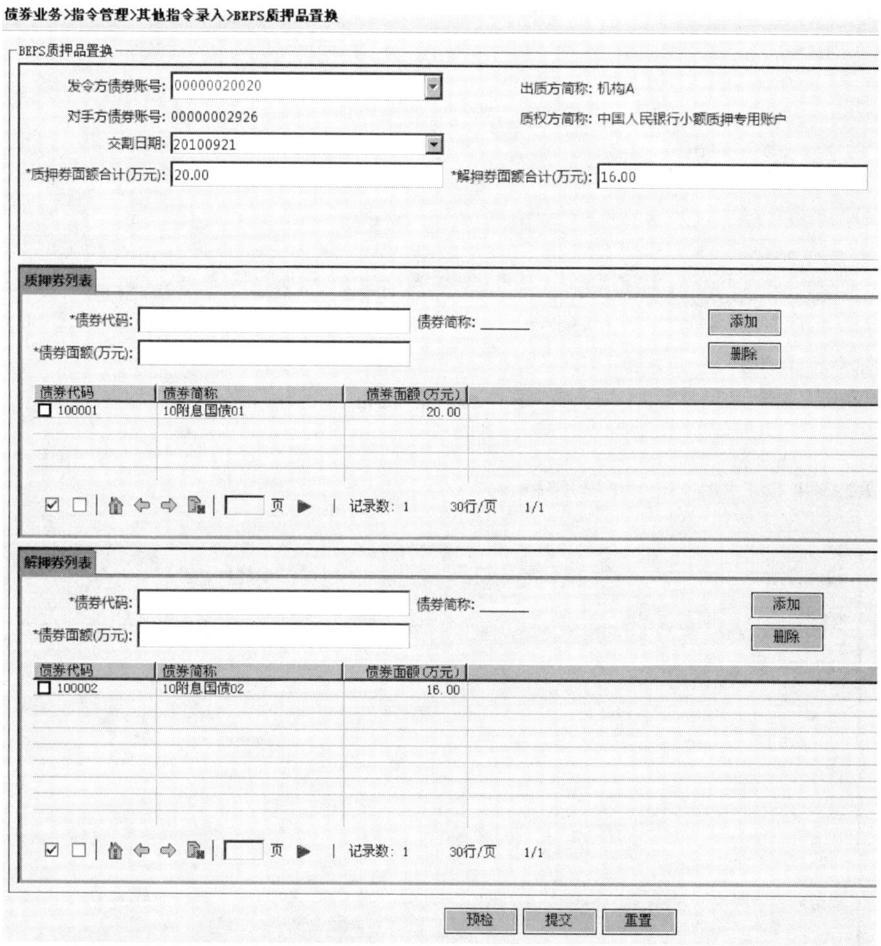

图 6 - 28　BEPS 质押品置换指令录入界面

质押、解押债券品种的增删：填写"债券代码"和"债券面额"，点击 "添加"按钮，则可增加债券品种；若需删除指定债券，勾选相应债券行首的 复选框，点击"删除"按钮即可。

成功复核 BEPS 置换指令，系统反馈如图 6 - 29 所示。

（6）投资人选择提前赎回。点击"指令录入"菜单项下的"投资人选 择提前赎回"子菜单，右侧操作栏显示可赎回债券列表，如图 6 - 30 所示。

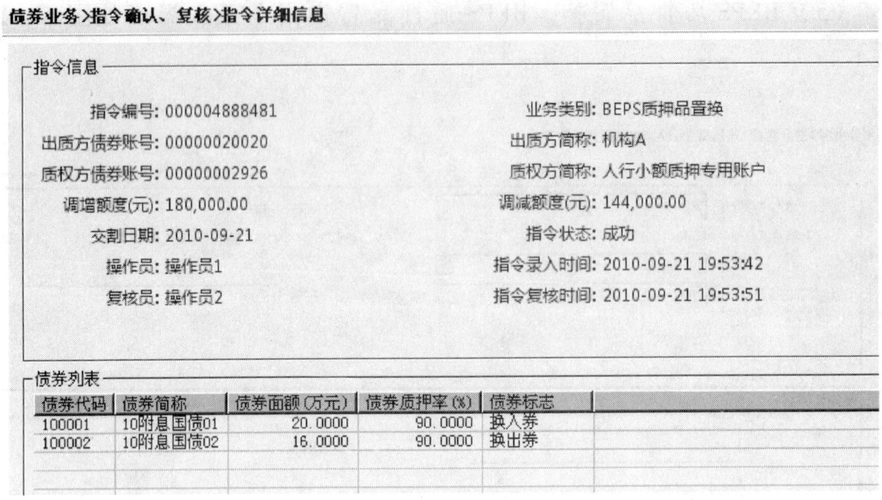

债券业务>指令确认、复核>指令详细信息

指令信息

指令编号：000004888481	业务类别：BEPS质押品置换
出质方债券账号：00000020020	出质方简称：机构A
质权方债券账号：00000002926	质权方简称：人行小额质押专用账户
调增额度(元)：180,000.00	调减额度(元)：144,000.00
交割日期：2010-09-21	指令状态：成功
操作员：操作员1	指令录入时间：2010-09-21 19:53:42
复核员：操作员2	指令复核时间：2010-09-21 19:53:51

债券列表

债券代码	债券简称	债券面额(万元)	债券质押率(%)	债券标志
100001	10附息国债01	20.0000	90.0000	换入券
100002	10附息国债02	16.0000	90.0000	换出券

图 6 – 29　指令详细信息界面

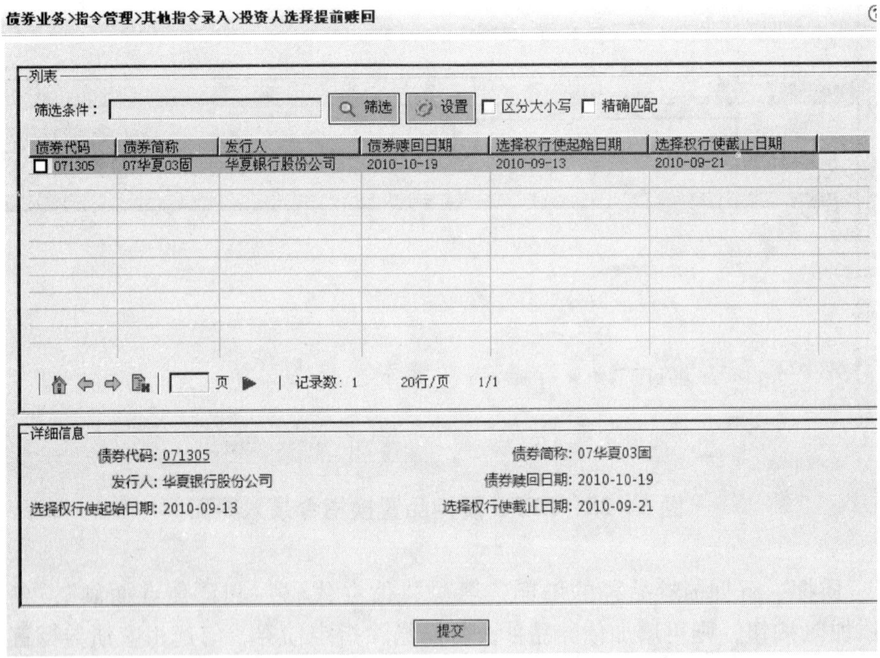

债券业务>指令管理>其他指令录入>投资人选择提前赎回

列表

筛选条件：[　　　　　　　　] 🔍筛选　⚙设置　☐区分大小写　☐精确匹配

债券代码	债券简称	发行人	债券赎回日期	选择权行使起始日期	选择权行使截止日期
☐ 071305	07华夏03固	华夏银行股份公司	2010-10-19	2010-09-13	2010-09-21

📖 ⇐ ⇒ 📑 [　　]页 ▶ ｜记录数：1　20行/页　1/1

详细信息

债券代码：071305	债券简称：07华夏03固
发行人：华夏银行股份公司	债券赎回日期：2010-10-19
选择权行使起始日期：2010-09-13	选择权行使截止日期：2010-09-21

[提交]

图 6 – 30　投资人选择提前赎回指令录入界面

　　通过列表中第一列的选择栏选中要发送投资人提前赎回指令的债券，点击"提交"按钮。系统会显示指令明细，要求确认发送提前赎回指令（如图 6 – 31所示）。

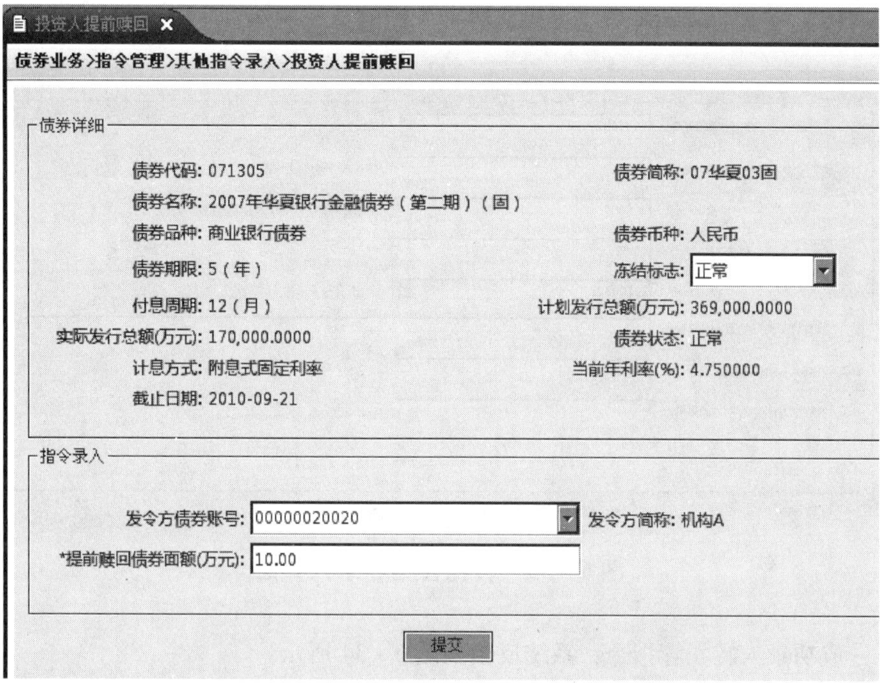

图 6 – 31 投资人提前赎回指令明细界面

投资人选择提前赎回指令与其他业务指令的最大区别，在于其不生成结算合同。在选择权行使截止日日终，系统按指令中指定的赎回面额，做债券冻结处理。冻结成功后，指令成功；否则指令作废。冻结成功后，投资人可打印"投资人选择权债券投资人选择权行使通知单"。在债权登记日日终，系统办理债券提前赎回的付息兑付操作如图 6 – 32 所示。

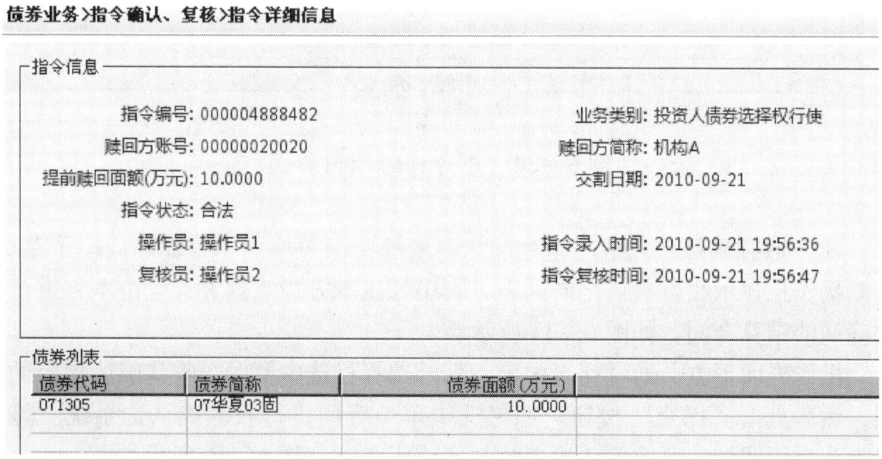

图 6 – 32 指令详细信息界面

（7）转托管。转托管指令录入界面如图6-33所示。

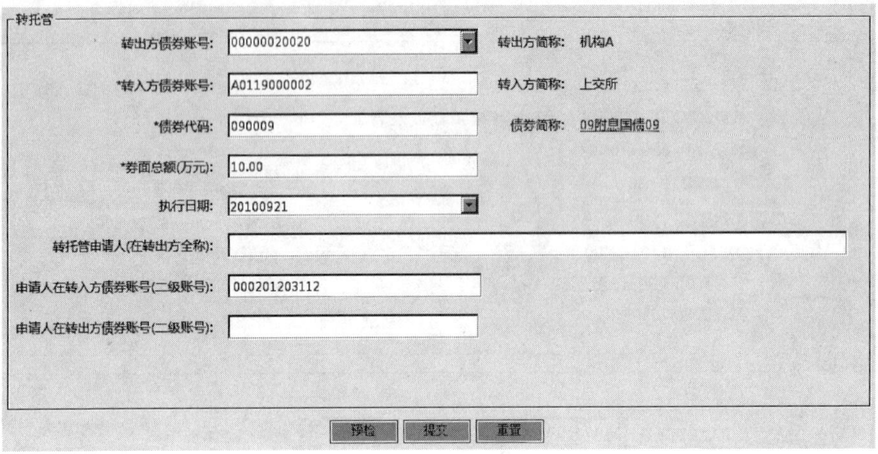

图6-33　转托管指令录入界面

成功录入转托管指令，系统反馈如图6-34所示。

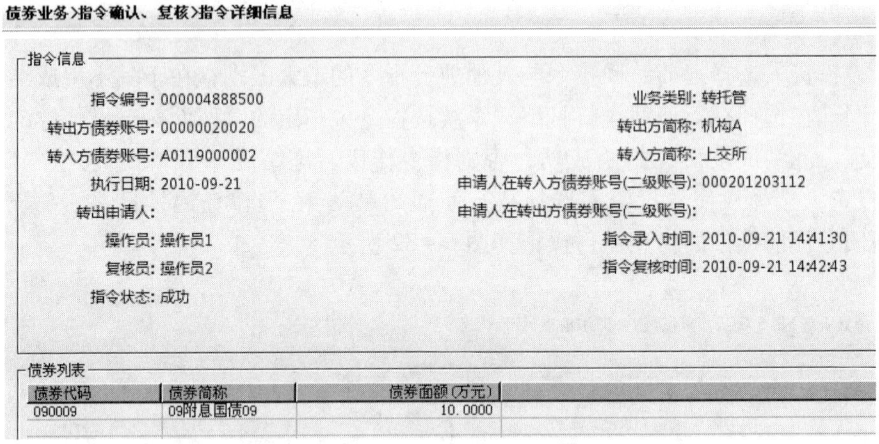

图6-34　指令详细信息界面

（8）收款确认。点击"指令确认、复核"菜单项下"收款确认"子菜单，右侧操作栏显示收款确认合同列表，表中列出本方为收款方，应由本方进行收款确认的结算合同，如图6-35所示。

操作界面下方。通过列表中第一列的选择栏选中要发送收款确认指令的合同，然后点击"提交"按钮。如果选中单个合同进行收款确认，系统会显示待确认合同明细，要求确认发送收款确认指令（如图6-36所示）。

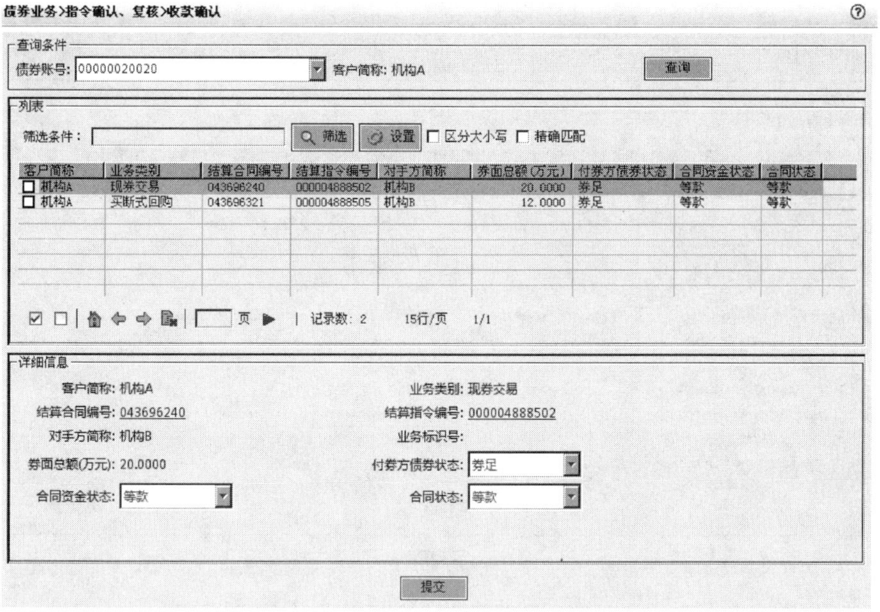

图 6 – 35 收款确认合同界面

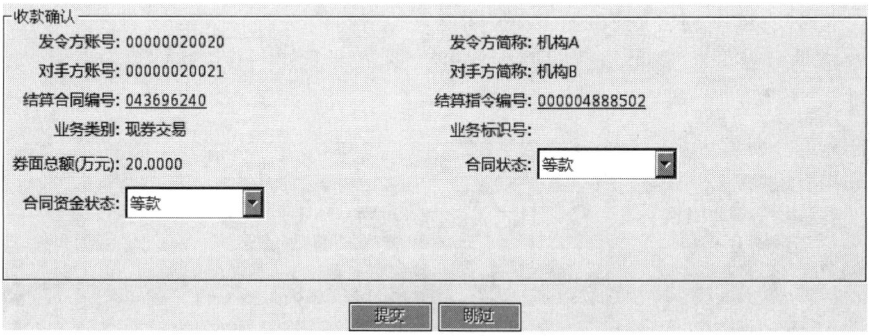

图 6 – 36 待确认合同明细界面

如果选中多个合同以批量方式发送，系统将不再提示合同明细，直接对选中的所有合同发送收款确认指令。

付款确认指令、撤销指令、撤销合同指令基本操作界面和方法与收款确认相同，不再赘述。

（9）质押式回购逾期返售。正回购方点击"其他指令录入"菜单项下"质押式回购逾期返售"子菜单，右侧操作栏显示质押式回购逾期合同列表，表中列出结算失败的质押式回购到期合同，如图 6 – 37 所示。

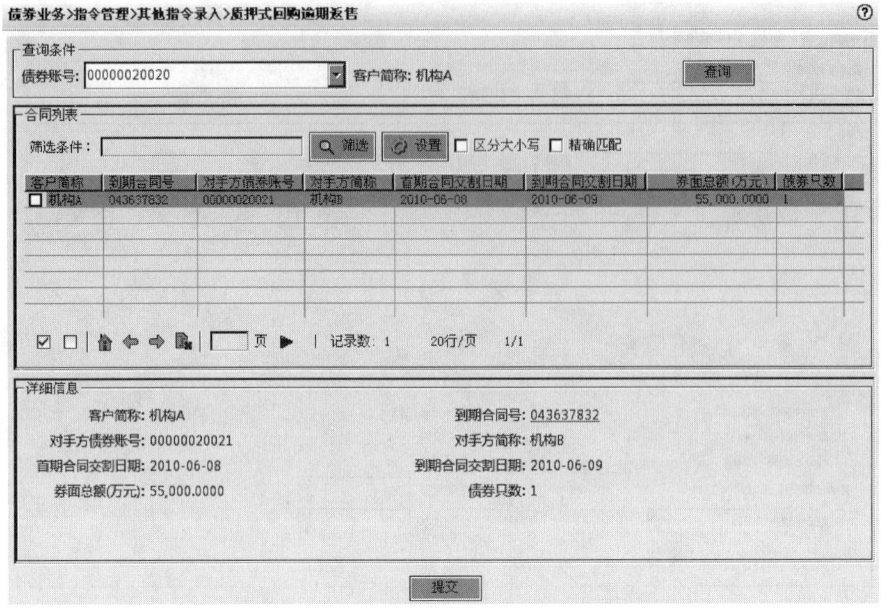

图 6-37　质押式回购逾期返售指令录入界面

通过列表中第一列的选择栏选中要发送逾期返售指令的合同,点击"提交"即对所选中的合同发送一条逾期返售指令。

成功复核质押式回购逾期返售指令,系统反馈如图6-38所示。

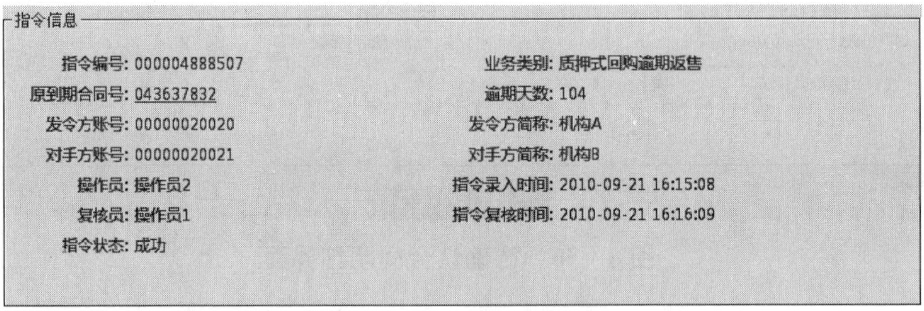

图 6-38　指令详细信息界面

逆回购方对指令进行"对手方指令确认"后,原质押式回购到期失败合同状态变为"逾期完成",如图6-39所示。

(10) 现金了结交割。点击"其他指令录入"菜单项下"现金了结交割"子菜单,右侧操作栏显示可以办理现金了结交割的合同列表,表中列出本方为付券方,结算状态为"待履行"、"履行中",应由本方进行付券但因券不足需要使用现金了结的债券借贷期合同,如图6-40所示。

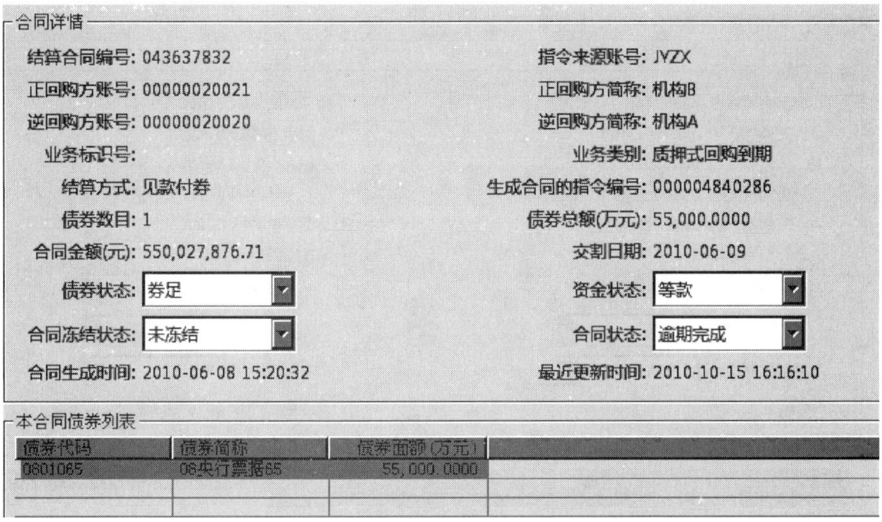

图 6 - 39 "逾期完成"状态合同详情界面

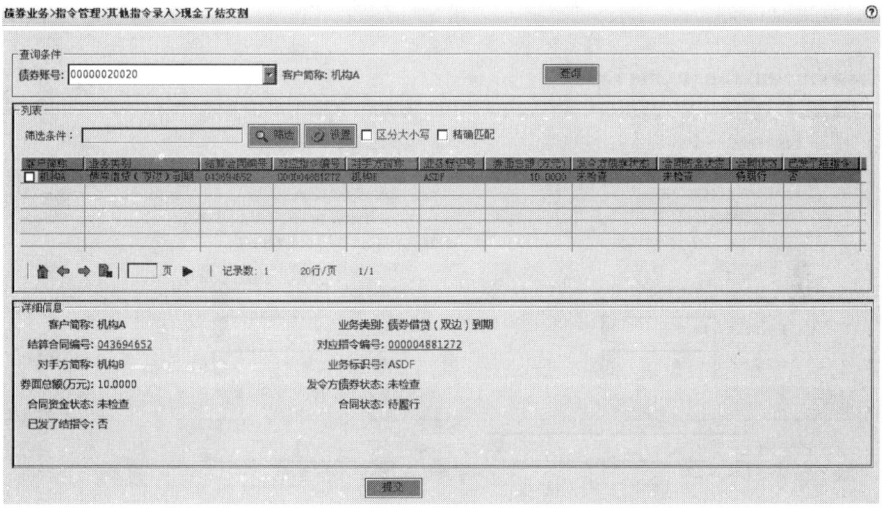

图 6 - 40 现金了结指令录入界面

通过列表中第一列的选择栏选中要发送现金了结交割指令的合同，系统显示选定债券借贷到期合同详细内容如图 6 - 41 所示。

点击"提交"，系统反馈如图 6 - 42 所示。

录入交割日期、现金了结金额、现金了结方向，点击"发送现金了结指令"即对所选中的合同成功发送现金了结交割指令。

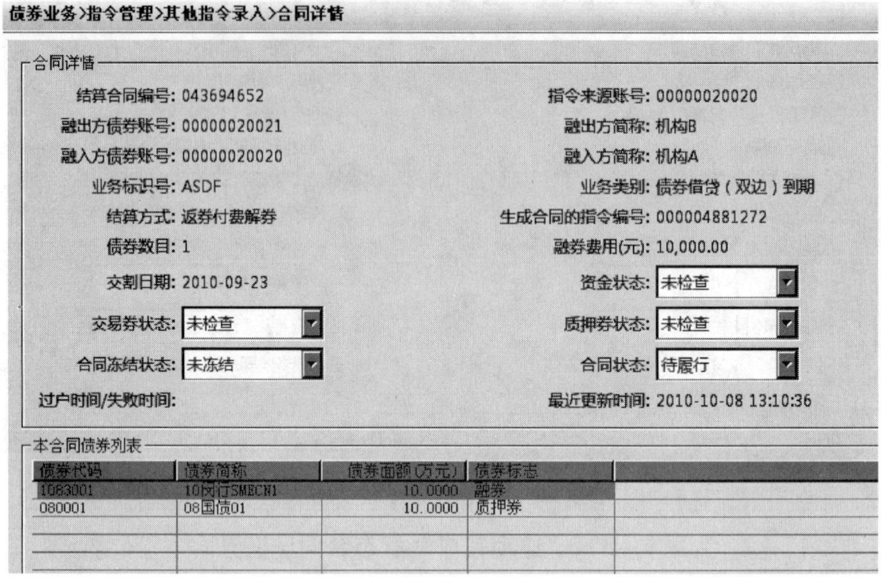

债券业务>指令管理>其他指令录入>合同详情

合同详情

结算合同编号: 043694652　　　　　　　　　指令来源账号: 00000020020

融出方债券账号: 00000020021　　　　　　　融出方简称: 机构B

融入方债券账号: 00000020020　　　　　　　融入方简称: 机构A

业务标识号: ASDF　　　　　　　　　　　　业务类别: 债券借贷（双边）到期

结算方式: 返券付费解券　　　　　　　　　生成合同的指令编号: 000004881272

债券数目: 1　　　　　　　　　　　　　　融券费用（元）: 10,000.00

交割日期: 2010-09-23　　　　　　　　　　资金状态: 未检查

交易券状态: 未检查　　　　　　　　　　　质押券状态: 未检查

合同冻结状态: 未冻结　　　　　　　　　　合同状态: 待履行

过户时间/失败时间:　　　　　　　　　　　最近更新时间: 2010-10-08 13:10:36

本合同债券列表

债券代码	债券简称	债券面额（万元）	债券标志
1083001	10兴行SMECN1	10.0000	融券
080001	08国债01	10.0000	质押券

图 6 – 41　　合同详情界面

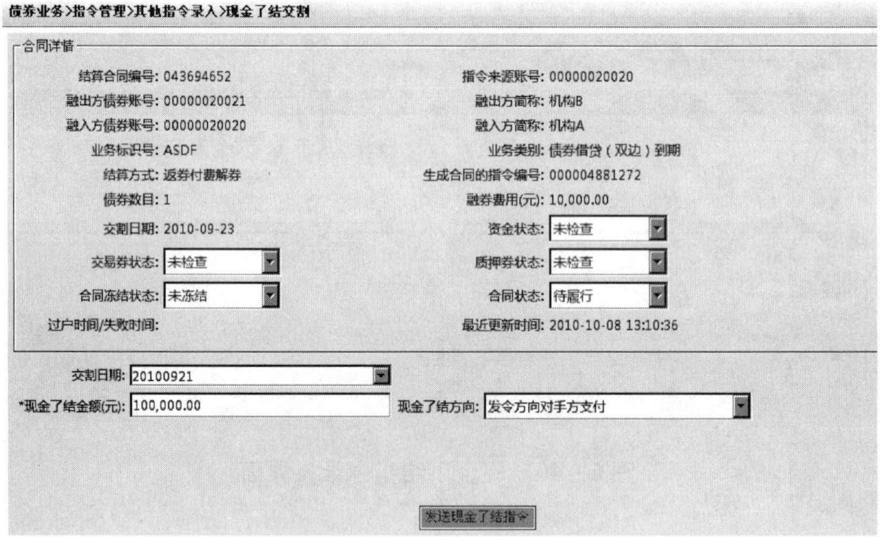

债券业务>指令管理>其他指令录入>现金了结交割

合同详情

结算合同编号: 043694652　　　　　　　　　指令来源账号: 00000020020

融出方债券账号: 00000020021　　　　　　　融出方简称: 机构B

融入方债券账号: 00000020020　　　　　　　融入方简称: 机构A

业务标识号: ASDF　　　　　　　　　　　　业务类别: 债券借贷（双边）到期

结算方式: 返券付费解券　　　　　　　　　生成合同的指令编号: 000004881272

债券数目: 1　　　　　　　　　　　　　　融券费用（元）: 10,000.00

交割日期: 2010-09-23　　　　　　　　　　资金状态: 未检查

交易券状态: 未检查　　　　　　　　　　　质押券状态: 未检查

合同冻结状态: 未冻结　　　　　　　　　　合同状态: 待履行

过户时间/失败时间:　　　　　　　　　　　最近更新时间: 2010-10-08 13:10:36

交割日期: 20100921

*现金了结金额（元）: 100,000.00　　　　　现金了结方向: 发令方向对手方支付

发送现金了结指令

图 6 – 42　　现金了结交割界面

第四节　　应急结算业务与风险控制

一、应急结算业务

应急结算业务，是指结算成员与中央债券综合业务系统联网的终端出现技

术故障无法及时修复，或尚未办理系统联网不能通过客户端发送电子指令，或其他需要通过纸质凭单办理的业务，可以采用应急方式委托中央结算公司办理。

中央结算公司根据结算成员应急业务纸质凭单传真件或原件办理应急业务时，不对结算成员是否有足额的债券或资金做实质性判断和保证。办理应急业务必须遵守《全国银行间债券市场交易管理办法》、《中央国债登记结算有限责任公司债券交易结算规则》、《中央国债登记结算有限责任公司应急业务操作规程》和《中央国债登记结算有限责任公司电子密押管理规程》等有关规定。

二、应急结算业务办理流程

（一）申领密押器

结算成员采用应急方式办理债券业务应事先到中央结算公司申领电子密押器。结算成员申请领取密押器时，应委派专人到中央结算公司办理。办理时需提交已签字盖章的《电子密押器管理与使用申请表》（如表6－2所示）、《电子密押器管理使用协议书》的签署声明、个人身份证原件及复印件。

表6－2　　　　　　　　　电子密押器管理与使用申请表

结算成员填写	单位全称		甲类□　乙类□　丙类□	
	债券托管账号			
	通信地址		邮政编码	
	联系电话		传真电话	
	授权经办人	姓名	联系电话	
		E-mail	身份证号	
	法人授权说明： 今授权（姓名）＿＿＿（身份证号）＿＿＿＿ 办理中央结算公司电子密押器相关事宜，持此证明。		（单位公章） 法定代表人（授权代表）签字： 日期：　　年　　月　　日	
	办理事项	申请□	申请数量（台）	＿＿＿台（大写）
		暂停□	密押器编号	
		恢复□	密押器编号	
		解锁□	密押器编号	
		修改□	密押器编号	
		注销□	密押器编号	

续表

结算成员填写	业务类别	密押器一	编号： 债券发行□ 公开市场□ 国库现金□ 结算业务□ 托管业务□ 资金业务□ 央行业务□ 柜台业务□ 外币资金□ 外币债券□ 新增业务三□ 新增业务四□ 以上全部业务□
		密押器二	编号： 债券发行□ 公开市场□ 国库现金□ 结算业务□ 托管业务□ 资金业务□ 央行业务□ 柜台业务□ 外币资金□ 外币债券□ 新增业务三□ 新增业务四□ 以上全部业务□
中央结算公司填写	资料审核通过	经办人：	日期：___年___月___日
	应缴费用已缴纳	经办人：	日期：___年___月___日
	密押器签发完成	经办人一： 经办人二：	日期：___年___月___日 日期：___年___月___日
授权经办人领取签字：			日期：___年___月___日

填表说明：
1. "单位全称"应与"单位公章"一致。
2. 填写"办理事项"和"业务类别"栏时，在选项后面的"□"后打"√"。
3. 授权经办人须携带本人身份证件（原件和复印件）办理以上事宜。
4. 办理事项为"申请"时，无须填写密押器编号。
5. 结算成员可根据申请密押器的数量，对表中"业务类别"中的密押器数量进行增减。

申领流程公布在中国债券信息网（http：//www.chinabond.com.cn）的"业务应急—业务办理流程"栏目。

（二）技术故障咨询

结算成员的联网终端出现技术故障时，首先应立即与中央结算公司系统部联系，咨询相应的技术解决方案。如经系统部确认当天无法修复的，结算成员应及时与客户服务热线（010-88170123）取得联系，以便业务人员进行应急业务办理的准备。

（三）应急业务凭单的填写与发送

应急业务凭单的种类分为债券发行、国库现金、结算业务、托管业务、资金业务、央行业务、柜台业务、外币资金、外币债券等类别。每类应急业务均设有不同的应急凭单，每张应急凭单配有不同的业务凭单号，应急凭单标准格式公布在中国债券信息网（http：//www.chinabond.com.cn）的"快速通道—业务应急—业务办理流程—应急业务凭单下载"栏目。应急结算业务类别编号为"D"，目前共有7个应急凭单（如表6-3~表6-9所示）。

表 6 - 3
收款确认应急指令书
业务凭单号：<u>D06</u>

中央国债登记结算有限责任公司：

由于我单位债券簿记系统联网终端临时出现故障，不能正常办理业务，故以传真方式发送收款确认结算指令。我单位保证所发送的应急结算指令书内容真实、准确、完整、有效。

电子密押：_____ _____ _____ _____（16 位数字）

发送日期：_____年_____月_____日【要素 1】

密押生成方名称：_____ 托管账号：_____

收款方名称：_____ 托管账号：_____【要素 2】

待确认结算合同号码（可填写成交编号）：_____

收款金额（保留 2 位小数填写）：_____元【要素 3】

经办人签字或盖章：   复核人签字或盖章：

    联系电话：   联系电话：

    手机号码：   手机号码：

                                        单位印章：

注意事项：

1. 单位印章应与密押生成方名称相符；应急凭单填写须清晰，不得涂改。

2. 本应急凭单进行电子密押计算时共有 3 项要素，其中要素 1 在电子密押器中已默认显示，如与应急凭单不符时，请手工修正密押器的要素 1；要素 2~要素 3 按应急凭单所填内容顺序输入密押器，输入内容与应急凭单填写内容必须完全一致。

3. 本业务由中央结算公司客户服务部办理，传真电话：010 - 88086355。

表 6 – 4　　　　　　　　　　**付款确认应急指令书**

业务凭单号：D07

中央国债登记结算有限责任公司：

　　由于我单位债券簿记系统联网终端临时出现故障，不能正常办理业务，故以传真方式发送付款确认结算指令。我单位保证所发送的应急结算指令书内容真实、准确、完整、有效。

电子密押：＿＿＿＿　＿＿＿＿　＿＿＿＿　＿＿＿＿（16 位数字）

发送日期：＿＿＿＿年＿＿＿＿月＿＿＿＿日【要素 1】

密押生成方名称：＿＿＿＿＿＿＿＿　托管账号：＿＿＿＿＿＿＿＿

收款方名称：＿＿＿＿＿＿＿＿　托管账号：＿＿＿＿＿＿＿＿【要素 2】

待确认结算合同号码（可填写成交编号）：＿＿＿＿＿＿＿＿

付款金额（保留 2 位小数填写）：＿＿＿＿＿＿＿＿元【要素 3】

经办人签字或盖章：　　　　　　　　　　　复核人签字或盖章：

　联系电话：　　　　　　　　　　　　　　　联系电话：

　手机号码：　　　　　　　　　　　　　　　手机号码：

　　　　　　　　　　　　　　　　　　　　　单位印章：

注意事项：

　1. 单位印章应与密押生成方名称相符；应急凭单填写须清晰，不得涂改。

　2. 本应急凭单进行电子密押计算时共有 3 项要素，其中要素 1 在电子密押器中已默认显示，如与应急凭单不符时，请手工修正密押器的要素 1；要素 2 ～ 要素 3 按应急凭单所填内容顺序输入密押器，输入内容与应急凭单填写内容必须完全一致。

　3. 本业务由中央结算公司客户服务部办理，传真电话：010 – 88086355。

表 6 – 5   **质押式回购逾期返售应急指令书**

业务凭单号：D09

中央国债登记结算有限责任公司：

    由于我单位债券簿记系统联网终端临时出现故障，不能正常办理业务，故以传真方式发送质押式回购逾期返售结算指令。我单位保证所发送的应急结算指令书内容真实、准确、完整、有效。

电子密押：_____ _____ _____ _____（16 位数字）

发送日期：_____年_____月_____日【要素1】

密押生成方名称：_____ 托管账号：_____

逆回购方名称：_____ 托管账号：_____【要素2】

正回购方名称：_____ 托管账号：_____【要素3】

原到期合同号：_____【要素4】

返售日期（yyyy-mm-dd 填写）：_____年_____月_____日【要素5】

经办人签字或盖章：   复核人签字或盖章：

    联系电话：   联系电话：

    手机号码：   手机号码：

                                                    单位印章：

注意事项：

1. 单位印章应与密押生成方名称相符；应急凭单填写须清晰，不得涂改。

2. 本应急凭单进行电子密押计算时共有 5 项要素，其中要素 1 在电子密押器中已默认显示，如与应急凭单不符时，请手工修正密押器的要素 1；要素 2 ~ 要素 5 按应急凭单所填内容顺序输入密押器，输入内容与应急凭单填写内容必须完全一致。

3. 本业务由中央结算公司客户服务部办理，传真电话：010 – 88086355。

表6-6　　　　　　　　　**现金了结交割应急指令书**

业务凭单号：D10

中央国债登记结算有限责任公司：

由于我单位债券簿记系统联网终端临时出现故障，不能正常办理业务，故以传真方式发送现金了结交割指令。我单位保证所发送的应急结算指令书内容真实、准确、完整、有效。

电子密押：_____ _____ _____ _____（16位数字）

发送日期：_____年_____月_____日【要素1】

密押生成方名称：_____　托管账号：_____

融入方（收券方）名称：_____

托管账号：_____【要素2】

融出方（付券方）名称：_____

托管账号：_____【要素3】

现金了结金额（保留2位小数填写）：_____元【要素4】

大写：_____

现金了结方向：◎收券方向付券方支付　　　◎付券方向收券方支付

原到期合同号：_____

了结交割日期（yyyy-mm-dd填写）：_____年_____月_____日【要素5】

经办人签字或盖章：　　　　　　　　　　　复核人签字或盖章：

　　联系电话：　　　　　　　　　　　　　　　联系电话：

　　手机号码：　　　　　　　　　　　　　　　手机号码：

　　　　　　　　　　　　　　　　　　　　　　单位印章：

注意事项：

1. 单位印章应与密押生成方名称相符；应急凭单填写须清晰，不得涂改。

2. 本应急凭单进行电子密押计算时共有5项要素，其中要素1在电子密押器中已默认显示，如与应急凭单不符时，请手工修正密押器的要素1；要素2~要素5按应急凭单所填内容顺序输入密押器，输入内容与应急凭单填写内容必须完全一致。

3. 本业务由中央结算公司客户服务部办理，传真电话：010-88086355。

表 6 – 7　　　　　　　　**结算指令撤销应急指令书（分销业务）**

业务凭单号：D11

中央国债登记结算有限责任公司：

　　由于我单位债券簿记系统联网终端临时出现故障，不能正常办理业务，故以传真方式发送结算指令撤销。我单位保证所发送的应急结算指令书内容真实、准确、完整、有效。

电子密押：_____ _____ _____ _____ （16 位数字）

发送日期：_____年_____月_____日【要素 1】

密押生成方名称：_____ 托管账号：_____

付券方名称：_____ 托管账号：_____【要素 2】

收券方名称：_____ 托管账号：_____【要素 3】

待撤销结算指令号：_____【要素 4】

执行日（yyyy-mm-dd 填写）：_____年_____月_____日【要素 5】

经办人签字或盖章：　　　　　　　　　　　　　　　复核人签字或盖章：

　联系电话：　　　　　　　　　　　　　　　　　　　联系电话：

　　　　　　　　　　　　　　　　　　　　　　　　　单位印章：

注意事项：

　1. 单位印章应与密押生成方名称相符；应急凭单填写须清晰，不得涂改。

　2. 本应急凭单进行电子密押计算时共有 5 项要素，其中要素 1 在电子密押器中已默认显示，如与应急凭单不符时，请手工修正密押器的要素 1；要素 2 ~ 要素 5 按应急凭单所填内容顺序输入密押器，输入内容与应急凭单填写内容必须完全一致。

　3. 本业务由中央结算公司客户服务部办理，传真电话：010 – 88086355。

表6-8　　　　　　**结算合同撤销应急指令书（分销业务）**

业务凭单号：D12

中央国债登记结算有限责任公司：

由于我单位债券簿记系统联网终端临时出现故障，不能正常办理业务，故以传真方式发送结算指令撤销。我单位保证所发送的应急结算指令书内容真实、准确、完整、有效。

电子密押：＿＿＿＿＿ ＿＿＿＿＿ ＿＿＿＿＿ ＿＿＿＿＿（16 位数字）

发送日期：＿＿＿＿年＿＿＿＿月＿＿＿＿日【要素1】

密押生成方名称：＿＿＿＿＿＿＿　托管账号：＿＿＿＿＿＿＿＿＿

付券方名称：＿＿＿＿＿＿＿＿＿　托管账号：＿＿＿＿＿＿＿＿＿【要素2】

收券方名称：＿＿＿＿＿＿＿＿＿　托管账号：＿＿＿＿＿＿＿＿＿【要素3】

待撤销结算合同号：＿＿＿＿＿＿＿＿＿＿【要素4】

执行日（yyyy-mm-dd 填写）：＿＿＿＿年＿＿＿＿月＿＿＿＿日【要素5】

经办人签字或盖章：　　　　　　　　　　　复核人签字或盖章：

　　联系电话：　　　　　　　　　　　　　　　联系电话：

　　　　　　　　　　　　　　　　　　　　　　单位印章：

注意事项：

1. 单位印章应与密押生成方名称相符；应急凭单填写须清晰，不得涂改。

2. 本应急凭单进行电子密押计算时共有5项要素，其中要素1在电子密押器中已默认显示，如与应急凭单不符时，请手工修正密押器的要素1；要素2～要素5按应急凭单所填内容顺序输入密押器，输入内容与应急凭单填写内容必须完全一致。

3. 本业务由中央结算公司客户服务部办理，传真电话：010-88086355。

表6-9 　　　　第三方指令应急确认凭单（结算类）

业务凭单号：<u>D15</u>

中央国债登记结算有限责任公司：

由于我单位系统联网终端临时出现故障，无法正常登录中债客户端办理业务，故以传真方式委托贵司对我单位以下结算指令予以确认。我单位承诺，本凭单所发送的内容真实、准确、完整、有效。

电子密押：＿＿＿＿ ＿＿＿＿ ＿＿＿＿ ＿＿＿＿（16位数字）

密押生成方名称：＿＿＿＿＿＿＿＿＿＿ 托管账号：＿＿＿＿＿＿＿＿＿

发送日期：＿＿＿年＿＿＿月＿＿＿日【要素1】

需确认交易共有＿＿＿笔【要素2】，具体业务标识号（成交编号）如下：

业务标识号（成交编号）：	
业务标识号（成交编号）：	
业务标识号（成交编号）：	
业务标识号（成交编号）：	
业务标识号（成交编号）：	

本应急凭单填写时间（按hh/mm格式填写）：＿＿＿时＿＿＿分【要素3】

应急联系人1签字或盖章：　　　　　　应急联系人2签字或盖章：

　　身份证号码：＿＿＿＿＿＿＿　　　　身份证号码：＿＿＿＿＿＿＿

　　手机电话：　　　　　　　　　　　手机电话：

　　联系电话：　　　　　　　　　　　联系电话：

　　　　　　　　　　　　　　　　　　单位印章：

注意事项：

1. 单位印章应与密押生成方名称相符；应急凭单填写须清晰，不得涂改。

2. 本应急凭单进行电子密押计算时共有3项要素，其中要素1在电子密押器中已默认显示，如与应急凭单不符时，请手工修正密押器的要素1；要素2～要素3按应急凭单所填内容顺序输入密押器，输入内容与应急凭单填写内容必须完全一致。

3. 应急指令超过5笔可另附表格填写，增加的表格与本凭单一同加盖骑缝章传真。

4. 本业务由中央结算公司客户服务部办理，传真电话：010-88086355。

结算成员办理应急业务时，应根据不同的业务填写对应的应急凭单，并根据凭单中填列的录入要素生成相应的电子密押。

结算成员向中央结算公司出具的应急凭单内容须真实、准确、完整、清晰，不得涂改。应急凭单中要素填写不清晰、不完整，签字或盖章不清，单位印章、电子密押不符的应急凭单视为作废单据，须重新填写。

结算、托管、资金、央行、柜台、外币资金、外币债券等业务应急凭单的接收时间为债券系统营业时间的 9：00～16：30。超过接收时间的应急业务，中央结算公司不予受理，因此产生的相关风险由结算成员自行承担。债券发行、公开市场、国库现金等业务应急凭单的接收时间应以其相关文件的规定为准。

应急凭单的接收和应急业务的处理根据业务类别归属，由中央结算公司相关的部门办理。应急结算业务的经办部门为中央结算公司客户服务部。

（四）应急凭单的审核及指令录入

中央结算公司客户服务部对结算应急凭单中的电子密押进行核验，核对加盖的单位印章与电子密押生成方单位名称是否相符，经办人、复核人是否签字或盖章，对审核通过的应急凭单，在接收当日债券系统营业时间内，代结算成员在债券系统中进行操作。

（五）业务处理结果查询

结算成员可向客户服务部查询应急指令的匹配情况及合同的履行状态，索要簿记系统指令匹配情况记录。

应急业务完成后，结算成员可在中债综合业务平台进行交割单打印，作为记账凭证。

三、电子密押

电子密押是密押器应用微电子技术和非对称密钥算法，对业务明码要素计算后生成的一组数字，是结算成员电子签名的一种形式，是中央结算公司对结算成员办理业务时身份认证和业务要素认证的依据。

电子密押的生成需由具有相关业务权限的"经办人员"双人操作办理。一名"经办人员"根据纸质凭单中填列的核验要素按顺序录入密押器，经另一"经办人员"复核后，由密押器生成16位电子密押。

应急凭单中的电子密押均由申请办理业务方领取的电子密押器生成。

投资人在委托结算代理行办理应急业务时，应急凭单由结算代理行填写发送，电子密押由结算代理行的电子密押器生成；基金、年金、保险类产品等结算成员在委托托管银行办理应急业务时，应急凭单由托管银行填写发送，电子密押由托管银行的电子密押器生成；信托产品结算成员在委托信托公司办理应急业务时，应急凭单由信托公司填写发送，电子密押由信托公司的电子密押器生成。

四、债券应急结算业务的风险与控制

未申领电子密押器，电子密押器遗失或被盗，或者在办理应急业务的过程中，应急凭单要素填写不准确、不清晰，电子密押计算错误，因而需要反复发送传真，可能导致当天无法完成应急业务，造成结算业务失败的风险。根据有关制度规定，通过应急方式办理的业务造成违规或违约纠纷的，由申请办理该业务的结算成员自行负责。

为降低应急业务的风险，保证债券结算业务顺利完成，结算成员应注意以下几点：

（1）妥善维护自身计算机系统及通信设施，尽量减少使用应急方式处理业务；

（2）及时申领电子密押器并熟练使用；

（3）领取电子密押器后，应采取有效措施妥善保管，防止遗失、盗用等情形发生；

（4）应急业务凭单需严格按照要求并由专人填写相关要素及电子密押，字迹应清晰。

五、电子密押器使用与管理

（一）电子密押器

电子密押器是采用经过国家密码管理部门认证的核心加密技术生成电子密押的设备。

为保障业务顺利进行，增强应对突发事件的能力，与中债综合业务平台直接联网的结算成员以及未直接联网但在中央结算公司资金账户管理系统开立了资金账户的结算成员，均应配备密押器。

（二）电子密押器申领

结算成员可根据实际需要配备一台或多台密押器。

结算成员申请领取密押器时，应委派专人到中央结算公司办理。办理时需提交已签字盖章的《电子密押器管理与使用申请表》、《电子密押器管理使用协议书》的签署声明、个人身份证原件及复印件。

结算成员应根据自身业务情况，选择电子密押器的业务类别，如表6-10所示。

表6-10　　　　　　　**债券业务种类与电子密押器管理**

业务类别	以下机构应选填电子密押器业务
债券发行	各类债券承销团成员
公开市场	央行公开市场操作各一级交易商
国库现金	国库现金管理各参与机构
结算业务	（必选）所有结算成员
托管业务	（必选）所有结算成员

业务类别	以下机构应选填电子密押器业务
资金业务	在中央结算公司开立资金管理账户的结算成员（如参与非银行 DVP 业务的成员）
央行业务	央行大额支付系统成员，自动质押融资和质押额度业务的参与机构
柜台业务	国债和企业债柜台业务各承办机构
外币资金	通过结算公司办理外币资金业务的结算成员
外币债券	通过结算公司办理外币债券业务的结算成员
新增业务三	待扩充业务，各结算成员可选填
新增业务四	待扩充业务，各结算成员可选填

（三）电子密押器管理

结算成员领取密押器后，在使用过程中可根据实际需要，向中央结算公司申请办理密押器变更手续。

当结算成员债券托管账户注销时，则其领取的密押器自动注销；当结算成员发生不再使用密押器的其他情况时，应向中央结算公司申请办理注销。

复习思考题

1. 简述银行间债券市场结算的基本流程。
2. 简述目前银行间债券市场结算业务的特点。
3. 比较四种结算方式的异同。
4. 简述券款对付结算方式的基本流程和实现券款对付的意义。
5. 简述办理应急结算业务的基本流程。
6. 如何才能降低办理应急结算业务的风险？

第
七
章

资 金 清 算

第一节　资金清算

债券市场中，资金支付一般由市场参与者自行完成或通过债券结算系统来实现。通过债券结算系统又有三种具体方式：一是直接通过结算机构的债券结算系统实现，即结算系统具备资金支付功能；二是通过与结算系统联网的指定资金清算银行的资金清算系统实现；三是通过结算系统与中央银行的支付系统的联网来实现。目前，我国银行间债券市场的资金支付可以通过结算系统与支付系统的联网或直接通过结算机构的债券结算系统完成，也可以由市场参与者自行完成，即通过上述三种方式中的任何一种均可完成。

资金清算业务包括报送资金清算资料、确定资金清算系统和办理资金结算的即时转账。

一、资金清算资料各要素的含义及管理

资金清算资料是指结算成员向中央结算公司报送的，用于办理各类资金清算业务的资金收付路径。资金清算资料的形式包括各类印鉴卡及表格，结算成员根据不同业务开展需要及协议签署情况而报送。

（一）结算成员向中央结算公司报送的资金清算资料各要素内容及含义

（1）债券账户全称（开户单位全称）：指结算成员在中央结算公司注册的债券账户名称。

（2）债券账号：指结算成员在中央结算公司开立的债券自营账户号。

（3）资金总账号：指结算成员在中央结算公司开立的，用于处理与债券

相关的资金清算及资金划拨的资金账号。中债综合业务系统根据债券账号自动生成资金总账号，且与债券账号一致。资金总账号由数字组成，含字母 A、Z 的债券账号，其资金总账号中以数字 9、8 代替。

（4）开户银行在支付系统行号：指结算成员资金清算账户所在开户银行在大额支付系统中的行号信息（12 位数字）。

（5）开户银行在支付系统行名：指结算成员资金清算账户所在开户银行在大额支付系统中所使用的名称，与行号相对应。

（6）资金账户账号：指结算成员指定的用于债券结算业务的资金清算账号，该账号应开立于结算成员所报送的开户行内。

（7）资金账户名称：指结算成员指定的用于债券结算业务的资金清算账户的名称，与资金账户账号相对应。

（二）其他相关提示

（1）汇路种类：指结算成员所指定的用于某类业务的结算资金汇划路径，分为支付系统汇路、自贸区商业银行汇路与中央结算公司内部汇路三种。此分类仅用于中债综合业务系统。

（2）开户行类型：指结算成员资金清算账户所在开户银行在大额支付系统的类型。分为如下两类：

①支付系统直接参与者：指已在大额支付系统开立清算账户的结算成员。如全国性商业银行和政策性银行的总行、城市商业银行总行、外资银行法人机构、省级信用联社等。

②支付系统间接参与者：指未在大额支付系统开立清算账户的结算成员。如各银行分行等下属分支机构、城市商业银行分支行、城市信用社等。

（三）资金清算资料的报送和管理

（1）所有结算成员（包括甲类、乙类和丙类成员）的资金清算资料均由中央结算公司管理并通过中债综合业务系统中心端维护。

（2）（甲类、乙类结算成员）的资金清算资料，注册、变更或注销时由结算成员自行向中央结算公司报送资料，或由托管人的授权经办人以面交或邮寄方式提交材料；丙类结算成员的资金清算资料，注册、变更或注销时由其结算代理人收集整理后统一报送中央结算公司，结算代理人可以通过中债综合业务平台网上及桌面客户端的资金业务模块进行查询及操作。

（四）资金清算资料的用途

结算成员向中央结算公司所提供的资金清算资料主要用于以下各项业务的资金清算路径。

（1）处理公开市场操作业务的 DVP 资金清算。公开市场操作业务主要包括：现券买卖、质押式回购及支付系统自动质押融资等。

（2）处理银行间债券市场业务。主要包括以下业务：

①一级市场：债券承分销、债券发行认购款划拨等（暂未开放）。

②二级市场：现券买卖、质押式回购、买断式回购、远期交易等方式下的DVP 结算业务，以及 DVP 结算资金的调拨，如资金汇出、结算资金日终划回等。

（3）收取债券兑付和收益款资金。主要用于收取各种债券的到期兑付、付息、收益款及各种手续费资金。

（4）保证金业务的资金清算。涉及保证金的业务主要有远期交易、承分销 DVP 以及预发行结算（暂未开放）等。

结算成员应根据详细业务类别分别报送相应的资金清算资料，为保证资金清算业务的准确性，目前一种业务只能报送一条资金清算路径，但多种业务可以使用同一条资金清算路径。

二、资金账户管理系统

为适应非银行机构 DVP 资金结算的需要，中央结算公司于 2008 年 1 月开发了"资金账户管理系统"（以下简称"资金系统"），并将原簿记系统中与资金清算相关的功能均移至资金系统处理。资金系统与簿记系统作为中债综合业务系统的两个重要子系统，为银行间债券市场债券业务提供服务。在 DVP 结算中，簿记系统负责结算指令的接收、确认、清分及债券过户，资金系统负责资金清算路径的清分、发送和接收支付系统的清算指令，处理 DVP 结算等资金交收。

（一）资金系统的功能

资金系统具有以下基本功能：

（1）负责维护和管理所有开立在中央结算公司的与债券业务相关的资金账户；

（2）负责管理所有结算成员的资金清算资料；

（3）负责对簿记系统发起的所有 DVP 结算业务请求进行清分、处理、转发和反馈，并进行账务记载；

（4）负责对结算成员发起的与债券结算资金相关的资金调拨指令进行处理和账务记载；

（5）负责对所有结算成员付息、兑付资金或手续费的划拨；

（6）负责对远期交易等业务中提交的保证金进行管理；

（7）中国人民银行授权范围内的其他相关资金业务。

（二）资金系统客户端功能

资金系统客户端提供账户查询、资金汇划、账务查询和资金业务批量下载四大类业务功能。

1. 账户查询

结算成员可以通过账户查询功能查询其已经开立的各类资金账户；查询、核对自身登记在中央结算公司的资金清算资料；如结算成员具备结算代理资格，也可以查询其代理的所有丙类机构的资金清算资料；并打印资金总账户和结算资金专户开户确认书。

2. 资金汇划

（1）资金划转。（暂不提供该选项）

结算成员在其资金账户状态正常的情况下，可以将有效余额在其所属资金子账户之间进行划转。结算成员只开立了一个资金子账户时不能使用划转功能。

（2）资金汇出。

资金汇出是指结算成员将其资金账户上的有效余额汇出至其指定的银行账户，结算成员可以通过客户端发起资金汇出指令，资金系统据此将结算资金即时汇出至其在预先指定的银行账户。

（3）汇出资金退回申请。

汇出资金退回申请是指当结算成员需要将从该资金账户汇出的资金退回至该账户时，可以通过客户端发起退回申请，资金系统据此向原收款银行发起汇出资金退回申请，要求对方行将申请退回的结算资金通过支付系统原路退回至成员资金子账户。本功能仅向支付系统发送信息类报文，实际是否退款由原收款银行决定。

（4）汇入资金退汇。

汇入资金退汇是指当结算成员需要将汇入至其资金账户的资金原路退汇至原汇出银行账户时，可通过客户端直接发起退汇支付报文，将需要退汇的结算资金，通过支付系统汇回至原资金汇出行。

3. DVP 结算顺序调整

通过在我公司开立的债券结算资金专户办理 DVP 结算的成员可对其等款状态的合同进行"置顶"和"取消置顶"操作，从而人工调整其等款合同的顺序。若结算资金余额不满足置顶合同金额，则系统继续向下检查其他等款合同。

4. 账务查询

账务查询下各功能均提供通知单或报表的打印功能。

（1）交易明细查询。

该功能用于查询结算成员资金总账号下的所有资金业务，包括 DVP 结算、资金汇划、付息兑付、结息等。

（2）账户余额查询。

该功能提供当前时点结算成员各资金子账户的余额情况查询服务。查询结果包括账面余额、有效余额、冻结余额及圈存余额等。

（3）分户账查询。

该功能提供一定时间段内结算成员各资金子账户的收付款变动情况及余额变化情况查询服务。

（4）业务台账查询。

该功能提供对结算业务台账、保证金业务台账、应计利息台账和分销 DVP 业务台账等的查询服务。

5. 资金批量下载

该功能提供资金业务基本查询功能的下载服务，下载结果可根据需要生成 Excel 等类型的文件。

结算成员向中央结算公司报送资金业务专用授权管理员信息且经中央结算公司注册后，结算成员即可以通过中债综合业务平台中的用户管理模块进行用户的注册、权限设置，并通过债券业务模块和资金业务模块进行业务操作和查询。在注册用户时，结算成员应根据已生效的资金业务授权管理员，登录用户管理模块，注册资金业务操作员，并授予业务权限。同时，还需将该用户与结算成员的资金账户进行绑定。上述操作均需复核。

（三）资金系统在 DVP 资金结算中的作用

资金系统对 DVP 资金结算进行清分，并根据资金清算路径的种类不同，将 DVP 资金结算分为以下四种情况：

（1）结算双方的 DVP 结算资金汇路均为在中央结算公司开立的债券结算资金账户；

（2）结算双方的 DVP 结算资金汇路均为支付系统清算账户；

（3）收款方的 DVP 结算资金汇路为支付系统清算账户，付款方的 DVP 结算资金汇路为债券结算资金专户；

（4）收款方的 DVP 结算资金汇路为债券结算资金专户，付款方的 DVP 结算资金汇路为支付系统清算账户。

凡是一方或双方涉及支付系统清算账户的，资金系统将 DVP 资金结算指令以即时转账报文的形式发往支付系统完成资金清算；双方均为债券结算资金账户的，由资金系统内部完成资金清算。具体业务处理流程见本章第三节"银行间债券市场 DVP 结算业务"。

三、即时转账业务及报文

（一）即时转账业务背景及内容

1. 即时转账业务背景

2004 年 11 月 8 日，中央债券综合业务系统（以下简称 CBGS）接入中国人民银行支付系统后，中央结算公司作为支付系统特许参与者，直接与 NPC

（支付系统国家处理中心）连接，共同为银行间债券市场提供与债券结算有关的资金清算服务。

即时转账业务是由金融市场基础设施运营机构向大额支付系统发起，大额支付系统借记、贷记指定清算账户后，将支付业务信息经付款清算行和收款清算行转发至付款行和收款行。目前，具备办理即时转账业务资格的特许参与者包括中国人民银行公开市场操作室、中央国债登记结算公司、中国银联、电子商业汇票系统及经中国人民银行批准的其他机构。

2. 即时转账业务内容

CBGS 处理的即时转账业务主要包括：

（1）中国人民银行公开市场操作室（以下简称 OMO）发起的公开市场操作业务的资金清算、自动质押融资业务。

（2）中央结算公司发起的债券兑付和收益款划拨、银行间债券市场交易资金清算业务。

（3）中国银联股份有限公司发起的银行卡跨行支付净额资金清算业务。

（4）银行间市场清算所发起的外汇和债券交易相关资金清算业务。

（二）即时转账业务流程

1. 公开市场业务的资金清算

公开市场操作是指中央银行在金融市场买卖有价证券和外汇，是中央银行有效调节银行体系流动性、适时调控货币供应量、实现货币政策目标的重要手段。公开市场操作依托中国人民银行公开市场业务交易系统和债券系统实现。公开市场业务采用 DVP 结算（券款对付）方式，实现债券交割和资金清算同步完成。OMO 和中央结算公司作为支付系统特许参与者，直接接入 NPC 办理业务。每次公开市场业务招投标结束后，OMO 根据中标书自动生成以央行为一方、中标交易商为另一方的结算指令，由其向支付系统发起第三方支付指令；支付系统收到该支付指令后办理即时转账，完成公开市场业务的资金清算，并通过 CBGS 同步完成债券过户。

（1）逆回购或买入现券（货币投放）。

每次公开市场逆回购或买入现券业务招投标结束后，OMO 自动根据中标结果生成以央行为一方、以中标交易商为另一方的含有全部债券与资金结算要素的结算指令，经 OMO 和中标交易商双方确认后成为已匹配结算指令。

在结算指令指定的结算日，CBGS 将付券方的应付债券转入"待付"状态进行锁定。OMO 根据 CBGS 债券处理成功结果，按规定的报文格式向 NPC 发出即时转账支付指令。

NPC 接收 OMO 发来的即时转账业务，逐笔核对无误后，自动向 OMO 发送回执信息，并将支付业务指令实时办理即时转账。

CBGS 收到清算成功结果后完成债券交割，并通知 OMO。

（2）正回购或卖出现券（货币回笼）。

每次公开市场正回购或卖出现券业务招投标结束后，OMO 自动根据中标结果生成以央行为一方、以中标交易商为另一方的含有全部债券与资金结算要素的结算指令，经 OMO 和中标交易商双方确认后成为已匹配结算指令。

在结算指令指定的结算日，CBGS 将付券方的应付债券转入"待付"状态进行锁定。OMO 根据 CBGS 债券处理成功结果，按规定的报文格式向 NPC 发出即时转账支付指令。

NPC 接收 OMO 发来的即时转账业务，逐笔核对无误后，自动向 OMO 发送回执信息，并将支付业务指令实时办理即时转账。

CBGS 收到清算成功结果后完成债券交割，并通知 OMO。

2. 债券市场的资金清算

银行间债券市场的券款对付（DVP）业务，是指债券交易达成后，在交易双方指定的结算日，债券交割和资金清算同步进行并互为条件的一种结算业务。根据银行间债券市场参与者是否在支付系统开立清算账户及选择的代理资金结算机构的不同，银行间债券市场 DVP 结算可以分为以下两种方式：

（1）在支付系统开立有清算账户。

已在支付系统开立清算账户的市场参与者，通过其在支付系统的清算账户办理券款对付的资金结算。结算时，CBGS 应根据全国银行间债券交易系统和参与者发来的包含债券和资金要素的结算指令，在确认付券方债券足额并冻结的前提下，以第三方身份直接向（从）参与者在支付系统的清算账户划入（转出）款项，并在确认资金结算完成后，及时进行债券过户。

（2）未在支付系统开立清算账户。

未在支付系统开立清算账户的参与者委托中央结算公司代理券款对付的资金结算时，若其对手方已在支付系统开立清算账户，中央结算公司根据市场参与者指令，在确认付券方债券足额并冻结（若该市场参与者为付款方，中央结算公司应同时确保其债券结算资金专户资金足额）的前提下，直接向（从）特许清算账户划入（转出）款项，并对市场参与者的债券结算资金专户进行相应的账务处理，在确认资金结算完成后，及时进行债券过户。

若其对手方也委托中央结算公司代理券款对付的资金结算，中央结算公司根据市场参与者指令，在确认付券方债券足额并冻结以及付款方债券结算资金专户资金足额的前提下，对市场参与者的债券结算资金专户进行相应的账务处理，在确认资金结算完成后，及时进行债券过户。

（3）即时转账业务处理流程。

银行间债券市场 DVP 结算虽分为以上两种方式，但基本业务处理流程类似。以下基于"在大额支付系统开立清算账户"模式，描述债券交易 DVP 结算中对即时转账业务及报文的应用。

债券市场交易双方达成交易后，向 CBGS 发送结算指令，CBGS 将交易双方发来的包含债券和资金要素的结算指令进行检测和匹配。对匹配相符的结算指令，在指定的结算日逐笔将应付债券进入"待付"的锁定状态（如为回购到期合同，则检查待购回债券状态是否正常），同时将资金结算指令按规定的报文格式向 NPC 发起即时转账支付指令。

NPC 接收 CBGS 发来的即时转账业务，逐笔核对无误后，自动向 CBGS 发送回执信息，并将支付业务指令实时办理即时转账。

CBGS 收到清算成功结果后完成债券交割手续。

3. 债券发行与兑付

债券发行是政府、金融机构和企业筹措资金的重要手段。大额支付系统采用 DVP（券款对付）方式支持债券发行、兑付及其资金清算。

（1）债券发行。

财政部、人民银行、政策性银行、商业银行等主体的债券发行依托 CBGS 实现。在缴款日，承销商根据中标缴款通知主动划付承销款至中央结算公司特许清算账户，中央结算公司汇集承销款后向支付系统发起即时转账指令，将承销款划至发行人账户，并根据支付系统发来的转讫通知办理债券托管并通知发行人、承销商。

（2）债券兑付。

债券到期还本付息、附息债券付息、发行及兑付手续费拨付等业务的处理，由发行人通过支付系统将款项划至中央结算公司特许清算账户后，由中央结算公司于兑付日或付息日向支付系统发起第三方支付指令，通过支付系统办理即时转账和资金汇划。

（3）业务处理流程。

因债券发行 DVP 业务暂未开发，以下描述债券兑付和收益款划拨中对即时转账业务及报文的应用。

发行人在预定的债券兑付日或收益支付日，通过大额支付系统将兑付和收益资金足额划入中央结算公司特许清算账户，并通知中央结算公司。中央结算公司在指定的债券兑付日或收益支付日，以 DVP 结算方式划至持券人账户。

发行人通过大额支付系统将兑付和收益资金划至中央结算公司特许清算账户。

在预定的债券兑付日或收益支付日，中央结算公司在发行人资金转入到账后，按规定的报文格式向 NPC 发起借记中央结算公司特许清算账户、贷记持券人清算账户（或开户行清算账户）的即时转账业务。

NPC 接收中央结算公司发来的即时转账业务，逐笔核对无误后，自动向中央结算公司发送回执信息，并将支付业务指令实时办理即时转账。

中央结算公司根据 NPC 发来的清算成功通知进行相应处理。

（三）即时转账报文

即时转账报文由与支付系统直连的特许参与者（第三方）发起，支付系统实时清算资金后，通过清算回执报文将清算结果返回给第三方，并转发即时转账报文，通知被借记行和被贷记行。中国人民银行在 2013 年 10 月 8 日上线运行的第二代支付系统中使用了新版即时转账报文，采用 ISO20022 报文交换标准，而对第一代支付系统运行期间使用的原 XML 格式版本的即时转账报文将沿用至第二代支付系统推广完毕。即时转账报文的要素、格式、有关要求等，以中国人民银行发布的报文标准为准。

四、美元债券资金清算资料的提供

除人民币债券外，中央结算公司亦登记托管相关境内机构发行的美元债券。投资境内美元债券的结算成员，应在中央结算公司申请开立美元债券账户。

境内美元债券的发行认购缴款及交易结算，其资金划付均由交易双方约定，中央结算公司仅负责对境内美元债券的债券过户及付息、兑付款项的划付。

结算成员应在第一次认购美元债券时，向中央结算公司提供美元债券资金清算资料。当清算资料发生变化时，应及时向中央结算公司变更清算资料。中央结算公司通过外币清算代理银行按期划付款项。

如因美元债券资金清算资料提供有误，对结算成员造成损失，损失由结算成员自行负担。

第二节　结算保证金（券）业务

保证金（券）是指结算成员为了规避在债券交易或结算中的违约风险，按照有关规定的要求，委托交易对手方或第三方保管且用于结算履约担保的货币资金或有价证券。可以使用保证金或保证性质资金的债券业务有：远期交易、国债承分销 DVP（暂未开展）、国债预发行净额结算 DVP（暂未开展）等；可以使用保证券的债券业务有：远期交易和买断式回购等。

一、保证金（券）业务的相关概念

（一）结算保证金、保证券的含义及其关系

（1）保证金：指结算成员为防范债券交易或结算中的违约风险，按照有关规定，委托交易对手方或第三方保管且用于结算履约担保的货币资金。

（2）保证券：指结算成员为防范债券交易或结算中的违约风险，按照有关规定，委托中央结算公司集中保管且用于结算履约担保的债券。

（3）保证金及保证券的异同：

①相同点：二者都是债券交易结算中双方防范结算违约风险的履约保障，

保障实质是相同的。不论是保证金还是保证券，从性质上来说都是一种维护守约方利益的履约保障资产。

②不同点：二者的表现形式不同。保证金是货币资金，保证券则是合乎规定的有价证券。

（二）保证金、保证券的保管方式

以远期交易为例，根据《远期交易主协议》及有关规定，保证金与保证券采取不同的保管方式。

保证金采取交易双方自愿选择的方式，既可以由交易双方自行保管，也可以委托中国人民银行指定的机构集中保管；集中保管的保证金由成员自愿选择由全国银行间同业拆借中心（以下简称同业中心）或由中央结算公司代为保管。

保证券只能保管于结算成员在中央结算公司开设的债券账户中。

结算成员选择中央结算公司集中保管保证金的远期交易及其他可能使用保证金的债券业务，保证金均集中保管在结算成员开立在中央结算公司的"衍生品保证金账户中"。

（三）保证金、保证券的保管原则

中央结算公司集中保管保证金和保证券遵循的主要原则是：

1. 安全

中央结算公司对集中保管的保证金和保证券采用实名、专户管理，即保证券全额冻结在结算成员自身的债券账户名下，集中保管的保证金记载在结算成员开立于中央结算公司资金系统中的"衍生品保证金账户"中记载。该户中记载的保证金及其孳息归专户持有人所有（主管部门对利息另有规定的除外）。中央结算公司将结算成员的保证金统一全额存入中央结算公司在中国人民银行大额支付系统的特许清算账户下。

中央结算公司除对结算成功合同的保证金执行解冻及后续处理外，对其他任何情况均无权处理（法律法规另有规定的除外），同时也不对保证金专户提供透支和资金垫付。中央结算公司为结算成员"衍生品保证金账户"中的余额及其变动情况保密。

此外，中央结算公司为结算成员提供实时查询服务，成员可及时了解、掌握"衍生品保证金账户"及债券账户中保证金、保证券的冻结、解冻情况。

2. 高效

在确认远期交易结算完成后，中央结算公司将及时解冻并返还保证金、解押保证券。

3. 规范

为规范保证金、保证券业务处理流程，中央结算公司制定并发布了《保证金（券）保管业务实施细则》和《保证金（券）保管业务协议》。

结算成员使用保证券或自愿选择中央结算公司为其集中保管保证金的，应与中央结算公司签订《保证金（券）保管业务协议》。其中，后者还应向中央结算公司申请开立衍生品保证金账户。

二、保证金专户的开、销户管理

（一）开户

结算成员自愿选择由中央结算公司集中保管保证金的，应与中央结算公司签署《保证金（券）保管业务协议》，并在中央结算公司开立"衍生品保证金账户"。

结算成员的"衍生品保证金账户"所用名称应与其在中央结算公司开立的债券账户名称一致。

结算成员应提交的开户资料包括：

（1）法定代表人授权书；

（2）债券交易结算保证金账户开户申请；

（3）债券交易结算保证金账户开户资料印鉴卡。

如印鉴卡中的内容发生变化，结算成员应及时向中央结算公司重新提交债券交易结算保证金账户开户资料印鉴卡。

中央结算公司审核开户资料无误后，立即为成员开立账户、分配账号，并向结算成员出具开户确认书。

（二）销户

结算成员需要注销保证金账户时，应向中央结算公司提交销户申请书。中央结算公司在确认其账户余额为零后，办理相关销户手续，并向结算成员出具债券交易结算保证金账户销户确认书。

三、保证金业务的结算处理流程

作为银行间市场第一个真正意义的场外衍生产品，中国人民银行于2005年推出了银行间债券市场远期交易。远期交易的推出对加快银行间市场的发展意义深远，但同时衍生产品的交易风险也不容忽视。为维护市场参与者合法权益，促进债券市场健康发展，中国人民银行2005年发布第9号公告《全国银行间债券市场债券远期交易管理规定》（以下简称《管理规定》），规范债券远期交易，并发布了《中国人民银行关于印发〈全国银行间债券市场债券远期交易主协议〉的通知》（银发〔2005〕140号），以下简称（《远期交易主协议》）。

根据《管理规定》及《远期交易主协议》的相关规定，远期交易双方可根据对手方的信用状况协商建立履约保障机制。而目前主要的履约保障机制主要为保证金（又称"履约金"）及保证券。对此，中央结算公司制定了《保证金（券）保管业务实施细则》，并发布了《保证金（券）保管业务协议》，用以规范债券远期交易中履约方式的提交与履行。

本节以远期交易中结算保证金处理为例，介绍保证金业务的处理流程。

（一）保证金的账务处理

衍生品保证金账户的资金分为"冻结"、"圈存"及"有效"三种状态。

冻结：记录结算成员提交的为已生成的结算合同设置履约保障而被暂时冻结的保证金余额，可追加但不可动用。

圈存：记录在双方提交保证金的情况下，一方足额而另一方不足额时，将足额方保证金进行提存的资金余额。

有效：记录可用于结算成员提交准备用于债券交易结算履约以及原冻结保证金解冻后返还的资金余额或头寸。

（二）保证金的提交、追加与冻结

结算双方按约定于结算合同生成日（提交日）提交保证金。在保证履行期间，保证金可以追加，但不能减少。

结算双方约定提交保证金的，提交方应于结算合同生成日（含保证金追加日）在衍生品保证金账户中备有足额资金用于提交保证金。结算成员在向该户存入保证金时，应按照中央结算公司提供的汇路进行资金汇划。

保证金在履行保证期间，结算双方均不可动用。正常情况下，相关结算合同成功履行后，中央结算公司立即解冻返还原冻结保证金，结算成员另有要求的除外。

中央结算公司将于保证金提交日或追加日，按结算合同逐笔检查结算成员保证金账户中有效余额是否足额，如足额，则将相应金额从有效余额转入冻结余额；如不足，待结算成员在当日日终前将所缺资金补足后，中央结算公司再按上述流程处理。如日终仍不足，则结算合同失败。

若结算双方均以保证金作为履约担保，在保证金提交日或追加日，如一方保证金账户资金余额足额而另一方不足额，中央结算公司将足额方的保证金圈存，等待不足额方补足保证金账户余额。若在日终前，不足额方补足保证金账户余额，则资金系统将释放足额方圈存保证金，双方保证金均进入冻结状态；若日终时不足额方仍未补足保证金账户余额，则资金系统释放足额方圈存保证金，将该部分金额转回有效余额，该笔保证金冻结业务所对应的远期交易结算合同失败。

如追加日日终所追加的保证金不足，追加保证金所对应的原合同随即失败，中央结算公司等待双方后续处理指令。

（三）保证金的解冻与返还

1. 解冻

对于使用 DVP 结算方式的远期交易，在结算日随着结算合同的成功履行，中央结算公司将实时对相应的保证金予以解冻，从冻结金额转为有效余额。

2. 结算合同失败

如结算合同失败（包括合同生成日、追加日及结算日），中央结算公司将于次 1 个工作日日初解冻守约方保证金，将其转入保证金专户有效余额，而违约方提交的保证金则继续予以冻结，等待进一步的处理指令。

中央结算公司以结算双方达成一致的书面处理意见、仲裁或诉讼最终结果为处理依据，对违约方仍处于冻结状态的保证金进行手工处置。

3. 可用保证金的返还

保证金专户上的有效余额，结算成员可自行处理。结算成员已开立债券结算资金账户的，可通过客户端的"资金划转"功能，将其保证金有效余额划入债券结算资金账户，再予以汇出，或等待资金系统于日终退回时点自动将债券结算资金账户的余额退回结算成员预先指定的银行账户；未开立债券结算资金账户的结算成员，可委托中央结算公司代为返还。

（四）保证金的计息管理

中央结算公司将根据中国人民银行的利率和相关的计息规定于结息日对结算成员的账户计付保证金利息。保证金利息归专户名称所标明的结算成员所有。应计利息记入结算成员债券结算资金账户并滚入本金。

四、保证券业务的处理流程

本节以远期交易中保证券处理为例，介绍保证券业务的处理流程。

（一）保证券的提交、追加和冻结

结算双方按约定于结算合同生成日（提交日）提交保证券。在保证履行期间，保证券可以追加，但不能减少。

结算双方约定提交保证券的，提交方应于结算合同生成日（含保证券追加日）在债券账户中备有足额可用的指定债券。

保证券在履行保证期间，结算双方均不可动用。正常情况下，相关结算合同成功履行后，中央结算公司立即解押保证券，结算成员另有要求的除外。

中央结算公司将于保证券提交日或追加日按结算合同逐笔检查结算成员债券账户中指定债券是否足额，如足额，则将相应债券进行质押登记；如不足，待结算成员在当日日终前将所缺债券补足后，中央结算公司再按上述流程处理。如日终仍不足，则结算合同失败。

若结算双方均需提交保证券，中央结算公司分别检查双方指定债券。如一方债券足额而另一方不足额，则先将足额方债券进行质押登记；如等待另一方至日终仍不足，则结算合同失败，日终后足额方的保证券从质押状态转为可用状态。

（二）保证券的解冻

1. 解冻

对于使用 DVP 结算方式的远期交易，在结算日随着结算合同的成功履行，中央结算公司将实时对相应的保证券予以解押，从质押状态转为可用状态。

2. 结算合同失败

如结算合同失败（包括合同生成日、追加日及结算日），中央结算公司将于结算日日终后解押守约方保证券，而违约方提交的保证券则继续予以质押，等待进一步的处理指令。

中央结算公司以结算双方达成一致的书面处理意见、仲裁或诉讼最终结果为处理依据，对违约方仍处于质押状态的保证券进行手工处置。

五、违约及其处理

（一）违约情况

根据《远期交易主协议》，远期交易双方中的任何一方发生但不限于以下情形时，即构成违约：

（1）买方或卖方未按合同约定日期发送远期交易结算指令。

（2）约定提供保证金（券）的，买方或卖方未按约定将足额保证金（券）提供（质押）到约定账户。

（3）约定结算方式为券款对付的：在结算日卖方没有足额债券用于交割，卖方违约；卖方有足额债券用于交割，但买方没有足额资金用于支付，买方违约。

（4）双方约定结算方式为见券付款的：在结算日卖方没有足额债券用于交割，卖方违约；卖方有足额债券用于交割，但买方没有按约定足额划付资金，或已足额划付资金，但未发送付款确认指令，买方违约。

（5）双方约定结算方式为见款付券的：在结算日买方未按约定将足额资金划付至卖方指定资金账户，买方违约；买方已按约定将足额资金划付至卖方指定资金账户，卖方未发送收款确认指令，卖方违约。

（6）买方或卖方在完成资金和债券结算后，未按约定返还保证金及其孳息至约定资金账户，或未将保证券予以解押，未履行义务一方违约。

（二）违约处理

结算双方按照《远期交易主协议》自行协商达成处理协议的，双方应填制相应的《违约处理意见书》传真并快递至中央结算公司，中央结算公司按处理意见办理。

结算双方对违约事实和/或违约责任认定不能达成协议的；或结算双方对违约事实和责任认定达成协议，但未就违约处理达成一致，而又未按《远期交易主协议》违约处理条款执行的，中央结算公司将依据结算双方任何一方送达的仲裁或诉讼最终结果进行处理。

第三节　银行间债券市场 DVP 结算业务

一、DVP 结算的定义、范围和条件

（一）DVP 结算的定义

券款对付（Delivery Versus Payment，DVP）应用在银行间债券市场交易结算中，是指债券交易达成后，在债券交易双方指定的结算日，债券和资金同步进行交收并互为交割条件的一种结算方式。

国际清算银行支付清算委员会与国际证券委员会组织（CPSS-IOSCO）于 2001 年颁布的《证券结算系统推荐标准》是迄今证券结算领域最权威、最全面的官方文件。该推荐标准明确提出："中央托管机构应通过证券交收和资金交付的对接，实现券款对付，消除本金风险"；"券款对付可以而且应该像用于证券二级市场交易一样，用于证券的发行与兑付"。从境外实践情况来看，DVP 已成为国际证券市场通行的结算基本原则，是各国结算机构能够维持证券市场正常运转的基本制度，同时也是国际评估机构评价证券市场运行安全性、风险程度的重要指标。

2004 年 11 月 8 日，中央债券综合业务系统与中国人民银行大额支付系统对接，实现了券款对付的技术条件，作为双方系统直接参与者的银行机构开始以 DVP 方式办理债券交易的资金结算；2008 年 7 月 3 日，中国人民银行发布了《中国人民银行公告》（［2008］第 12 号）。明确中央结算公司代理非银行机构办理 DVP 资金结算。中央结算公司为银行间债券市场全体参与者提供券款对付结算服务；2013 年 8 月 27 日，中国人民银行发布了《中国人民银行公告》（［2013］第 12 号），其核心内容是全国银行间债券市场参与者的债券交易全面采用 DVP 结算方式，同时废止了 2008 年第 12 号公告。

（二）DVP 结算的范围

银行间债券市场的所有交易结算业务均可使用 DVP 方式办理债券与资金

的同步交割。目前，银行间债券市场现券、质押式回购、买断式回购、远期交易以及分销等业务都可以使用 DVP 方式办理结算。

银行间债券市场所有的结算成员都可以与中央结算公司签署《债券交易券款对付结算协议》，办理 DVP 结算业务。

（三）DVP 结算的实现方式

在支付系统开立有清算账户的结算成员（即支付系统直接参与者，主要是银行机构）通过自身清算账户办理 DVP 结算的资金清算。

未在支付系统开立清算账户的结算成员（即支付系统间接参与者或非支付系统用户，称为"非银行机构"）通过代理方式实现 DVP 结算的资金清算，目前可以通过在中央结算公司资金系统中开立债券结算资金账户，办理 DVP 结算。

（四）DVP 结算的条件

结算成员办理 DVP 结算，应满足以下条件：
（1）结算双方债券账户状态正常；
（2）结算双方均已与中央结算公司签署《债券交易券款对付结算协议》；
（3）在同一笔交易中，结算双方均选择 DVP 结算方式；
（4）结算双方均有指定的 DVP 结算资金汇路。

这里需要注意的是，委托中央结算公司代理完成 DVP 结算的结算成员，应与中央结算公司签署《债券结算资金账户使用协议》，并在中央结算公司开立债券结算资金专用账户，作为办理 DVP 结算的资金清算路径。

（具体的协议签署及业务办理手续请参见中国债券信息网"业务操作——资金清算"专栏）

二、中央结算公司代理非银行机构的 DVP 结算业务

（一）债券结算资金专户

选择中央结算公司代理 DVP 业务资金结算的结算成员，应与中央结算公司签署《债券交易券款对付结算协议》及《债券结算资金账户使用协议》，按照 DVP 结算业务实施细则及协议的规定与要求，向中央结算公司申请开立债券结算资金专户，并提交相关资料。中央结算公司为非银行机构结算成员开立"债券结算资金专户"，并在资金系统予以管理和维护。"债券结算资金专户"统一摆放在中央结算公司在中国人民银行大额支付系统的特许清算账户下并计息。结算成员通过其"债券结算资金专户"办理 DVP 结算的资金清算。

（二）中央结算公司代理 DVP 结算的原则

中央结算公司代理 DVP 资金结算遵循以下基本原则：

（1）债券结算资金专户按结算成员的债券账户分户设置，一户一账，仅用于办理债券交易券款对付的资金结算；

（2）债券结算资金专户中的资金归市场参与者所有和支配；

（3）中央结算公司不得将债券结算资金专户中的资金挪作他用或擅自动用，法律法规另有规定的除外；

（4）中央结算公司不对债券结算资金专户垫资；

（5）债券结算资金专户日终实行"零余额"管理；

（6）中央结算公司提供专户查询服务。

三、DVP 结算中的资金清算流程

（一）DVP 结算业务四种情况

根据 DVP 结算双方各自确定的 DVP 结算资金汇路不同，DVP 结算业务分为下列四种情况：

（1）结算双方的 DVP 结算资金汇路均为债券结算资金专户的；

（2）结算双方的 DVP 结算资金汇路均为支付系统清算账户的；

（3）收款方的 DVP 结算资金汇路为支付系统清算账户，付款方的 DVP 结算资金汇路为债券结算资金专户的；

（4）收款方的 DVP 结算资金汇路为债券结算资金专户，付款方的 DVP 结算资金汇路为支付系统清算账户的。

公开市场 DVP 结算业务中，如结算成员一方使用债券结算资金专户办理 DVP 结算的，资金清算流程也比照银行间债券市场 DVP 结算的流程处理。

（二）结算双方 DVP 结算资金汇路均为债券结算资金账户的 DVP 结算业务流程

（1）在双方指定的债券结算日，结算双方通过中债综合业务平台客户端完成 DVP 结算指令确认（到期 DVP 结算合同无须确认，下同）；

（2）中央结算公司对收款方（即付券方，下同）债券进行"待付"处理，同时检查付款方（即收券方，下同）债券结算资金账户余额是否足够，如资金足额，借记付款方债券结算资金账户、贷记收款方债券结算资金账户；

（3）中央结算公司代理完成资金清算后办理债券过户；

（4）付款方债券结算资金账户余额不足时，DVP 结算请求排队等待；如至日终余额仍不足支付则清算失败，中央结算公司进行相应的债券结算失败处理，将债券由"待付"转为"可用"状态。

（三）结算双方 DVP 结算资金汇路均为支付系统清算账户的 DVP 结算业务流程

（1）在双方指定的债券结算日，结算双方通过客户端完成 DVP 结算指令确认；

（2）中央结算公司对收款方债券进行"待付"处理，同时向支付系统发送借记付款方在支付系统的清算账户、贷记收款方在支付系统的清算账户的即时转账支付报文；

（3）中央结算公司收到支付系统反馈的资金清算成功信息后办理债券过户；

（4）付款方在支付系统清算账户余额至支付系统日终仍不足支付，或付款方在支付系统清算账户无效时，支付系统向中央结算公司及付款方反馈资金清算失败信息，中央结算公司据此进行相应的债券结算失败处理，将债券由"待付"转为"可用"状态。

（四）收款方 DVP 结算资金汇路为支付系统清算账户、付款方 DVP 结算资金汇路为债券结算资金账户的 DVP 结算业务流程

（1）在双方指定的债券结算日，结算双方通过客户端完成 DVP 结算指令确认；

（2）中央结算公司对收款方债券进行"待付"处理，同时检查付款方债券结算资金账户余额是否足够，如足够，中央结算公司于资金系统将付款方该笔结算资金圈存，同时向支付系统发送借记中央结算公司特许清算账户、贷记收款方在支付系统清算账户的即时转账支付报文；

（3）中央结算公司收到支付系统反馈的资金清算成功信息后，解除付款方的资金圈存，同时借记付款方债券结算资金账户，并办理债券过户；

（4）付款方债券结算资金账户余额不足时，DVP 结算请求排队等待，如至日终余额仍不足支付则清算失败，中央结算公司进行相应的债券结算失败处理，将债券由"待付"转为"可用"状态。

（五）收款方 DVP 结算资金汇路为债券结算资金账户、付款方 DVP 结算资金汇路为支付系统清算账户的 DVP 结算业务流程

（1）在双方指定的债券结算日，结算双方通过客户端完成 DVP 结算指令确认；

（2）中央结算公司对收款方债券进行"待付"处理，同时向支付系统发送借记付款方在支付系统的清算账户、贷记中央结算公司在支付系统特许清算账户的即时转账支付报文；

（3）中央结算公司收到支付系统反馈的资金清算成功信息后办理债券过户，同时贷记收款方债券结算资金账户；

（4）付款方在支付系统清算账户余额至日终仍不足支付，或付款方在支付系统清算账户无效时，支付系统向中央结算公司以及付款方反馈资金清算失败信息，中央结算公司据此进行相应的债券结算失败处理，将债券由"待付"

转为"可用"状态。

（六）使用债券结算资金账户的结算成员，在向其债券结算资金账户中调入资金时，填写收款人信息的格式

收款人名称：（与其预留账户业务申请表中的单位名称一致）

收款人账号：（15位，其构成为资金总账号＋2001，其中，资金总账号与11位债券账号相似）

收款人在支付系统开户行行名：中央结算公司

收款人在支付系统开户行行号：901100011115

结算成员应按如下规则填写收款人账号资金总账号：

（1）债券账号以"A"开头的，资金总账号中用数字"9"替换字母"A"；

（2）债券账号以"Z"开头的，资金总账号中用数字"8"替换字母"Z"。

（七）结算成员应及时通过客户端查询DVP结算的处理情况，并打印相关交割单据，如有异常情况应尽快联系中央结算公司

四、结算成员选择DVP方式完成债券交易结算时应注意的事项

（1）结算成员选择DVP方式的前提是结算双方都已与中央结算公司签署《债券交易券款对付结算协议》并取得DVP资格。

（2）一笔债券业务的结算双方必须同时选择DVP方式。

（3）按央行规定，资金账户开设在中国人民银行各当地分支机构的结算成员不能通过该账户办理一切即时转账包括DVP结算业务。

（4）不论是使用自身清算账户或是使用债券结算资金账户办理DVP结算业务，中央结算公司均以"逐笔、实时、全额"的结算机制为结算成员提供DVP结算服务。同时，为了落实中国人民银行对债券结算资金账户的管理要求，中央结算公司设置了结算资金日终自动划回机制，即每个营业日的指定时点（目前为16：30和16：50），统一将债券结算资金账户中的剩余资金划回至各成员指定的资金清算路径。结算成员需要注意，使用债券结算资金账户办理DVP结算的，应尽可能在16：30之前完成"第三方指令确认"，16：50以后因结算收款进入债券结算资金账户的结算资金，结算成员应及时通过其客户端划回至指定账户。

第四节 大额支付系统自动质押融资业务

随着货币市场和资本市场的不断完善，各个国家的中央银行作为支付清算服务的提供者，应该为其支付参与者提供日间融资便利，以提高系统流动性和降低系统风险。自动质押融资机制是发达国家中央银行支付系统普遍采用的一

种自动调节流动性的功能，也是加强对支付系统参与者流动性风险管理的一项重要措施。简单来讲，自动质押融资是当商业银行清算账户日间不足支付时，向中国人民银行质押债券融入资金弥补头寸，待资金归还后质押债券自动解押的流动性调节机制。

一、业务背景

2004 年 11 月 8 日，中央债券综合业务系统与大额支付系统成功连接，实现了债券交易的"DVP"清算；2005 年 6 月，大额支付系统完成了在全国的推广应用，具有银行间债券市场结算资格的商业银行绝大部分作为直接参与者接入了支付系统，为启动自动质押融资机制提供了必要条件；2005 年 12 月，中国人民银行发布了《自动质押融资业务管理暂行办法》，为启动自动质押融资业务提供了法律制度保障。因此央行决定 2006 年 5 月 8 日正式启动自动质押融资功能。

二、业务流程

（一）基本概念

1. 自动质押融资

自动质押融资是指商业银行在大额支付系统的清算账户日间头寸不足时，通过自动质押融资系统向中国人民银行质押债券融入资金弥补头寸，待资金归还后自动解押的行为。

2. 自动质押融资业务系统

自动质押融资业务系统是指以中国现代化支付系统（CNAPS）、中国人民银行公开市场业务系统（OMOS）、中国人民银行会计集中核算系统（ACS）、中央债券综合业务系统四大业务系统为依托，实现债券自动质押、融资、还款、解押的应用系统。

自动质押融资业务系统由中国人民银行委托中央结算公司开发和维护，自动质押融资业务操作终端设置在中国人民银行支付结算司，成员应急业务操作终端设置在中央结算公司。根据中国人民银行第二代支付系统的建设需求，该业务将纳入中央债券综合业务系统中质押券管理系统中的一个业务模块管理，但基本业务处理流程不变。

3. 业务参数的定义及设置

自动质押融资业务操作终端设定允许开办自动质押融资业务的成员行资格自动/人工发起质押融资的模式、触发自动质押融资的起点金额、单笔质押融资最低金额、融资利率、免息比例、成员行最高融资额度、质押债券品种、质押率、质押融资债券面额下限以及还款参数等。

成员行：是指在中华人民共和国境内依法设立的、与中国人民银行开展自动质押融资业务的存款类金融机构及其授权的分支机构。要成为自动质押融资业务的成员行，首先应在中央结算公司开立债券托管账户，还应与中国人民银行签署《自动质押融资主协议》。

自动/人工发起质押融资模式：自动发起质押融资是指成员行清算排队业务累积金额达到触发融资金额起点时，由支付系统自动启动质押融资的模式；而人工发起质押融资是指成员行在清算账户头寸不足支付时，自行通过中债综合业务平台客户端向支付系统发起融资指令，人工启动质押融资的模式。成员行在签署《自动质押融资主协议》时只能选择其中一种模式，需变更时向中国人民银行提出申请。

触发质押融资的起点金额：是指在自动触发质押融资模式下，成员行清算排队业务累积金额所必需达到的最低金额。该起点金额由中国人民银行根据成员行的申请在自动质押融资业务系统和支付系统中设置。

单笔质押融资最低金额：自动质押融资业务操作终端可设置单笔质押融资最低金额（如50万元）。若成员行需融资金额（清算账户不足支付头寸）低于质押融资最低金额，则按质押融资最低金额融资。

当日全场最高融资额度：是指中国人民银行当天能够给全部成员行提供的全场最高质押融资额。

融资利率及计息方式：自动质押的融资利率分为两种：日间利率和隔夜利率（均为年利率），利息按照小时计算。融资当日最后一个还款时点仍未还款的视为自动质押融资隔夜，按照隔夜利率计息。当日还款指的是融资当日业务截止前完成还款，按照日间利率计算利息，公式如下：

融资利息 = [融资金额 × 融资时间 × 日间融资利率 × (1 − 免息比例)] ÷ (360 × 24)

非融资当日还款的，按隔夜融资利率计算融资利息。隔夜融资利息不分段计算。公式如下：

融资利息 = (融资金额 × 融资时间 × 隔夜融资利率) ÷ (360 × 24)

其中：融资时间 = 扣款日扣款时点 − 融资日融资时点。融资时间以小时为单位向上取整。

免息比例：质押融资额中予以免息的部分占融资总额的比例，以百分比表示。截至目前，中国人民银行还未发布过关于免息比例的有关文件。

质押债券品种：指已由政府、中央银行、政策性银行等部门和单位发行，在中央结算公司托管的政府债券、中央银行债券、政策性金融债券，以及经中国人民银行认可，可用于质押的其他有价证券。

质押率：是指融入资金与拟质押债券面额的比例，以百分比表示。

质押融资债券面额下限：是指可用于质押的债券最低面额。

还款参数：还款参数除包括融资利率及其利息的计算方式外，主要是还款方式和还款时点。还款方式是指在中国人民银行规定的融资还款时点，由大额支付系统向发生质押融资业务的成员行逐笔发起质押融资扣款支付请求的还款方式；而还款时点是由中国人民银行规定并设置的还款时间，一天可能设置有多个还款时点。

（二）自动质押融资业务

1. 自动发起质押融资模式下的业务处理流程

自动发起质押融资的业务处理流程如图 7 - 1 所示。

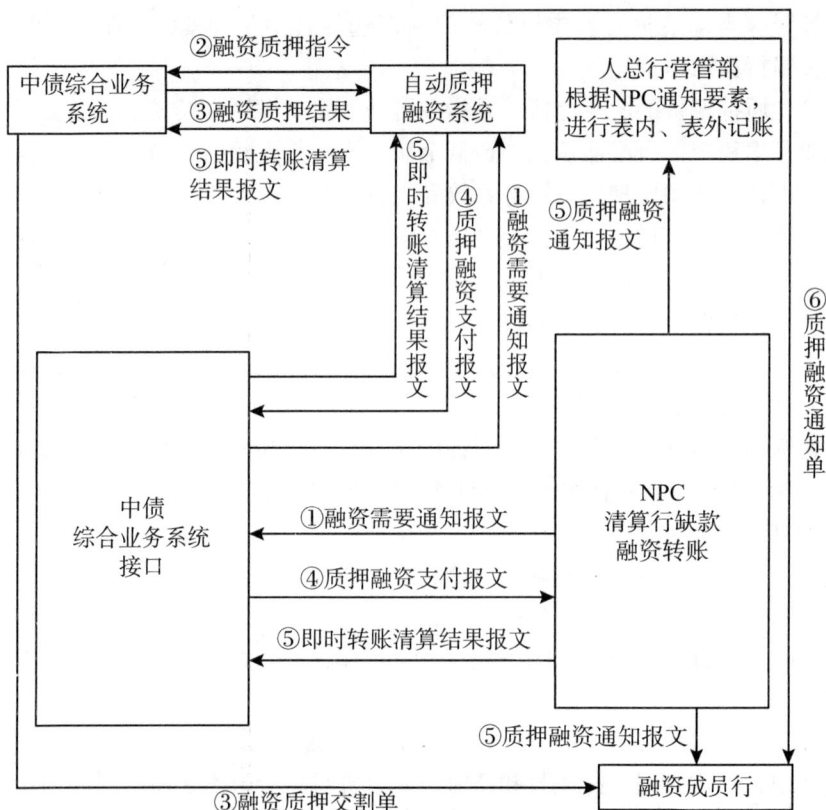

图 7 - 1　自动发起质押融资的业务处理流程

自动发起质押融资模式的业务处理流程：

（1）清算行缺款。

当某成员行清算账户日间不足支付时，NPC 检查该清算账户是否允许办理自动质押融资业务，如允许办理自动质押融资，且满足下列条件的，NPC 将该清算账户排队业务金额、清算账户可用头寸、清算账户不足支付金额等信息生成融资需要通知报文，登记"质押融资登记簿"后发送至自动质押融资业务系统。

①采用自动发起质押融资模式；

②排队业务金额累计达到触发融资金额起点，且在"质押融资登记簿"中无该清算行未销记的需要融资记录。

（2）自动质押融资业务系统收到融资需要通知报文的处理。

自动质押融资业务系统收到融资需要通知报文后，检查缺款行有无资格办理质押融资业务。无融资资格的，向 NPC 返回含失败信息的质押融资支付报文；缺款融资行有资格办理的按以下情况进行处理（如表 7 - 1、表 7 - 2 所示）。

表 7 - 1　　　　　　　　　　成员融资额度检查表

当前成员行剩余融资额度≥质押融资最低金额	需融资金额≤剩余融资额度	需融资金额 > 质押融资最低金额	按需融资金额向上取整至万元融资
		需融资金额≤质押融资最低金额	按质押融资最低金额融资
	需融资金额 > 剩余融资额度		按剩余融资额度融资
当前成员行剩余融资额度 < 质押融资最低金额	不能融资		

注：当前成员行剩余融资额度 = 当前成员行最高融资额度 - 当前成员行未还款的融资金额，通过以上处理计算出成员行可融资金额（可融资金额≥质押融资最低金额）。

表 7 - 2　　　　　　　　　　全场融资额度检查表

当前剩余全场融资额度≥可融资金额	按可融资金额进行融资	
	当前剩余全场融资额度 < 质押融资最低金额	不能融资
当前剩余全场融资额度 < 可融资金额	当前剩余全场融资额度≥质押融资最低金额	按当前剩余全场融资额度进行融资

注：当前剩余全场融资额度 = 当前全场最高融资额度 - 当前全部融资成员行未还款的融资金额。

自动质押融资业务系统根据处理结果按照成员行登记相关要素，并向中债综合业务系统发出融资质押指令。

（3）中央债券综合业务系统收到融资质押指令的处理。

中央债券综合业务系统收到自动质押融资业务系统发来的融资质押指令，按指定的债券质押顺序和债券质押率为该出质行办理债券质押。

如债券不足额（全部质押后仍无法满足融资金额），中央债券综合业务系统按照实有可质押债券额计算出可融资额。可融资额小于自动质押融资业务系统发来的融资金额且可融资额小于质押融资最低金额，则不办理债券质押；可融资额小于自动质押融资业务系统发来的融资金额且可融资额大于质押融资最低金额按照实有可质押债券额办理质押。

中央债券综合业务系统将失败或成功信息发送自动质押融资业务系统；质押成功的登记融资质押台账并将债券质押完成情况（完全质押/实际融资额——全额；部分质押/实际融资额——部分；质押失败/实际质押额——0）以及质押债券面额通知自动质押融资业务系统；同时向出质行发出融资质押交割单，若清算失败进行债券解押。

（4）自动质押融资系统收到债券质押信息的处理。

自动质押融资业务系统收到中央债券综合业务系统返回的质押失败信息，登记质押失败，并通过中央债券综合业务系统接口向 NPC 返回含失败信息的质押融资支付报文；否则，自动质押融资业务系统根据中央债券综合业务系统返回的实际融资额通过接口向 NPC 发送质押融资支付报文。

（5）NPC 收到质押融资支付报文的处理。

NPC 收到质押融资支付报文进行检查，核押无误后，即办理融资转账。并在账务处理完成后，将即时转账清算结算报文发送 OMO，同时将质押融资通知报文分别发送至中国人民银行营业管理部和缺款融资行。

若 NPC 收到含失败信息的质押融资支付报文，则确认本次融资失败，销记"质押融资登记簿"。

（6）自动质押融资业务系统收到转账清算结果报文的处理。

自动质押融资系统收到即时转账清算结果报文后，若清算成功，则完成融资质押业务相关登记，并向出质行和融资成员行发出质押融资通知单。若清算失败，完成相关登记并通知中债综合业务平台进行债券解押。

（7）成员行的处理。

成员行作为债券出质行的，收到融资质押交割单和质押融资通知单后，根据中国人民银行有关规定进行相应处理；收到质押融资通知报文及质押融资通知单后，根据中国人民银行有关规定进行相应处理。

2. 人工发起质押融资模式下的业务处理流程

人工发起质押融资的业务处理流程如图 7-2 所示。

人工发起质押融资的业务处理流程如下：

（1）缺款行人工发起质押融资指令的处理。

当某清算行清算账户日间不足支付时，通过中债综合业务平台客户端向自动质押融资系统发送人工质押融资指令。

（2）自动质押融资系统收到人工质押融资指令的处理。

自动质押融资系统收到人工质押融资指令后，按规定格式生成人工质押融资申请报文发送至 NPC。

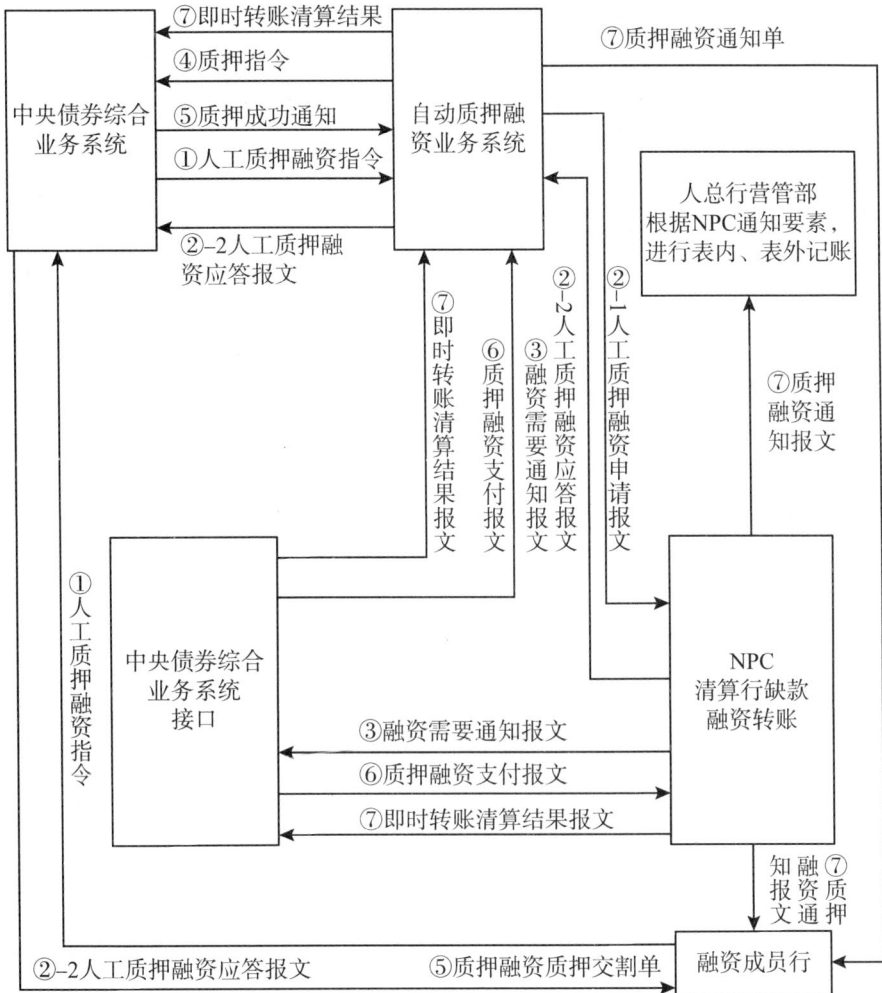

图7-2 人工发起质押融资的业务处理流程

（3）NPC 发起融资需要通知的处理。

NPC 收到人工质押融资申请报文后检查该缺款行是否允许办理自动质押融资业务，如允许办理自动质押融资，且满足下列条件的，NPC 将该清算账户可用头寸、清算账户不足支付金额等信息生成融资需要通知报文，登记"质押融资登记簿"后，转发给自动质押融资系统，同时将含成功信息的人工质押融资应答报文发送自动质押融资系统。

①采用人工发起质押融资模式；

②清算账户可用头寸不足支付，且在"质押融资登记簿"中无该清算行未销记的需要融资记录。

NPC 收到人工质押融资申请报文后，若该缺款行不允许办理自动质押融资业务，或允许办理自动质押融资且不满足上述任一条件的，NPC 将含失败及原因信息的人工质押融资应答报文发送自动质押融资系统。

（4）自动质押融资系统收到融资通知及其后续各节点间的处理。

自动质押融资系统收到融资需要通知及其后续各节点间的处理参照自动发起模式下的质押融资处理流程。

需要注意的是，本节所展示的业务流程图均以缺款融资行和债券出质行是同一家成员行的情况，若债券出质行不是缺款融资行，而是缺款融资行的法人机构时，质押融资通知单和质押成功交割单将分别发送给缺款融资行和债券出质行。

（三）还款解押业务

1. 还款解押业务处理流程

还款解押业务处理流程如图 7 - 3 所示。

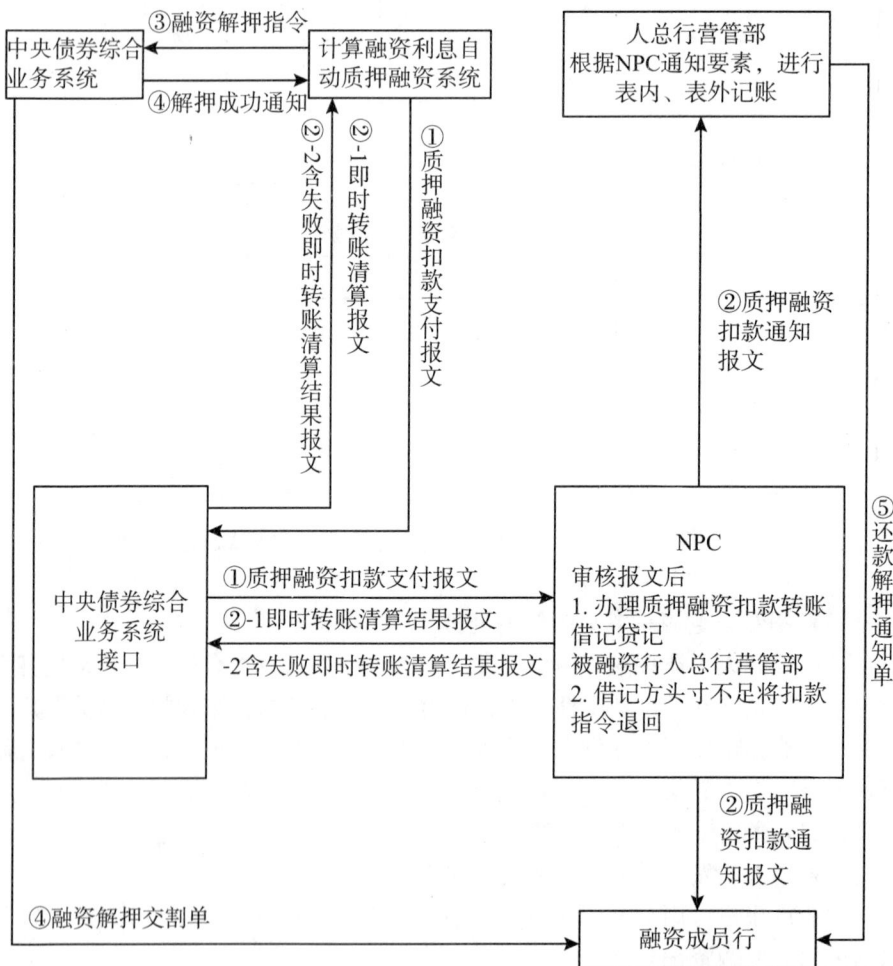

图 7 - 3　还款解押业务处理流程

还款解押业务流程如下：

（1）自动质押融资系统发起质押融资扣款指令。

自动质押融资系统在预先设定的扣款时点，对当日未还款或隔夜未还款的已融资业务逐笔根据质押融资金额和利息自动按规定的格式通过中央债券综合业务系统接口向 NPC 发送质押融资扣款支付报文。

（2）NPC 收到质押融资扣款支付报文的处理。

NPC 收到质押融资扣款支付报文后进行检查，核押无误后检查融资成员行清算账户余额，账户余额足以支付的，立即办理扣款转账。

（3）自动质押融资系统收到清算信息的处理。

自动质押融资系统收到成功的即时转账清算结果报文后，向中央债券综合业务系统发出融资解押指令办理债券解押。

自动质押融资系统收到含失败信息即时转账清算结果报文后，在下一个扣款时点重新计息后，再次向 NPC 发起质押融资扣款支付报文，直至扣款成功或人工终止扣款。

（4）债券簿记系统办理债券解押的处理。

中央债券综合业务系统根据融资解押指令对原质押债券办理债券解押，成功后通知自动质押融资系统，同时向出质行发出融资解押交割单。

（5）自动质押融资系统收到解押通知的处理。

自动质押融资系统收到中央债券综合业务系统解押成功通知后，按照报文中原融资质押合同号完成与其相匹配的融资质押业务相关登记，并向出质行和融资成员行发出还款解押通知单。

（6）出质行的处理。

出质行收到质押融资解押交割单和质押融资还款解押通知单后，根据中国人民银行有关规定作相应处理。

（7）融资成员行的处理。

融资成员行收到质押融资扣款支付通知报文和还款解押通知单后，根据中国人民银行有关规定作相应处理。

2. 融资隔夜的处理

（1）融资当日最后一个扣款时点，融资成员行清算账户余额不足支付，仍没有完成扣款的已融资业务，自动质押融资系统将进行隔夜融资的相关处理并向自动质押融资出质行和融资行发出自动质押融资隔夜通知单。

（2）质押融资隔夜后，自动质押融资系统仍按照扣款时点进行扣款，如扣款成功，中央债券综合业务系统对原质押债券办理债券解押，成功后通知自动质押融资系统，同时向出质行发出融资解押交割单，向出质行和融资行发出自动质押融资还款解押通知单。

（3）对于质押融资超过央行规定时限，若央行决定处置质押债券清偿债务的，自动质押融资业务操作终端人工终止扣款后对质押债券作变现清偿处理。

3. 融资利息的计算

质押融资利率分为两种：日间利率、隔夜利率（利率均为年利率），利息按照小时计算。

融资当日最后一个还款时点时仍未还款的视为自动质押融资隔夜，按照隔夜利率计息；在自动质押融资业务操作终端设定的债券处理时间之后，系统仍按照隔夜利率扣款并计息，但自动质押融资业务操作终端可进行人工终止扣款，系统自动计算截止终止扣款时点的利息。

如日间或隔夜利率进行了调整，则对调整前发生的融资业务按照调整前的利率计息，对调整后发生的融资业务按照调整后的利率进行计息。

三、自动质押融资业务资格的取得

申请开办自动质押融资业务的成员行（法人/非法人）在办理自动质押融资业务前需在中央债券综合业务系统中开立债券账户，以便自动质押融资业务操作终端进行自动质押融资成员行资格设置。

自动质押融资业务操作终端根据有关申请文件在现有结算成员范围内确定（与央行签订自动质押融资协议）自动质押融资业务的成员行，并分别设定成员行触发质押融资业务起点金额、成员行触发质押融资模式（自动/人工）、成员行最高融资额度参数；对于非法人的自动质押融资成员行，其所属法人机构可根据实际情况在其最高融资额度内决定分支机构的最高融资额度、触发自动质押融资业务起点模式、成员行触发质押融资业务起点金额。法人机构需将以上参数以及有关授权文件报中国人民银行支付结算司，支付结算司在自动质押融资业务操作终端设定分支机构的成员行最高融资额度、成员行触发质押融资业务起点金额和成员行触发质押融资模式。自动质押融资业务操作终端也可撤销已设定的自动质押融资成员行资格。

第五节　小额支付系统质押品及质押额度管理业务

一、业务框架

我国现代化支付系统是由中国人民银行开发、管理和运行的我国的重要金融基础设施，主要为各银行业金融机构提供快捷、高效、安全的跨行支付清算服务。该系统由大额实时支付系统和小额批量支付系统两个主要的应用系统组成。

小额系统采取批量发送支付指令、实时轧差、轧差净额清算资金的业务处理模式，其支付业务及时转发入账、净额资金延时清算，容易引发信用风险。为规避信用风险的发生，小额系统设计了以中央银行为对手，为直接参与者设置净借记限额的风险防范机制。参与者发起的小额业务轧差为净借记差额时，只能在净借记限额可用额度内支付，超过净借记限额可用额度的作排队处理。

净借记限额的来源由中国人民银行授信额度、商业银行清算账户的圈存资金、商业银行提供的质押品价值三部分组成。其中：圈存资金由直接参与者根据业务处理需要通过支付系统自行设置和调整；授信额度由中国人民银行根据直接参与者法人的资信情况核定，由法人为其自身及所辖直接参与者在小额系统中分配使用；质押品是指商业银行法人机构向中国人民银行提供的、用于该法人机构及其所辖直接参与者的小额轧差净额资金清算担保的央行票据和中国人民银行规定的其他优质债券。商业银行出质质押品价值作为小额系统净借记限额由法人为其自身及所辖直接参与者在小额系统中分配使用，当该法人机构及其所辖直接参与者出现信用风险，无法完成小额轧差净额资金的最终清算时，中国人民银行有权处置质押品以清偿其付款责任。

小额支付系统质押业务（以下简称小额质押业务）是以中央结算公司开发、管理和运行的中央债券综合业务系统为依托，与小额支付系统共同完成的，根据中国人民银行第二代支付系统的建设需求，该业务将纳入中央债券综合业务系统中的一个业务模块管理，但基本业务处理流程不变。

二、基本概念

（一）成员行

成员行是指在中华人民共和国境内依法设立的、经中国人民银行批准开办小额质押业务的商业银行法人机构及或其授权分支机构。

成员行分支机构，是指作为支付系统直接参与者，但不直接办理小额质押业务的商业银行分支机构。

中国人民银行根据金融机构资质条件确定成员行。成员行应具备以下条件：

（1）为商业银行法人机构，其分支机构办理小额质押业务须由其法人授权；

（2）在中央结算公司开立债券账户的甲类或乙类结算成员；

（3）最近3年在银行间市场无不良记录；

（4）中国人民银行要求的其他条件。

成员行为全国性商业银行法人机构的，申请办理小额质押业务由中国人民银行总行受理；其他成员行申请办理小额质押业务，应向所在省市中国人民银行分行、营业管理部、省会（首府）城市中心支行提出申请，由中国人民银行分支行初审后报总行受理。

成员行向中国人民银行申请办理小额质押业务应提交以下材料：

（1）办理小额支付系统质押业务申请书；

（2）经营金融业务许可证、中央结算公司开户确认书的复印件；

（3）中国人民银行要求报送的其他有关材料。

成员行为商业银行授权分支机构的，除上述材料外还需向中国人民银行提供法人机构授权书。

（二）小额支付系统质押业务

小额支付系统质押业务，是指成员行通过小额质押业务系统向中国人民银行质押债券获得，并将该质押额度用作净借记限额分配给其自身及其所辖分支机构，用于小额轧差净额资金清算担保的行为。小额质押业务包括质押品管理业务和质押额度管理业务。

质押品管理业务指成员行通过中债综合业务平台债券业务模块办理质押品的调增、调减及置换处理。

质押额度管理业务是指成员行通过中债综合业务平台质押额度管理模块为其自身及其所属分支机构办理质押额度的分配和收回处理。

（三）小额支付系统质押品

小额支付系统质押品是指经中国人民银行批准，成员行在中央结算公司托管的可用于办理小额质押业务的债券或其他有价证券。质押品由中央结算公司根据中国人民银行授权进行管理。备选质押品主要包括：国债、中央银行票据、政策性金融债及中国人民银行认可的其他有价证券。

质押债券在成员行债券托管账户中冻结，在债券解押前，各方不得动用该质押债券。质押期间质押债券的孳息归成员行所有。

处于债券流通期的备选质押品可用于办理小额质押业务。债券流通期是指其上市流通日至截止过户日（含）。具体业务操作的可办理时间见图7-4。

其中，债券待偿期是指从当前日到债券到期日之间的剩余天数。最短待偿期是指可用于小额质押业务债券待偿期的最短期限，由中央结算公司根据中国人民银行授权进行设置。

图7-4　债券日期关系

办理小额质押业务的债券面额应满足质押品基本单位和最低面额的要求。其中，质押品基本单位为万元面额，质押品最低面额为单只债券在办理小额质押业务过程中的最小面额，是质押品基本单位的整数倍。

（四）质押额度

质押额度是指成员行将一定数量的备选质押品在中央债券综合业务系统进行质押登记所获得的可用于小额支付系统轧差净额资金清算担保的额度。单一债券所获质押额度与该债券价值的比率，即为该债券的质押率，以百分比表示，其中债券价值暂按发行价计算。质押率由中国人民银行确定。

质押额度计算公式为：

$$质押额度（元）= \frac{债券价值（元/百元面值）}{100（元）} \times 债券面额（元）\times 质押率$$

质押额度根据其分配使用状态可细分为未分配额度、待分配额度和已分配额度。未分配额度是指成员行办理质押品调增新获得的或办理质押额度收回后尚未分配使用的质押额度。待分配质押额度是指成员行正在办理质押额度的分配或收回时处于冻结状态的质押额度。已分配质押额度是指成员行已分配给其自身或其分支机构并正在小额系统中作为清算担保而使用的质押额度。

$$质押额度 = 未分配额度 + 待分配额度 + 已分配额度$$

到期未置换额度是指成员行某只已质押债券超过截止过户日仍未解押或置换时，此笔质押债券所对应的质押额度。

（五）业务受理时间

业务受理时间为中债综合业务平台的营业时间（与大额支付系统同步）。质押品管理业务在中债综合业务平台的营业时间内即时办理。成员行在每一营业日12：00前提交的质押（授信）额度管理业务，中国人民银行及中央结算公司负责至迟在当日营业终了前完成处理。成员行在每一营业日12：00后提交的质押（授信）额度管理业务，中国人民银行及中央结算公司负责至迟在次1个营业日12：00前完成处理。

三、质押品管理业务

（一）质押品调增

1. 含义

质押品调增是指成员行在中债综合业务平台客户端债券业务模块通过"BEPS质押"指令，将指定的备选质押品向中国人民银行进行质押，取得质押额度以满足其自身及其所辖分支机构在支付系统中办理小额支付业务的需要。

成员行可以单券种或同时以多券种作为质押品向中国人民银行质押。

2. 成员行可办理质押品调增业务的情况

（1）成员行初次拟以质押债券方式获得质押额度时；

（2）成员行拟以质押债券方式增加质押额度时。

3. 成员行办理 BEPS 质押应满足的条件

（1）成员行债券账户状态正常；

（2）所有指定债券已在中央债券综合业务系统中注册且未被冻结；

（3）所有指定债券属于备选质押品范围内、处于流通期内且满足最短待偿期要求；

（4）所有指定债券的债券面额大于等于质押品最低面额，且为质押品基本单位的整数倍等。

4. 业务处理流程

（1）成员行通过中债综合业务平台客户端录入并复核"BEPS 质押"指令，本指令无须对手方确认；

（2）中央债券综合业务系统对指令进行合法性检查，通过系统合法性检查的指令生成"应履行"状态的"BEPS 质押"合同；

（3）中央债券综合业务系统对 BEPS 质押合同进行处理。若所有指定债券的可用余额均大于等于合同指定面额，则立即进行质押过户处理，债券从"可用"科目转入"质押"科目，计算并在质押额度管理系统中增加该成员的未分配质押额度，合同状态置为"成功"并生成"债券交割单（BEPS 质押）"；

若任意一只指定债券的可用余额小于合同指定面额，则该结算合同立即失败，系统生成"债券交割失败通知（BEPS 质押）"和"债券卖空通知"；

（4）成员可查询债券账户余额和质押额度余额及其变动情况，并可从中债综合业务平台客户端查询并输出结算单据。

（二）质押品调减

1. 含义

质押品调减是指成员行在中债综合业务平台客户端债券业务模块通过"BEPS 解押"指令，将已办理 BEPS 质押的债券进行解押并相应减少质押额度。

成员行可以调减单支债券或同时调减多支已向中国人民银行质押的债券，中央债券综合业务系统对成员行所指定的债券进行解押处理后，相应减少成员行的未分配质押额度。

2. 成员行可办理质押品调减业务的情况

（1）当成员行的未分配质押额度大于零，成员行希望减少未分配质押额度时；

（2）当已办理 BEPS 质押的质押债券临近到期兑付时，在该债券截止过户日前，若成员行有足够的未分配额度，应将该质押债券解押。

3. 成员行办理 BEPS 解押时应满足的条件

（1）成员行债券账户状态正常；

（2）所有指定债券已向中国人民银行质押并获得质押额度；

（3）所有指定债券处于流通期内；

（4）所有指定债券的债券面额小于等于已质押的债券面额合计；

（5）所指定债券的债券面额大于等于质押品最低面额，且为质押品基本单位的整数倍；

（6）成员行未分配质押额度大于等于所有指定债券对应的质押额度合计；

（7）成员行没有到期未置换额度。

4. 业务处理流程

（1）成员行通过中债综合业务平台客户端录入并复核"BEPS 解押"指令，本指令无须对手方确认；

（2）中央债券综合业务系统对指令进行合法性检查，通过系统合法性检查的指令生成"应履行"状态的 BEPS 解押合同；

（3）中央债券综合业务系统对 BEPS 解押合同进行处理，通过质押额度管理系统扣减该成员的未分配质押额度；若扣减成功，且各解押债券的质押科目余额足够，则进行解押过户处理，即将成员行"质押"科目中的债券转入"可用"科目，合同状态置为"成功"，生成"债券交割单（BEPS 解押）"；若质押额度管理系统扣减不成功或质押科目余额不足，则合同立即失败，生成"债券交割失败通知（BEPS 解押）"；

（4）成员行查询债券余额和质押额度余额及其变动情况，并可从中债综合业务平台客户端查询并输出结算单据。

（三）质押品置换

1. 含义

质押品置换是指成员行在中债综合业务平台客户端债券业务模块通过"BEPS 置换"指令，用新的指定备选质押品替换已质押债券，并相应调整质押额度。

质押品置换允许同时办理多只债券的替换，但换入债券所形成的质押额度必须大于等于换出债券所形成的质押额度，其差额计入成员行的未分配质押额度。质押品置换后的未分配质押额度大于等于置换前的未分配质押额度。

2. 成员行可（应）办理质押品置换业务的情况

（1）成员行根据业务需要，可用其他满足条件的债券置换在押的债券；

（2）在某只已质押债券的截止过户日前，成员行应用其他满足条件的债券置换出该债券，解除该债券的质押状态，以便成员行能如期收到该债券的兑付资金。截止过户日以后，成员行不得再对该部分超期未解押债券办理置换业务，但可以办理除该债券以外的置换业务。

3. 成员在办理 BEPS 置换时应满足的条件

（1）成员行债券账户状态正常；

（2）所有换入债券应满足 BEPS 质押业务的要求；

（3）所有换出债券应满足 BEPS 解押业务的要求；

（4）所有换出债券的面额小于等于该债券已质押面额合计；

（5）换入债券对应的质押额度合计数大于等于换出债券对应的质押额度合计数等。

4. 业务处理流程

（1）成员行通过中债综合业务平台客户端录入并复核"BEPS置换"指令，本指令无须对手方确认。

（2）中央债券综合业务系统对指令进行合法性检查，通过系统合法性检查的指令生成"应履行"状态的BEPS置换合同。

（3）中央债券综合业务系统对BEPS置换合同进行处理，若所有换入债券的可用余额均大于等于合同指定面额，所有换出债券的质押科目余额足够，且换入债券的质押额度大于或等于换出债券的质押额度，则系统对换入债券进行质押，对换出债券进行解押，并将换入债券与换出债券的质押额度之差计入成员行未分配质押额度，合同状态置为"成功"，生成"债券交割单（BEPS置换）"；置换成功后，成员行的未分配质押额度可能增加也可能不变。

若合同中指定的某只换入债券的可用余额小于合同中指定面额或指定的某只换出债券的质押余额不足，合同立即失败，同时生成"债券交割失败通知（BEPS置换）"和"债券卖空通知"。

（4）成员行查询债券余额和质押额度余额及其变动情况，并可从其中债综合业务平台客户端查询并输出结算单据。

（四）成员行到期债券未及时解押或置换的处理

（1）债券兑付日当日，中央结算公司对成员行的到期未置换债券自动进行兑付，并将兑付资金作提存处理，登记成员行到期未置换债券面额及对应的到期未置换额度，成员行的质押额度则保持不变并仍可正常使用。

（2）成员行债券兑付资金被中央结算公司提存的，可向中国人民银行提出兑付资金解除提存申请并提供相关书面材料，并补足质押额度；中国人民银行审核同意后，通知中央结算公司从成员行的未分配额度中相应扣减到期未解押债券的对应质押额度，划付兑付资金。

（3）若成员行的未分配质押额度小于其到期未置换债券的对应质押额度，成员行可通过中债综合业务平台办理质押品调增、质押品置换、质押额度收回等业务，补足其未分配质押额度。

（4）中央结算公司根据中国人民银行的书面通知，在中央债券综合业务系统办理成员行到期未置换额度的冲抵，若成员行的未分配质押额度足够，则减少成员行的到期未置换额度、未分配质押额度，冲抵成功，生成"BEPS到期未置换额度冲抵通知单"；若成员行的未分配质押额度不足，则冲抵失败，待成员行补足未分配质押额度后，中央结算公司再办理冲抵；冲抵必须一次性全额办理。

（5）冲抵成功后，中央结算公司将已提存的债券兑付资金汇划给成员行。

（6）成员行可在客户端查询冲抵通知单、质押额度余额及其变动情况，并查收兑付资金。

四、质押额度管理业务

（一）质押额度分配

1. 含义

质押额度分配是指成员行通过中债综合业务平台客户端质押额度管理模块，将尚未分配的质押额度部分或全部分配给其自身或所辖分支机构，相应在小额支付系统中增加各机构的净借记限额。

成员行向中国人民银行质押债券获得质押额度后，可对质押额度进行分配。成员行只能在本行未分配质押额度内将质押额度分配给其自身及其所辖分支机构使用。中国人民银行根据成员行分配给其自身及其所辖分支机构的质押额度，分别增加各机构在小额支付系统中的净借记限额，用于其小额轧差净额资金的清算担保。

2. 业务处理流程

（1）成员行通过中债综合业务平台客户端质押额度管理模块录入并复核"质押额度分配"指令。

（2）中央债券综合业务系统进行指令合法性检查无误后，冻结相应额度，将分配额度由未分配质押额度转至待分配质押额度，并实时通知中债综合业务平台 NPC 客户端。

（3）NPC 工作人员通过此客户端以磁介质形式导出"质押额度分配"指令并从小额支付系统 NPC 管理终端导入小额支付系统，小额支付系统处理额度分配指令，相应增加指令中指定的机构的净借记限额，并实时向小额支付系统 NPC 管理终端返回处理成功或失败的信息。

（4）NPC 工作人员从小额支付系统 NPC 管理终端以磁介质形式导出"质押额度分配"指令处理结果，通过中债综合业务平台 NPC 客户端导入质押额度管理系统分配处理成功或失败的信息；如分配处理成功，则质押额度管理系统将已冻结额度由待分配质押额度转至已分配质押额度；如分配处理失败，则质押额度管理系统将已冻结额度由待分配质押额度转回至未分配质押额度。质押额度管理系统完成相关处理后生成"额度分配通知单"。

（5）成员行在中债综合业务平台客户端质押额度管理模块可查询处理结果通知单及质押额度余额及其变动情况。

（二）质押额度收回

1. 含义

质押额度收回是指成员行通过中债综合业务平台客户端质押额度管理模

块，将已分配使用的质押额度进行收回，相应减少各机构在小额支付系统中的净借记限额。

成员行只能在其自身及其分支机构在小额支付系统未使用的净借记限额内收回已分配的质押额度。中国人民银行根据成员行所收回的质押额度相应减少成员行自身及其所辖分支机构的净借记限额。

2. 业务处理流程

（1）成员行通过质押额度管理模块录入并复核"质押额度收回"指令。

（2）中央债券综合业务系统进行指令合法性检查无误后，冻结相应额度，将收回额度由已分配质押额度转至待分配质押额度，并实时通知中债综合业务平台 NPC 客户端。

（3）NPC 工作人员通过该客户端以磁介质形式导出额度收回指令并导入至小额支付系统，小额支付系统处理额度收回指令，相应减少指令中指定机构的净借记限额，并实时向小额支付系统 NPC 管理终端返回处理成功或失败的信息。

（4）NPC 工作人员从小额支付系统 NPC 管理终端导出"质押额度收回"指令处理结果并导入质押额度管理系统；如收回处理成功，则质押额度管理系统将已冻结额度由待分配质押额度转至未分配质押额度，如收回处理失败，则质押额度管理系统将已冻结额度由待分配质押额度转回至已分配质押额度，质押额度管理系统完成相关处理后生成"额度收回通知单"。

（5）成员行在中债综合业务平台客户端质押额度管理模块可查询处理结果通知单及质押额度余额及其变动情况。

（三）授信额度管理

1. 含义

授信额度是中国人民银行依据成员行的资信情况核定并一次性授予成员行法人在一定时期内多次使用的信用额度，是小额支付系统中净借记限额的构成部分之一。

成员行法人所获得的授信额度可以在其自身或其下属分支机构之间分配使用。

为便于成员行对授信额度进行方便快捷的管理、实现授信额度在成员行自身和所辖分支机构之间的灵活分配，质押额度管理系统提供了授信额度管理功能。成员行可通过其中债综合业务平台客户端质押额度管理模块办理授信额度的分配和收回业务。

非成员行的商业银行法人机构可以通过中国人民银行规定的其他渠道办理授信额度的分配和收回业务。

商业银行法人所获得的授信额度总额由中国人民银行直接在小额支付系统中直接设置，成员行只能在授信额度内通过质押额度管理模块办理授信额度的分配和收回业务。

2. 业务流程

（1）成员行通过质押额度管理模块录入并复核授信额度分配/收回指令。

（2）中央债券综合业务系统对指令进行合法性检查无误后，实时通知质押额度管理系统 NPC 客户端。

（3）NPC 工作人员通过客户端以磁介质形式导出授信额度分配/收回指令并导入至小额支付系统，小额支付系统根据授信额度分配/收回指令相应增加/减少成员行或所辖分支机构的授信额度。

（4）NPC 工作人员从小额支付系统 NPC 管理终端导出授信额度分配/收回指令处理结果并导入质押额度管理系统，质押额度管理系统记录指令处理结果。

（5）成员行在客户端质押额度管理模块可查询处理结果。

复习思考题

1. 资金清算资料有哪些用途？请分别叙述。

2. 即时转账业务包括哪些内容？

3. 结算成员办理银行间债券市场 DVP 结算的条件是什么？

4. 简述四种不同类型的 DVP 结算路径下的处理流程。

系 统 接 入 与 管 理

中债综合业务平台是基于富客户端技术的应用架构，在系统接入上需要进行相应的配置和管理。本章主要从客户端的配置要求、客户端软件的安装与管理、联网方式与方法、系统开放时间和灾难恢复中心建设等几个方面进行说明。

第一节 客户端软硬件配置要求

中债综合业务平台提供了丰富的展现形式，为更好地发挥客户端功能，软硬件配置需要达到一定的要求。具体要求如表 8 - 1 所示。

表 8 - 1　　　　　　　　　客户端软硬件配置要求

处理器	主频 1GHz 以上处理器，推荐 Intel 酷睿™2 四核处理器 Q9550（2.83GHz）
硬盘	80GB 以上，推荐 160GB
显示器	分辨率在 1024×768 及以上的彩色显示器
操作系统	Windows7 或 Windows XP Home 版以上
内存	1GB 以上，推荐 3GB（Windows7 系统下）、2GB（Windows XP 系统下）
3G 网络设备	便携式 3G 终端（USB 接口）或工业级 3G 路由器（以太接口）
必备软件	1. Microsoft Internet Explorer 6.0 及以上 2. Microsoft Office Excel 2003 及以上 3. WinRAR 压缩文件管理器 4. Adobe Acrobat 9.0 Reader 及以上 5. 防病毒软件 6. 中债 Key 驱动程序（分为 32 位和 64 位两种）

一、网络配置

1. 开放网络访问权限

需要开放服务器地址和端口的访问权限如表 8 - 2 所示。

表 8 - 2   网络访问权限开放表

服务器地址	对应域名	开放服务端口（TCP）
168. 1. 1. 5	cs02. chinabond. com. cn cs06. chinabond. com. cn	443
168. 1. 1. 8	cs01. chinabond. com. cn	443
168. 1. 1. 9	cs03. chinabond. com. cn	443

2. 设置本地域名映射

进行了 IP 地址转换的专线用户需要在本地计算机设置域名映射，3G VPDN 用户和未进行 IP 地址转换的专线用户无须理会本条设置。

本地域名映射的设置方法：

手工修改 hosts 文件（默认路径为 C：\ WINDOWS \ system32 \ drivers \ etc \ hosts），追加以下内容：

168. 1. 1. 8 cs01. chinabond. com. cn

168. 1. 1. 5 cs02. chinabond. com. cn

168. 1. 1. 9 cs03. chinabond. com. cn

168. 1. 1. 5 cs06. chinabond. com. cn

斜体部分应替换为转换后的 IP 地址。

配置验证方式：在 cmd 窗口下输入 "ping cs01. chinabond. com. cn"，应该反馈出对应的地址 168.1.1.8。

3. 3G VPDN 说明

用户完成本地域名映射后，通过 3G VPDN 联通后即可访问中债综合业务平台，要求拨号时断开本地局域网连接。

配置验证方式：在 cmd 窗口下输入 "telnet cs01. chinabond. com. cn 443"，应当反馈为黑屏。

4. 无地址转换的专线用户说明

对于部分没有对我公司 168 网段服务器进行地址转换的专线用户，即有到 168 网段服务器的路由，需要在全部终端上完成本地域名映射，并在网络边界设备上开放对上述服务器相应端口的访问权限。

配置验证方式：在 cmd 窗口下输入 "telnet cs01. chinabond. com. cn 443"，应当反馈为黑屏。

5. 有地址转换的专线用户说明

对于部分对我公司 168 网段服务器进行了地址转换的专线用户，即进行了本地地址映射，内网没有对 168 网段服务器的路由，需要按照本地地址映射关系，修改本地 hosts 文件，或下载域名映射小工具，手动修改为本地地址映射关系后安装，并在网络边界设备上开放对相应服务的访问权限。

配置验证方式：在 cmd 窗口下输入 "telnet cs01. chinabond. com. cn 443"，应当反馈为黑屏。

二、软件安装与卸载

1. 第一次安装

（1）使用系统管理员身份登录操作系统。

（2）确认域名映射正确。

（3）确认已安装中债 Key 的驱动程序（分为 32 位和 64 位两种）。

（4）运行安装文件，按图 8-1~图 8-4 所示进行流程操作。

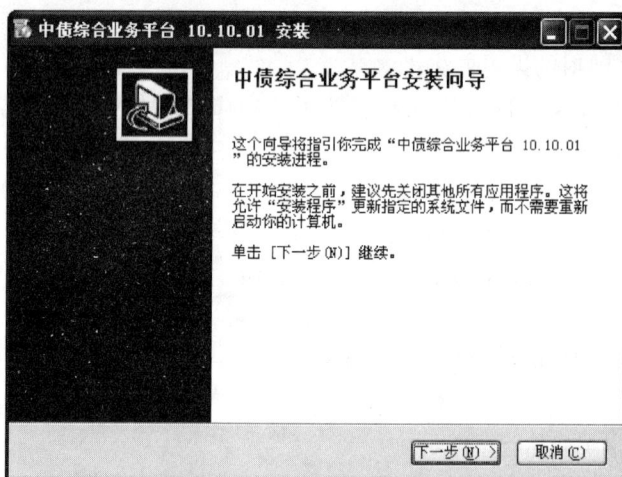

图 8-1　安装界面第一步

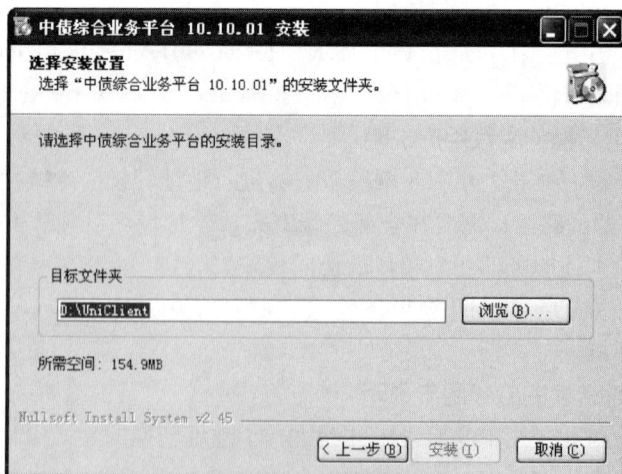

图 8-2　安装界面第二步

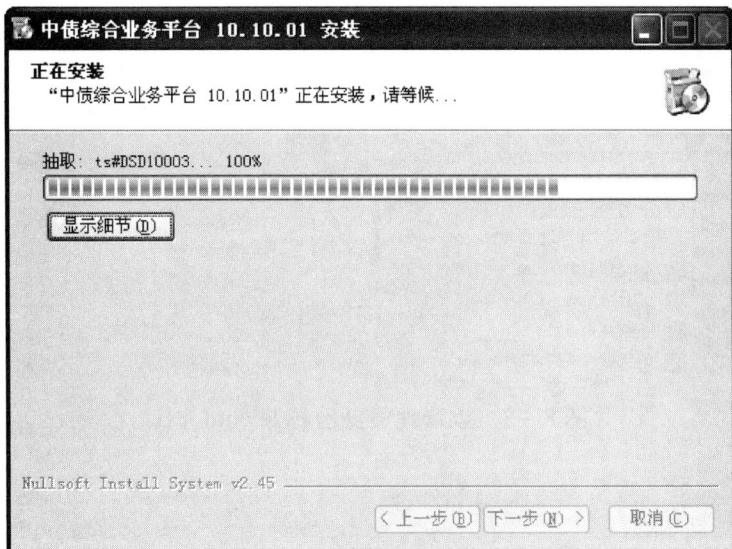

图 8 – 3　安装界面第三步

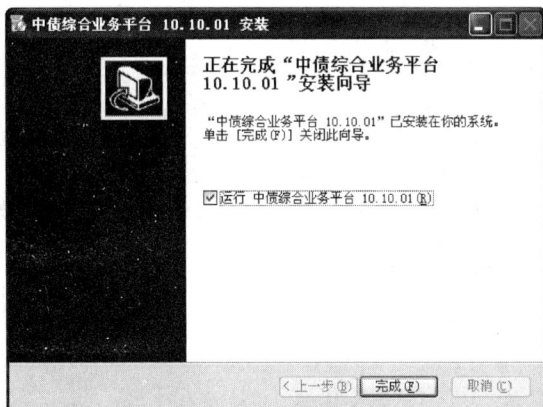

图 8 – 4　安装界面第四步

（5）如果本地计算机的操作系统为 64 位，还需进行以下控件注册操作：

①进入中债综合业务平台的安装目录（默认路径为 D：\UniClient），拷贝子目录 \ SGIdll \ CFCA 下的全部文件到系统目录下，例如：C：\Windows \ SysWOW64。

②进入系统目录 C：\Windows \ SysWOW64，找到文件 cmd. exe，右键点击 cmd. exe，选择"以管理员身份运行（A）"，如图 8 – 5 所示。

③在弹出的窗口中分别输入以下命令：

regsvr32 capicom. dll

regsvr32 CFCACertKitAx. dll

regsvr32 xenroll. dll

运行结果如图 8 – 6 所示。

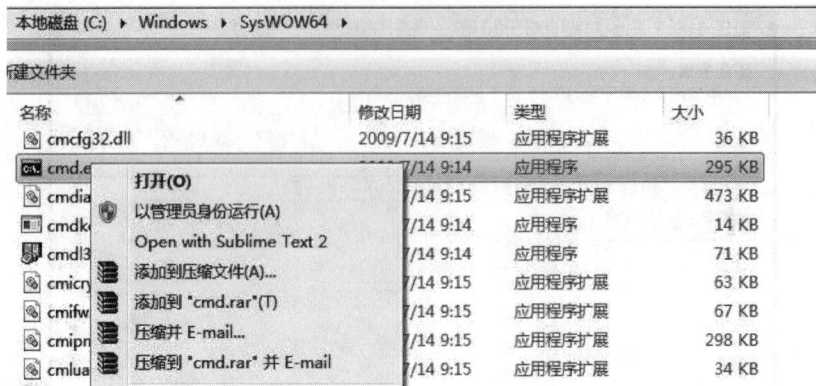

图 8 – 5　以管理员身份打开 cmd. exe

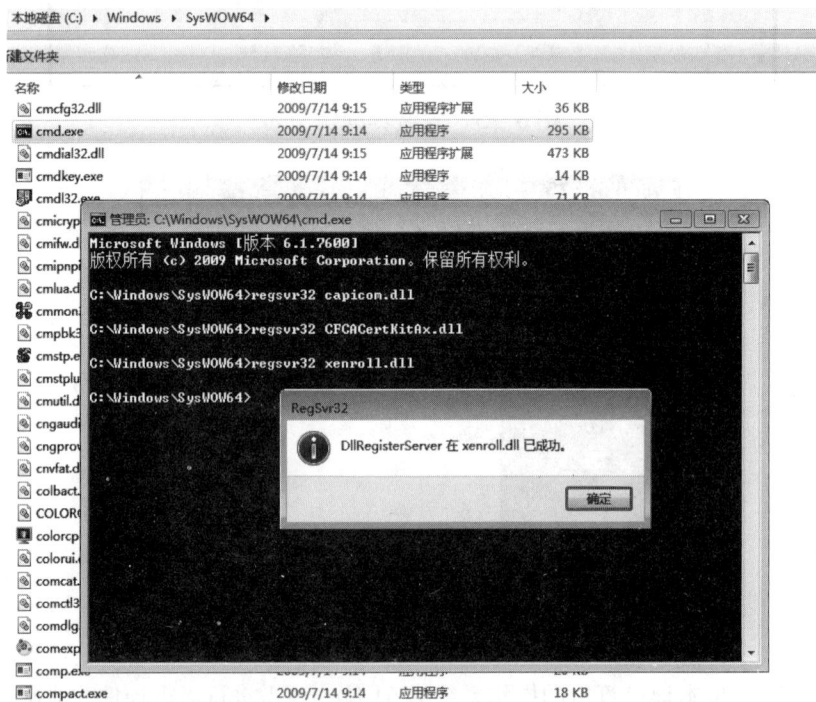

图 8 – 6　执行注册控件命令结果

（6）插入中债 Key，正常使用。

2. 版本更新安装

（1）客户端每次登录时会检查版本，如有新版本则自动进行更新，按图 8 – 7 ~ 图 8 – 9 所示流程进行操作。

（2）专线用户下载速度较快，建议使用自动更新完成。

（3）3G VPDN 用户因更新的数据量较大，建议从 chinabond 网站下载最新完整版本进行安装。

图8-7 版本更新界面第一步

图8-8 版本更新界面第二步

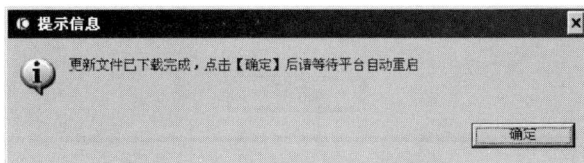

图8-9 版本更新后重启提示

（4）如重新下载完整版本进行安装，请首先卸载原有程序。

3. 卸载

卸载按图 8 - 10 ~ 图 8 - 12 所示流程进行操作。

图 8 - 10　卸载界面第一步

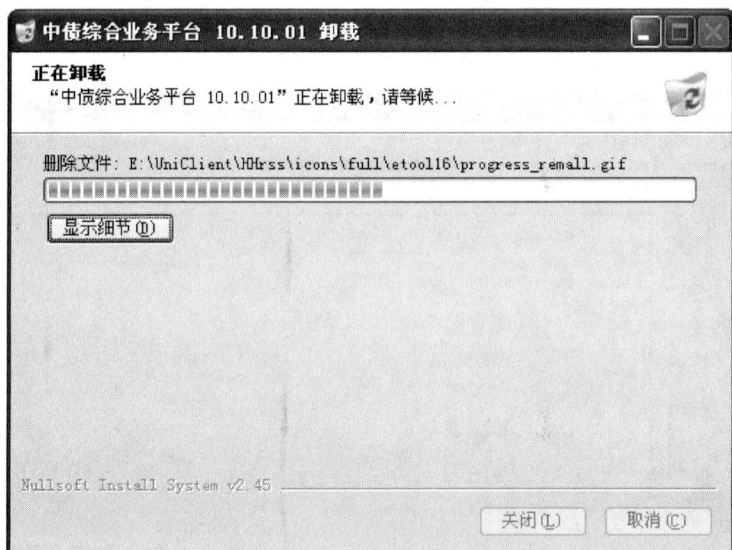

图 8 - 11　卸载界面第二步

图 8 - 12　卸载界面第三步

三、常见问题

（1）报错：－507用户证书库为空。

这是中债Key未能正常使用的现象。首先，请确认中债Key是否已插好。其次，请确认中债Key的驱动是否安装正确。另外，中债Key在第一次使用时反应较慢，请尝试重新插入是否正常。

（2）提示：系统暂不提供服务，请稍后重新登录！

系统每日晚间进行日常维护，不对外提供服务，将提示该信息。

（3）自动更新时间较长。

自动更新完成时会有一定的信息提示，请注意观察。对自动更新的测试结果表明，1M数据的下载时间为20秒以内。

如版本间隔存在两个版本，则必须全量更新，下载内容较大。3G VPDN用户需要从chinabond网站下载最新的全量版本进行更新安装。

（4）没有看到信息产品的功能点。

已缴纳估值使用费的用户默认提供了信息产品的查看权限，我们已经赋予用户的授权管理员信息产品的授权功能，请授权管理员在"用户管理"中对操作员进行授权操作即可。

部分交费用户因数据提供较晚未能完成默认授权，请直接联系债券信息部申请信息产品授权权限。

（5）没有看到个性化统计的功能点。

请有查看个性化统计需求的用户直接联系债券信息部申请个性化统计授权权限。

（6）个性化统计下载为空数据。

个性化统计需要传入债券账号，因此请确认该用户是否已经绑定债券账号，即查看左下角用户信息中的债券账号是否有值，如无值说明未做用户和账号的绑定。

用户和账号绑定的流程为，授权管理员用户管理中查找到该操作用户，在"用户主页"的"可操作账户信息"界面中将自营债券账号与用户绑定。

（7）柜台报价报错：债券账号与交易商代码不符。

柜台报价需要传入债券账号，因此请确认该用户是否已经绑定债券账号，即查看左下角用户信息中的债券账号是否有值，如无值说明未做用户和账号的绑定。

用户和账号绑定的流程为，授权管理员用户管理中查找到该操作用户，在"用户主页"的"可操作账户信息"界面中将自营债券账号与用户绑定。

（8）客户端的TrustStore失效（如图8－13所示）。

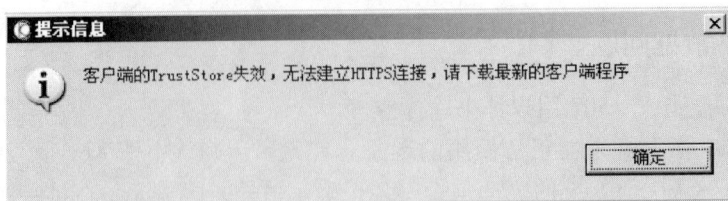

图 8 – 13　客户端的 TrustStore 失效提示界面

客户端登录报该错误，是因客户端 PC 机时间不在证书的有效日期内，请检查客户端 PC 机是否是正常日期。

（9）证书吊销信息不可用（如图 8 – 14 所示）。

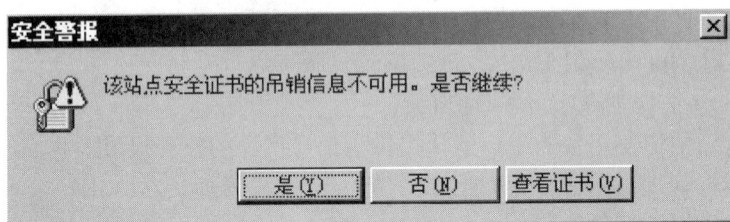

图 8 – 14　证书吊销信息不可用提示界面

访问发行系统等嵌入 IE 浏览器的系统时有时会报该错误。迅速点击"是"，即可正常操作。如不希望弹出该对话框，降低 IE 的安全级别即可。

（10）如何卸载。

一般在开始菜单的"程序"会有中债综合业务平台卸载的快捷方式，如没有可以直接将安装文件夹（默认为 D：\UniClient）删除。

如未删除安装文件夹，在再次安装时会报错：请先删除旧版本再安装。

（11）报错：无法连接服务器 cs01. chinabond. com. cn。

这是网络不通的现象，请技术人员按照配置手册调整网络。

（12）访问发行系统、公开市场系统等嵌入 IE 的系统时，报无法找到网站的错误。

确保 cs03. chinabond. com. cn 的域名被正确映射，且 IE 不要设置代理服务器。

（13）托管行文件证书过多引起客户端不正常。

目前发现托管行将所有文件证书导入一台机器中，出现了无法启动或者选择证书报错的情况。请保证每台机器的 IE 浏览器中存放的文件证书不要超过 50 张。

（14）文件证书的转移。

文件证书是可以通过导出导入完成机器间的转移。但需要注意以下事项：

导出过程为"IE 浏览器—>Internet 选项—>内容—>证书",导出时要选择"是,导出私钥",导出文件为 pfx 格式。

导入过程为双击 pfx 格式文件,导入时要选择"标志此密钥为可导出的。这将允许您在稍后备份或传输密钥(M)",导入后应在"个人证书"条目下。

(15)报错:-802COM 对象创建失败。

这是注册 CFCA 控件失败的现象。

64 位操作系统解决方法见"软件安装与卸载"中"第一次安装"的第(5)节

32 位操作系统解决方法:

①执行安装目录下 RegCFCA. bat 文件。

②如 DOS 窗口中出现"已复制 1 个文件",继续执行即可(如图 8 - 15 所示)。

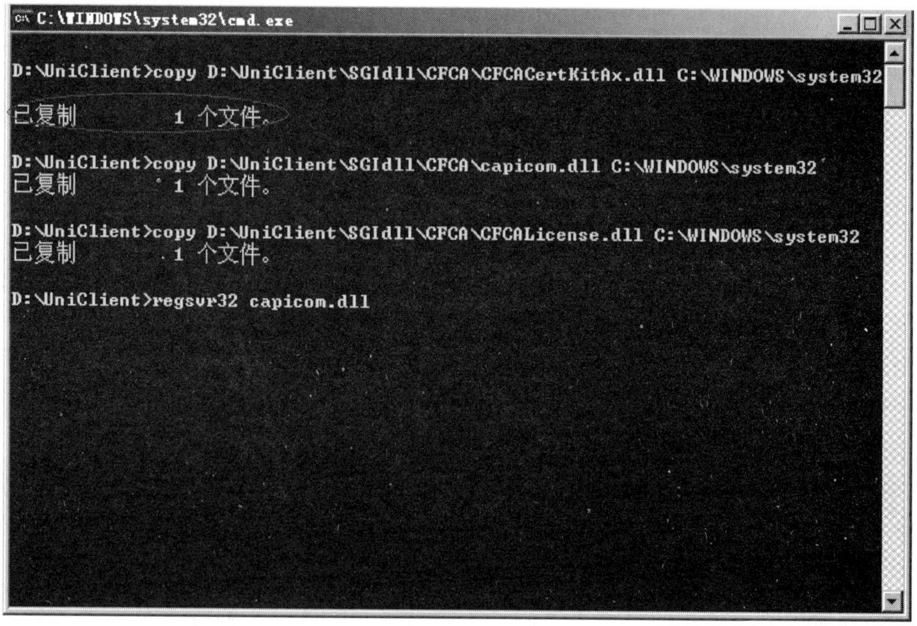

图 8 - 15

③如 DOS 窗口出现复制失败的提示,需要按照 DOS 窗口显示的路径将三个文件手工拷贝至目标目录,然后再重新执行一遍 RegCFCA. bat 文件。

(16)报错:-517 证书信息不正确。

一般为使用文件证书时所报的错误,请确认文件证书导入导出过程的正确性。

导出过程为"IE 浏览器—>Internet 选项—>内容—>证书",导出时要选择"是，导出私钥"，导出文件为 pfx 格式。

导入过程为双击 pfx 格式文件，导入时要选择"标志此密钥为可导出的。这将允许您在稍后备份或传输密钥（M）"，导入后应在"个人证书"条目下。

（17）登录报错：证书验签错误（9991）。

这是申请证书时使用了中文，而登录时是在外文操作系统上登录造成的。需要英文操作系统安装中文包。

（18）更新错误：Async operation time out。

登录时报错，请更换 Modem。

（19）文件批量下载一直提示"生成文件中"。

这是由于操作系统用户无写文件权限，请赋予相应权限。

（20）个性化统计可以下载，但是信息产品无法下载。

与 Modem 或网络限制有关，个性化统计的文件较小，而信息产品的文件较大，可能 Modem 或网络限制了一次性下载包的大小。请更换 Modem，并检查网络限制情况。

第二节　联网方式与方法

一、概述

接入中央债券综合业务系统网络的途径有两种，私有网络：用于办理托管、结算、发行等各类业务，可通过专线或 3G VPDN 方式接入；公共网络：用于提供信息发布、公告等服务，可通过互联网方式接入。私有网络与公共网络之间相互隔离，结算成员开立结算账户后，方可通过私有网络与我公司联网。

私有网络支持专线接入和 3G VPDN 接入，专线接入支持 DDN 或 SDH（数字电路）；3G VPDN 接入支持便携式 3G 终端和工业级 3G 路由器。

目前中央结算公司拥有两个专线接入点：同城生产中心和同城备份中心。对接入质量要求高的成员可以通过专线同时接入生产中心和备份中心。

二、接入资源准备

（一）专线接入

专线接入具有速度快、带宽高及稳定的特点，适用于对稳定性要求较高，或业务量较集中的成员。

目前中央结算公司支持中国电信、中国联通两家运营商专线接入，成员可以根据当地运营商资源、服务等情况综合选择。通过专线接入支持的业务包括托管结算业务，发行、柜台、储蓄国债、信息产品等业务。要求有发行业务的结算成员配备专线接入。

专线接入方式需用户自行配备路由器、交换机等通信设备，建议配置网络防火墙等安全设备和策略。专线接入设备应放置在专用机房，能够保证联网资源的持续可用。

（二）3G VPDN 接入

目前 3G VPDN 接入支持两种类型的设备：

便携式 3G 终端：通过 USB 接口连接电脑（最大支持 1 台用户终端）；

工业级 3G 路由器：通过网线接口连接电脑（最大支持 4 台用户终端）。

由市场成员向北京联通或北京电信申请购买开通。

3G VPDN 接入的特点：联网方式灵活、便捷，网络连接较稳定、速度较快，价格实惠。

3G VPDN 接入注意事项：

（1）3G VPDN 接入按使用流量收取费用，超出套餐外的流量需要额外支付使用费用；

（2）3G VPDN 设备及数据卡只提供中央结算公司专网业务使用，不支持其他网络服务。

三、接入方式选择

目前，中央结算公司推荐的接入方式有三种：（1）单专线 + 3G VPDN；（2）双运营商双专线 + 3G VPDN；（3）单独 3G VPDN。

（一）单专线 + 3G VPDN

成员通过中国电信或中国联通的专线接入同城生产中心，一旦出现线路中断的情况，启用 3G VPDN 接入作为应急备份，此方式成本适中，稳定性较好。专线接入具体流程见"四、专线接入申请步骤"。

（二）双运营商双专线 + 3G VPDN

成员通过不同运营商的专线，主线接入同城生产中心，备线接入同城备份中心，可支持两条专线的故障自动切换，此方式成本要求较高，但接入可用性最好。

注意事项：

（1）用户可同时发起主备线路申请，主备线可以是不同带宽、不同类型的线路；

（2）一般情况广域网互联采用静态路由协议，用户本地自行选择动态路由协议实现自动切换及恢复；

（3）仍需配置 3G VPDN 备份线路。

（三）单独 3G VPDN

3G VPDN 接入，成员通过申请不同运营商的 3G 设备互为备份，此种方式较专线更为经济便捷，但传输速率和稳定性不如专线。

中央结算公司推荐结算成员选择方式（一）或者方式（二）。

四、专线接入申请步骤

专线接入工作涉及与运营商的协调工作，涉及较多的技术环节，结算成员开通专线接入前，需完成以下工作：

（1）通过《中债综合业务平台配置安装手册》了解最新的专线接入方式，与本地电信运营商联系，咨询通信线路资费，综合考虑，选择专线接入方案；

（2）提交《中债综合业务平台联网登记表》，所填内容应与在中央结算公司开户时填写内容保持一致；申请表的"密押"一项必须填写，对密押公式有疑问的应及时和客户服务部联系；

（3）接到我公司反馈的具体接入地址和端口后，向当地运营商提交专线联网申请；

（4）等待运营商完成线路施工，以及专线两端的测试工作，此周期取决于运营商，一般需要的时间较长；

（5）待中央结算公司与北京当地运营商完成线路测试后，按照《中债综合业务平台联网登记表》与结算成员联系，完成线路配置和全程测试。

五、3G VPDN 接入申请步骤

市场成员申请 3G VPDN 联网接入，应遵循以下流程：

（1）选择网络运营商。申请机构可根据本地区 3G 网络信号强度，自主选择申请北京联通或北京电信网络设备，专用于接入中债综合业务平台。

（2）按要求填写《中债综合业务平台 3G 联网申请表》，发送至中央结算公司客户服务部，传真：010 - 88086355。

（3）根据所选网络运营商，填写《北京联通业务开通登记单》（附件 1）或《北京电信业务开通登记单》（附件 2），按表内要求缴纳首年费用后，将《业务开通登记单》及汇款凭证发送至网络运营商。

（4）中央结算公司向申请机构反馈受理结果和联网用户名。

（5）网络运营商向申请机构寄送联网设备及发票。

六、常见问题

变更、撤销 3G VPDN 和专线接入的业务申请，均可通过《中债综合业务平台联网登记表》提交。

中央结算公司负责向结算成员提供接入资源及接入技术服务，不收取线路接入费用，成员通过专线接入只需要交纳电信运营商月租费，具体专线资费标准请咨询成员当地电信运营商。

当专线无法访问时，请首先咨询内部技术人员，排除本地网络故障，确定为专线的非正常中断，应及时通知电信运营商进行线路检查，若确定为服务器端问题，请及时拨打中央结算公司支持电话。

使用3G VPDN无法正常连通时，请依次检查3G终端、连接设置中的用户名密码，可采用替换方法来排除3G VPDN故障。

当专线、3G VPDN两种通信线路因意外中断时间较长时，请做好应急结算业务准备。应急指令在工作日接收的截止时间是16：30，结算成员如遇到较为严重的通信故障，未结算的合同较多时，请尽早与客服部取得联系申请技术、服务和应急结算业务支持（客服电话：010－88170123）。

第三节　CA证书的使用与管理

为增强系统的安全性，实现身份鉴别、访问控制、加密传输、完整性校验、防止否认以及审计管理等功能，中债综合业务平台引入了电子签名机制。本章将对数字签名、CA证书等概念和相关规则进行介绍。

一、电子签名和CA证书

（一）电子签名

在传统的商务活动中，为了保证交易的安全与真实，合同要由当事人签字盖章，以便确定签订合同的主体，且该主体认可合同的内容。在电子商务的世界中，合同以电子文件的形式表现、传递，手写签名和盖章无法进行。

能够在电子文件中识别双方交易人的真实身份，保证交易的安全性和真实性以及不可抵赖性，起到与手写签名或盖章同等作用的电子技术手段，称为电子签名。

电子签名在法律上有两个功能，即标识签名人和表示签名人对文件内容的认可。

（二）数字签名

所谓数字签名，是指用符号及代码组成电子密码进行"签名"来代替书写签名或印章，用于鉴定签名人的身份以及对一项数据电文内容信息的认可。

《电子签名法》在数据交换时赋予数字签名与手写签名同等的法律效力。

（三）CA 证书

数字证书是一种由权威的、公正的、可信任的机构发放的记录着用户和认证机构有关信息的电子文件，是网上身份的证明，是数字签名的核心元素和技术基础保障，可以实现身份鉴别、防篡改、不可抵赖以及对交易信息加密等多项功能。每张数字证书都有一对密钥——公钥和私钥，公钥可以公开，私钥必须得到充分的保护。

CA 证书是中国金融认证中心向中央结算公司客户颁发的企业普通数字证书，专用于中债综合业务平台，并为中央结算公司与客户之间的信息传递过程提供身份验证、信息加密和数字签名等功能。

（四）中国金融认证中心

中国金融认证中心（China Financial Certification Authority，CFCA），是由中国人民银行牵头，联合 14 家全国性商业银行共同建立的国家级权威金融认证机构，是国内唯一一家能够全面支持电子商务安全支付业务的第三方网上专业认证服务机构。

中国金融认证中心专门负责为电子商务的各种认证需求提供数字证书服务，为参与网上交易的各方提供信息安全保障，建立彼此信任的机制，实现互联网上电子交易的保密性、真实性、完整性和不可否认性。为检验和保证金融认证中心证书系统及核心技术的安全可靠，中国金融认证中心委托国家信息安全测评认证中心对"中国金融认证中心 PKI 系统"进行了全面的测试。2002年 8 月，国家信息安全测评认证中心正式授予中国金融认证中心"国家信息安全认证系统安全证书"（如图 8 - 16 所示）。

图 8 - 16　国家信息安全认证系统安全证书

二、CA证书的申请与下载

（一）证书申请

CA证书以机构为单位进行申请，每个机构可以申请多张证书，同一客户的多张证书具有相同的功能。若所申请的证书是该客户的第一张证书，申请机构应按要求向中央结算公司提交纸质凭单，中央结算公司代其录入申请信息；若有其他可用证书，申请机构可通过中债综合业务平台自助申请。申请机构应填写证书名称、保管人、保管人联系方式等必要信息。其中，证书名称用于标识每张CA证书，由申请机构自定义填写，为便于区分，同一客户下的多张证书不应使用相同的证书名称，保管人为此证书的实际使用人。

中央结算公司对申请机构提交的证书申请信息及身份信息进行审核，审核其是否真实、完整、有效。经审核符合要求后，将批准申请；如果未能通过审核，中央结算公司将拒绝申请并通知申请者，对于未通过审核的原因，根据CFCA规则许可，中央结算公司有权不予解释。

中央结算公司将证书申请信息录入系统，通过基于SPKM协议的安全通道发送至CFCA。CFCA将生成下载证书的凭证（参考号和授权码），并将凭证返回至中央结算公司。中央结算公司以安全的形式将证书下载凭证转交证书申请机构。

证书申请的完整流程如下：

1. 证书申请

（1）点击"证书管理 > 证书申请管理"（如图8-17所示）。

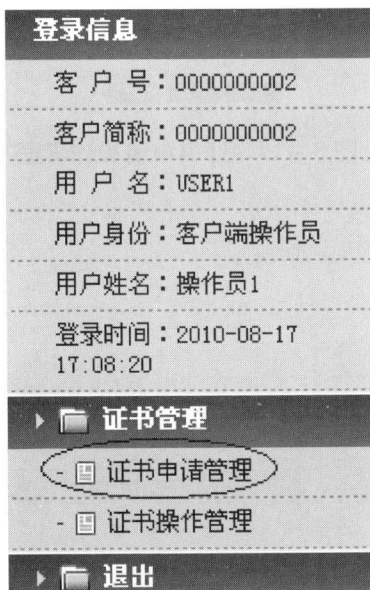

图8-17　证书管理界面

（2）点击"申请证书"按钮，进入证书申请页面（如图 8 – 18 所示）。

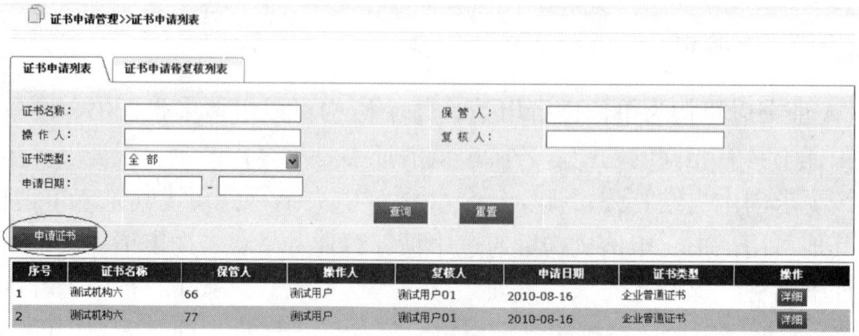

图 8 – 18　证书申请管理界面

（3）添加证书申请信息时，"客户全称"支持模糊查询，"客户编号"通过"客户全称"自动获得，证书名称和带"＊"字段为必填项。其中，证书名称是每张 CA 证书的标识，可自定义填写，为便于区分，同一客户下的多张证书不应使用相同的证书名称；操作人为系统读取的当前客户端操作员，即本张 CA 证书的申请人；保管人为此证书的实际使用人（如图 8 – 19 所示）。

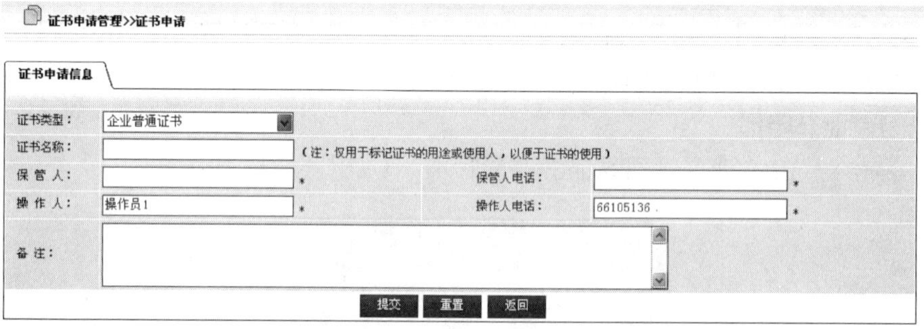

图 8 – 19　证书申请操作界面

（4）证书申请信息填写完成后，点击"提交"，此条证书申请进入"证书申请待复核列表"（如图 8 – 20 所示）。

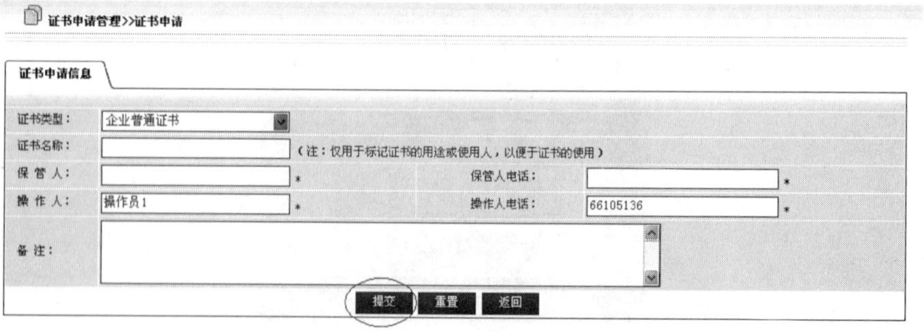

图 8 – 20　证书申请提交界面

2. 证书申请的复核

（1）复核人员点击"证书管理＞证书申请管理"，选择"证书申请待复核列表"选项卡。查询到需要复核的证书申请，点击对应的"详细"按钮，进入证书申请详细信息页面（如图8－21所示）。

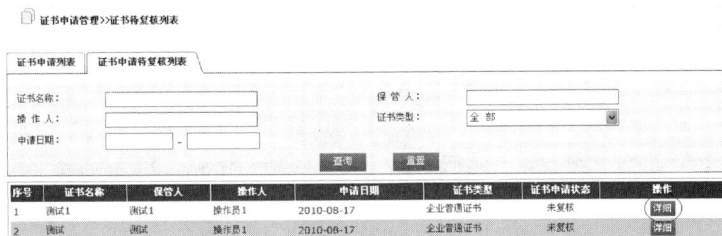

图8－21　证书申请待复核列表界面

（2）复核人员确认证书申请信息真实、有效后，点击"复核"按钮，证书申请即可完成（如图8－22所示）。

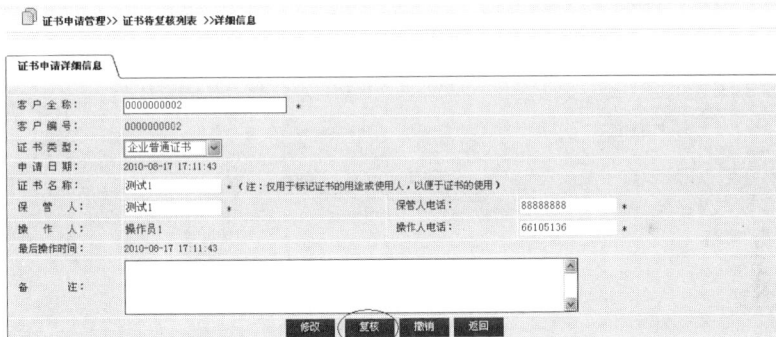

图8－22　证书申请复核界面

（3）复核成功后，可在"证书操作管理"中查询证书信息。点击所查询证书对应的"详细"按钮，可查看用于证书下载的参考号和授权码（如图8－23所示）。

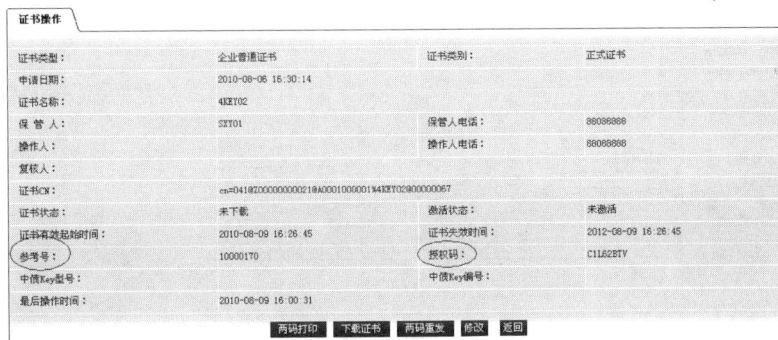

图8－23　证书详情界面

3. 证书申请的修改

（1）操作员点击"证书申请待复核列表"选项卡，选择需要修改的申请记录。点击对应的"详细"按钮，进入证书申请详细信息页面（如图8-24所示）。

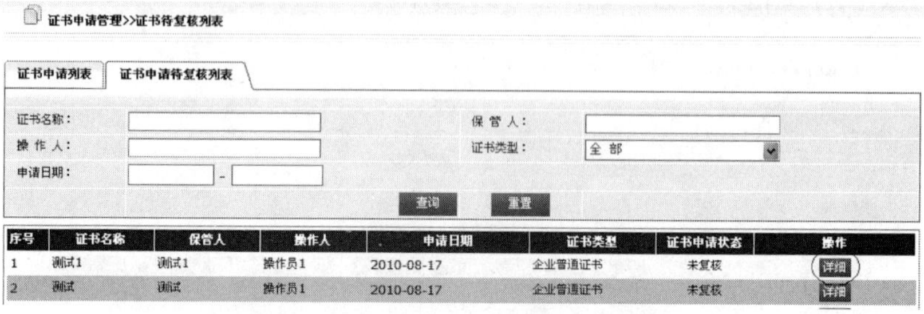

图8-24　证书申请待复核列表界面

（2）点击"修改"按钮，可以对此证书申请的详细信息进行修改（如图8-25所示）。

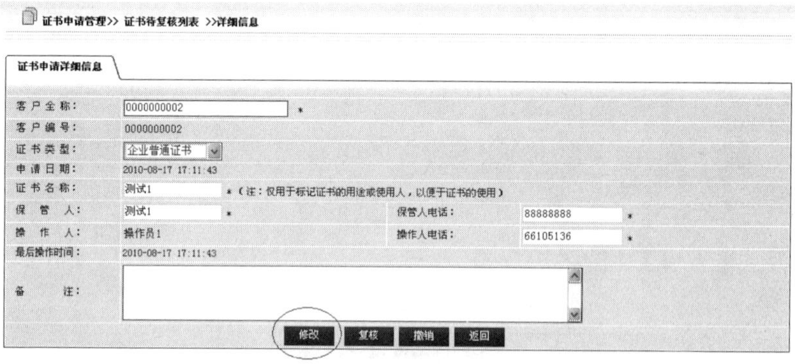

图8-25　证书申请详情界面

（3）修改完成后，点击"提交"按钮，此修改操作视为新的证书申请，需由另一操作员进行复核。复核通过后，证书申请即可完成（如图8-26所示）。

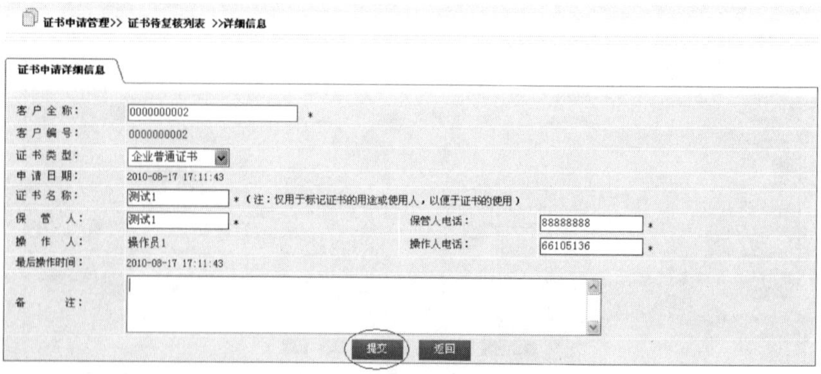

图8-26　证书申请修改界面

4. 证书申请的撤销

（1）操作员点击"证书申请待复核列表"选项卡，选择需要撤销的申请记录。点击对应的"详细"按钮，进入证书申请详细页面（如图8－27所示）。

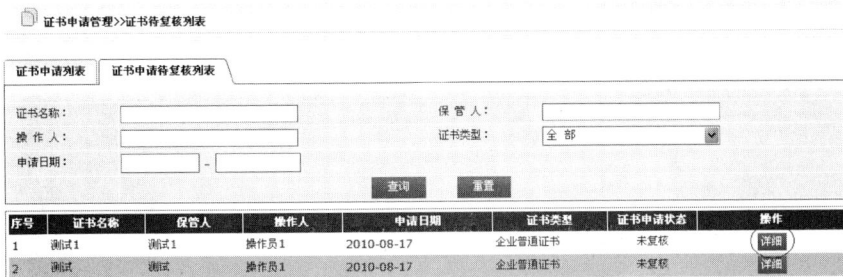

图8－27　证书申请待复核列表界面

（2）点击"撤销"按钮，可以对此证书申请进行撤销。撤销后，系统将自动删除证书申请记录（如图8－28所示）。

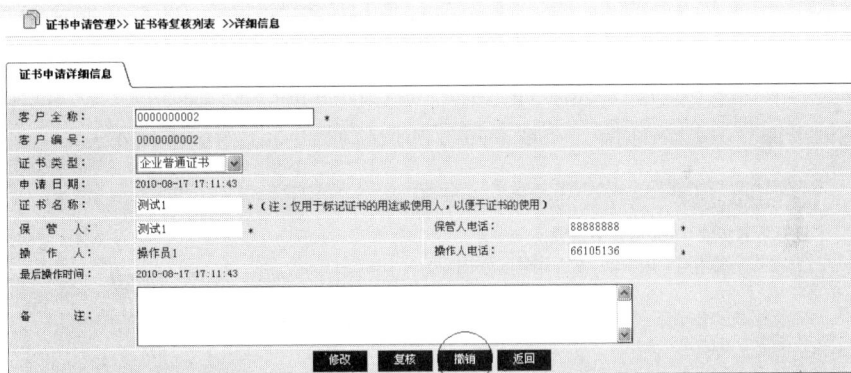

图8－28　证书申请撤销界面

（二）证书下载

证书下载凭证生成后，应在14天内下载CA证书。证书下载完成后视为其已接受证书。如果在14天内没有进行证书下载操作，证书下载凭证将失效，失效后的操作请参照下节内容；如果在下载证书时发生异常，没有得到证书，而CFCA系统记录显示证书下载成功，也同样视为已接受证书。

为保证证书的安全，客户下载的CA证书应存储在中央结算公司发放的"中债Key"中。一个"中债Key"仅存储一张CA证书。下载证书前，应从中国债券信息网下载并安装"中债Key"驱动程序。

证书下载的流程如下：

（1）运行中债综合业务平台桌面客户端，点击"证书下载"（如图 8 – 29 所示）。

图 8 – 29　中债综合业务平台界面

（2）在证书下载界面，输入参考号、授权码和验证码，点击"提交"（如图 8 – 30 所示）。如果所下载的是第一张证书，请从中央结算公司客户服务部获取参考号和授权码；如果是通过客户端自助申请的证书，请通过"证书管理 > 证书操作管理 > 详情"获取参考号和授权码（如图 8 – 31 所示）。

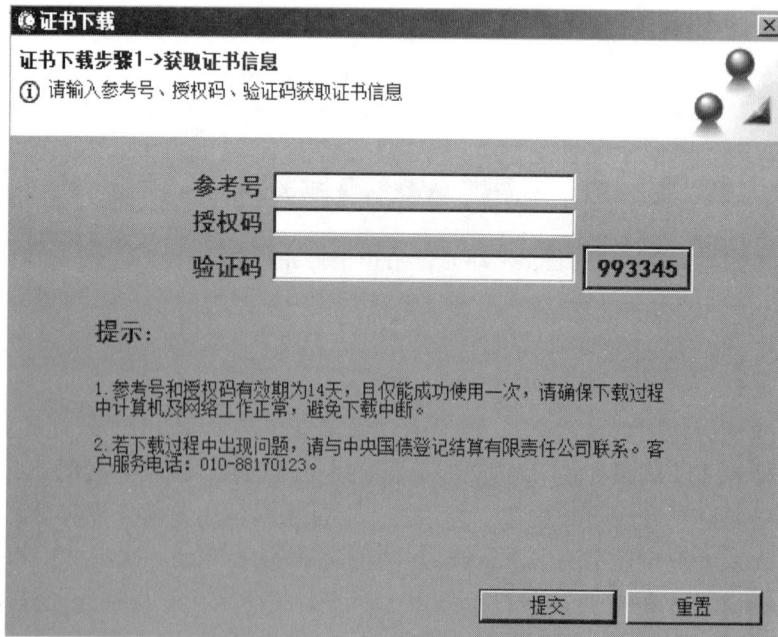

图 8 – 30　获取证书信息界面

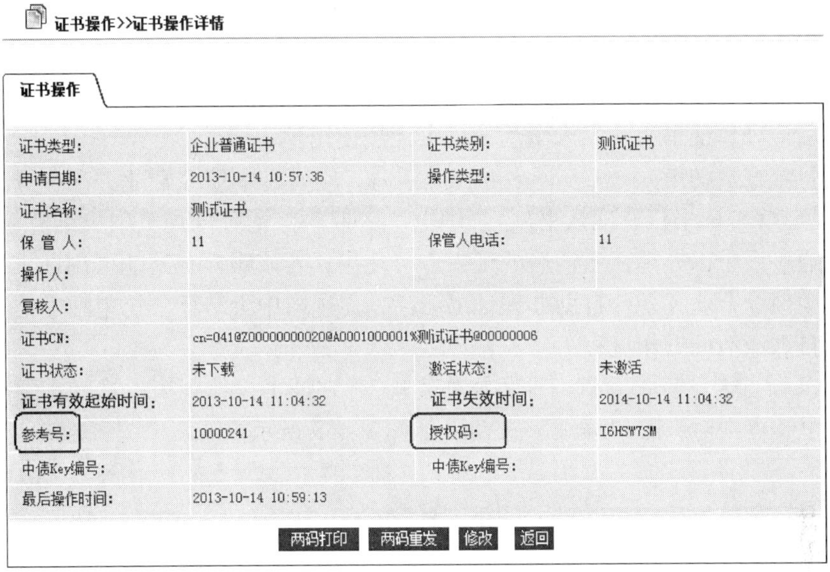

📄 证书操作>>证书操作详情

图 8 - 31　证书操作详情界面

（3）插入从中央结算公司领取的"中债 KEY"，选择相应的 KEY 型号，录入所使用的"中债 KEY"上印制的编号，点击"确认下载"，即可完成证书下载操作。"中债 KEY"编号用于今后的证书更新等管理，请如实填写。如填写有误，此 CA 证书无法办理证书更新（如图 8 - 32 所示）。

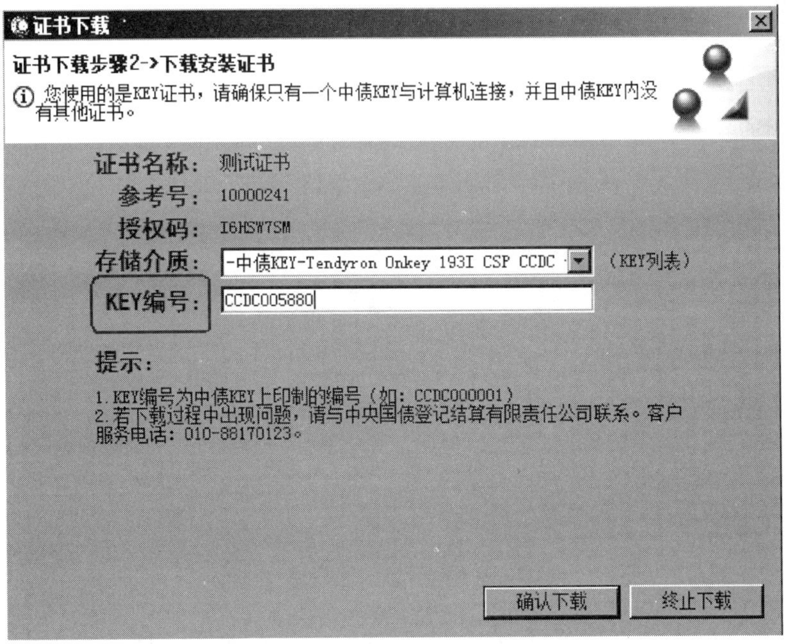

图 8 - 32　下载安装证书界面

（三）证书激活

为保证 CA 证书持有机构的合法性，规避法律风险和操作风险，证书下载成功后应办理证书激活，未激活的证书无法使用。

每个账户的第一张 CA 证书办理激活时，应通过中债综合业务平台登录界面打印《CA 证书持有确认书》，加填电子密押并盖章后传真至中央结算公司，审核通过后予以办理，激活后的证书方可使用；若该账户有其他可用证书，可通过中债综合业务平台自助办理证书激活，无须向中央结算公司单独申请。

自助激活的操作流程为：

（1）点击"证书管理 > 证书操作管理"，在证书操作列表中选择需要激活的证书，点击对应的"详细"按钮（如图 8 - 33 所示）。

图 8 - 33　证书操作列表界面

（2）进入证书详情后，点击"证书激活"。操作完成后，需由另一操作员复核（如图 8 - 34 所示）。

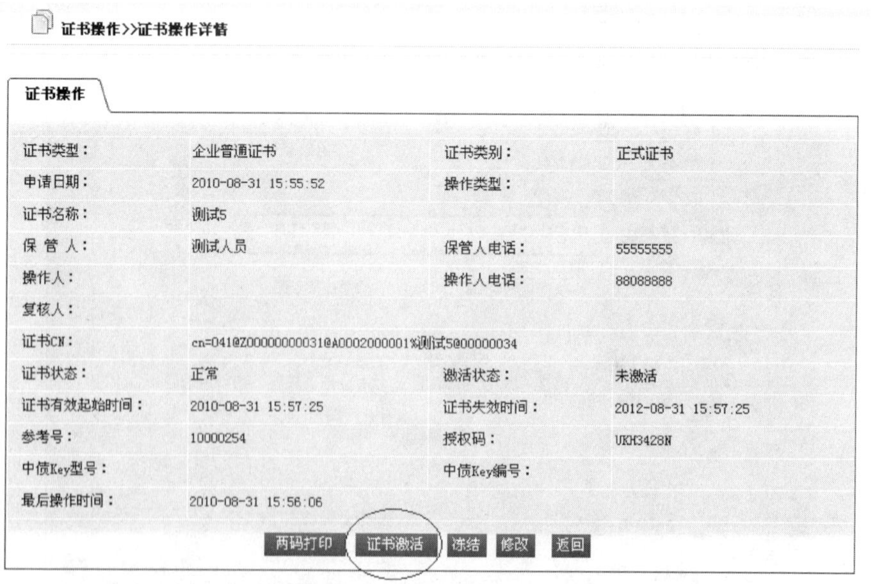

图 8 - 34　证书操作详情（证书激活）界面

（3）复核人进入证书操作待复核列表后，选择需要复核的记录，点击"详细"按钮，进入证书详情后点击"复核"，自助激活即可完成。

三、CA证书的使用与管理

（一）证书的使用

CA证书不与客户端管理员或操作员进行绑定，同一账户下的所有管理员和操作员均可使用同一张CA证书。

证书持有机构应建立严格的授权管理机制和安全使用机制，确保CA证书申请、操作和使用的真实性、有效性。同时，在证书使用过程中，应采取有效措施，妥善保管"中债Key"，防止损坏、丢失、盗用等情形发生。

（二）证书的管理

在证书使用过程中，持有机构可根据自身实际需要，通过客户端自助办理或向中央结算公司书面申请办理证书的冻结、解冻、注销、两码重发、更新等业务。

1. 证书冻结

在CA证书使用过程中，如发生证书遗失或其他需要暂时停止使用的情况，应及时办理证书冻结。冻结后的CA证书不能使用。证书冻结的操作流程如下：

（1）点击"证书查询列表"选项卡，选择需要冻结的申请记录。点击对应的"详细"按钮，进入证书操作详细页面（如图8-35所示）。

（2）点击"冻结"按钮后，应由另一操作员进行复核，复核通过后此证书暂停使用。

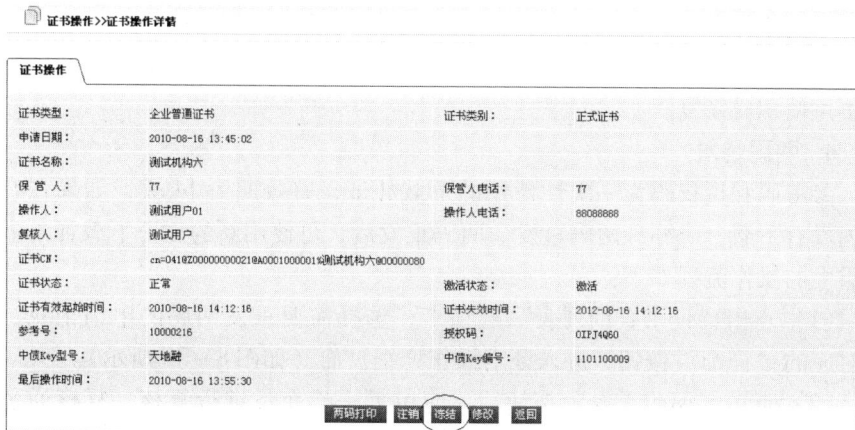

图8-35　证书操作详情（冻结）界面

2. 证书解冻

处于冻结状态的 CA 证书，如需重新启用，应办理证书解冻。解冻后的 CA 证书可正常使用。证书解冻的操作流程如下：

（1）点击"证书查询列表"选项卡，选择需要解冻的申请记录。点击对应的"详细"按钮，进入证书操作详细页面（如图 8 – 36 所示）。

（2）点击"解冻"按钮后，应由另一操作员进行复核，复核通过后此证书恢复使用。

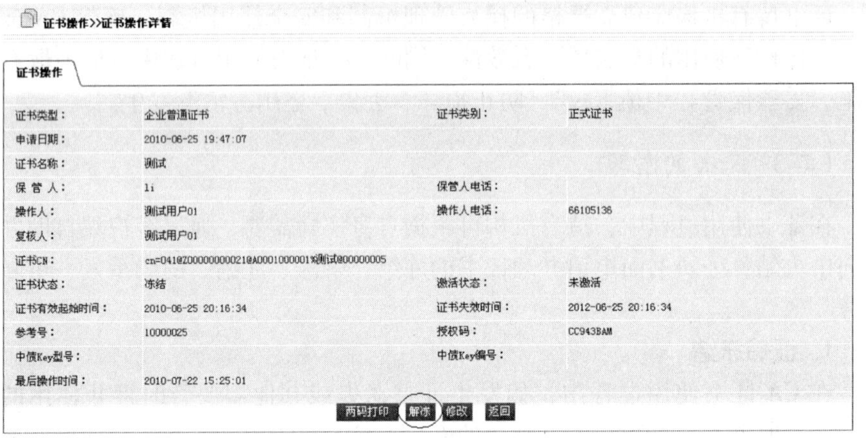

图 8 – 36   证书操作详情（解冻）界面

3. 证书注销

在使用过程中，如有中债 Key 损坏或其他不再需要使用证书的情形，可办理证书注销。注销后的证书无法恢复使用。证书注销的操作流程如下：

（1）点击"证书查询列表"选项卡，选择需要注销的申请记录。点击对应的"详细"按钮，进入证书操作详细页面（如图 8 – 37 所示）。

（2）点击"注销"按钮后，应由另一操作员进行复核，复核通过后此证书不可使用或恢复。

4. 两码重发

参考码和授权码为一次性使用的下载凭证，有效期为 14 天，如果在有效期内没有下载，应办理两码重发。两码重发后，可使用新的凭证下载证书。两码重发的操作流程如下：

（1）点击"证书查询列表"选项卡，选择需要重发两码的申请记录。点击对应的"详细"按钮，进入证书操作详细页面（如图 8 – 38 所示）。

（2）点击"两码重发"按钮后，应由另一操作员进行复核，复核通过后可使用新的下载凭证。

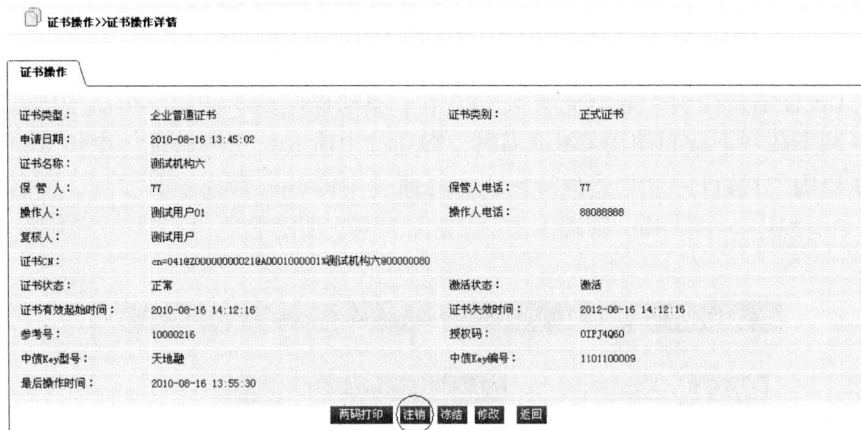

图 8 - 37　证书操作详情（注销）界面

图 8 - 38　证书操作详情（两码重发）界面

5. 证书更新

从证书到期前 30 天开始，登录中债综合业务平台会自动弹出证书自助更新提示。更新完成后将不再提示。如在更新期间内未使用证书或更新失败，持有机构应向中央结算公司书面或传真申请办理证书更新。中央结算公司办理完成后，申请机构可重新下载证书。下载后的证书需办理激活方可使用。

四、中债 Key 的使用

（一）中债 Key

中债 Key 是专用于存储中债综合业务平台 CA 证书的 USB 设备，它可以实现身份认证、数据加密/解密、数据安全存储等功能。中债 Key 由中央结算公司发放。

（二）中债 Key 的使用

CA 证书使用前，应首先安装中债 Key 驱动程序，驱动程序可从中国债券信息网下载。下载和使用 CA 证书时，需通过中债 Key 密码验证，中债 Key 初始密码为"111111"。如需修改密码，可通过中债 Key 管理工具实现，即运行"开始 > 程序 > 中债 Key 管理工具"（如图 8 – 39 所示）。

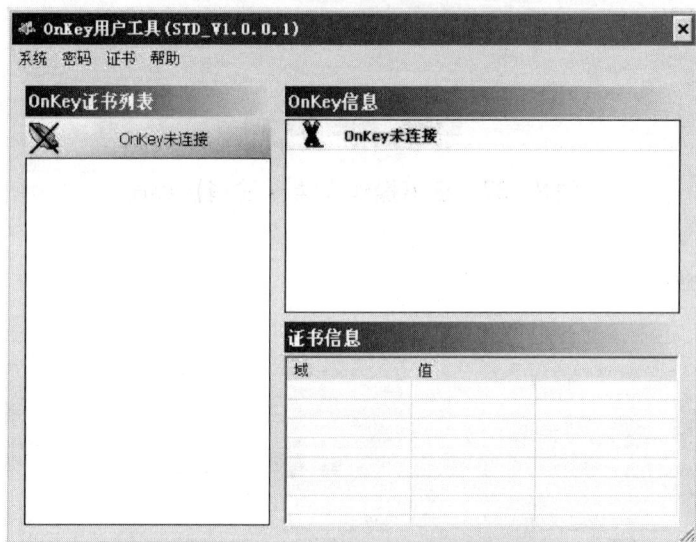

图 8 – 39　中债 Key 管理工具界面

中债 Key 管理工具提供初始化功能，遇有密码遗失、Key 锁定等情形时，可使用初始化功能。初始化后的中债 Key 恢复出厂设置，即密码为初始密码，原有证书被强制删除。

第四节　系统运行时间及技术服务

一、中央债券综合业务系统运行时间

除法定节假日外，系统运行时间如下：

系统初始化时间：9：00 前完成

业务截止时间：17：00

日终处理时间：支付系统营业截止或清算窗口关闭后

在系统初始化至业务截止期间，结算成员可通过客户端进行包括结算、发行投标、公开市场操作在内的全部业务操作；业务截止至日终处理期间，结算成员不能通过客户端办理业务，但可进行业务查询，如还需办理业务，可通过应急方式办理；日终处理开始后，系统不再办理业务。

语音/传真查询系统为 24 小时运行。

二、相关外部系统运行时间

（一）支付系统运行时间

除法定节假日外，支付系统运行时间如下：

营业开始时间：9：00 前完成

营业截止时间：17：00

清算窗口时间：17：00～17：30

营业准备时间：营业截止或清算窗口关闭后至次日营业开始前

（二）债券柜台交易系统运行时间

债券柜台系统为全年 24 小时运行。

系统的日初始化、数据接收、数据反馈以及日终处理时间受中央债券综合业务系统相关处理约束。

三、技术支持与服务

为便于解决结算成员业务操作中遇到的问题，中央结算公司设有技术服务专线并指定专职工程师，负责为结算成员提供及时、有效的技术支持与服务，结算成员在登录中央债券综合业务系统进行业务操作时，如遇有技术故障或问题，可直接与中央结算公司系统部联系。

四、灾难恢复中心建设

根据国家和上级管理部门的要求，为提高中央债券综合业务系统的抗风险能力，保证系统的稳定运行和银行间债券市场的持续运作，中央结算公司从 2002 年开始着手建设异地灾难恢复中心，该中心依据相关国家、国际标准，比照系统体系结构规划建设，并随着综合业务系统的升级改造不断升级完善。

异地灾难恢复中心于 2003 年 5 月初步建成，并于当年 8 月成功进行了中央债券综合业务系统第一次计划性的灾难恢复切换运行。此后，伴随着中央债券综合业务系统的不断发展，异地灾难恢复中心也随之进行了升级和改造。2006 年 10 月底，又成功进行了中央债券综合业务系统第二次计划性的灾难恢复切换运行。这两次切换运行的运行时间均为 1 周，在切换运行期间，中央债券综合业务系统的中心端和外部系统接口全部切换到灾难恢复中心运行，结算成员全部通过拨号联网方式接入灾难恢复中心进行正常业务操作。通过这两次切换运行，已经充分验证了灾难恢复中心的可用性。今后中央结算公司将定期进行应急演练，包括切换运行、桌面推演等多种形式，保证灾难恢复中心实时可用。

目前，灾难恢复中心与中国人民银行现代化支付系统、中国外汇交易中心债券交易系统、债券柜台交易中心业务处理系统、中国金融认证中心 CA 认证系统等多个外部系统均实现了直接网络互联，最大可能地保证了系统切换时的业务完整性。

复习思考题

1. 目前中央结算公司的网络接入方式包括哪几种？各有何优缺点？

2. 结算成员客户端的使用与管理有哪些要求？

3. 中央债券综合业务系统运行时间以及相关外部系统的运行时间是如何规定的？

4. CA 证书的概念和功能。

5. 同一机构是否可以申请多张 CA 证书？同一账户下的多张 CA 证书是否具有相同的功能？

6. CA 证书下载凭证生成后，若干自然日内必须下载。请问这个规定的自然日为多少天？若超过了这个期限，应如何处理？

7. CA 证书是否有指定的使用人？多个客户端操作员是否可共用一张 CA 证书？

中债信息产品应用介绍

第一节 中国债券信息网概况

信息在债券市场建设中起着十分重要的作用，信息的完整、对称是衡量一个市场有效性的重要标准。信息系统属于市场的基础设施，各种各样信息的获取是进行市场管理、债券投资、风险管理的前提条件，信息的数量、质量、真伪、时效等诸多要素对债券价格和市场的稳健发展具有重大影响。为此，中央结算公司充分利用统一托管、集中结算和发行服务等带来的信息优势，不断拓展信息渠道，大力开发信息产品，改进并丰富信息共享平台，增强了信息的全面性、准确性、时效性和针对性，不断提高和完善信息服务的质量。

一、中国债券信息网概况

中国债券信息网（http：//www.chinabond.com.cn）（以下简称中债网）于1998年由中央结算公司创立，是中国唯一的债券市场专业网站。十几年来，中债网一贯保持信息发布及时、完整、客观、翔实的风格，已成为中国债券市场参与者及各相关方面充分认可和高度依赖的权威信息窗口和主要交流渠道，是中国人民银行指定的全国银行间债券市场信息披露的官方平台之一。

中债网提供有市场概况、相关法律法规、协议及培训教材和操作指引等静态资料，可帮助用户了解市场基本情况，指导用户办理相关业务；有最新相关政策、业务公告提示、发行人信息披露、债券资料、市场研究与分析文章，以及结算实时行情、统计及债券收益率曲线数据等大量的动态信息，用户可借以随时掌握市场的变化情况并据以或参考开展日常业务活动；通过互动平台从业人员之间可以密切地进行专业交流。具有很强的实用性。中债网分中、英文两个版面，以中文版为主。

（一）中债网中文版版面简况

在浏览器中输入 http：//www.chinabond.com.cn 或通过搜索引擎查找"chinabond"均可进入中债网中文版网站（如图 9 - 1 所示）。信息网中文版首页将最新发布的重要信息在首页上端予以突出展示。

中债网设有 7 个子站点，如表 9 - 1 所示。

图 9 - 1　中债网中文版首页

表 9 - 1　中国债券信息网主要站点

栏目名称	主要内容
关于中债	介绍了中央结算公司的成立背景、发展历程、公司组织结构、公司动态、联系方式等
新闻公告	包含了与债券业务相关的各类新闻，以及市场主管机关、中央结算公司、市场成员等机构发布的公告通知，其中以中央结算公司发布的各类通知公告为主
债券市场	描述了国内债券市场的组织结构、基础设施、法律框架、市场参与者、市场建设等内容
业务操作	面向公司客户，为客户提供日常业务操作信息服务
中债数据	展示了各类市场交易结算数据、行情和报表，同时对收益率曲线、估值、指数等中债信息产品作了展示和介绍
研究分析	侧重于市场评述、宏观分析，各类机构和个人的研究报告等。同时包含了中债日评、信用分析报告等中债分析
中债培训	以中央结算公司向市场提供的各类债券业务培训为主要内容

（二）中债网英文版版面简况

点击中债网中文版右上角"English"按钮，即可进入中债网英文版。目前英文版内容少于中文版，有中央结算公司简介、新闻公告、市场数据、市场概览和业务规则 4 个模块，其中市场数据为逐日更新，市场概览中的内容随时更新，新闻公告则主要集中展示重要的公告通知等。英文版内容今后将根据市场的实际需要不断丰富。

二、中债网常用信息介绍

（一）公告

与银行间债券市场相关的业务公告、业务协议、法律法规和业务规则分别在"首页＞新闻公告＞公告通知"、"业务操作＞业务协议"、"债券市场＞法律法规"和"债券市场＞业务规则"栏目下查看。

1. 公告通知

"公告通知"栏目下按公告发布主体细分为不同的发布机构，如中国人民银行、财政部、中央结算公司、市场成员等，其中中央结算公司的重要通知、公告发布于此栏目下。

2. 公开市场业务的公告

中国人民银行的公开市场业务展示在首页，包括公开市场业务公告，中央银行票据发行公告等。除此之外，央行票据同时发布在业务操作频道下的发行与付息兑付栏目中。公开市场操作是中央银行吞吐基础货币，调节市场流动性的主要货币政策工具，通过中央银行与指定交易商进行有价证券交易，实现货币政策调控目标。公开市场操作1998年5月26日恢复交易，1999年以来，公开市场操作已成为中国人民银行货币政策日常操作的重要工具，目前中国人民银行主要采用包括回购交易、现券交易和发行中央银行票据等多种方式进行持续的公开市场操作，对于调控货币供应量、调节商业银行流动性水平、引导货币市场利率走势发挥了积极的作用。

3. 债券发行与付息兑付业务公告

中债网作为中国人民银行指定的官方信息披露网站，债券发行人须按照有关规定，于债券发行前、债券存续期间以及债券兑付前，通过中债网向社会公众披露相关信息。因此，中债网涵盖了国内最为全面的债券发行信息。中债网用户可以通过"首页＞快速通道＞发行与付息兑付"栏目查看相关内容。"发行与付息兑付"栏目，细分为10个子栏目，其文件内容如表9－2所示。

表9－2　　　　　　发行与付息对付栏目下的子栏目

子栏目名称	各子栏目放置文件说明
发行文件	发行通知、公告、招标书、价位表、发行函等
发行结果	发行情况公告、发行结果、结果汇总表等
缴款提示	发行人发布的提示投资者对某期债券进行缴款
付息兑付与行权公告	发行人发布的对某期债券付息兑付
财务报告（存续期内）	债券存续期内的审计报告、年报、季报、财务报表等

子栏目名称	各子栏目放置文件说明
评级文件（存续期内）	债券存续期内的评级文件、评级文件相关的说明等
发行计划	年、季、月等发行计划，发行计划的变动等
发行预测	市场机构对某期债券的发行预测报告
相关报道	各类媒体对发行人或发行债券的评论
其他公告通知	发行人更名公告、承销排名榜、承销团名单、发行人自行制定的招标规则等

4. 债券要素资料和债券上市信息的公告

通过中债网首页的债券查询功能，用户可以设置多重条件，有针对性地快速查询债券要素信息。中债网提供的债券要素信息主要包括债券发行人、债券代码、期限、付息方式、票面利率、起息日、到期日等共计30项。

债券可上市交易前，中央结算公司将在中债网发布《债券交易流通要素公告》，查询路径为"首页＞业务操作＞交易结算"。

（二）协议和法规规则

"业务协议"栏目放置了中央结算公司与客户之间签署的《客户服务协议》等协议文本，同时还放置了《全国银行间债券市场回购主协议》等机构参与银行间市场交易必须签署的协议文本。

"法律法规"栏目下的文件为与债券业务相关的国家法律以及主管部门制定的业务规则。

"业务规则"栏目下的文件主要为中央结算公司发布的业务操作细则等。

（三）行情和统计

通过"首页＞中债数据＞结算行情"可以查询到各类债券业务交易结算实时行情和历史行情等。通过"首页＞业务操作＞柜台业务"可查询柜台业务行情。另外，用户可以通过"首页＞中债数据＞统计报表"栏目查询中央结算公司每月初向市场发布的《统计月报》，《统计月报》共有20多张报表，反映债券市场的全貌和月度变化情况。

（四）加密信息

中债网上的信息大多数为公开信息，不对访问用户作任何限制。有极少部分信息考虑到保护客户信息或对访问用户有一定范围要求，而对信息进行了加密处理。信息标题中带有锁的标志即为加密信息。中央结算公司客户（即在中央结算公司开有债券账户的机构）可以在中债网首页自行申请账号，在注册过程中，需要按照网页提示的注册步骤将《用户权限申请单》保存并打印，加盖公章（或部门章）后传真至中央结算公司，经专人审核后将会开通中债网账号，此后用户可以查看网站加密信息。

（五）互动交流

中债网在首页提供了"中债通"即时通信软件，具有一定权限的用户可以下载使用该软件。使用该软件需要具备访问网站加密信息的权限，即中债通软件使用者基本为银行间市场交易结算成员，同业人员在该平台上进行业务交流，其中，中债估值用户群每周可阅读债务信息部对信用类债券发行人的财务分析报告。

同时，中债信息网具有"网上会议"的功能。会议召开前，会议召集方将在网站发布"网上会议"通知，说明会议内容和时间等。届时，进入网上会议入口（http：//meeting. chinabond. com. cn/meet/）即可参与到会议当中。参与会议可以匿名方式，也可以使用已注册成功的中债网用户名。目前，中央结算公司每月 25 日在网上召开"中债信息产品质量交流会"，就中债信息产品听取客户意见。

此外，在中债网左下角债市互动模块中，还具有债市论坛的功能。或者通过 http：//bbs. chinabond. com. cn/访问债市论坛。在论坛中会发现债券信息部对债券估值定价、宏观市场情况和中债季度交流会的分析报告供大家交流探讨。中债网注册成员可通过会员登入参与业务交流，访客只能查看相关内容。

三、用户分类和用户注册

（一）用户分类

信息系统的用户根据各自对信息的不同需求和使用可分为两类：第一类是普通用户，可以浏览和查询通过中债网发布的所有公开信息。该类用户只需要具备基本的上网条件即可，不需要办理其他入网手续。第二类是结算成员用户，除公开信息外，还可以查询针对银行间债券市场成员发布的加密信息。加密信息是面向市场成员、主管部门和发行人等有关市场参与者发布的与债券市场业务相关的内部通知公告类信息。使用加密信息时，该类用户需事先向中央结算公司申请中债网身份注册。一般情况下由成员通过中债网上的"用户注册"自行申请。此外，此类用户可用中债网注册号及密码登录"中债通"即时通信软件。中债通是由中央结算公司提供的即时交流软件，需下载并安装后方可使用。

（二）用户注册

打开中债网 www. chinabond. com. cn，点击首页上方的"注册"。

（1）填写结算成员托管账号，并通过审核；

（2）进入用户信息填写界面，填写真实有效的注册信息；

（3）根据系统提示，保存并打印"用户权限申请单"，加盖单位公章（或部门章）传真至中央结算公司，将有专人对传真文件进行审核，并手动开通相关网站权限，同时通过用户注册时登记的邮箱和手机短信通知用户，网上用户注册完成。

（4）忘记用户名或密码的操作流程。若您忘记了注册时的用户名或者密码，可以通过信息网最上方的"忘记密码"来找回。找回密码可以选填注册时登记的邮箱地址或者注册时的用户名两种方式。若仍不能找回密码，请您重新注册并传真"用户权限申请单"至010－88170915，我们为您开通新账户。

四、"中债通"即时通信软件使用说明

（一）下载与安装

（1）打开网页浏览器，输入中债通软件下载地址：www.chinabond.com.cn/pop/zzt11.exe（如图9－2所示）。

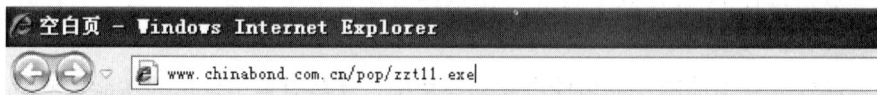

图9－2　中债通软件下载地址

（2）将安装文件保存至本地机，双击此文件，根据提示进行安装（如图9－3~图9－6所示）。

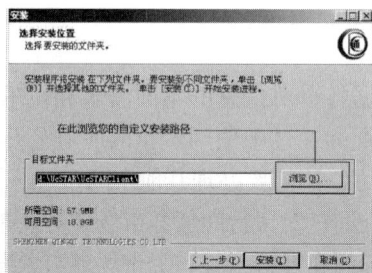

图9－3　中债通软件安装步骤一

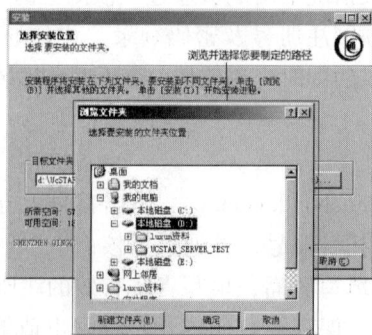

图9－4　中债通软件安装步骤二

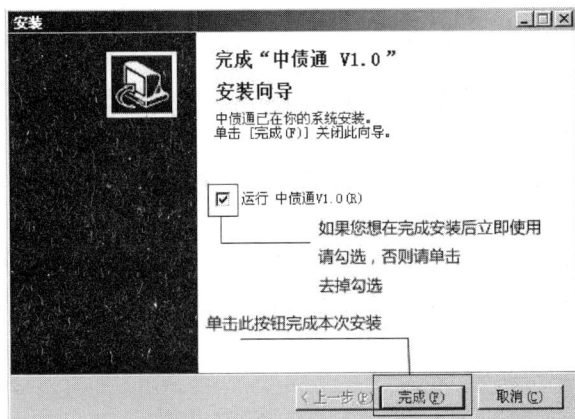

图9-5　中债通软件安装步骤三

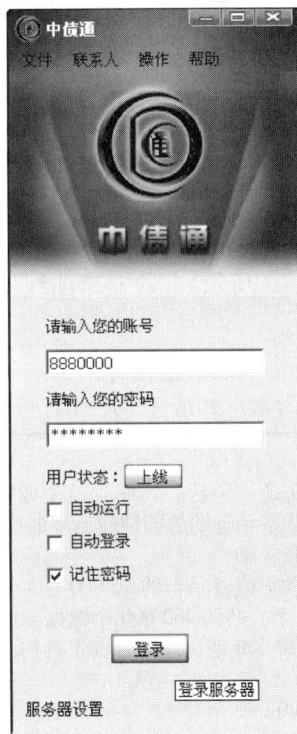

图9-6　运行中债通软件

（二）登录

双击桌面上的"中债通"图标，在登录界面输入"账号"和"密码"（即中债网的用户名和密码）后，点击"登录"按钮即可登入中债通。

（三）添加好友和加入群组

（1）点击中债通主界面上方的"联系人 > 查找联系人"；

（2）选择"查找联系人"或"查找群组"；

（3）在"关键字内容"中输入需查找的联系人或群组的名称后，点击"开始搜索"；

（4）选中搜索结果，点击"添加好友"或"加入此群组"即可；

（5）等待对方联系人或群组管理员确认。

（四）发送即时消息

双击单个联系人或群组会弹出对话框，输入要发送的内容后，点击"发送"，信息即刻发出。

中债通除上述基本功能外，还附有文件传输，创建多人会话，查看历史消息和离线消息，截图等功能。如需了解更多功能，请点击中债通主界面上方的"帮助"。

第二节　中债价格指标产品概况

中债价格指标产品包括中债收益率曲线、中债估值、中债市场隐含评级、中债指数和中债 VaR（如表 9 - 3 所示）。收益率曲线反映的是当前债券市场各期

表 9 - 3　　　　　　　　　**中债价格指标产品**

（截至 2016 年 5 月 31 日）

①中债收益率曲线

　　每日发布各类曲线共 1 329 条，包括：到期收益率曲线 80 条；即期收益率曲线 56 条；远期的到期收益率曲线 592 条和远期的即期收益率曲线 592 条。

②中债估值及指标

　　每日发布全部流通中债券的估值（目前约 30 000 个）和相关指标，包括每只债券的估值、久期、凸性等指标共 32 个，共约 960 000 个数据。此外，每日提供优先股估值 22 条，非标准化债权资产估值约 20 000 条，理财融资工具约 200 条。

③中债市场隐含评级

　　每日发布市场隐含评级约 20 000 个

④中债指数及指标

　　每日发布总指数及成份指数共 60 个，每个指数又按 7 个待偿期分段计算子指数，每个子指数包含相关指标 17 个，约 7 140（60×7×17）个数据，目前为 1 200 多个债券账户计算了持仓指数，结构同上，约 142 800（1 200×7×17）个数据。同时可按照用户委托提供个性化定制指数服务。

⑤中债 VaR

　　每日发布全部流通中债券的 VaR 和 CVaR 指标，假设持有期分 1 天、5 天和 10 天三种情况，置信水平分 95% 和 99% 两种情况，共约 54 000 个数据。同时根据用户委托提供债券组合 VaR 的计算服务。

限品种和不同信用等级的利率水平，它是存贷款、固定收益产品等金融产品定价的重要参考基准，也是国民经济的"晴雨表"之一。债券估值是解决债券交易价格不连续、不完整特点的国际通行手段。它为债券投资的会计处理、风险控制和交易定价提供依据。中债市场隐含评级是在外部评级的基础上，参考市场价格、发行人财务信息等因素抽取出市场对受评价对象的信用评价。与外部评级相比，中债市场隐含评级的特点表现在信用风险预警、检验外部评级及挖掘投资机会三个方面。债券指数是全市场或一组债券价格变化的综合反映，它可用于金融机构债券投资的业绩评估和作为债券投资组合的跟踪标的。中债VaR值是测量市场风险的指标，可作为风险控制和业绩评估的依据。

一、中债收益率曲线概况

债券收益率曲线是反映一组货币和信用风险均相同，但期限不同的债券收益率的曲线。根据债券发行人的不同，可以分为国债收益率曲线、企业债收益率曲线等。

构建收益率曲线的一般方法，是利用市场上已知的债券到期期限与价格信息建立模型，推导出任意期限所对应的收益率。通常来说，债券价格与收益率为反向变动关系。

我国债券收益率曲线是随着我国债券市场特别是银行间债券市场的不断发展而不断完善的。1999 年，我国债券市场上提供债券登记托管等基础设施服务的机构——中央结算公司编制了我国第一条债券收益率曲线——中债收益率曲线。2002 年实现中债价格指标产品系统第一次升级，首次推出中债指数系列，并通过中债网对外发布。2006 年 3 月 1 日经过公司内外部专家的深入研究、比较后，结合中国债券市场的实际情况，提出并开发出了全新的债券收益率曲线构建模型—Hermite（赫尔米特模型），实现中债价格指标产品系统第二次全面升级，使得中债价格指标产品的质量有了显著提高，标志着具有自主知识产权的债券定价产品在中国正式确立。目前，我国有多家机构在编制债券收益率曲线，而中央结算公司编制的各类收益率曲线市场认可度较高，曲线品种较完整，使用范围较广。中央结算公司编制收益率曲线的原则是科学、透明、客观和中立，表现为专业、权威、完整和稳定。根据市场变化，从产品的细化到描写市场动态，做到每日都有更新、精益求精、不断进步。2010 年，为了实现中债价格指标产品的可持续发展，中债收益率曲线进入有偿使用阶段，曲线明细数据开始向签约缴费用户提供。2011 年至今，我们不断丰富曲线族系，进一步优化曲线品种，加强推动曲线的宣传应用。

中债收益率曲线产品按照利率类型划分到期收益率曲线、即期收益率曲线、远期的到期收益率曲线和远期的即期收益率曲线四类。到期收益率曲线是基础，其他三类可由此推导得出。

中债收益率曲线品种日益丰富，以到期收益率曲线为例，截至 2016 年 5

月 31 日，有以下几类划分：　　（1）以债券发行主体划分有国债收益率曲线（1 条）、央行票据收益率曲线（1 条）、国开债收益率曲线（1 条）、政策性金融债收益率曲线（4 条）、铁道债收益率曲线（2 条）、企业债收益率曲线（18条）、商业银行债收益率曲线（20 条，其中普通债收益率曲线 9 条、次级债收益率曲线 11 条）、中短期票据收益率曲线（15 条）、资产支持证券收益率曲线（10条）和地方政府债收益率曲线（2 条）、城投债收益率曲线（6 条）；（2）以债券付息方式划分有固定利率收益率曲线（56 条）、浮动利率收益率曲线（24条，其中以一年定存为基准的浮动曲线 13 条、以 Shibor 为基准的有 8 条、以R07D 为基准的有 3 条）；（3）以债券发行体信用等级划分由 AAA + 到 CC。

具体请见图 9 - 7 中债收益率曲线族系。

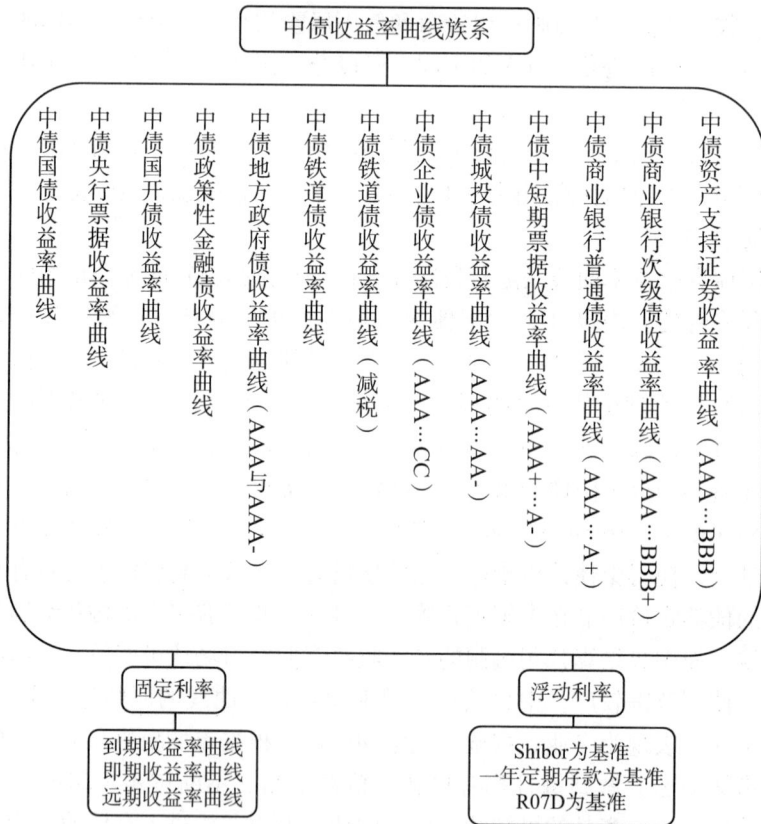

图 9 - 7　中债收益率曲线族系

二、中债收益率曲线使用功能介绍

中国债券信息网是中债收益率曲线的重要的发布平台之一，它可以及时、方便和多方位地展示收益率曲线。下面，将介绍中债收益率曲线在中债网的使用功能和查询方法。首先，中债网可以提供中债收益率曲线以下几个方面功能：

（1）提供每个工作日的到期收益率曲线、即期收益率曲线、远期的到期和远期的即期收益率曲线；

（2）提供单条曲线与市场点的对比图；

（3）提供两条曲线及其点差曲线图；

（4）提供单条曲线与发行利率的对比图；

（5）提供多条曲线某一整数期限点的历史走势图；

（6）提供多条曲线某一整数期限点与 Shibor 利率关键期限点的历史走势图；

（7）提供多条曲线某一整数期限点与回购利率关键期限点的历史走势图；

（8）提供单条曲线在多时间点的对比图；

（9）提供单条曲线在某一时间段的三维图。

以上功能通过选择中债收益率曲线查询页面下的"坐标类型"和"点线比较"类型实现（如图 9 - 8 所示）。其中，"x - y 坐标"重点可以对比某一时间点下的多条收益率曲线；"y - z 坐标"则展示某一时间段下的多条曲线；"x - y 坐标多时间点"对应的是查询多时间点的单条曲线；而"x - y - z 坐标"是提供某一时间段下单条曲线的三位立体图。表 9 - 4 列举了 4 个坐标轴下，中债网提供的收益率曲线的使用功能。

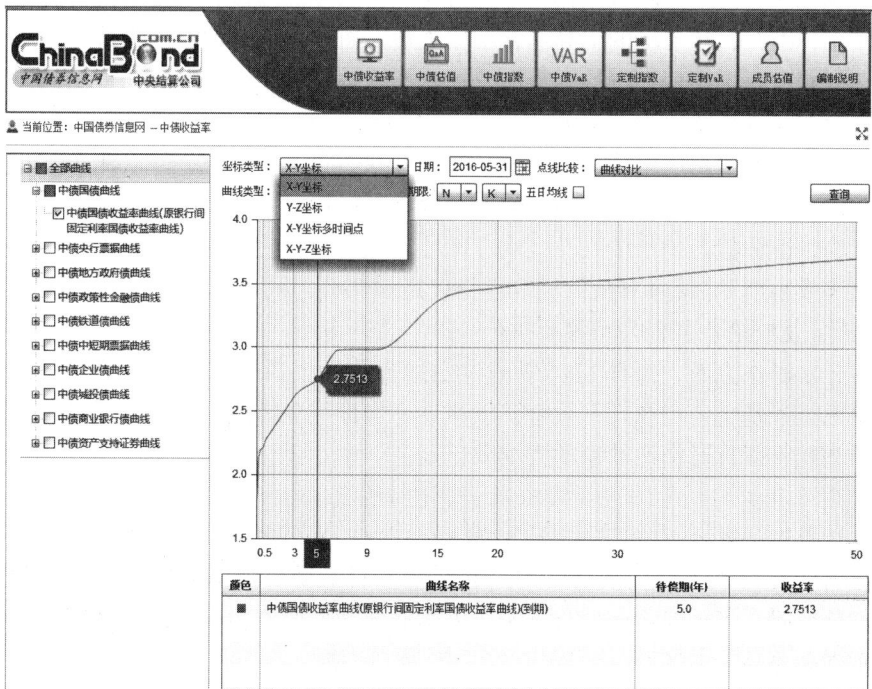

图 9 - 8　中债收益率曲线查询页面

表 9 - 4 中债收益率曲线基本功能介绍

坐标类型	特点	功能介绍
x - y 坐标	某一时间点，多条曲线	• 多条曲线对比 • 单条曲线与市场点对比图 • 单条曲线与成员估值点对比图 • 两条曲线的点差对比图 • 单条曲线与其发行利率的对比图
y - z 坐标	某一时间段，多条曲线	• 多条曲线某一整数期限点的历史走势图 • 多条曲线某一整数期限点与 Shibor 利率关键期限点的历史走势图 • 多条曲线某一整数期限点与回购利率关键期限点的历史走势图 • 单条曲线多个整数期限点历史走势图
x - y 坐标多时间点	多时间点，单条曲线	• 单条曲线在多时间点的对比图
x - y - z 坐标	某一时间段，单条曲线	• 单条曲线在某一时间段的三维图

三、中债收益率曲线在市场的应用

如上所述，中债收益率曲线和估值在机构的投资分析和市场决策中起着重要作用，因此，在市场的引导下，中债收益率曲线和估值也逐渐为监管层所认可，开始在我国金融市场的监管中发挥着不可替代的作用。

（1）为落实新企业会计准则，证券业协会要求自 2007 年 7 月 1 日起，全国所有证券基金采用中债估值为其持有银行间债券进行估值，并以此作为基金净额的会计核算依据形成基金净值，供投资者申购、赎回。

为保证估值的公正中立及客观准确性，证券业协会成立了"证券投资基金估值工作小组"，每月对估值标准进行审定和调整，同时形成"每月估值处理标准"，发放给各基金公司参照执行。

日常操作方面，每日 17：30 点左右通过各种渠道将当日收益率和估值数据发送至各基金公司和托管银行，以便计算当日基金净值，同时随时接受基金公司和托管银行对估值数据的咨询和质疑。

2015 年 1 月，中国证券投资基金业协会发布《中国证券投资基金业协会估值核算工作小组关于 2015 年 1 季度固定收益品种的估值处理标准》，自2015 年 1 季度起，推荐基金管理人和托管人对交易所市场固定收益品种确定公允价值时，可选择中债估值等第三方估值。中债估值的应用范围从银行间市场扩展到交易所市场。

（2）为进一步加强银行业金融机构市场风险管理，建立银行业金融机构市场风险管理计量参考基准，银监会于 2007 年 6 月发布了《中国银监会关于建立银行业金融机构市场风险管理计量参考基准的通知》。该《通知》要求银行类金融机构从 2007 年 10 月 8 日起，各行应采用中债收益率曲线计算交易账户人民币头寸市值，并与根据自行编制或其他机构编制的收益率曲线计算得出的相应市值在每个工作日至少进行一次比较。如果在每个季度内有 5 个（含）以上工作日两者计算结果相差超过 1%，应在下个季度前 10 个工作日内向中国银监会书面报告，并做出详细、准确的说明。此通知的出台主要基于银行业金融机构采用自行编制的收益率曲线进行市场风险的监控和管理时，依赖主观判断的因素较多，不利于监管部门对各行的市场风险状况进行统一的判断与比较，因此，需要建立对我国银行业人民币业务的市场风险管理的基准收益率曲线。银监会在充分调研论证的基础上，制定并印发了该《通知》。该《通知》的下发标志着我国银行业人民币交易业务市场风险管理的基准收益率曲线正式确立，为有效实施和落实国际通用的各类市场风险管理措施和模型奠定了基础，有助于进一步提高银行业金融机构市场风险管理水平。

（3）财政部发行的超长期限国债 20 年期、30 年期、50 年期，招标区间参考中债国债收益率曲线确定。另外，为了支持地方政府融资，财政部代发代还、代发自还，以及地方政府自发自还的地方政府债的招标区间也参考中债国债收益率曲线确定。

（4）保监会在《保险公司偿付能力报告编报规则第 11 号：动态偿付能力测试》中规定采用中债 7 年期国债收益率曲线作为基准进行年投资收益率的预测。2010 年 1 月保监发［2010］6 号《关于保险业做好〈企业会计准则解释第 2 号〉实施工作的通知》要求对于未来保险利益不受对应资产组合投资收益影响的保险合同，用于计算未到期责任准备金的折现率，应当根据与负债现金流出期限和风险相当的市场利率确定。该市场利率可以中央结算有限责任公司编制的中债国债即期收益率曲线 750 个工作日移动平均为基准，加合理的溢价确定。此外，众多保险机构的内部风险管理部门也已经采用中债估值作为内部控制的标准，中债收益率曲线和估值在保险机构风险控制方面也开始发挥越来越重要的作用。

（5）中央结算公司已协助财政部国库司完成了《中华人民共和国财政部国债收益率曲线课题报告》，财政部国库司发布的《财政部国债管理工作报告》半年报和年报均采用了中债银行间国债收益率曲线进行分析研究。

（6）2010 年，中央结算公司与财政部会计司共同主持完成财政部重点会计课题《金融工具（债券）公司价值相关问题研究》，并取得质量评定为"优"的鉴定意见。中国人民银行每月《金融市场运行情况》以及每季度《货币政策执行报告》均采用中债收益率曲线作为债券市场利率水平参考。

（7）部分审计机构采用中债估值对机构的债券资产进行审计。我国财政部在借鉴国际会计准则的基础上，在 2006 年 2 月 15 日颁布的《企业会计准则第 22 号——金融工具确认和计量》中明确采用公允价值并同时规定"金融工具不存在活跃市场的，企业应当采用估值技术确定其公允价值。"由于中债收益率曲线和估值秉承客观中立的原则，并且对市场变化有较大的敏感度和反映能力，因此，部分审计机构已开始采用中债估值对其审计客户的债券资产进行审计和资产评估。

2009 年 2 月，中央结算公司与证监会基金部签署《监管合作备忘录》，协助建立基金债券投资交易行为监控系统，定期向证监会基金部提供基金债券投资情况，报送重大风险事项和以中债估值为基准的异常交易行为。同年 9 月起，中债估值作为市场主管部门监测银行间债券市场异常交易的参考指标。

（8）2010 年，中国银行间交易商协会推出信用风险缓释工具，兴业银行、中债信用增进公司等机构采用相应信用等级的中债银行间中短期票据，即期收益率曲线作为信用事件发生在到期日之前的实物结算金额的贴现因子。

（9）2012 年 4 月，银监会发布《商业银行债券公允价值估值操作指南》，中债估值作为权威、有公信力的第三方机构的估值结果作为境内债券公允价值的基础。

（10）2012 年 9 月，易方达基金公司采用中债新综合指数作为标的发行指数基金。12 月，国联安基金公司采用中债信用债指数（3 ~ 5 年）发行指数基金。截至 2012 年 12 月，已有 200 余支证券投资基金使用中债指数作为业绩比较基准。

（11）2012 年，中债价格指标被正式纳入央行统计序列。

（12）2012 年，中债资信评级公司利用中债收益率曲线计算债券发行人隐含评级。

（13）2012 年，部分授权信息商开始加强对中债曲线和指数的深度应用与展示。

（14）2014 年 11 月，财政部网站开始每日发布中国关键期限国债收益率曲线，该曲线关键期限收益率数据由我司负责编制提供。

（15）2014 年，中国人民银行官网发布的《2014 年金融市场统计》中，首次公布了《中债国债收益率统计表》，中债国债收益率正式进入中国人民银行统计序列。

（16）2014 年 10 月，开始为银行理财投资的非标准化债权资产提供估值，每日估值数量超万条。

（17）2014 年 11 月，开始为国内优先股提供估值，标志着中债估值业务已涉及权益类资产。

（18）2015 年 1 月，中国金融期货交易所开展国债作为国债期货保证金业务试点工作，并选取中债估值作为计算国债保证金价值的基准之一。

（19）2015 年 12 月 1 日，国际货币基金组织（IMF）召开执董会，对特别提款权货币篮子的定价方法进行审议。会议决定，从 2016 年 10 月 1 日起，中国的人民币将作为除美元、欧元、日元和英镑之外的第五种货币纳入特别提款权（SDR）货币篮子。与此同时，中央结算公司编制的国债三个月基准利率将纳入特别提款权利率篮子。

（20）2015 年 6 月 15 日，中国人民银行网站每日发布由中央结算公司编制的中央国债收益率曲线，中债商业银行普通债收益率曲线（AAA）和中债中短期票据收益率曲线（AAA）。

（21）国债收益率曲线的基准作用。

国债的无信用风险和期限结构完整的特性决定了国债收益率曲线有独到的基准性作用，这种基准性作用除了可用于国债发行、交易定价的参考及国债的公允价值计量以外，还有以下几个方面：

①信用类固定收益证券估值定价基准。

2013 年 12 月，首只以中债国债收益率曲线作为发行和重定价基准利率的永续中票成功发行上市。2015 年 2 月，首只以中债国债收益率曲线作为发行和重定价基准利率的永续证券公司次级债发行上市。

②股权类证券估值定价基准和国债期货等金融衍生工具定价基准。

2014 年 11 月，首只以中债国债收益率曲线作为发行和重定价基准利率的优先股成功发行上市，中债收益率曲线深度应用得到有效扩展，市场影响力也得到进一步提升。

③商业银行票据业务和拆借业务的定价参考。

在市场化程度较高的发达国家，其票据贴现利率是随着市场资金供求状况和市场参与主体心理预期的变化波动，商业银行在进行票据业务时，可以参考国债收益率曲线的短端进行票据定价。拆借业务与票据业务相类似，在利率市场化环境下，拆借利率也应参考市场公允的利率指标来决定，从这个角度来说，国债收益率曲线的短端也可以成为拆借业务的利率参考指标之一。

④商业银行存贷款定价的基准。

利率完全实现市场化后，国债收益率曲线可以是商业银行存贷款（特别是中长期）定价的基准。完整的国债收益率曲线可以反映出从 1 年期以内到 30 年期的无风险利率，天然适合用作商业银行存贷款定价的基准。

⑤用于内部转移定价的参考。

当实施一个内部资金转移定价系统时，机构一般会首先确立一个基准收益率曲线，这一公允的基准收益率曲线往往是国债收益率曲线。

⑥协议存款定价的参考。

虽然协议存款利率最后是通过双方谈判决定，但是必须参考一个公允的利率指标为基础进行谈判。由于国债收益率曲线完整地揭示了短、中、长期市场利率水平，所以国债收益率曲线完全可以用来作为协议存款定价的参考。

⑦市场风险管理及投资业绩考核的计量参考。

由于国债收益率曲线的基础性定价参考作用，公允客观的国债收益率曲线也可以用来为金融机构的市场风险管理及投资业绩考核提供计量参考。

（22）2016 年初，国家开发银行在其网站刊登了中债国开债收益率曲线，该曲线较好地反映了国开行发行各期限债券的市场收益率水平，为境内外投资者快速了解该类债券市场行情提供了便捷手段。目前，国开行采用该曲线为其发债以及贷款定价提供利率参考。

（23）2015 年 4 月，首只以中债银行间固定利率政策性金融债收益率曲线（国开行）作为基准的中期票据成功发行上市，中债收益率曲线作为市场基准利率的应用范围进一步扩大。

四、中债估值（债券）概况

（一）基本原理

中债估值（债券）采用现金流贴现模型，将债券未来预期现金流贴现求和，贴现利率取自中债收益率曲线中的到期收益率。

$$PV = \frac{C/f}{(1 + y/f)^w} + \frac{C/f}{(1 + y/f)^{w+1}} + \cdots + \frac{C/f}{(1 + y/f)^{w+n-1}} + \frac{M}{(1 + y/f)^{w+n-1}}$$

其中，PV 为债券全价；y 为估值收益率；C 为票面利率；f 为债券每年的利息支付频率；n 为剩余的付息次数，$n-1$ 即为剩余的付息周期数；w 等于 D/当前付息周期的实际天数；M 为债券面值，D 为估值日距最近一次付息日的天数（算头不算尾）。

（二）相关估值指标

中债估值弥补了当前债券市场双边报价品种有待丰富、连续性不高以及交易结算不活跃、异常价格较多的不足，更加贴近投资人和管理者对完整、连续和公正的债券公允价值的需求。

中债估值发布的是一套指标，其中包括价格指标（全价、净价和应计利息）、风险指标（久期、凸性）、流动性指标和推荐指标（可信度）。中债估值每个工作日 17：30 左右发布，具体指标如表 9－5 所示。

表 9－5　　　　　中债债券估值指标系列

基本指标	价格指标	收益率指标	风险指标		流动性系数
债券简称	日间估价全价	估价收益率（%）	估价修正久期	加权平均结算价修正久期	绝对流动性系数
债券代码	日终估价全价	点差收益率（%）	估价凸性	加权平均结算价凸性	相对流动性系数
估值日期	日间应计利息（元）	加权平均结算价收益率（%）	估价利差久期	加权平均结算价基点价值	位置百分比

续表

基本指标	价格指标	收益率指标	风险指标		流动性系数
流通场所	日终应计利息（元）		估价利差凸性	加权平均结算价利差久期	相对流动性取值
待偿期（年）	估价净价		估价利率久期	加权平均结算价利差凸性	
	可信度		估价利率凸性	加权平均结算价利率久期	
	剩余本金（元）		估价基点价值	加权平均结算价利率凸性	
	加权平均结算全价（元）				
	加权平均结算净价（元）				

估价修正久期：修正久期衡量了债券价格变化对收益率变化的敏感程度，是在假设未来现金流不变的情况下，当收益率变动 100 个基点时，债券价格的近似变化率。假如久期为 2，收益率变化一个 bp，则债券价格大致变动 0.02%。当收益率变动幅度较大时，这种度量并不是非常精确，要计算得更加精确，需要借助凸性的概念。

估价凸性：凸性是对债券价格—收益率曲线弯曲程度的一种度量，同时也在一定程度上衡量了久期对收益率的敏感程度。债券的凸性准确地描述了债券价格与收益率之间非线性的反向关系，而久期将债券价格与收益率之间的反向关系视为线性的，只是一个近似公式。

估价基点价值：基点价值是指收益率每变化一个基点时引起的债券价格的绝对变动额，也就是 0.01 个百分点的变动所造成的债券价格的变动值。

估价利率久期：针对浮动债而言，描述的是当利差不变时，基准利率变动所引起的债券价格的线性变动。

估价利差久期：针对浮动债而言，描述的是当基准利率不变时，市场利差变动所引起的债券价格的线性变动。

估价利率凸性：针对浮动债而言，描述的是当利差不变时，基准利率变动所引起的债券利率久期的线性变动。

估价利差凸性：针对浮动债而言，描述的是当基准利率不变时，市场利差变动所引起的债券利差久期的线性变动。

加权平均结算价收益率：加权平均结算收益率是根据市场加权结算价格推算出来的到期收益率，如果当日没有市场价则不计算。

可信度：在中债估值中，有些债券可能有多个估值（比如含权债就有一个行权价格，还有一个不行权价格），中债把两个可能的估值都发布，同时用"可信度"这个字段来标识其中哪个估值是我们比较倾向的，标有"推荐"即中债比较倾向的估值。

（三）中债估值编制流程

中债估值编制流程包括以下几个步骤：

1. 信息收集

为保证曲线和估值编制的客观性，每次编制前要收集当天尽可能多的相关信息，包括债券一级市场的发行信息、二级市场的成交结算信息、双边报价信息、货币经纪公司的报价信息、银行间柜台市的信息、货币市场的价格信息以及宏观和行业信息等全方位的信息。

2. 分析判断

对收集来的信息进行分析判断，包括对信息对市场的影响程度进行评估、对一级、二级市场的价格信息进行去伪存真、去粗取精的分析。

3. 上机编制

通过以上两步对信息的分析处理，业务人员开始上机进行编制，上机编制的过程主要是输入收益率曲线各关键期限收益率及特殊债券的估值参数。参数输入完毕后，程序自动计算曲线和债券估值。

4. 产品发布

当天的曲线和估值全部生成完后，产品进入发布通道传递给最终用户、各信息合作商。

5. 质量检验

在产品生产的每一个环节都会有相应的质量控制，在产品发布后，负责质量工作的业务人员再对当天发布的所有产品进行一次全方位的计量检验，每周、每月、每年还要进行一次定期检验。

五、中债指数编制与应用概况

中央结算公司编制的中债指数自 2002 年 1 月 1 日起对外发布，从 2006 年 3 月升级完成以来，已经形成了基本完备的体系。每一只中债指数的具体编制要素说明详见中债网（www.chinabond.com.cn）指数曲线图预览上的"指数编制说明"项。

（一）中债指数的体系

中债指数族系按样本券选取方法的不同可分为中债总指数族、中债成份指数族、策略指数、中债持仓指数族、投资人分类指数、中债定制指数族六大体系（如图 9 - 9 所示）。

1. 中债总指数族

中债总指数族编制目的是反映债券全市场或某一类债券的整体价格的变化

情况。以债券的期限、发行人、流通场所及债券付息方式等单一或多个要素下全部债券为样本券的指数。各指数编制规则详见中债信息网。

2. 中债成份指数族

中债成份指数是通过科学客观的方法，挑选出具有代表性的样本债券来反映某类债券价格的走势特征，成份债券一经确定，在一段时期内会保持不变。

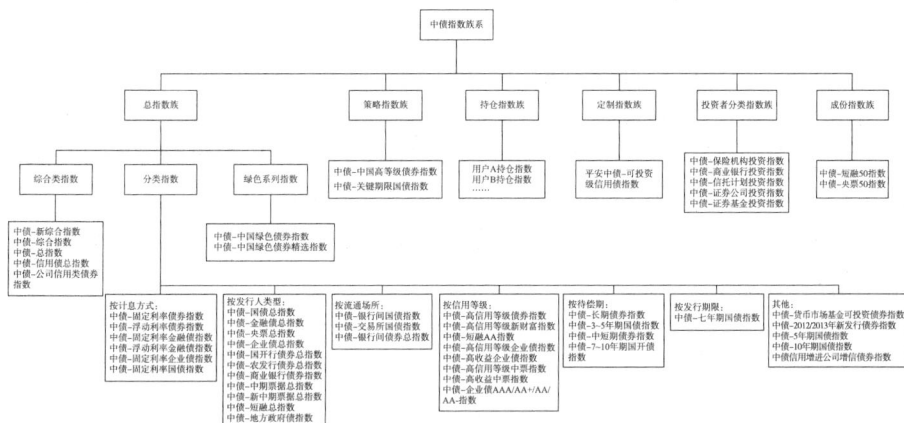

图 9-9　中债指数体系

3. 中债策略型指数

中债策略型指数是采用非市值加权方法，辅以权重设定及其他选样条件，来模拟一类投资策略的债券指数，适合用作投资标的。

4. 中债投资者分类指数

中债投资者分类指数是以不同类别投资人在中央结算公司托管的债券集合作为指数成份券，剔除美元债和资产支持证券后，以持仓市值进行加权计算。不同投资者可以选取所属分类的投资人指数作为横向比较的业绩评价基准。

5. 中债持仓指数族

2004 年 12 月 20 日银监会在《商业银行市场风险管理指引》中，指出"商业银行可以采取不同的方法或模型计量银行账户和交易账户中不同类别的市场风险，市场风险计量方式包括缺口分析、久期分析……""商业银行应当尽量对所计量的银行账户和交易账户中的市场风险在全行范围内进行加总"。

为反映机构持有债券价格水平的变化，成员内部业绩评估、风险控制提供参考指标，便于与选定的基准指数进行比较分析。中央结算公司每天为 1 000 多家机构计算持仓指数。持仓指数以托管在中央结算公司的各机构成员债券账户为单位，以各账户中的全部债券基础上剔除美元债和资产支持证券后的债券为集合每日自动生成。该类指数仅供开户成员自己阅读使用，不对外披露。

6. 中债定制指数

中债定制指数可以作为债券指数基金的投资标的。定制指数常有两种方式：一是从已有的"标准"指数中衍生出来的指数；二是目前的指数体系不能覆盖的全新指数。无论是哪种形式，定制指数都是基于客户的投资理念，中央结算公司提供不同程度的咨询和协助。定制指数用于使用现有指数所无法复制的投资；用于消除基准风险；可以通过调整投资支出收益、预扣税项或货币对冲策略来获得更好的业绩衡量尺度。

向中央结算公司定制债券指数的基本做法：第一，任一机构均可向中央结算公司提出定制需要，由中央结算公司信息部受理后代为构建。第二，定制指数在合同期内，可根据成员要求，暂不公开，在定制合同到期后，中央结算公司有权公开。定制指数不应与中央结算公司已编制总指数族、成份指数族中的指数及分段指数的名称及样本券构成相同。

（二）取价原则

中债指数取价规则如表9-6所示。

表9-6　　　　　　　　　　　中债指数样本券取价原则

价格源	处理原则
合理的双边报价	根据中债估值进行筛选，取最优双边报价（包括商业银行柜台市场双边报价）的中间价
合理的结算价	根据中债估值进行筛选，在银行间债券市场流通的，取当日加权平均结算价；在交易所市场流通的，取日终收盘结算价
无双边报价、无交易结算发生的，或结算价异常的	直接采用中债估值价格
跨市场债券价格处理	分别取各自的结算价和各个市场的流通托管量

（三）中债指数指标系列

中央结算公司为每只中债指数提供了财富、全价、净价三组总值指标值，并对总指数族、成份指数族、定制指数族、持仓指数族的每只指数提供了按待偿期分段的多组财富、全价、净价指标值。此外，为每只指数按待偿期分段提供了另外14个指标值为一组的多组指标值。

1. 财富、全价、净价指标值计算公式

（1）财富指标：是以债券全价计算的指数值，考虑了利息再投资因素，

根据收到现金流后再投资的速度不同，中债指数体系中含有两个算法。

①算法1计算公式：假设投资者将收到的利息和本金偿还额在当日即投入到指数组合当中。

$$I_T^{TR} = I_{T-1}^{TR} \times \sum_i \left[\left(\frac{P_{i,T}^F + Int_{i,T} + Pri_{i,T}}{P_{i,T-1}^F} \right) \times W_{i,T-1}^F \right]$$

其中：I_T^{TR} 为 T 日债券指数的财富指数值；$P_{i,T}^F$ 为 T 日债券 i 的全价价格；$Int_{i,T}$ 为 T 日债券 i 支付的利息，若无派息则该项为 0；$Pri_{i,T}$ 为 T 日债券 i 提前偿付的本金额，若无提前偿付则该项为 0；$W_{i,T-1}^F$ 为 $T-1$ 日债券 i 的全价市值权重。

②算法2计算公式：假设投资者将该自然月收到的利息和本金偿还额以活期存款的方式持有直至月末最后一个工作日，再将累计的现金投入到指数组合当中。

$$I_T^{TR} = I_{T-1}^{TR} \times \left[\sum_{i=1}^n \left(\frac{P_{i,T}^F + PIN_{i,T} + INF_{i,T}}{P_{i,T-1}^F} \times \frac{MV_{i,T-1}^F}{\sum_j (MV_{i,T-1}^F + CASH_{j,T-1})} \right) + \right.$$

$$\left. (1 + R_{T-1}) \times \frac{\sum_j CASH_{j,T-1}}{\sum_j (MV_{j,T-1}^F + CASH_{j,T-1})} \right]$$

其中：I_T^{TR} 为 T 日该债券指数财富指标值；$P_{i,T}^F$ 为债券 i 在 T 日的全价价格；$PIN_{i,T}$ 为债券 i 在 T 日百元面值下的本金偿还额；$INT_{i,T}$ 为债券 i 在 T 日百元面值下的利息支付额；$CASH_{i,T}$ 为该自然月截至 T 日，投资者以活期存款方式持有的累计债券 i 的本金偿还额和利息支付额；$MV_{i,T-1}^F$ 为债券 i 在 T 日的全价市值；R_T 为 T 日活期存款日利率。

（2）全价指标：是以债券全价计算的指数值，债券付息后利息不再计入指数之中。计算公式：

$$I_T^F = I_{T-1}^F \times \sum_{i=1}^n \frac{P_{i,T}^F}{P_{i,T-1}^F} \times W_i^F$$

其中：I_T^F 为 T 日该债券指数全价指标值；W_i^F 为债券 i 的全价市值权重；$P_{i,T}^F$ 为债券 i 在 T 日的全价价格。

（3）净价指标：是以债券净价计算的指数值，不考虑应计利息和利息再投资。计算公式：

$$I_T^N = I_{T-1}^N \times \sum_{i=1}^n \frac{P_{i,T}^N}{P_{i,T-1}^N} \times W_i^N$$

其中：I_T^N 为 T 日该债券指数净价指标值；W_i^N 为债券 i 的净价市值权重；$P_{i,T}^N$ 为债券 i 在 T 日的净价价格。

2. 按待偿期分段的指标

总指数、成份指数、定制指数中的每一只指数包括指数总值及分段指标值。分段指标值是将该指数中样本券按待偿期不同细分为 1 年以下、1~3 年、3~5 年、5~7 年、7~10 年、10 年以上 6 个区间段，并对 6 个区间段的样本集分别计算全价、净价、财富指标值。分段指标值不仅反映不同期限段债券的价格变动情况，而且可以反映该指数总值变化中不同期限段样本组对该指数总值的贡献大小。

综上所述，任一只总指数、成份指数、定制指数在同一天最多生成 3 × 7 = 21 个指数值。

3. 其他相关指标

除计算财富、全价、净价指标值及分段指标值外，每只指数还包括其他 14 个相关指标，即平均市值法修正久期、平均现金流法修正久期、平均市值法凸性、平均现金流法凸性、平均基点价值、平均现金流法到期收益率、平均市值法到期收益率、平均待偿期、平均派息率、上一日指数总市值、财富指数涨跌幅、全价指数涨跌幅、净价指数涨跌幅、现券结算量。这些指标值反映了债券组合的风险及收益指标。为便于观察和跟踪分析，对上述每一个指数值及每一个指标值均生成历史时间序列的连线图。

这样，任一只指数将在同一天生成总计 14 × 7 = 98 个其他相关指标值。

每只指数的全部指标如表 9 - 7 所示。

表 9 - 7　　　　　　　　中债指数计算并公布的指标系列

指　标	总值	1 年以下	1~3 年	3~5 年	5~7 年	7~10 年	10 年以上
财富指数							
全价指数							
净价指数							
平均市值法修正久期							
平均现金流法修正久期							
平均市值法凸性							
平均现金流法凸性							
平均基点价值							
平均现金流法到期收益率（%）							
平均市值法到期收益率（%）							
平均待偿期（年）							
平均派息率（%）							
指数总市值（亿元）							
财富指数涨跌幅（%）							
全价指数涨跌幅（%）							
净价指数涨跌幅（%）							
现券结算量（亿元）							

注：（1）每只指数每日最多生成（3 + 14）× 7 = 119 个指数值及指标值；
（2）对于持仓指数目前暂不提供分段指标值。

（四）中债指数的应用

中债指数在表征债券市场价格走势、预测宏观经济运行情况、债券投资组合业绩评估及指数化投资产品跟踪标的等方面已有多角度应用。Wind 数据显示，截至 2016 年一季度末，市场上采用中债指数作为业绩基准的基金产品有636 支，占 44.6%，其中债券型基金有 254 支，占比 67.01%。采用中债指数作为跟踪标的基金共有 5 支，另有一支韩国 ETN 产品采用中债指数作为跟踪标的，初设规模 300 亿韩元；两个保险资管计划采用中债指数作为跟踪标的。

六、中债 VaR 值产品介绍

中债 VaR 值产品包括中债单券 VaR、CVaR 值数据和中债组合 VaR、CVaR 值数据。VaR（Value at Risk），即风险价值或在险价值，描述了在一定概率水平下（置信度），某一金融资产或证券组合在未来特定一段时间内的最大可能损失。例如，在持有期为 1 天、置信水平为 99% 的情况下，若所计算的 VaR 值（风险价值）为 1 万元，则表明该资产组合在 1 天中的损失有 99% 的可能性不会超过 1 万元。CVaR 即条件风险价值，它反映了在损失超过 VaR 临界值的条件下，资产组合的期望损失值。它从另一个侧面揭示了风险特征，和 VaR 相互补充、相互印证。目前，VaR 值已经成为计量市场风险的主要指标，也是银行采用内部模型计算市场风险资本要求的主要依据，特别在《巴塞尔资本协议市场风险补充规定》中对市场风险内部模型提出了定量参数要求：置信水平采用 99% 的单尾置信区间；持有期为 10 个工作日；市场风险要素价格的历史追溯期至少为 1 年；至少每 3 个月更新一次样本数据。

（一）中债 VaR 值产品概述

中债 VaR 值采用历史模拟法进行计算，该方法的主要特点是直观且易于实施，不需要设定市场变化参数及市场动态性模型，可避免模型风险。中债VaR 值历史模拟法计算参数有计算日、持有期和置信水平，该方法采用 250 个工作日的历史数据进行模拟，持有期参数为 1 天、5 天和 10 天，置信水平参数为 95% 和 99%。

目前，中债单券 VaR、CVaR 值提供了几乎全部有中债估值债券的 VaR 和CVaR 值，每日发布约 48 000 多个数据（跨场所流通债券视为多只债券）。

（二）中债 VaR 值产品的用途

1. 交易风险管理

采用 VaR 和 CVaR 进行债券风险管理常见的手段是 VaR 和 CVaR 限额管理，具体方法是对每个交易员给予一定的 VaR 限额和 CVaR 限额，当交易员投资组合 VaR 达到限额时，应考虑进行相关的对冲交易，以降低整个组合的

VaR 和 CVaR 值。要降低债券投资组合的 VaR 值和 CVaR 值，应降低组合内各券种的风险相关性，同时控制具有较大 VaR 值券种的持有额度。

2. 金融监管

VaR 作为一种风险计量的指标有着诸多的优越性，它能够在不同业务、不同类别的市场风险中用一个确切的头寸数值即风险价值来度量风险敞口的大小，简明易懂，适宜高级管理层了解市场风险的总体水平，有利于进行风险的监测、管理和控制，因此，国内外金融监管部门都将该指标列入金融风险监控范围内。巴塞尔委员会在 1996 年《资本协议市场风险补充规定》中，对计算VaR 的市场风险内部模型提出了参数定量要求。2007 年，银监会在 48 号文第九条规定"鼓励各行参照第七条规定的中债收益率曲线计算风险价值 VaR 等市场风险管理数据，对所承担的市场风险水平进行量化计算"。近些年，国内大型商业银行已开始探索并建立起以 VaR 为核心的资产风险控制管理系统。人民币债券作为各金融机构投资组合中一类重要的资产，它的 VaR 值也逐渐成为金融监管部门以及投资者关注的对象。

（三）中债 VaR 值产品查询下载

用户可通过新一代客户端和授权信息商进行查询下载。在新一代客户端公共信息产品模块下，进入市场数据 > 中债 VaR 值数据查询 > 中债单券 VaR 与CVaR 值（最新）目录，查询并下载最近一工作日的单券 VaR 值数据，或者进入市场数据 > 中债 VaR 值数据查询 > 中债单券 VaR 与 CVaR 值（历史）目录，可根据需求，查询历史上某一时间段某一类型的债券 VaR 和 CVaR 数据。

例如，查询 02 国债 05（020005）在 2010 年 3 月 3 日，持有期为 1 天、5 天、10 天，置信水平为 95%、99% 下的 VaR 和 CVaR 值，结果如图 9 – 10 所示。

计算日	持有期	置信水平	债券代码	债券简称	流通场所	VaR	CVaR
2010-03-03	1	0.9500	020005	02国债05	银行间债券市场	0.2152	0.3096
2010-03-03	1	0.9900	020005	02国债05	银行间债券市场	0.4102	0.4210
2010-03-03	5	0.9500	020005	02国债05	银行间债券市场	0.4437	0.6532
2010-03-03	5	0.9900	020005	02国债05	银行间债券市场	0.8764	0.9006
2010-03-03	10	0.9500	020005	02国债05	银行间债券市场	0.5545	0.8490
2010-03-03	10	0.9900	020005	02国债05	银行间债券市场	1.1623	1.1967

图 9 – 10　02 国债 05 的 VaR 和 CVaR 值查询结果

（四）中债 VaR 产品的应用情况

目前，国内外市场风险管理的主要指标就是 VaR，巴塞尔银行监管委员会和中国银监会都在积极地推动银行类金融机构开发建设 VaR 指标的计算和管理系统。由于 VaR 系统的建设涉及复杂的金融计算及庞大的信息整合工作，因此，系统建设的成本较高、周期较长。中债 VaR 是直接采用客户的托管明细数据同时给多家机构计算，可以明显地降低机构市场风险管理的成本。

中债 VaR 于 2011 年 3 月正式上线发布，目前处于试用和推广阶段。自中债 VaR 发布以来，正在得到越来越多的银行、保险、证券公司等金融机构的关注，许多机构采用中债 VaR 的计算结果对内部计算结果进行验证，也有机构直接使用中债组合 VaR 进行内部风险管理。

七、中债价格指标产品质量监控介绍

中债价格指标产品（以下简称"价格产品"）具有时效性强、技术含量高、市场影响大、科学性和艺术性相结合的特点，这些特点给价格产品质量监控带来了不小的难度。价格产品在编制过程中面临技术风险、道德风险和操作风险等多种风险，其中技术风险是最主要的风险。

由于价格产品具有较大的市场影响力，监管部门如财政部、中国人民银行、银监会、证监会、保监会等都对价格产品的质量都很重视，经常通过各种途径对价格产品的质量进行监督。此外，为了提高价格产品编制和维护工作的科学性、公正性和透明度，中央结算公司于 2005 年发起组建中债指数专家指导委员会（以下简称"委员会"），负责对价格产品的编制和维护工作进行指导和监督。委员会由 17～40 名关心中国债券市场，在经济金融领域或指数研究方面有较高造诣，并具有代表性和影响力的专家组成。委员负责对价格产品的编制原则和方法进行评价和论证，对价格产品的推广运用工作提供指导性意见，并对相关工作的进展和质量进行监督指导。每年由中央结算公司召集举行一次委员会集中会议（以下简称"专家会议"），中央结算公司就本年度价格产品编制情况向专家委员会进行系统和全面的汇报，并将编制过程中面临的困难或疑惑向专家委员会咨询，接受专家委员会对价格产品的监督和审查。专家委员会成员可以随时通过电话、E-mail 等联系方式，询问价格产品的质量情况。证券业协会证券投资基金估值工作小组每月都对价格产品的质量进行审查，以确定是否全部或部分采用价格产品作为基金管理公司和托管银行的债券估值标准。证券业协会还会定期和中央结算公司就价格产品的质量进行交流和沟通，将基金管理公司和托管银行的意见向中央结算公司进行反馈。

价格产品的质量监控体系是价格产品质量的必要保证，它由两个系统构成：外部监督系统和内部监控系统。两个系统相辅相成，共同承担着不断完善和改进价格产品质量的重要职责。前面所提的专家委员会和专家会议是外部监督系统的重要组成部分。价格产品的外部监督系统又可分为不定期监督机制和定期监督机制两种。不定期监督按照采取的形式又可以分为主动监督和互动监督两种，主动监督是市场成员在对收益率曲线、中债估值、中债指数等价格产品的质量有意见或建议时，通过电话（010 - 88170618/0639/0648）或电子邮件（zhaocs @ chinabond. com. cn；gaosx @ chinabond. com. cn；shitong @ chinabond. com. cn）与监控岗相关人员联系，反馈相关意见以帮助价格产品进一步提高产品质量，而互动监督是指监控岗工作人员不定期地就价格产品质量问题向市场成员征求意见，收集反馈信息，并就如何进一步提高价格产品质量和市场成员进行广泛探讨。定期监督机制主要采用互动监督的方式，包括各种定期举行的质量交流会议，除了前面提到的专家会议以外，还有质量交流网上会议和估值成员交流会议等。

第三节　中债统计数据的使用与查询

中央结算公司作为我国债券市场的核心基础设施，肩负着债券市场总托管人的职责，负责办理银行间债券市场的发行、登记、托管、结算并代理发行人兑付付息，同时还为中国人民银行公开市场业务提供服务，因此，中央结算公司掌握着我国债券市场最为全面、权威的数据。总体来讲，中央结算公司提供的统计服务可以分为三个部分：市场数据、我的统计和监管统计。其中市场数据面向全市场公布，主要反映债券市场整体的运行情况，包括发行兑付、交易结算等方面的数据；我的统计为私密信息，分为两部分，一是市场成员可以查询本机构参与债券市场的业务情况，内容涉及债券承分销、结算量、持仓状况、盈亏计算、风险管理、市场排名等方面，为每个成员有针对性地进行策略和制度安排提供数据支持，二是地方政府发行人可以查询本机构发债及付息兑付情况；监管统计是中央结算公司为市场监管部门度身定做的便于其进行市场监测的专项报表，用以反映市场最新动向、交易风险等情况，报送对象包括中国人民银行、财政部、银监会、证监会、保监会等。

一、市场数据与我的统计的区别

从统计范围来讲，市场数据反映全市场运行情况，统计颗粒度较粗，适于用作宏观分析。我的统计反映的是投资者个体的信息，投资者可以通过这套数据查询自己的相关业务数据，数据具有私密性，其他成员无法获取，适于成员用于内部策略分析。

从统计内容来讲，市场数据更加侧重市场规模、基本信息、市场排名的统计，投资者、发行人、监管部门、学术机构均可使用，而我的统计是对成员自身业务规模进行统计，分别对其各主要业务进行分类排名和细化统计，满足了成员的日常统计需要，同时成员也可以将自己的统计结果与中央结算公司统计数据进行核对，确保数据的准确性。另外，我的统计的重要突破在于：第一，将投资者的统计数据分为单个账户统计报表和多账户集群统计报表，不但反映了成员自营账户的情况，还能反映成员作为托管人、资产管理人、结算代理人受托管理的一类账户的情况。第二，将反映在账户中所投资债券的成本核算、收益核算、风险计量等受托管理指标纳入统计范围，从而给成员内部业绩考核和风控提供更多便利和数据支持。

　　从载体角度讲，市场数据可以在中央结算公司提供中债综合业务平台客户端"市场数据"中进行查询和下载，也可以通过中债网"中债数据"进行点击浏览。而我的统计主要通过中央结算公司中债综合业务平台客户端"我的统计"模块进行查询，每家机构的用户必须具有中央结算公司颁发的数字证书并且获得中央结算公司的统一授权和成员内部授权方可查询，保证了数据的私密性和安全性。

二、市场数据简介

（一）数据涉及的业务范围

　　鉴于中央结算公司在债券市场中所扮演的特殊角色和发挥的职能，其为市场所提供的数据内容主要包括以下四大类：

　　（1）在中央结算公司托管的债券余额数据。

　　（2）在中央结算公司登记债券真实成交的结算数据（包括通过外汇交易中心交易平台达成的交易和通过电话传真等形式达成的交易数据）。

　　（3）在中央结算公司登记发行债券的兑付数据。

　　（4）债券基本信息（包括债券代码、简称、票面利率、发行面额、发行人等债券要素）。

（二）市场数据的获取渠道

　　（1）通过中债网进行查询和浏览，具体位置为中债网"中债数据"子站。

　　（2）在中债综合业务平台客户端进行查询和下载，具体位置为中债综合业务平台客户端"市场数据"模块。

（三）市场数据查询内容

1. 统计月报

　　每月前三个工作日，中央结算公司在中债网上公布24张固定格式统计报表。通过这些报表，基本可以反映整个债券市场的全貌和月度变化情况，具体包括银行间债券市场的发行、兑付、交易结算和托管数据，商业银行柜台市场交易结算数据，以及各类业务按照不同的债券品种和投资人类型进行的分类统计。投资人可以根据这些报表对市场的走势、不同投资人的投资偏好、债券市场的格局进行深入分析和研究。

　　（1）统计口径。

　　债券分类：基本上涵盖了主要的债券品种，包括国债、政策性银行债、央行票据、商业银行债、企业债、中期票据、集合票据、资产支持证券等。

　　投资者分类：既包括商业银行、信用社、保险机构、证券公司、非金融企业等法人投资者，同时还包括证券基金、年金、社保基金、基金会、产业基金、保险产品、信托计划、基金特定组合、证券公司资产管理计划等非法人投资者（目前非法人投资者在统计月报中统一归入基金类投资者）。

币种：除特别说明外，均为人民币债券。

规模：除特别说明外，均按面额统计。

（2）统计用途。

统计月报作为中央结算公司的统一数据发布平台，是债券市场统计数据的重要载体，因此受到用户的普遍关注，通过对统计月报的科学解读，可以使用户更加深刻地了解市场规模、结构以及变化趋势。大体而言，统计月报可以有以下用途：了解市场规模和结构、分析债券和资金的供给、研究机构行为特点。目前，很多证券公司、基金公司每月都会跟踪这些数据的变化，用于策略分析。

2. 交易结算行情与统计

（1）结算数据。

按交易类别，交易结算行情数据主要包括：现券、质押式回购、买断式回购、远期交易、双边借贷。按数据的时效性，可分为：实时行情和历史行情。实时行情用来反映当天最新的交易数据，既有对各项业务的汇总，也有现券、质押式回购和买断式回购等业务的分项数据。历史行情是按历史任意时间段展示的交易数据，使用者可以按天、周、月份、季度、年度或任意时间段查询各交易类型的数据。

（2）商业银行柜台报价和结算。

用户可按债券和交易商来进行柜台记账式国债报价查询。商业银行的柜台报价非常连续、价差幅度较小，报价质量较高，为银行间国债的定价起了很好的参考作用。

3. 债券资料

中债资料数据涵盖了在中央结算公司托管的所有债券的要素信息，使用者可以通过多种方式了解自己所关注的债券。

（1）债券复合查询。

债券复合查询为使用者提供了一个最为全面的查询工具，用户可以通过发行日期、发行人、债券性质、兑付日期等13个约束条件查询出最符合自己要求的债券。

（2）债券简单查询。

通过债券简单查询，用户可以通过债券代码、债券简称、债券属性和发行日期更直接的查找目标债券，与债券复合查询相比，这种方式更直接、更有针对性，适用于快速查询。

4. 业务排名

用户在中债网上的"中债数据"—"业务排名"栏目下，可以查询到财政部公布的国债承销团成员排名、中国人民银行公布的发行系统投标认购总量排名榜和债券结算代理业务开展情况、政策性银行公布的政策性银行债承销团成员排名。此外，中债估值成员可以通过中债网来发布本机构认为合适的收益率曲线各关键期限点收益率水平，从而为中债收益率曲线提供参考。中央结算公司通过一系列计算方法，得出各估值成员对中债收益率曲线的贡献程度，并且予以排序，形成中债收益率曲线估值排名。

5. 统计分析报告

中央结算公司以市场统计数据为基础，结合国内外宏观经济形势和债券市场运行情况，定期发布债券市场统计分析报告。其中，月度报告内容以对国内外宏观经济数据和债券市场数据直观解读为主，半年分析报告和年度分析报告在月度报告的基础上增加了大量事件解读并对债券市场的未来发展提出展望和建议。用户可在中债网上的"研究分析"—"中债分析"栏目下浏览和下载该统计分析报告。

三、我的统计

随着市场的不断成熟，成员内部业绩考核与风险管理不断精细化，市场数据由于只反映了整个市场的情况，难以满足成员的个性化需要，为此中央结算公司开发了"我的统计"，从而向市场提供更多增值服务。"我的统计"是中央结算公司在充分发挥作为中央托管机构的信息优势基础上，借助新一代客户端的平台发布的，涵盖用户一级市场承分销、二级市场交易结算、债券持仓、投资业绩参考、投资风险监控、柜台业务、结算代理业务、托管业务以及资产管理业务等债券业务的一系列报表。通过对每一位用户基础业务数据进行加工和整理，我的统计报表可以为用户提供更加全面、专业和生动的个性化信息统计服务，从而发挥中债价格产品在风险管理、会计记账、交易参考和业绩考核等方面的作用，为机构提升内部管理水平提供一些有益的参考。特别需要说明的是，我们会对用户的个人信息进行保密，用户通过"我的统计"只能查看和下载本机构的相关数据。

从账户层次看，"我的统计"数据内容主要分为单个账户统计报表和多账户集群统计报表。

（一）单个账户统计报表

该部分报表主要反映账户自营情况，共分为七个部分。

第一部分，一级市场业务统计。

本部分主要为了满足各类债券承销团成员查询自身参与一级或一级半市场承分销情况的统计需求。共包括两部分内容：招投标统计和承分销量统计。

招投标统计主要针对公开招投标的债券，如国债、政策性银行债、铁道部债、公开招标发行的其他债券，反映本机构对各只债券的投标量、中标量及对每个发行人的债券中标量排名。

　　承分销量统计反映本机构对各只债券的承销量、分销买入量、分销卖出量、净认购量及对每个发行人的债券承销量排名、分销对手方排名（如表9-8所示）。

表9-8　　　　　　　　承分销量统计——承销量排名（样例）

排名类型：单月排名　　　　　　　　月份：201001

年	月	债券性质	发行人	本期承销量（万元）	本期排名	本期承销团成员家数
2010	01	央行票据	人总行	6 758 000	2	40
2010	01	记账式国债	财政部	43 000	20	58
2010	01	政策性银行债券	国开行	547 000	5	67
2010	01	政策性银行债券	农发行	77 000	10	39
2010	01	中期票据	兖矿集团公司	125 000	1	6
2010	01	短期融资券	中粮集团公司	20 000	6	9
2010	01	短期融资券	中国重汽集团	2 000	7	10
2010	01	中期票据	中国南方工业集团公司	2 000	5	10
2010	01	中期票据	安徽海螺集团公司	344 000	1	9

　　注：本表为样例选登，更多报表参见中债综合业务平台 >"我的统计"主题。

　　第二部分，二级市场交易结算量统计。

　　本部分是对市场成员参与二级市场交易结算情况进行的统计。主要分为现券、回购、远期、借贷业务统计，每种业务类型又按债券品种、交易期限、交易对手方类别等维度分别进行展示（如表9-9所示）。

表9-9　　　　　　　　银行间市场交易结算量总览（样例）

月份：201001

	本月	本年累计（万元）	上年同期累计（万元）	本年累计同比增幅（%）
合计	4 922 750	4 922 750	3 240 950	52
现券交易	544 000	544 000	754 200	-28
回购小计	4 378 750	4 378 750	2 486 750	76
质押式回购	4 378 750	4 378 750	2 486 750	76
买断式回购	0	0	0	0
远期交易（结算）	0	0	0	0
双边借贷	0	0	0	0

　　注：本表为样例选登，更多报表参见中债综合业务平台 >"我的统计"主题。

第三部分，持仓债券统计。

本部分向市场成员提供其自身持仓债券的期限结构和债券品种结构，方便成员及时掌握每月仓位的变化情况；同时提供中央结算公司为每家机构计算的持仓指数图形和相关报表。

第四部分，债券投资业绩衡量参考。

本部分通过中央结算公司所掌握的各市场成员的交易、托管明细数据和中债价格产品在绩效考核方面的功能，将每家机构每月的浮动盈亏和实际盈亏计算出来供大家参考，同时提供全市场、同业机构的内部排名，帮助成员了解本机构投资收益在全市场和同行业之间的地位，从而建立比较科学、客观的绩效考核体系。归结起来，本部分计算的主要指标和排名列举如表9－10所示。

表 9－10　　　　　　　　　　我的统计主要排名类型

排名	类　型
1	持仓指数投资回报排名
2	现券投资总收益排名
3	浮动盈亏排名
4	实际盈亏排名
5	现券投资总回报率排名
6	回购成本核算排名
7	回购收益核算排名
8	交易结算量排名

1. 机构持仓指数回报率

机构持仓指数回报率＝[（期末持仓指数－期初持仓指数)/期初持仓指数]×100%

如果与基准指数回报率对比，可以比较成员的持仓债券价值增长率与全市场基准指标之间的差异，从而反映机构的投资水平。

2. 现券投资总收益

现券投资总收益＝浮动盈亏（未实现损益)+实际盈亏（已实现损益)+当期派息额

这个指标主要用来衡量机构债券投资收益的绝对水平，由浮动盈亏、实际盈亏、当期派息额三部分组成。

3. 浮动盈亏（账面未实现损益）

浮动盈亏＝上期结转债券浮动盈亏+本期新购债券浮动盈亏+本期应计提利息额

为了进一步细化购入债券买入成本的考核，将"本期新购债券浮动盈亏"细分为两部分（如图9－11所示）。

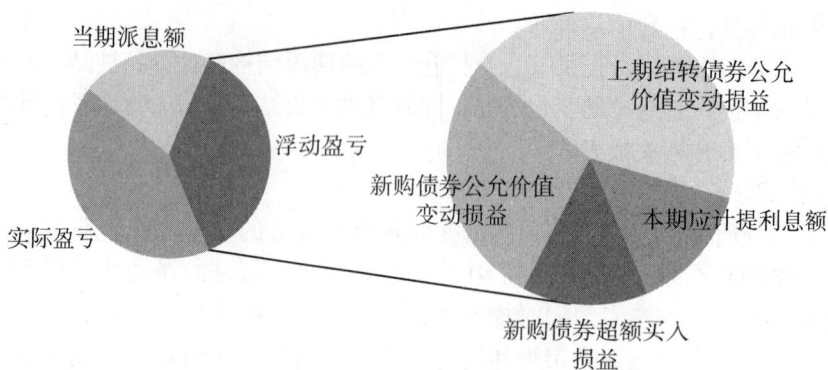

图 9 - 11　浮动盈亏结构

$$本期新购债券浮动盈亏 = 新购债券超额买入损益 + 本期新购债券公允价值变动损益$$

或：
$$= 本期新购债券（购买时公允价值 - 购入价格）+$$
$$本期新购债券（期末公允价值 - 购买时公允价值）$$

　　其中，超额买入损益，用以衡量买入价格与市值的偏差，如果买入价格低于市值，说明机构的市场谈判能力强，反之，则说明机构的谈判能力差。

4. 实际盈亏（已实现损益）

$$实际盈亏（已实现损益）= 平均卖出收益 + 超额卖出收益$$

　　为了进一步细化考核机构卖出债券价格的好坏，同样把实际盈亏分为两部分，平均卖出损益指按照市场公允价格卖出可实现的损益；超额损益指超出市场公允价格卖出实现的损益（如图 9 - 12 所示）。

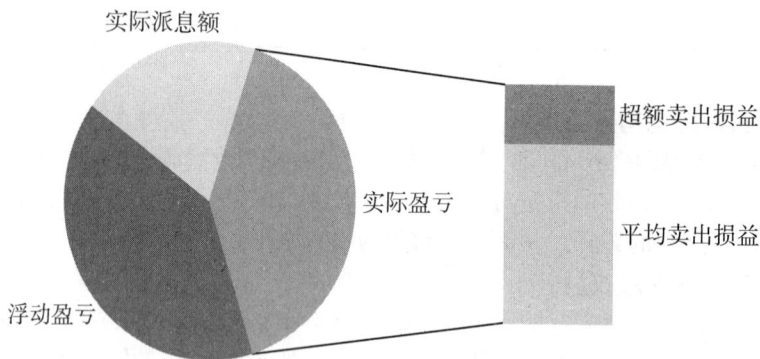

图 9 - 12　实际盈亏结构

$$平均卖出损益 = 债券卖出时市值 - 债券买入各时点市值的$$
$$加权平均值（按加权平均法核算成本）$$
$$超额卖出损益 = 按卖出价格计算的总收入 - 卖出债券市值$$
$$（正数为盈利，负数为亏损）$$

　　如果债券卖出价格高于市值，说明机构的市场谈判能力强，反之，则说明机构的谈判能力差。

5. 现券投资回报率

$$现券投资回报率 = 现券交易绝对收益／当期资金占用额 \times 100\%$$

其中：当期资金占用额 = $\sum$ 每只持仓债券的平均买入价 × 托管面额。该指标反映了在剔除资金投入规模的情况下，机构债券投资的收益水平，也就是单位资金占用额所带来的收益，从而反映机构的资金利用效率。

6. 回购成本与收益核算

回购成本与收益核算主要用以反映机构通过回购业务（主要指质押式回购业务）所获取的资金成本和收益。中央结算公司定期为每家机构计算当期所发生的质押式回购业务的平均回购利率（资金价格），包括融出资金的平均利率（价格）和融入资金的平均利率（价格），机构可以了解整体资金运用的收益和成本水平，也可以与市场整体平均水平进行比较，从而对本机构的回购业务进行一个基本的评价。

第五部分，债券投资风险监控。

本部分主要用于中台、后台对前台交易行为进行相应的风险提示和风险监测功能，避免前台交易员违规交易。主要内容包括：异常交易的监测、持仓债券监测、未来资金头寸匡算、未来可用债券头寸匡算。

1. 债券交易风险监测

现券交易价格偏离度提示：将每一笔买卖价格与市场公允价格比较，偏离一定幅度可判定为异常交易。质押式回购和买断式回购利率偏离度提示：将每一笔回购交易的利率与市场平均回购利率比较，偏离一定幅度可判定为异常交易。

2. 持仓债券风险监测

可以随时监测机构所持有的债券风险指标是否超出临界值，例如，债券的跟踪评级是否低于本机构内部风险的要求。

3. 未来资金头寸匡算（正在开发）

根据已经发生的交易情况，计算出未来某一天预计现金流，为头寸匡算工作提供数据支持。

4. 未来可用债券头寸匡算（正在开发）

根据已经发生的交易情况，计算出未来某一天预计的债券可用量，为债券交易工作提供数据支持。

第六部分，债券投资月度报表。

每月中央结算公司自动计算一套包含各类债券投资业务的固定格式的统计报表，类似于公共统计数据中的统计月报，涵盖了本机构进行的承分销、持仓、结算、兑付、业绩等各项指标，帮助市场成员了解自己本月的债券市场业务情况，从而进行统计分析和决策。

第七部分，财政部国债承销量统计与排名。

本部分为财政部国债承销团成员提供自身记账式国债承销量及排名的查询

功能。

(二) 多账户集群统计报表

该部分报表主要反映成员的结算代理业务、柜台业务、托管业务、资产管理业务的情况。

第一部分，结算代理业务统计。

分别按照成员所代理的丙类户数量、托管量、交易结算量进行统计。

第二部分，柜台业务统计。

柜台业务统计反映具有相应资格的成员，其记账式国债柜台交易结算量统计和储蓄国债柜台提前兑付情况统计。

第三部分，托管行业务统计报表（正在开发）。

本部分主要反映作为托管行的成员所托管的产品统计数据。例如，托管的基金产品数量、明细资料、交易结算量、债券余额（如表 9 – 11 所示）。

第四部分，资产管理业务统计报表（正在开发）。

本部分主要反映作为资产管理人的成员所管理的基金类产品数据。例如，成员所管理的证券基金、基金特定组合（企业年金）、证券公司资产管理计划、信托产品、保险产品、商业银行理财产品的数量、持仓情况、交易结算量、投资业绩衡量指标等（如表 9 – 12 所示）。

表 9 – 11 某客户托管的产品债券余额统计（样例）

月份：201001　　　　　　　　　产品类型：全部

日期	产品所属法人机构名称	产品名称	期末托管量（亿元）		去年同期托管量（亿元）		同比增幅（％）	
			面额	市值	面额	市值	面额	市值
201001	本机构名称	A	17.50	17.60	11.00	11.20	6.50	59.09
201001	本机构名称	B	12.75	12.78	5.30	5.40	7.45	140.57
201001	本机构名称	C	4.00	4.01	3.70	3.90	0.30	8.11

注：本表为样例选登，更多报表参见中债综合业务平台 > 我的统计主题。

表 9 – 12 某客户管理的各非法人账户的债券投资业绩指标（样例）

月份：201001　　　　　　　　　产品类型：全部

证券基金名称	持仓指数投资回报率（％）	浮动盈亏（亿元）	实际盈亏（亿元）	债券投资总收益（亿元）	债券投资总回报率（％）	加权平均回购成本（亿元）	加权平均回购收益（亿元）	交易结算量（亿元）
合计	2.2320	3.4655	1.3663	7.6099	3.9103	151.2300	0.0000	762.9855
名称 A	0.0000	– 0.2504	0.3544	0.1193	0.1411	0.0000	0.0000	119.7295
名称 B	0.4336	3.2570	0.1996	5.6695	0.5198	151.2300	0.0000	432.9900

续表

证券基金名称	持仓指数投资回报率（%）	浮动盈亏（亿元）	实际盈亏（亿元）	债券投资总收益（亿元）	债券投资总回报率（%）	加权平均回购成本（亿元）	加权平均回购收益（亿元）	交易结算量（亿元）
名称C	0.5919	-0.1809	0.3416	0.2927	0.5892	0.0000	0.0000	28.2410
名称D	0.0000	0.0640	0.0000	0.0640	0.1031	0.0000	0.0000	58.7850
名称E	0.0000	0.1411	0.0795	0.4659	1.1870	0.0000	0.0000	26.8800
名称F	0.7015	0.3389	0.3912	0.9028	1.1384	0.0000	0.0000	96.3600
名称G	0.5051	0.0958	0.0000	0.0958	0.2317	0.0000	0.0000	0.0000

注：本表为样例选登，更多报表参见中债综合业务平台 > "我的统计" 主题。

第四节　中债信息产品数据的发布渠道

中债信息产品的数据发布主要有中债网、中债综合业务平台客户端、合作信息商三种方式。

一、数据发布渠道介绍

1. 中债网

中债网是由中央结算公司主办的，面向国内外各类用户，提供中国银行间债券市场信息服务的金融类专业网站，是中国人民银行债券市场管理、财政部和各主要债券发行主体的指定信息披露网站。中债网的中文版域名是www.chinabond.com.cn，英文版域名是www.chinabond.cn。从中债网上可获取包含国债收益率曲线数据等免费数据，估值等收费数据无法从中债网上获取。

2. 中债综合业务平台

（1）开通和授权。

用户（包括全国银行间债券市场结算成员、非结算成员）、与中央结算公司签订《中债收益率曲线和中债估值最终用户服务协议》，并交纳相应费用后，便具有中债综合业务平台中中债价格产品、公共统计数据、我的统计数据、托管账户总对账单（含估值）的查看和下载资格。客户端管理员可以对机构内部的操作员进行相应的授权，具体授权流程可参见附录《中债综合业务平台信息产品授权指南》。

（2）报表在客户端中的位置。

客户端操作员登录中债综合业务平台，进入客户端首页，在最上方各业务板块列表中选择"市场数据"或"我的统计"，可以看到相关报表目录。由于电脑分辨率和用户功能权限不同，客户端默认的首页可能无法显示这两个主题名称，这时可以修改电脑分辨率或点击页码箭头" ◀ **1/2** ▶ "翻页查找

（如图 9 – 13 ~ 图 9 – 15 所示）。

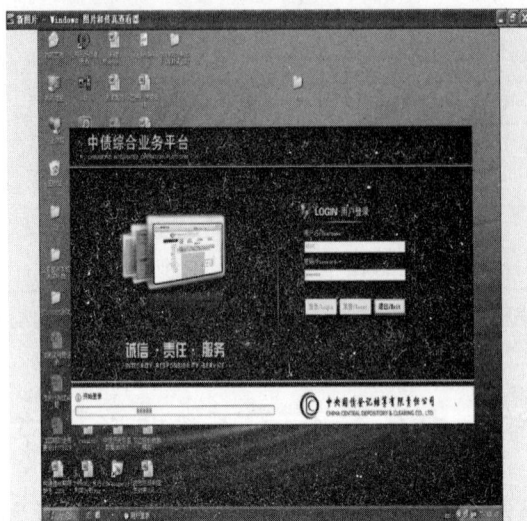

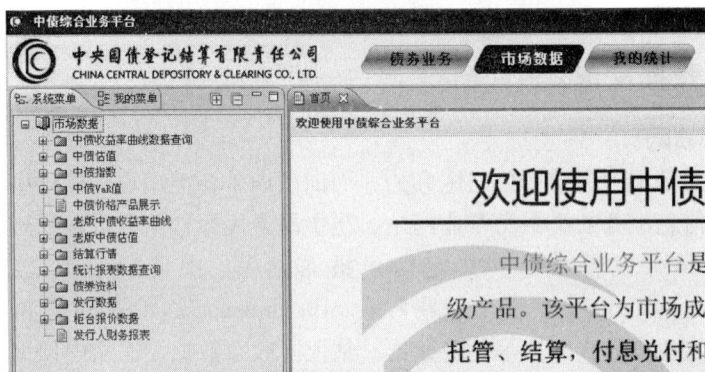

图 9 – 13　中债综合业务平台

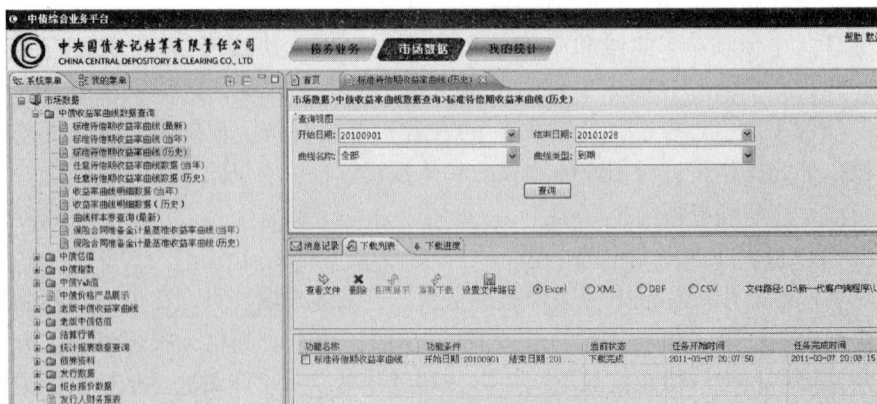

图 9 – 14　中债综合业务平台市场数据查询界面

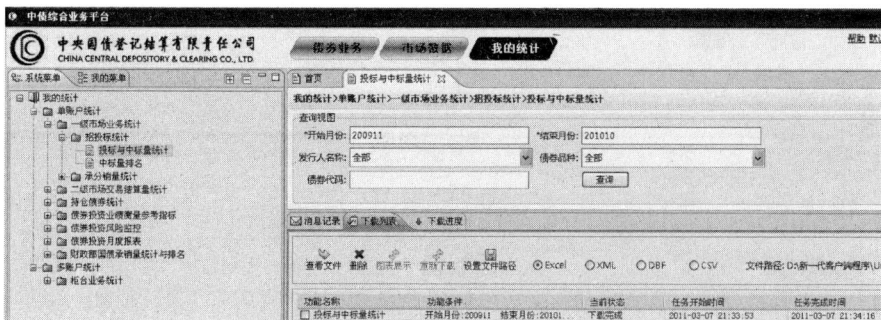

图9-15　中债综合业务平台"我的统计"产品查询界面

特别地，用户如果需要查询和下载托管账户总对账单（含估值），需要到客户端界面上方债券业务模块＞债券业务批量下载＞托管账户总对账单（含估值）下载处查找（如图9-16所示）。

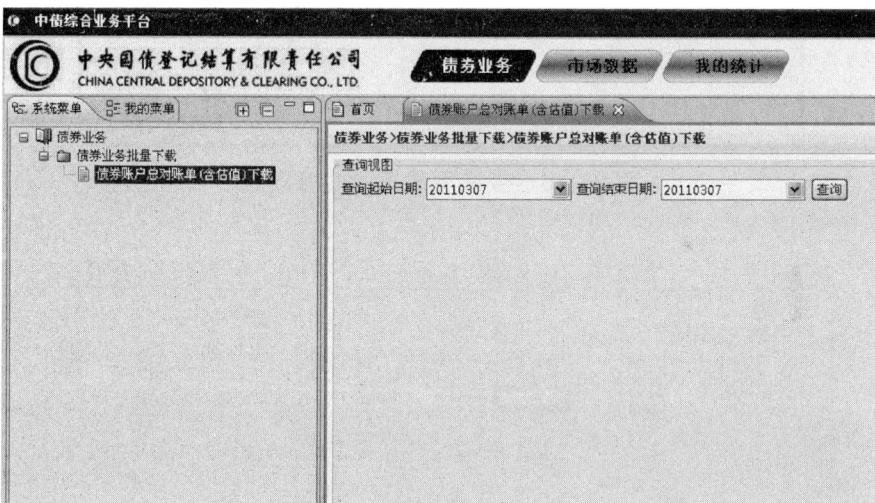

图9-16　中债综合业务平台债券账户总对账单（含估值）查询界面

（3）报表下载。

第一步，选中要下载的报表，并输入查询条件（如图9-17所示）。

第二步，点击"　查询　"按钮，系统会弹出提示信息"后台文件正在生成，请等待通知下载！"（如图9-18所示）。

第三步，查看文件下载状态。

点击工具栏 中的下载列表按钮 ，弹出下载列表。在下载列表任务栏中，点击刷新按钮""，查看最新下载状态。当下载尚未完成时，下载任务的当前状态为"文件生成中"（如图9-19所示）。

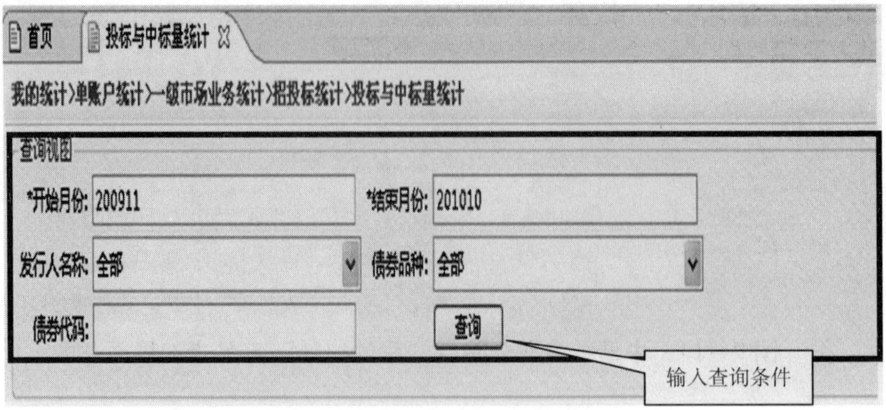

图 9 – 17　招投标统计查询界面

图 9 – 18　查询下载提示信息界面

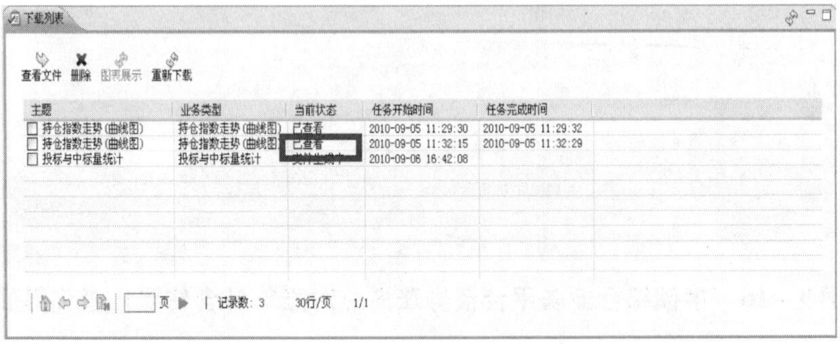

图 9 – 19　下载任务列表界面

　　文件下载过程中可以进行其他操作，下载完毕时，在页面右下方会有消息提示，下载任务的当前状态变为"下载完成"（如图 9 – 20 所示）。

　　如果下载记录长时间停在"文件生成中"的状态，可以进行手动下载，具体操作为：双击该条下载任务，弹出手动下载对话框，点击"手动下载"按钮。如果文件还未生成，则会弹出文件尚未生成的提示信息，如果文件已经生成，则下载记录的状态变为"下载完成"（如图 9 – 21 所示）。

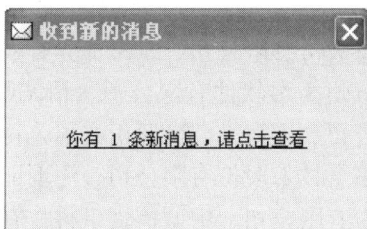

图9-20　下载完成后提示信息界面

图9-21　手动下载对话框界面

第四步，查看文件。

选中要查看的下载记录，点击查看文件按钮"**查看文件**"，文件将自动打开。也可以双击下载记录，弹出提示信息（如图9-22所示）。

图9-22　打开文件对话框界面

点击"打开文件"或点击"打开文件夹"查找已经下载的文件。打开文件后，下载记录的当前状态变为"已查看"。

第五步，删除下载记录。

当下载任务较多时可以删除不用的记录，具体的操作为：单击要删除的下载记录，在方框内打钩，然后点击"删除"按钮即可。

3. 合作信息商

根据签约购买情况，每年的授权信息商可能会有变化。截至2016年6月，中债曲线与估值授权信息商名单：Advanced Portfolio Technologies Ltd、Bloomberg L. P、FactSet Research Systems Inc、Imagine Software Inc、MSCI Inc、

Reuters Limited、RIMES Technologies Corporation、北方之星数码技术（北京）有限公司、东方财富信息股份有限公司、东海证券有限责任公司、海南港澳资讯产业股份有限公司、杭州衡泰软件有限公司、精诚胜龙信息系统有限公司、宁波森浦信息技术有限公司、上海大智慧股份有限公司、上海恒生聚源数据服务有限公司、上海万得信息技术股份有限公司、深圳证券信息有限公司、浙江核新同花顺网络信息股份有限公司、中诚信资讯科技有限公司、中经社控股集团公司（新华08），信息商排名不分先后。

二、中债价格指标产品获取的常见问题

用户在中债价格指标产品的使用过程中遇到一些问题，现将解决方法整理如下。

1. 通过中债网获取

通过中债网（以及下载通道）获取中债价格指标产品是需要安装 JRE 控件的，很多问题都是由此引起。如果遇到异常情况，首先应按以下步骤排除JRE 控件的问题。

（1）确认是否安装了 JRE。在 IE 浏览器中，检查"工具—＞Internet 选项"的高级选项卡中是否存在 Java（Sun）的选项。如没有，则代表尚未安装。软件下载链接为 http：//www. chinabond. com. cn/pop/Java Runtime. exe。

（2）清除缓存。应用程序版本时常更新，有时客户端保留有缓存，会导致程序运行异常。清除缓存的地方有两个。第一，在"控制面板—＞Java"中，点击"设置"按钮，然后点击"删除文件"，这是清除了 Java 缓存。第二，在 IE 浏览器中，"工具—＞Internet 选项"，点击"删除文件按钮"，这是清除了 IE 缓存。在清除缓存前，要退出应用程序；在清除缓存后，要关闭所有 IE 窗口，再重新登录。

（3）解决 JRE 冲突。JRE 有许多版本，使用低版本或同时使用多个版本都会造成 JRE 冲突。解决方案是通过"控制面板—＞添加或删除程序"，卸载所有 JRE 控件，重新按步骤 1 下载 JRE 控件并安装。

2. 通过中债综合业务系统获取

综合业务系统的权限一般由成员机构的后台来控制，而成员机构的中前台常常需要查看综合业务系统客户端和下载通道。成员开通查询权限可按照以下流程操作：

（1）网络部署。综合业务系统的联网方式有拨号模式、DDN 模式和互联网模式。如果成员机构的联网方式是拨号模式，准备好 Modem，并获知拨号号码。如果是 DDN 模式，一种方法是从专线接入处引出一条线路至中前台的办公室；另一种方法是使用拨号模式。互联网模式需准备可接入互联网的电脑并安装中债综合业务平台网上客户端。

（2）获取 CA 证书。第一步，填写《数字证书业务申请表》，该表可在中

债网的常用文件公式中下载。第二步，将该表交至中央结算公司中债估值中心进行审核。第三步，与中央结算公司客服部联系，当面或邮寄领取 CA 证书。

（3）查询权限的授权。成员机构的授权经办人员为中前台开立普通经办人员用户，并开通自营业务的查询权限。

（4）正常使用。成员机构的中前台以普通经办人员用户身份，通过 CA 证书登录到客户端，即可查看簿记中心系统的内容和下载通道的内容，而无权操作和查看其他系统的内容。

三、中债收益率曲线和中债估值签约和付费流程介绍

（一）签署协议

用户获取中债收益率曲线和中债估值需要签署《中债收益率曲线和中债估值最终用户服务协议》，并按协议的约定按时足额付费。协议的 PDF 格式版本在中债网 > 首页 > 中债数据 > 数据订购栏目下持续公布。所公布协议已经中央结算公司有权人正式签署，用户可自愿签署该协议。签署后请将《协议签署声明》页寄交中央结算公司。

（二）付费

结算成员可在中央结算公司中债综合业务平台端费用查询栏目下得到"中债数据服务征订与计费通知单"（简称"通知单"），通过深证通获取中债数据的用户可在深证通终端获取通知单非结算成员的通知单由中央结算公司通过电子邮件、传真、邮寄等方式送达。通知单中将列明按照收费标准计算的当年实际应付的中债曲线与估值服务费金额。在协议签署后有效期内，中央结算公司将于每年 1 月 5 日前发送当年的通知单。每年 1 月 20 日前是用户的集中付费期。

（三）数据通道开通

对于完成签约和付费的用户，中央结算公司将为其开通系统数据，并通知授权信息商开通数据，具体的开通和授权流程见本章第四节中数据发布渠道的相关介绍。

每年对未按合同及时交费的用户，中央结算公司将停止对用户的服务。其后，用户交足费用后，中央结算公司再重新恢复服务，用户的授权管理员则需重新对其操作员授权其操作员才能读取数据。

四、中债信息产品计费系统功能介绍

1. 中债信息产品计费、付费年度总额电子查询功能

为使用户更加便捷、清晰地了解本年度中债信息产品应付费用及支付情况，可在费用查询模块的电子查询界面查看，如图9-23和图9-24所示。

（1）结算成员自营账户及所管理的非法人产品账户中债信息产品计费、付费情况。

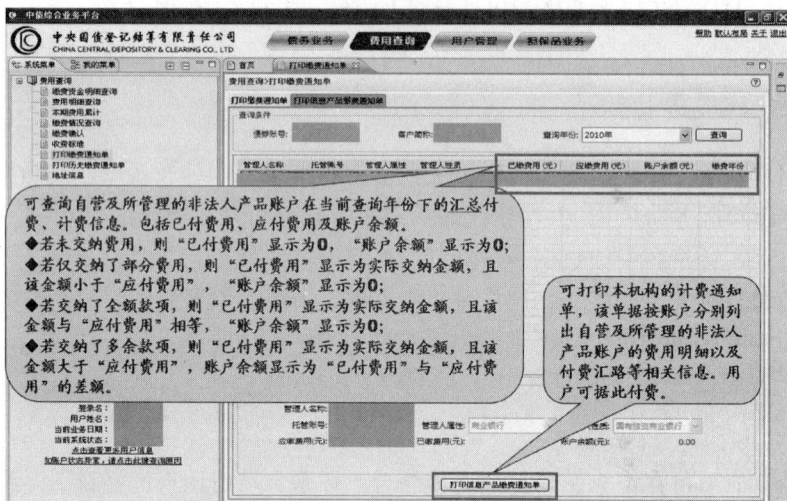

图9-23 结算成员自营账户及所管理的非法人产品账户中债信息产品计费单

（2）结算成员代理丙类户中债信息产品计费、付费情况。

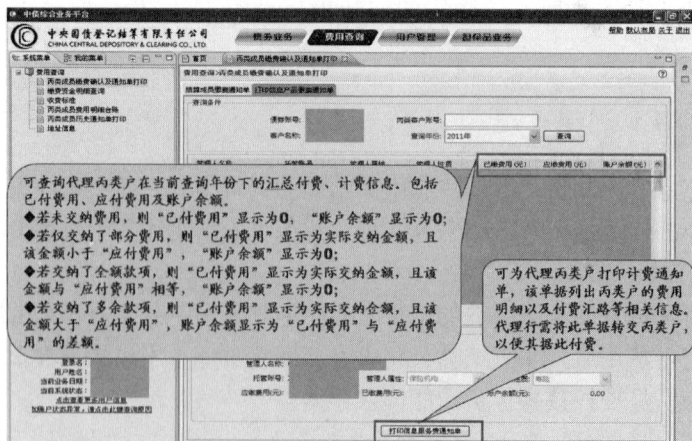

图9-24 结算成员代理丙类户中债信息产品计费单

2. 中债信息产品付费通知单打印项目

为便于用户核对费用，对通知单费用明细表增加"上年债券日均托管支数"列。

为提高付费效率，减少错汇、误汇风险，特为各市场成员分配不同的银行付费账号。且该账号仅用于支付中债信息产品费用，不用作其他费用。

为保证中债信息产品费用发票的准确开具、及时送达，特在通知单中提示付费用户，若单位名称、地址或联系人变更需函告中央结算公司，如图9-25所示。

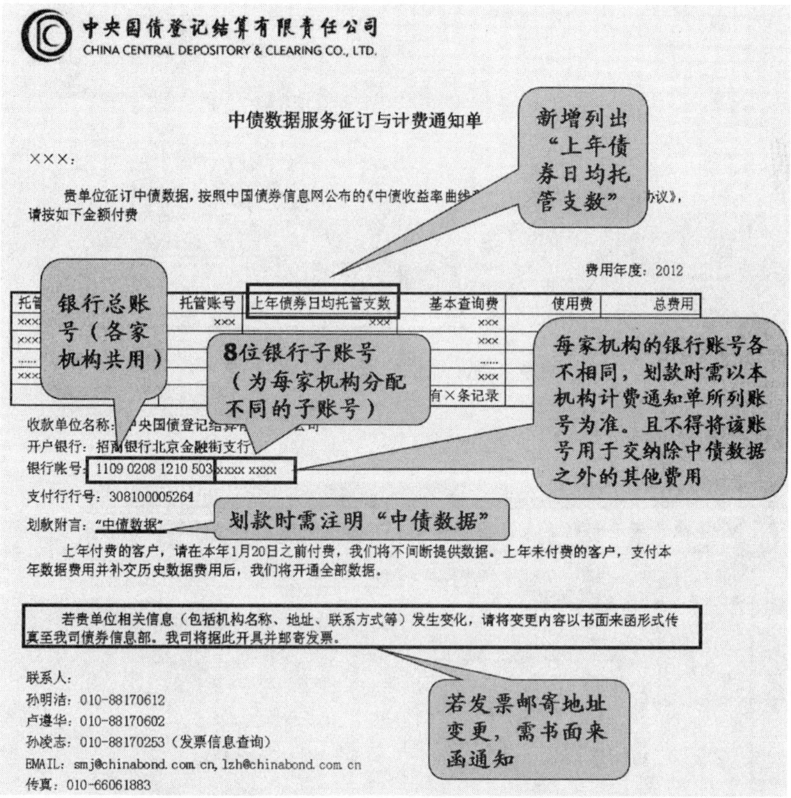

图9-25　中债数据服务征订与计费通知单

3. 邮寄地址信息查询功能

为便于用户核对中债信息产品费用发票邮寄地址的准确性，最大限度地避免错寄、丢失等风险。并且满足用户对于发票邮寄的个性化需求，不同费用发票指向特定部门或特定人员。故在"费用查询"—"地址信息"—"信息类地址信息"下增加查询界面，用户可方便、直观的检查发票邮寄地址是否准确完整，如图9-26所示。

4. 中债信息产品付费提示功能

为避免错过正常付费时间，影响用户使用中债信息产品，中央结算公司在中债综合业务平台客户端"本日业务提示"中增加"信息产品付费提示"，将付费时间、路径等基本信息提示给各用户，如图9-26~图9-28所示。

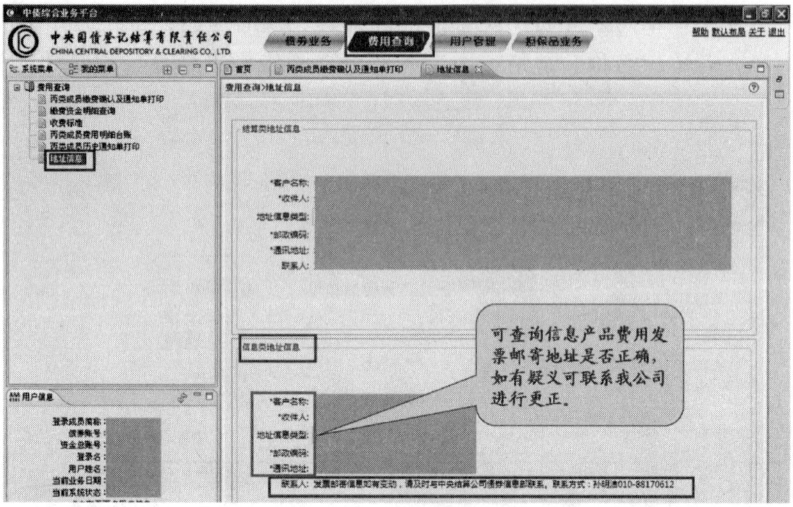

图9-26 邮寄地址信息查询

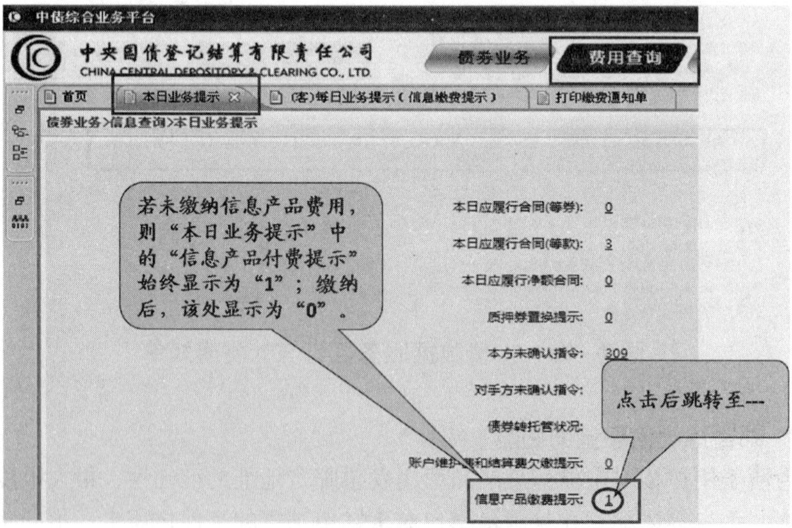

图9-27 中债信息产品付费提示

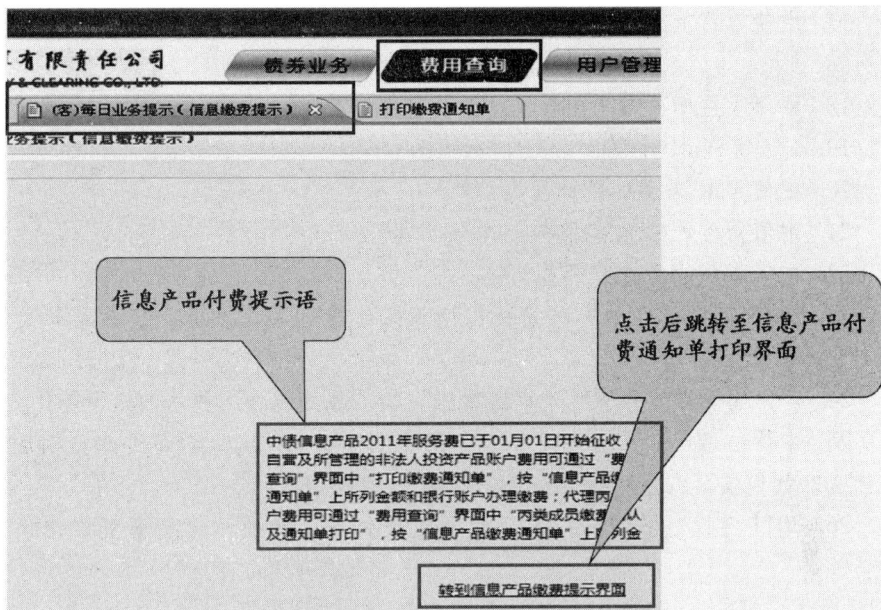

图 9 - 28 中债信息产品付费提示

复习思考题

1. 中债网的服务对象有哪些？为各类对象提供的服务有哪些不同？

2. 如何在中债网上查询各券种的发行文件以及信息披露文件？

3. 如何在中债网上查询主管部门以及中央结算公司的公告通知文件？

4. 如何通过各种渠道查询中债市场数据？

5. 如何在中债综合业务平台上查找我的统计信息？

6. 试过中债统计月报的各类报表及相应的口径和指标间的关系。

7. 运用中债统计数据分析市场的方法有哪些？

8. 债券资料的查询方法是什么？

9. 实时行情和历史行情的查询方法是什么？

10. 中央债券综合业务系统中哪些板块可以查询到中债估值的相关内容？这些相关内容包括什么？

11. 简述以下中债估值指标的含义：久期、凸性、基点价值、可信度。

12. 中债估值的发布和查询平台包括哪些？

13. 中债指数包括哪些指标？

14. 中债指数样本券的取价原则是什么？

15. 如何通过下载通道下载中债价格指标产品的历史数据？

16. 中债银行间固定利率企业债收益率曲线（AA（2））与中债银行间固定利率企业债收益率曲线（AA）的区别是什么？

17. 中债银行间浮动利率政策性金融债收益率曲线（ly）的样本规则是什么？

18. 中债收益率曲线采用什么方法进行插值？

19. 什么是 VaR？

20. 中债 VaR 采用的是什么方法？

21. 中债估值的用途有哪些？

22. 中债指数的用途有哪些？

23. 2015 年年末在中央结算公司托管的债券总额是多少？交易结算总额是多少？

24. 客户端操作员看不到"市场数据"和"我的统计"模块的原因是什么？

25. 中债信息产品老用户每年的交费截止日期是什么？如超过此日期后果是什么？如何恢复？

26. 2011 年以后签约的用户不交历史查询费，能通过信息商查询中债估值吗？

第十章

债券市场相关法规

随着我国债券市场的快速发展，相应的债券市场法规体系也在不断完善。这些法律法规涉及债券的发行、登记、托管、交易、结算、付息兑付等各个方面的内容，而完善的市场法规体系起着有效防范风险的重要作用，是市场规范有序运行的有力保障。

第一节　我国债券市场法规体系

我国债券市场的法律法规可以分为以下五个层面：

第一层面是法律层面，包括《中华人民共和国证券法》（以下简称《证券法》）、《中华人民共和国公司法》（以下简称《公司法》）、《中华人民共和国中国人民银行法》（以下简称《中国人民银行法》）、《中华人民共和国商业银行法》（以下简称《商业银行法》）、《中华人民共和国预算法》（以下简称《预算法》）、《中华人民共和国物权法》（以下简称《物权法》）、《中华人民共和国担保法》（以下简称《担保法》）等相关的全国性法律。

第二层面是行政法规层面，主要包括由国务院制定颁布的《中华人民共和国国库券条例》、《企业债券管理条例》等。

第三层面是各部委制定的规章制度层面，按发文主体可分为中国人民银行、财政部、国家发改委、证监会、银监会、保监会等颁布的令、公告、通知、批复等。

第四层面是业务规则、操作细则层面，发文主体是我国债券市场的中介服务机构，包括中央结算公司、全国银行间同业拆借中心（以下简称"同业拆借中心"）、交易所、中国证券登记结算公司、交易商协会等。

第五层面是业务协议层面，发文主体包括债券市场的主管部门以及中介服务机构。我国债券市场法律法规框架如表10-1所示。

表 10-1 我国债券市场法规层次

层面	主要内容	发文
第一层面	法律	《证券法》、《公司法》、《中国人民银行法》、《商业银行法》、《预算法》、《物权法》、《担保法》等
第二层面	行政法规	《企业债券管理条例》、《国库券条例》等
第三层面	部委规章制度文件	中国人民银行、财政部、国家发改委、证监会、银监会、保监会等相关发文
第四层面	业务规则、操作细则	交易商协会、同业拆借中心、中央结算公司、交易所、中证登等相关发文
第五层面	业务协议	主管部门、中介服务机构等相关发文

第二节 法律法规体系各个层面的内容

一、法律层面

第一个层面即法律层面。2005 年修订的《证券法》作为我国证券市场的基本法律，共有十二章，对证券的发行、交易、各类服务机构以及监督管理等内容做出了详细的规定。《商业银行法》（2003 年）规定了商业银行可以经营的部分或者全部业务，包括发行金融债券、代理发行、代理兑付、承销政府债券以及买卖政府债券、金融债券。《担保法》（1995 年）和《物权法》（2007年）都有专门的章节对以债券权利设置质押品以及如何处置质押品进行规范。《预算法》（2014 年）从法律上首次允许地方政府有条件地举债。

二、行政法规层面

第二个层面即行政法规层面。其中，1992 年 3 月颁布的《中华人民共和国国库券条例》（国务院第 95 号令）篇幅较短，对国库券的发行、还本付息等做出了原则性的规定。由于该条例出台的时间较早，有些内容已经不能适应当前市场发展的需要。另外，目前只有储蓄国债（凭证式）适用于该条例，而记账式国债和储蓄国债（电子式）则不适用于该条例，相关的事项另有规定。

1993 年 8 月颁布的《企业债券管理条例》（国务院第 121 号令）替代了 1987 年 3 月发布的《企业债券管理暂行条例》，对企业债券的定义、票面内容、发行企业债券必须符合的条件、企业债券筹集资金的用途等方面都进行了比较详细的规定。不过同样由于颁布的时间较早，该条例中的有些内容也已经显得过时，如对企业债券的利率的规定已不能适应当前的需求。

三、部委规章制度层面

第三个层面即部委规章制度层面，涉及的部门和发文都较多，包括了中国人民银行、证监会、财政部、国家发改委、银监会、保监会等部委的各级层次的规章制度发文，其内容涵盖了我国债券市场的各类债券和衍生产品品种，以及各类机构发行、交易债券的规定。

（一）中国人民银行

中国人民银行是我国银行间债券市场的监督管理者。中国人民银行围绕着全国银行间债券市场的市场准入、债券发行、交易、登记托管结算、交易品种等方面制定了相关的法律法规。

1. 市场准入

全国银行间债券市场自 1997 年始建以来，在稳健运行中快速发展，市场参与者由最初的 16 家商业银行扩大至 12 858 家机构（截至 2016 年 7 月底），机构类型涵盖了境内、外法人机构投资者（商业银行及其授权分行、农信社、基金公司、证券公司、保险公司、财务公司、境外央行、境外人民币清算行等），以及境内、外非法人机构投资者（基金、企业年金、信托计划、资产管理计划、资产管理组合、理财产品、境外金融机构发行的金融产品等）。

（1）针对法人机构投资者的准入文件

在境内机构方面，全国银行间债券市场的主要准入文件是《金融机构加入全国银行间债券市场有关事宜公告》（〔2002〕5 号公告），规定了银行间债券市场的参与者包括：中华人民共和国境内的商业银行及其授权分行、信托投资公司、企业集团财务公司、金融租赁公司、农村信用社、城市信用社、证券公司、基金管理公司及其管理的各类基金、保险公司、外资金融机构，以及经金融监管当局批准可投资于债券资产的其他金融机构，实行准入备案制。

此后，在《中国人民银行关于中国工商银行等 39 家商业银行开办债券结算代理业务有关问题的通知》（银发〔2002〕329 号）中，央行将债券结算代理的对象由中小金融机构扩大到非金融机构法人，非金融机构委托人可与开办债券结算代理业务的商业银行开展现券买卖和逆回购业务。

2006 年，中国人民银行发布《中国人民银行关于货币经纪公司进入银行间市场有关事项的通知》（银发〔2006〕231 号），允许货币经纪公司加入银行间债券市场。

在境外机构方面，2010 年发布的《中国人民银行关于境外人民币清算行等三类机构运用人民币投资银行间债券市场试点有关事宜的通知》（银发〔2010〕217 号），规定境外人民币清算行等三类机构运用人民币投资银行间债券市场的试点启动，是债券市场对外开放的一个标志性文件。

2011 年发布的《基金管理公司、证券公司人民币合格境外机构投资者境内证券投资试点办法》（中国证券监督管理委员会中国人民银行 国家外汇管理局第 76 号令）和《中国人民银行关于实施〈基金管理公司、证券公司人民币合格境外机构投资者境内证券投资试点办法〉有关事项的通知》（银发〔2011〕321 号），规定符合条件的 RQFII 可以将海外筹得的人民币投资于境内证券市场。

2013 年发布的《中国人民银行关于合格境外机构投资者投资银行间债券市场有关事项的通知》（银发〔2013〕69 号）规定经央行审批后，QFII 机构可以在获批的投资额度内投资银行间债券市场。

2015 年发布的《中国人民银行关于境外央行、国际金融组织、主权财富基金运用人民币投资银行间市场有关事宜的通知》放宽了境外央行、国际金融组织、主权财富基金三类机构的交易方式和投资规模。

2016 年发布的《中国人民银行公告〔2016〕第 3 号》进一步放开境外投资者投资银行间债券市场，允许在中华人民共和国境外依法注册成立的各类金融机构、上述金融机构依法合规面向客户发行的投资产品，以及养老基金、慈善基金、捐赠基金等中国人民银行认可的其他中长期机构投资者投资银行间债券市场。

（2）针对非法人机构投资者的准入文件

2007 年《中国人民银行 劳动和社会保障部 关于企业年金基金进入全国银行间债券市场有关事项的通知》（银发〔2007〕56 号）的出台将企业年金引入全国银行间债券市场。

2008 年《中国人民银行关于保险机构以产品名义开立债券托管账户有关事项的通知》（银发〔2008〕122 号）将保险产品引入全国银行间债券市场。

2008 年《信托公司在全国银行间债券市场开立信托专用债券账户有关事项公告》（中国人民银行公告〔2008〕第 22 号）将信托公司信托计划引入全国银行间债券市场。

2009 年《基金管理公司在全国银行间债券市场开立债券账户有关事项》（中国人民银行公告〔2009〕第 5 号）将基金公司的特定资产管理组合引入全国银行间债券市场。

2009 年《证券公司在全国银行间债券市场开立债券账户有关事项》（中国人民银行公告〔2009〕第 11 号）将证券公司的资产管理计划引入全国银行间债券市场。

2015 年《中国人民银行金融市场司关于私募投资基金进入银行间债券市场有关事项的通知》（银市场〔2015〕17 号）允许私募投资基金进入银行间市场。

2016 年《中国人民银行公告〔2016〕第 8 号》全面放宽各类法人和非法人类机构投资银行间债券市场，包括商业银行理财产品、住房公积金、养老金、慈善基金等。

2. 债券发行

中国人民银行出台的关于债券发行的现行主要法规包括《全国银行间债券市场金融债券发行管理办法》（［2005］1号令）、《全国银行间债券市场金融债券发行管理操作规程》（［2009］第6号公告）和《银行间债券市场非金融企业债务融资工具管理办法》（［2008］1号令）等。

其中，《全国银行间债券市场金融债券发行管理办法》规定境内的全国银行间债券市场的金融债券的发行实行人行核准制，对金融债券的发行主体（政策性银行、商业银行、企业财务集团公司和其他金融机构）、发行条件、发行方式、登记托管兑付、信息披露等做出了规定。

《全国银行间债券市场金融债券发行管理操作规程》依据《全国银行间债券市场金融债券发行管理办法》制定，规定了金融债券的发行过程中，发行人、承销商以及同业拆借中心、中央结算公司、信用评级机构等中介服务机构的工作和职责，是对《全国银行间债券市场金融债券发行管理办法》的细化和补充。

《银行间债券市场非金融企业债务融资工具管理办法》规定，具有法人资格的非金融企业在银行间债券市场发行债券（主要包括短期融资券和中期票据）实施自律管理，应在中国银行间市场交易商协会注册，在中央结算公司登记、托管、结算，发行利率、价格、涉及费率以市场化方式确定。

除此之外，中国人民银行制定的、针对不同债券品种和发行机构的相关发行规章和规范性文件还包括：

①与银监会联合发布的《商业银行次级债券发行管理办法》（［2004］第4号公告）；②《商业银行发行混合资本债券公告》（［2006］第11号公告）；③与银监会联合发文的《信贷资产证券化试点管理办法》（［2005］第7号公告）；④《证券公司短期融资券管理办法》（［2004］第12号公告）；⑤与发改委联合发布的《境内金融机构赴香港发行人民币债券管理办法》（［2007］第12号）；⑥《金融租赁公司和汽车金融公司发行金融债券的有关事宜》（［2009］第14号公告）；⑦《国际开发机构人民币债券发行管理暂行办法》（中国人民银行　财政部　国家发展和改革委员会　中国证券监督管理委员会公告［2010］第10号）；⑧关于信贷资产支持证券发行管理的《中国人民银行公告［2015］第7号》，⑨关于绿色金融债券发行的《中国人民银行公告［2015］第39号》。

3. 债券交易

中国人民银行发布的有关债券交易的各规章制度较多，其中起到基础作用的应当属《全国银行间债券市场债券交易管理办法》（［2000］2号令）。该管理办法规定了银行间债券市场债券品种、债券交易方式、主管部门、参与者与中介服务机构、债券交易、托管与结算等，将银行间债券市场的各个环节和参与者框架基本勾勒出来。其目的在于推动全国银行间债券市场的进一步发展，规范债券交易行为，防范市场风险，保护交易各方合法权益；其中明确了中央结算公司为中国人民银行指定的办理债券的登记、托管与结算机构。

2004 年《全国银行间债券市场债券交易流通审核规则》（［2004］第 19 号公告）规定了债券发行人申请债券流通的条件等相关内容，而 2015 年发布的《中国人民银行公告［2015］第 9 号》则取消了债券交易流通审批，规定依法发行的各类债券在完成债权债务关系确立并登记完毕后，即可在银行间债券市场交易流通。

柜台债券市场是银行间债券市场在个人投资者领域的延伸，也是我国债券市场重要的组成部分。2002 年，伴随着《商业银行柜台记账式国债交易管理办法》（［2002］2 号令）的出台，记账式国债柜台业务试点工作开始展开。2014 年 12 月，该办法被宣布废止。2016 年，人行发布《全国银行间债券市场柜台业务管理办法》（中国人民银行公告［2016］第 2 号），进一步扩大了柜台业务的投资主体和投资品种。

除此之外，有关债券交易的法律法规还包括对债券的上市日期进行了规定的《关于全国银行间债券市场债券上市交易的通知》（银发［2003］71 号）和《关于全国银行间债券市场债券上市交易有关事项的通知》（银发［2004］11 号）两个文件，以及《全国银行间债券市场做市商管理规定》（公告［2007］第 1 号）和《中国人民银行公告［2013］第 8 号》等文件。

4. 债券登记托管结算

2009 年出台《银行间债券市场债券登记托管结算管理办法》（［2009］1 号令）是银行间债券市场的一件大事。在这部法规出台之前，我国银行间债券市场并没有专门的、系统的债券登记托管结算的管理办法，其相关内容散落于各种有关债券发行和交易的管理办法中。该管理办法再次明确了中央结算公司为银行间债券市场的债券登记托管结算机构，同时明确了中央结算公司承担债券中央登记、一级托管及结算的职能。规定了中央结算公司具体履行的职能包括：（1）设立和管理债券账户；（2）债券登记；（3）债券托管；（4）债券结算；（5）代理拨付债券兑付本息和相关收益资金；（6）跨市场交易流通债券的总托管；（7）提供债券等质押物的管理服务；（8）代理债券持有人向债券发行人依法行使债券权利；（9）依法提供与债券登记、托管和结算相关的信息、查询、咨询、培训服务；（10）监督柜台交易承办银行的二级托管业务；（11）中国人民银行规定的其他职能。此外，该管理办法规定了债券账户、债券登记、债券托管、债券结算以及法律责任几大方面的内容，使得银行间债券市场的登记、托管、结算等环节皆有明确的法规可依。

除该法条以外，《公司债券在银行间债券市场发行、交易流通和登记托管有关事宜公告》（公告［2007］第 19 号）对资产支持证券和公司债券的登记、托管、结算事项进行了规定；《中国人民银行公告［2013］第 12 号》规定债券交易应当采用 DVP 方式办理债券结算和资金结算，不再采取其他结算方式。

5. 业务品种

全国银行间债券市场在成立之初，只有现券和质押式回购两种债券交易方式。近些年来，为推动债券市场的发展、完善市场机制，推出了不少新的交易品种，包括买断式回购、远期交易、债券借贷业务等。相关的规章制度包括《全国银行间债券市场债券买断式回购业务管理规定》（［2004］1 号令）、《全国银行间债券市场债券远期交易管理规定》（［2005］第 9 号公告）、《全国银行间债券市场债券借贷业务管理暂行规定》（［2006］第 15 号公告）、《中国人民银行关于开展人民币利率互换业务有关事宜的通知》（银发［2008］18 号）以及《远期利率协议业务管理规定》（中国人民银行公告［2007］第 20 号）等。

6. 其他发文

除了上述有关市场准入、发行、交易、登记托管结算、业务品种五个方面的发文之外，中国人民银行还有其他一些债券市场的相关发文。例如，关于债券收益率的发文有《中国人民银行关于全国银行间债券市场债券到期收益率计算有关事项的通知》（银发［2004］116 号）、《中国人民银行关于完善全国银行间债券市场债券到期收益率计算标准有关事项的通知》（银发［2007］200号）等，关于信用评级方面出台了《中国人民银行信用评级管理指导意见》（银发［2006］95 号）。

（二）财政部

财政部是国债和地方政府债的主管部门，出台了一系列的相关规章。对于国债，在发行、登记托管、交易以及税收方面都有相关发文。其中关于国债发行方面的规范性文件有《储蓄国债（电子式）管理办法（试行）》（财库［2009］73 号）和《储蓄国债（电子式）管理办法》（财库［2013］7 号），规定了储蓄国债（电子式）的发行、流通、试点商业银行、相关业务、债券托管和资金清算等内容，全面地勾勒出了储蓄国债（电子式）的体系。2013年发布的《财政部　中国人民银行　中国证券监督管理委员会关于开展国债预发行试点的通知》（财库［2013］28 号）拉开了国债预发行业务的序幕。

在国债的托管方面，财政部出台了《中华人民共和国国债托管管理暂行办法》（财国债字［1997］25 号）和《国债跨市场转托管业务管理办法》（财库［2003］1025 号）。其中，《国债跨市场转托管业务管理办法》规定：财政部是国债托管与转托管业务的主管部门，国债实行分级托管体制，财政部授权中央结算公司承担国债的总登记职责，另外还对转托管的手续、时间、费用等做了较详细的规定。

在国债的交易方面，为促进国债二级市场发展，实现国债交易方式与国际通行做法的逐步接轨，财政部联合央行与证监会在 2001 年出台了《财政部中国人民银行　中国证券监督管理委员会关于试行国债净价交易有关事宜的通知》（财库［2001］12 号），规定在全国银行间债券市场、上海证券交易所、深圳证券交易所实行国债净价交易。2007 年，又出台了《财政部　中国人民银行　证监会关于贴现国债实行净价交易的通知》（财库［2007］21 号），规定贴现发行的零息国债应计利息额采用实际天数法计算。

　　我国地方政府债券自 2009 年推出以来，经历了由财政部代理发行、代理还本付息（代发代还）到自行发行、由财政部代理还本付息（自发代还），再到自行发行、自行还本付息（自发自还）的过程。2015 年，省级地方政府全面发债，财政部出台的相关文件包括《地方政府一般债券发行管理暂行办法》、《地方政府专项债券发行管理暂行办法》、《财政部、中国人民银行、银监会关于 2015 年采用定向承销方式发行地方政府债券有关事宜的通知》（财库［2015］102 号）。

（三）国家发改委

　　国家发改委是我国企业债券发行审批的主管部门。企业债券的发行始于1983 年，到目前为止已经成为我国企业直接融资的重要渠道之一。发改委在近些年出台了一些规章制度以促进企业债券市场的发展，主要规章制度先后包括《国家发展改革委关于进一步改进和加强企业债券管理工作的通知》（发改财金［2004］1134 号）、《国家发展改革委关于推进企业债券市场发展、简化发行核准程序有关事项的通知》（发改财金［2008］7 号）、《国家发展改革委办公厅关于进一步强化企业债券风险防范管理有关问题的通知》（发改办财金［2012］3451 号）和《国家发展改革委办公厅关于进一步改进企业债券发行工作的通知》（发改办财金［2013］1890 号）。2014 年，发改委发布了《企业债券招标发行业务指引（暂行）》和《企业债券簿记建档发行业务指引（暂行）》，规范企业债券的发行。2015 年，发布了城市地下综合管廊建设、战略性新兴产业、养老产业、城市停车场建设四个专项债券发行指引。同年，还发布了《国家发展改革委办公厅关于充分发挥企业债券融资功能支持重点项目建设促进经济平稳较快发展的通知》（发改办财金［2015］1327 号）和《项目收益债券管理暂行办法》（发改办财金［2015］2010 号）。

（四）银监会

　　银监会作为我国银行业的监督管理主管部门，对全国银行间债券市场的重要参与者——商业银行、政策性银行、信托投资公司、财务公司、城市信用社、农村信用社等投资主体的债券发行和投资等行为进行监管。其发布的相关文件包括与中国人民银行联合发布的《商业银行次级债券发行管理办法》（［2004］第 4 号公告）、《信贷资产证券化试点管理办法》（［2005］第 7 号公告）、《金融机构信贷资产证券化试点监督管理办法》（银监会令 2005 年第 3号）、《关于企业集团财务公司发行金融债券有关问题的通知》（银监发

[2007] 58 号）等。其中，《商业银行次级债券发行管理办法》对商业银行次级债券的定义、发行申请及批准、发行、登记、托管于兑付和信息披露等内容做了较为详细的规定。在《商业银行资本管理办法（试行）》（国银行业监督管理委员会令 2012 年第 1 号）施行之后，之前的商业银行次级债券不再符合附属资本的条件，但仍有部分存量次级债券。《金融机构信贷资产证券化试点监督管理办法》对商业银行、政策性银行、信托投资公司、财务公司、城市信用社、农村信用社以及银监会依法监督管理的其他金融机构的信贷资产证券化业务的监督管理制定了规程，包括市场准入管理、业务规则与风险管理、资本要求等；《关于企业集团财务公司发行金融债券有关问题的通知》则对财务公司发行金融债券的条件、发行方式、信用评级、流通转让等做了规定。另外银监会出台了《金融机构衍生产品交易业务管理暂行办法》（2011年第 1 号令），对银行业金融机构从事衍生产品交易的资格、风险管理等内容进行了规定。

（五）证监会

证监会是我国交易所债券市场的主要管理者。证监会颁布的有关债券发行的规章包括 2003 年发布的《证券公司债券管理暂行办法》（证监会令第 15 号），2006 年发布的《上市公司证券发行管理办法》（证监会令第 30 号）。另外还出台了规范中介服务机构行为的各种规章，如《证券交易所管理办法》（证监会令第 4 号）、《证券登记结算管理办法》（证监会令第 29 号）、《证券市场资信评级业务管理暂行办法》（证监会令第 50 号）等。这些法规对发行上市公司可转换公司债券、公司债券、证券公司债券等品种的发行、流通、登记、托管进行了规定，也对交易所及其登记结算机构、资信评级、律师事务所等中介服务机构进行了规范。2010 年 9 月 30 日发布的《关于上市商业银行在证券交易所参与债券交易试点有关问题的通知》（证监发 [2010] 91 号），规定试点上市商业银行可在证券交易所集中竞价交易系统进行规定业务范围内的债券现券交易。2011 年 5 月颁布的《关于证券投资基金投资中期票据有关问题的通知》，规定将中期票据归为固定收益类品种，纳入证券投资基金的投资范围。2012 年 5 月，沪深交易所债券市场发布《上海证券交易所中小企业私募债券业务试点办法》和《深圳证券交易所中小企业私募债券业务试点办法》，推出中小企业私募债券。

2013 年，发布《关于中国金融期货交易所挂牌 5 年期国债期货合约的批复》，重新推出国债期货。2015 年修订的《公司债券发行与交易管理办法》（证监会令第 113 号），大幅拓宽了公司债券的发行主体。

（六）保监会

保监会负责监管保险资金的债券投资行为，相关的主要政策文件是《保险资金投资债券暂行办法》（保监发〔2012〕58 号）。该办法对保险资金能够投资的债券品种、投资总额和比例、风控比例进行了详细的规定，并废止了之前保监会自 2005 年开始出台的多个债券投资相关的办法，顺应当前债券市场的发展需要，进一步规范了保险资金的债券投资行为。《保险公司发行资本补充债券有关事宜》（2015 年第 3 号公告）就保险公司发行资本补充债券的资格条件、发行交易等事宜进行了规范。

四、业务规则、操作细则层面

中央结算公司、全国银行间同业拆借中心、中国证券登记结算公司、交易商协会、交易所等债券市场的中介服务机构在主管部门规章、规范性文件的指导下，均发布了一些更为具体的操作规范性文件。这些文件的数量众多，层次也较多。以中央结算公司为例，其业务规则、操作细则相关文件包括《账户业务指引》、《银行间债券市场招标发行工作规范》、《中央国债登记结算有限责任公司债券交易结算规则》、《债券结算代理业务操作规程》、《中央国债登记结算有限责任公司自动质押融资业务实施细则》等。这些业务规则、操作细则等是债券市场投资主体参与债券市场交易的具体依据和参照，对规范市场行为起着重要的作用。

五、业务协议层面

在业务协议层面，几个重要的债券市场相关协议包括《中国银行间市场债券回购交易主协议》、《中国银行间市场金融衍生产品交易主协议》、《小额支付系统质押业务主协议》和《自动质押融资主协议》等。

附件：我国债券市场主要法律法规

一、法律层面

（1）《中华人民共和国证券法》（2005 年）

（2）《中华人民共和国公司法》（2005 年）

（3）《中华人民共和国中国人民银行法》（2003 年）

（4）《中华人民共和国商业银行法》（2003 年）

（5）《中华人民共和国物权法》（2007 年）

（6）《中华人民共和国担保法》（1995 年）

（7）《中华人民共和国预算法》（2014 年）

二、法规层面

（1）《中华人民共和国国库券条例》（国务院第 95 号令 1992 年）

（2）《企业债券管理条例》（国务院第 121 号令 1993 年）

三、部委规章制度层面

（一）中国人民银行

1. 市场准入

（1）《金融机构加入全国银行间债券市场有关事宜公告》（［2002］第5号公告）

（2）《中国人民银行关于中国工商银行等39家商业银行开办债券结算代理业务有关问题的通知》（银发［2002］329号）

（3）《中国人民银行关于货币经纪公司进入银行间市场有关事项的通知》（银发［2006］231号）

（4）《中国人民银行关于境外人民币清算行等三类机构运用人民币投资银行间债券市场试点有关事宜的通知》（银发［2010］217号）

（5）《中国人民银行关于实施〈基金管理公司、证券公司人民币合格境外机构投资者境内证券投资试点办法〉有关事项的通知》（银发［2011］321号）

（6）《中国人民银行关于合格境外机构投资者投资银行间债券市场有关事项的通知》（银发［2013］69号）

（7）《中国人民银行关于境外央行、国际金融组织、主权财富基金运用人民币投资银行间市场有关事宜的通知》

（8）《中国人民银行公告［2016］第3号》

（9）《中国人民银行 劳动和社会保障部 关于企业年金基金进入全国银行间债券市场有关事项的通知》（银发［2007］56号）

（10）《中国人民银行关于保险机构以产品名义开立债券托管账户有关事项的通知》（银发［2008］122号）

（11）《信托公司在全国银行间债券市场开立信托专用债券账户有关事项公告》（中国人民银行公告［2008］第22号）

（12）《基金管理公司在全国银行间债券市场开立债券账户有关事项》（中国人民银行公告［2009］第5号）

（13）《证券公司在全国银行间债券市场开立债券账户有关事项》（中国人民银行公告［2009］第11号）

（14）《中国人民银行金融市场司关于商业银行理财产品进入银行间债券市场有关事项的通知》（银市场［2014］1号）

（15）《中国人民银行金融市场司关于私募投资基金进入银行间债券市场有关事项的通知》（银市场［2015］17号）

（16）《中国人民银行公告［2016］第8号》

2. 发行

（1）《全国银行间债券市场金融债券发行管理办法》（［2005］1号令）

（2）《全国银行间债券市场金融债券发行管理操作规程》（［2009］6 号公告）

（3）《中国人民银行金融市场司关于定向发行金融债券相关事项的通知》

（4）《银行间债券市场非金融企业债务融资工具管理办法》（［2008］1号令）

（5）《商业银行次级债券发行管理办法》（［2004］第 4 号公告）

（6）《商业银行发行混合资本债券的有关事宜》（［2006］第 11 号公告）

（7）《境内金融机构赴香港发行人民币债券管理办法》（中国人民银行、发改委公告［2007］第 12 号）

（8）《金融租赁公司和汽车金融公司发行金融债券的有关事宜》（与银监会联合发布，［2009］第 14 号公告）

（9）《国际开发机构人民币债券发行管理暂行办法》（中国人民银行　财政部　国家发展和改革委员会　中国证券监督管理委员会公告［2010］第 10 号）

（10）《关于银行间债券市场招标发行债券有关事宜的通知》

（11）《中国人民银行公告［2015］第 7 号》

（12）《中国人民银行公告［2015］第 39 号》

3. 交易

（1）《全国银行间债券市场债券交易管理办法》（［2000］2 号令）

（2）《关于全国银行间债券市场债券上市交易的通知》（银发［2003］71 号）

（3）《关于全国银行间债券市场债券上市交易有关事项的通知》（银发［2004］11 号）

（4）《全国银行间债券市场做市商管理规定》（公告［2007］第 1 号）

（5）《中国人民银行公告［2013］第 8 号》

（6）《中国人民银行公告［2015］第 9 号》

（7）《全国银行间债券市场柜台业务管理办法》（公告［2016］第 2 号）

4. 登记托管结算

（1）《银行间债券市场债券登记托管结算管理办法》（［2009］1 号令）

（2）《公司债券在银行间债券市场发行、交易流通和登记托管有关事宜公告》（公告［2007］第 19 号）

（3）《中国人民银行公告［2013］第 12 号》

5. 交易品种

（1）《关于开办银行间国债现券交易的通知》（银传［1997］44 号）

（2）《中国人民银行关于银行间债券回购业务有关问题的通知》（银发［1997］242 号）

（3）《全国银行间债券市场债券买断式回购业务管理规定》（［2004］1号令）

（4）《全国银行间债券市场债券远期交易管理规定》（〔2005〕第9号公告）

（5）《全国银行间债券市场债券借贷业务管理暂行规定》（〔2006〕15号公告）

（6）《中国人民银行关于开展人民币利率互换业务有关事宜的通知》（银发〔2008〕18号）

（7）《远期利率协议业务管理规定》（中国人民银行公告〔2007〕第20号）

6. 其他

（1）《中国人民银行关于全国银行间债券市场债券到期收益率计算有关事项的通知》（银发〔2004〕116号）

（2）《中国人民银行关于完善全国银行间债券市场债券到期收益率计算标准有关事项的通知》（银发〔2007〕200号）

（3）《中国人民银行信用评级管理指导意见》（银发〔2006〕95号）

（二）财政部

（1）《储蓄国债（电子式）管理办法》（财库〔2013〕7号）

（2）《财政部　中国人民银行　中国证券监督管理委员会关于开展国债预发行试点的通知》（财库〔2013〕28号）

（3）《中华人民共和国国债托管管理暂行办法》（财国债字〔1997〕25号）

（4）《国债跨市场转托管业务管理办法》（财库〔2003〕1025号）

（5）《财政部　中国人民银行　中国证券监督管理委员会关于试行国债净价交易有关事宜的通知》（财库〔2001〕12号）

（6）《财政部　中国人民银行　证监会关于贴现国债实行净价交易的通知》（财库〔2007〕21号）

（7）《地方政府一般债券发行管理暂行办法》

（8）《地方政府专项债券发行管理暂行办法》

（9）《财政部、中国人民银行、银监会关于2015年采用定向承销方式发行地方政府债券有关事宜的通知》（财库〔2015〕102号）

（三）国家发改委

（1）《国家发展改革委关于进一步改进和加强企业债券管理工作的通知》（发改财金〔2004〕1134号）

（2）《国家发展改革委关于推进企业债券市场发展、简化发行核准程序有关事项的通知》（发改财金〔2008〕7号）

（3）《国家发展改革委办公厅关于进一步强化企业债券风险防范管理有关问题的通知》（发改办财金〔2012〕3451号）

（4）《国家发展改革委办公厅关于进一步改进企业债券发行工作的通知》（发改办财金〔2013〕1890号）

（5）《企业债券招标发行业务指引（暂行）》

（6）《企业债券簿记建档发行业务指引（暂行）》

（7）《城市地下综合管廊建设专项债券发行指引》（发改办财金〔2015〕755号）

（8）《战略性新兴产业专项债券发行指引》（发改办财金〔2015〕756号）

（9）《养老产业专项债券发行指引》（发改办财金〔2015〕817号）

（10）《城市停车场建设专项债券发行指引》（发改办财金〔2015〕818号）

（11）《国家发展改革委办公厅关于充分发挥企业债券融资功能支持重点项目建设促进经济平稳较快发展的通知》（发改办财金〔2015〕1327号）

（12）《项目收益债券管理暂行办法》（发改办财金〔2015〕2010号）

（四）银监会

（1）《商业银行次级债券发行管理办法》（与央行联合发文〔2004〕第4号公告）

（2）《信贷资产证券化试点管理办法》（与央行联合发文〔2005〕第7号公告）

（3）《金融机构信贷资产证券化试点监督管理办法》（银监会令2005年第3号）

（4）《关于企业集团财务公司发行金融债券有关问题的通知》（银监发〔2007〕58号）

（5）《中国银监会关于建立银行业金融机构市场风险管理计量参考基准的通知》（银监发〔2007〕48号）

（6）《金融租赁公司和汽车金融公司发行金融债券的有关事宜》（与央行联合发文〔2009〕第14号公告）

（7）《金融机构衍生产品交易业务管理暂行办法》（2011年第1号令）

（五）证监会

（1）《证券公司债券管理暂行办法》（证监会令第15号）

（2）《上市公司证券发行管理办法》（证监会令第30号）

（3）《公司债券发行与交易管理办法》（证监会令第113号）

（4）《关于上市商业银行在证券交易所参与债券交易试点有关问题的通知》（证监发〔2010〕91号）

（5）《关于证券投资基金投资中期票据有关问题的通知》

（6）《关于中国金融期货交易所挂牌5年期国债期货合约的批复》

（六）保监会

（1）《保险资金投资债券暂行办法》（保监发〔2012〕58号）

（2）《保险公司发行资本补充债券有关事宜》（2015 年第 3 号公告）

四、业务规则、操作细则层面

（一）中央结算公司

（1）《账户业务指引》
（2）《中央国债登记结算有限责任公司债券交易结算规则》
（3）《全国银行间债券市场债券远期交易结算业务规则》
（4）《债券柜台交易结算业务规则》
（5）《债券交易结算保证金集中保管操作细则》
（6）《全国银行间债券市场金融债券信息披露操作细则》
（7）《证券公司短期融资券发行结算操作细则》
（8）《含选择权债券业务操作细则》
（9）《资产支持证券发行登记与托管结算业务操作规则》
（10）《国债跨市场转托管业务细则》
（11）《保证金（券）实施细则》
（12）《银行间债券市场券款对付结算业务实施细则》
（13）《储蓄国债（电子式）相关业务实施细则（试行）》
（14）《银行间债券市场公司债券发行、登记托管、交易流通操作细则》
（15）《实名制记账式企业债券登记托管业务规则》

（二）交易商协会

（1）《银行间债券市场非金融企业债务融资工具信息披露规则》
（2）《银行间债券市场非金融企业债务融资工具发行注册规则》
（3）《银行间债券市场非金融企业短期融资券业务指引》
（4）《银行间债券市场非金融企业中期票据业务指引》
（5）《银行间债券市场中小非金融企业集合票据业务指引》
（6）《银行间市场信用风险缓释工具试点业务指引》
（7）《银行间债券市场非金融企业超短期融资券业务规程（试行）》
（8）《银行间债券市场非金融企业债务融资工具非公开定向发行规则》
（9）《银行间债券市场非金融企业资产支持票据指引》

五、业务协议层面

（1）《自动质押融资主协议》
（2）《小额支付系统质押业务主协议》
（3）《中国银行间市场金融衍生产品交易主协议》
（4）《中国银行间市场债券回购交易主协议》

商业银行债券柜台业务

2002 年，为构建多层次的国债市场，向广大个人投资者提供安全、便捷和低成本的国债投资渠道，在中国人民银行和财政部的统一领导和推动下，记账式国债柜台业务试点工作顺利开展。中央结算公司通过与各承办机构联网以电子簿记方式，面向个人投资者、企业和其他机构发售、交易和兑付国债。由于各承办机构均是银行间债券市场的主力机构，产品也在银行间市场流通，因此，本质上，债券柜台市场的发展是银行间债券市场向零售金融产品市场的一种延伸。2016 年，中国人民银行发布《全国银行间债券市场柜台业务管理办法》将其定义为全国银行间债券市场柜台业务。

2006 年，财政部发行了面向个人的储蓄国债（电子式），随着债券品种、交易方式和承办机构数量的增加、业务系统联网方式的提升，债券柜台市场运作模式在零售金融产品发展过程中的优势日益凸显，对我国零售金融产品市场的发展必将产生重大积极影响。

第一节　商业银行债券柜台业务概述

一、债券柜台业务推出的背景及功能定位

（一）背景简介

1. 记账式国债柜台业务

2002 年 6 月 3 日记账式国债柜台交易正式推出，当时推出主要是因为商业银行持有的记账式国债数量增长很快，需要向非金融机构和个人分销。业务刚刚推出时，只有北京、上海、浙江 3 个省市可以办理。经过 10 年多的发展，

在各方共同努力下，柜台市场得到了持续而快速的发展，柜台网点已经多达数万个，覆盖了包括西藏在内的全国各个省市。可交易债券存量大幅上升，交易品种日趋丰富，投资者队伍日趋壮大，市场运行机制不断健全和完善。

2. 储蓄国债柜台业务

储蓄国债是指一国政府面向个人投资者发行的，以吸收个人储蓄资金为目的，满足长期储蓄性投资需求的一种不可流通国债品种。债权记录方式分为纸质凭证和电子方式两种。

在中国这样一个储蓄大国，储蓄国债一直是财政部筹集资金的重要手段，其筹集的资金为支持国民经济和社会发展、平衡政府预算赤字、增加社会和谐和政治稳定等方面发挥了积极的作用。凭证式国债自 1988 年面向城乡居民发行以来，深受广大群众喜爱。但凭证式国债也存在一些固有的局限性，如超发风险、发行任务无法调剂、国债销售信息统计困难等，这些都影响了国债管理工作公正性、透明性和安全性。随着国债余额管理的实施、金融统计信息化水平的提高，使得主管部门能全面推广储蓄国债电子化改革，提高国债发行效率和管理水平。2006 年 7 月 1 日财政部发行了第一期储蓄国债（电子式），标志着该项业务的全面启动。经过不断优化，特别是 2009 年和 2015 年两次发行改革和系统升级，储蓄国债发行管理日趋精细和完善。

（二）功能定位

1. 培育多层次的债券交易市场

随着我国国民经济的发展，居民收入水平的提高和财富的不断积累，普通大众对于个人资产的保值增值的需求不断增长，迫切需要存款、基金、保险以外的新的投资方式来丰富其投资组合，分散投资风险。2002 年中国人民银行颁布了《商业银行柜台记账式国债交易管理办法》，从法律层面解决了非金融机构和个人投资者投资国债的障碍，从而开辟了记账式国债零售市场的先河。财政部也于 2003 年颁布了《国债跨市场转托管业务管理办法》，从法律制度层面打通了国债市场，加速了我国多层次国债市场的形成。2014 年，《中国人民银行公告〔2014〕第 3 号》发布，将债券品种在记账式国债的基础上增加国家开发银行债券、政策性银行债券和中国铁路总公司等政府支持机构债券。2016 年发布的《全国银行间债券市场柜台业务管理办法》进一步放开了债券品种的范围，并增加了质押式回购、买断式回购等交易品种。至此，我国债券交易市场历经演变与发展，形成了以银行间债券交易市场为主导，上海、深圳两大交易所市场和银行债券柜台市场并行的局面，形成了多层次、具备不同功能、满足不同投资者需求的批发和零售市场。

2. 为中小机构及个人投资者参与债券交易提供有效渠道

我国长期以来储蓄率始终保持在较高水平，储蓄资金构成了对债券的巨大投资需求。然而，我国债券市场以银行间市场为主，中小机构和个人投资者不能直接进入银行间市场。债券柜台业务的推出是我国债券市场的创新和完善，是对银行间市场的有益补充，为中小机构和个人投资者增加了投资渠道，有利于其管理投资组合、分散投资风险和增加投资收益。

第一，债券柜台交易方便。目前债券柜台承办银行有 8 家，业务开办网点多、网点覆盖全国，购买便捷，一些承办银行的网上银行可以进行交易，银行自助终端机上也能开展债券柜台业务，这都必将使债券柜台交易更加及时、方便、快捷。

第二，债券柜台可选择性强。所有关键期限国债都开展柜台交易，加上国家开发银行债券、政策性银行债券，期限品种多种多样，可以满足不同风险偏好投资者的个性化需求。

第三，债券柜台流动性好。债券安全性高，发行量大，债券柜台业务实质是一种做市商安排，承办银行根据银行间市场债券收益率制定本行债券柜台收益率且有义务按照其买卖报价满足投资者的交易需求。

第四，资金安全。柜台报价根据市场收益率定价，有市场风险，但是如果投资能够准确预测收益率未来走势就能取得额外的资本收益。如果投资出现亏损，投资者也可以将债券持有到期获得票面收益。

第五，免征利息税。我国税法规定，国债持有期间的票息收入免征利息税，部分债券品种如地方政府债券、国家开发银行债券等也可免征利息税，相比其他金融产品，如理财产品、基金和黄金投资，债券柜台交易有其比较优势。

3. 支持财政资金筹措和财政政策的实施

国债在我国国民经济中发挥着重要的作用，为经济建设聚集大量的资金，为全面实施财政政策和货币政策提供了保证，特别是近年来我国实施积极的财政政策，筹集大量的资金用于政府投资以拉动经济发展。由于财政向银行透支被禁止，使用积极的财政政策只能通过国债的发行来筹资，没有良好的国债市场，积极财政政策是不可能实现的。金融危机以来，为了配合国家庞大的“一揽子”经济刺激计划，国债的发行期数和总量也不断增加，有效地筹集了社会资金，配合了国家财政政策的实施，支持了国家各项扩内需投资计划，使我国成为本轮危机中率先实现经济复苏的主要经济体之一。

4. 拓宽了承办机构中间业务

债券柜台业务的中间业务收入主要涉及代理类中间业务中的代理证券业务和银行卡业务。代理证券业务指银行接受委托办理的代理发行、兑付、买卖各类有价证券的业务，还包括接受委托代办债券还本付息、代理证券资金清算等业务。开户费、国债发行期间分销手续费返还以及投资者转托管费是目前承办银行主要的中间业务收入。

二、市场基础设施状况

我国债券柜台业务自推出以来，在主管部门、中央结算公司和承办机构的共同努力下，业务发展取得了长足的进步，为完善我国债券市场起到了积极作用。截至 2015 年 12 月，国债柜台存量约 6 640 亿元，开办该业务承办机构网点数近 8.5 万个，投资者开户数量约近 1 800 万户。

（一）交易形式

投资者可利用承办机构的营业网点覆盖面广的优势，在不同承办机构网点进行债券柜台交易，并可在不同机构之间办理债券转托管业务。随着信息自动化、价格市场化的发展，各承办机构逐步实现了电子化和系统化业务操作，开通了网上交易和电话交易方式，投资者无须去营业网点，足不出户即可办理债券的交易业务储蓄国债认购及债券账户的开立及管理。同时，中央结算公司还支持部分承办机构实现 24 小时通过网银进行柜台债券交易。

（二）托管体制

债券柜台业务实行两级托管体制。中央结算公司为一级托管机构，债券柜台业务的承办机构为二级托管机构。一级托管账户是中央结算公司为承办机构开立的自营和代理总账户，分账记载承办机构自有债券和其托管的客户债券。中央结算公司对一级托管账务的真实性、准确性、完整性和安全性负责。二级托管账户是承办机构为投资者开立的债券托管账户，用于记载投资者持有的债券。承办机构对二级托管账户的真实性、准确性、完整性和安全性负责。

（三）复核查询机制

为了方便投资者及时查询其账户情况，开办债券柜台业务的承办机构都建立了债券柜台交易账务查询系统，中央结算公司也建立了账务复核查询系统。投资者在承办机构办理债券柜台业务后，即可通过承办机构的账务查询系统查询其债券交易的发生额及余额情况；也可以于交易次日通过中央结算公司的复核查询系统（400 - 666 - 5000），核对其债券托管余额。账户双重查询机制的设计，使投资者可以准确掌握账户的债券余额及变动情况，有利于控制运作风险，更好地保护投资者利益。

（四）系统结构

债券柜台相关业务通过承办机构柜台业务处理系统（简称柜台系统）、中央结算公司的债券柜台业务中心系统（简称中心系统）、债券柜台业务电话语音复核查询系统（简称复核查询系统）及中央债券簿记系统（简称簿记系统）等共同进行处理。承办机构和中央结算公司分别对各自所运行的系统进行管理、维护，共同保证系统接驳的安全和顺畅。

三、债券柜台业务运行现状

(一) 债券柜台业务交易品种和数量

经过不断地试点运行和持续完善，债券柜台业务已日渐成熟。财政部、中国人民银行等主管部门的相关管理制度对促进柜台业务发展和规范均做出了明确规定，国债柜台市场的业务品种日趋丰富。截至 2015 年底，债券柜台业务已包括记账式国债、储蓄国债国家开发银行债券、地方政府债券、政策性金融债、政府支持机构债券等债券品种，共计 160 只债券。品种的期限结构包括 1 年、2 年、3 年、5 年、7 年和 10 年期的短、中、长期各种期限。

(二) 债券柜台交易情况

由于受到经济环境和宏观政策的影响，柜台债券交易量呈现出波动的情况：在柜台债券业务开始的前 4 年，柜台市场交易量一直呈现上升的趋势，从 2002 年的 14.4 亿元增加到 2005 年的 65.58 亿元；但在 2006～2008 年，由于受宏观经济环境，特别是央行加息和股票市场上涨等因素的影响，柜台债券交易量呈下降趋势。2009 年，由于金融危机的影响，股票市场和房地产市场出现大幅度的下调，避险资金涌入债券市场，柜台债券市场交易量也由 2008 年开始骤减，随后的 2009 年、2010 年则又出现缓慢增加的态势。2014 年开始，受新增债券品种的因素推动，交易量又出现较大幅度的增长，2015 年交易量达到 108 亿元。而储蓄国债则从 2006 年起一直保持较好的增长势头，目前每年发行量约为 3 500 亿元。

(三) 承办机构数量及构成

2002 年记账式国债柜台业务推出之初，首先在工商银行、农业银行、建设银行和中国银行 4 家国有大型承办机构推出。历经 6 年多的发展，为了进一步提高柜台债券市场的效率和流动性，增加承办机构报价商的种类，主管部门于 2008 年批准增加了招商银行、民生银行、南京银行和北京银行 4 家股份制承办机构承办记账式柜台债券业务。从承办机构上来看，国有银行和股份制银行各有优势：四大国有银行经办记账式柜台债券业务时间长，从业人员经验丰富，网点覆盖率高；而 4 家股份制银行激励机制灵活，拥有良好的营销团队和固定的客户群体。国有银行和股份制银行根据自身的不同特点，为记账式柜台债券投资人提供差异化的报价和服务，有效地提高了柜台债券市场的容量和效率。2016 年，《全国银行间债券市场柜台业务管理办法》允许符合条件的银行间债券市场做市商或结算代理人开办柜台业务。

2009 年，储蓄国债（电子式）承办机构扩大到全国 40 家银行。2012 年起，财政部、中国人民银行对储蓄国债采用承销团管理制，承销团每三年组建一次。目前，承销团成员数量为 38 家。

（四）债券柜台业务投资者类型

从投资理念划分，债券柜台的客户分为投资者和投机者两类。前者一般在发行期购买债券，持有到期或者较长时间后卖出，以配置资产、获取票息收益为主要目的。后者则关注债券价格的波动以及不同报价机构和不同市场之间的价格套利机会，在短期内赚取价差。从开户主体划分，债券柜台投资者包括个人和机构投资者两类。

四、规则制度

（一）记账式债券柜台交易结算业务

（1）《商业银行柜台记账式国债交易管理办法》（中国人民银行令［2002］第 2 号）

（2）《中国人民银行公告［2014］第 3 号》

（3）《全国银行间债券市场柜台业务管理办法》（中国人民银行公告［2016］年第 2 号）

（4）《全国银行间债券市场柜台业务交易结算规则》（2016 年）

（二）储蓄国债（电子式）业务

（1）《储蓄国债（电子式）管理办法》（财库［2013］7 号）

（2）《财政部　中国人民银行关于开展储蓄国债（电子式）网上银行销售试点有关事宜的通知》（财库［2012］86 号）

（3）《2016 年储蓄国债发行额度管理办法》（财库［2016］39 号）

（4）《储蓄国债（电子式）业务实施细则》（中债字［2016］4 号）

第二节　债券柜台业务处理

一、基本模式

基本模式：电子登记与托管；一级与二级结合。

一级托管方式：债券持有人以自己的名义在中央结算公司开立一级托管账户并托管其持有的债券的托管体制；同银行间债券市场的一级托管业务。通过中央债券簿记系统完成。

二级托管方式：债券持有人以自己的名义在二级托管人处开立二级托管账户托管其持有的债券和二级托管人以持有人的名义在中央结算公司开立代理总账户托管其所有二级托管的债券的托管账户体制（通过中央结算公司柜台中心

系统和簿记系统完成）。

柜台业务基本模式原则：两级托管，联网运作；柜台发行，报价交易；事后稽核，双重查询。

二、投资者业务办理

中央结算公司作为一级托管人和债券柜台业务的后台处理机构并不直接处理投资者的相关业务，投资者办理开销户、买卖、提前兑取、付息兑付等所有业务均由具有相应业务资格的商业银行办理。

（一）债券账户的开立与销户

投资者无论购买储蓄国债还是记账式国债均须通过承办机构开立实名债券托管账户，办理开户手续时需指定一个唯一的债券交易资金结算账户（可以是卡或者存折），用于办理与债券交易业务相关的资金收付。

目前储蓄国债只面向个人投资者发行，也只有个人投资者才可以开立储蓄国债托管账户，投资者须持个人相关证件去承办机构柜台或通过网上银行办理储蓄国债开户业务，开立储蓄国债托管账户不收费。一个投资者在同一家承办机构只能开立一个储蓄国债托管账户。

记账式国债、地方政府债券、国家开发银行债券、政策性金融债券面向个人以及符合相关要求的机构发行，投资者可通过承办机构柜面或者网上银行办理记账式债券托管账户开立业务，开立记账式债券托管账户按规定收取一定的开户费用。记账式债券托管账户和储蓄国债托管账户可以共用一个托管账号，承办机构对于不同的账户类型分别标识，中央结算公司据此标识进行处理。

当投资者债券托管账户中债券余额为零时，投资者方可办理销户，销户手续的办理与开户类似。若投资者债券托管账户连续 5 年无余额时，承办机构也可自行对该托管账户进行销户处理。

（二）储蓄国债认购及提前兑取

储蓄国债只能在财政部、中国人民银行规定的发行期内才可以购买，在发行期内，投资者可在承办机构储蓄业务营业时间通过柜面办理认购。现已有包括工商银行、农业银行、中国银行、建设银行、交通银行、招商银行、中国邮政储蓄银行等在内的 38 家商业银行开办储蓄国债业务。购买储蓄国债目前均不收取任何费用。

储蓄国债是非交易性债券，不能自由买卖，但是投资者可以采取提前兑取的方式变现。储蓄国债（电子式）提前兑取指投资者于规定的时间内，到承办机构柜台兑取未到期储蓄国债（电子式），取得本金和相应利息的行为。投资者可以全部或部分提前兑取，提前兑取的部分将扣除相应的利息并收取一定的提前兑取手续费。

（三）记账式债券柜台交易

投资者可通过承办机构柜面或者网上银行、电话银行等进行记账式债券交易。柜台交易营业时间内，承办机构应在其开办柜台交易的营业网点挂出全行统一的债券交易价格及供投资者参考的到期收益率，并向社会公布。投资者也可通过中央结算公司网站（中国债券信息网 www. chinabond. com. cn）查询各承办机构最优报价。

记账式债券柜台交易实行债券和资金的实时交割结算，在债券存续期内均可交易，目前买入与卖出均不收费。营业时间为工作日 10：10～15：30，遇国家法定节假日或根据中国人民银行规定需要停止交易的除外。现已开办记账式债券柜台业务的有工商银行、农业银行、中国银行、建设银行、交通银行、招商银行、北京银行、南京银行共 8 家商业银行。

（四）转托管

转托管是指同一投资者在两个托管账户之间的托管债券的转移，即将其持有的债券从一个托管账户转移到另一个托管账户中进行托管。转托管分为三类：一类转托管，指在同一承办银行的两个二级托管账户之间的转托管。二类转托管，指在两个不同承办机构开立的二级托管账户之间的转托管。三类托管，指一级、二级托管账户之间的转托管。转托管是记账式债券特有的业务，承办机构对转托管业务收取一定的费用。

（五）冻结、质押和非交易过户

冻结、质押和非交易过户在债券柜台交易中发生频率较低。冻结的情况一般有被司法部门进行司法冻结或出质给第三方时，承办机构应依法对其持有的债券进行冻结操作和向司法机关出具执行回执、向质押人出具质押冻结确认书。非交易过户是指由于法院扣划、破产清偿、赠与、遗产继承等原因造成债券所有权的转移。承办机构办理非交易过户按规定收取一定的费用。

（六）付息兑付

由于采用了电子托管，且投资者指定资金结算账户，储蓄国债（电子式）和记账式国债的付息和到期兑付均十分便利，投资者不需做任何操作，承办机构将会在付息日和到期兑付日将利息和本金自动划入投资者的资金结算账户，减轻了承办机构柜面工作压力以及减少了投资者奔波银行的麻烦。

（七）账务查询与核对

为了提高投资者的债券资产安全性和便利性，投资者可通过承办机构网点和中央结算公司语音电话查询系统两个渠道查询债券余额及债券交易情况。承办机构所记载的债券账户内的当日债券托管余额应与次 1 个工作日中央结算公司语音复核查询系统反映的该投资者债券托管余额一致。如果投资者从承办机构得到的查询结果与投资者自己掌握的情况不一致，或投资者分别通过中央结算公司和承办机构查询所得结果不一致时，可携带相关证件和资料到承办机构作进一步核查，承办机构应给予合理说明和处理。投资者通过中央结算公司语音电话查询系统（号码为 400 – 666 – 5000）。

查询时，应输入债券托管账号和查询密码，查询初始密码为身份证件号（个人投资者）或组织机构代码证（机构投资者）的后 6 位数字，不足 6 位的在前面补零。投资者查询密码遗忘的，可持有效证件到承办机构开办此项业务的网点进行密码初始化（即变更为初始密码）。

三、债券柜台业务后台处理

1. 托管账户管理

承办机构在中央结算公司的簿记系统开立债券自营账户和代理总账户，分别记载其自有债券数额和其全部二级托管客户所拥有的债券总额。承办机构办理柜台交易的营业网点为投资者在交易系统中开立债券二级托管账户，办理债券发售、交易、质押、冻结、非交易过户、转托管、兑付等业务。

2. 一级结算过户

承办机构于交易结束后向中央结算公司发送每日发售或交易总额数据及其相关结算指令。中央结算公司在次日柜台交易业务发生前为承办机构办理自营账户和代理总账户之间的一级结算过户，即自动办理该承办机构自营总账户与代理总账户间的债券过户。如果承办机构因预先控制不周而发生自营账户出现卖空，中央结算公司将立即予以警示，承办机构可通过同业调剂等手段进行补仓，簿记系统同时实现部分过户，直至平仓。

3. 储蓄国债额度管理

发行前，财政部、中国人民银行在发行文件中按一定比例设定储蓄国债的基本代销总额和机动代销总额。发行期间日间，承办机构的基本代销额度销售完毕后，根据投资者实际的购买数量或者预计销售数量，通过柜台系统的联网终端实时向柜台中心系统发送机动额度申请指令，从机动额度中申请提取追加额度。

柜台中心系统除通过实施数据交换检测并调配发行额度外，还可实时掌握各机构的销售进度，并通过日终的数据校验严格控制发行额度，防止超冒发行。

4. 储蓄国债提前兑取一级清算

提前兑取业务发生时，根据该期债券约定的方式分别处理，进行定期清算的，承办机构与投资者实时进行资金结算，提前兑取部分的债券由承办机构与发行人定期进行一级资金清算。中央结算公司收到发行人资金清算支付指令后，通过资金系统将提前兑取一级清算资金划付给承办机构，并在簿记系统核减该相应的债券余额。

四、风险及控制

风险控制分为：价格风险、差错风险、一级托管卖空风险、资金风险、二级托管卖空风险。

1. 价格风险控制

风险提示：在柜台向投资者公开揭示价格变动风险。

公开报价：通过公共媒体和柜台挂牌同时公布报价。

2. 差错风险控制：对数据有效性账务数据平衡以及各类数据的相关要素关系与合规性进行检查

账务数据平衡检查，中心系统与簿记系统设置多项横向、纵向数据的平衡公式，进行事后检查。

3. 一级托管卖空风险控制

自营总户卖空处理，簿记系统一级账户间部分过户，同时冻结相应债券。

代理总户卖空预检，不办理一级账户结算过户，并及时提示承办机构。

4. 资金风险控制

指定资金账户：柜台交易结算实现逐笔实时券款对付，并可防止盗卖投资者托管账户债券非法获取价款。

5. 二级托管卖空风险控制

柜台查询与对账，投资者直接向柜台查询其债券账户情况。

复核查询系统，中央结算公司提供投资者复核查询系统，制约脱机操作的违规行为。

财务数据平衡检查，可及时发现在计算机系统内操作的卖空行为。

附录一

中国银监会关于建立银行业金融机构市场风险管理计量参考基准的通知

（银监发〔2007〕48号）

各银监局，各政策性银行、国有商业银行、股份制商业银行、邮储银行：

为进一步加强银行业金融机构市场风险管理，尽快建立银行业金融机构市场风险管理计量参考基准，现就有关要求通知如下：

一、各行应高度重视市场风险管理工作，切实加强对人民币债券收益率曲线（以下简称收益率曲线）的研究和应用。

二、各行可使用自行编制的或其他机构编制的收益率曲线进行市场风险管理，所使用的收益率曲线对市场变化情况的反映要客观、合理。

三、各行用于市场风险管理的收益率曲线应力求建立在全面、客观、合理的债券数据源基础上，并尽量剔除异常价格的影响。

四、各行用于市场风险管理的收益率曲线的构建模型应适应债券市场多变的收益率形态，并满足光滑性和稳定性的要求。

五、各行用于市场风险管理的收益率曲线应至少有一年以上的收益率曲线数据可供比较、查询。

六、各行用于市场风险管理的收益率曲线应包括但不限于国债、央行票据、政策性金融债等人民币债券品种。

七、从2007年10月第一个工作日开始，各行应采用中央国债登记结算有限责任公司编制公布的银行间国债收益率曲线、央行票据收益率曲线与政策性金融债收益率曲线（以下简称中债收益率曲线）计算交易账户人民币头寸市值，并与根据自行编制或其他机构编制的收益率曲线计算得出的相应市值在每个工作日至少进行一次比较。如果在每个季度内有5个（含）以上工作日两者计算结果相差超过1%，应在下个季度前10个工作日内向中国银监会书面报告，并做出详细、准确的说明。

八、直接使用中债收益率曲线对交易账户人民币头寸进行市值计算的银行，不适用第七条规定。

九、鼓励各行参照第七条规定的中债收益率曲线计算风险价值（VaR）等市场风险管理数据，对所承担的市场风险水平进行量化计算。

十、境内外资法人银行、外国银行分行适用本通知各项规定。城市商业银行、农村商业银行、农村合作银行、城市信用社等其他银行业金融机构可根据具体情况参照执行。

十一、属地监管的银行业金融机构法人在按照第七条规定向银监会报告的同时，应将报告抄送所在地银行业监管机构。

请各银监局将本通知转发至辖内各法人银行业金融机构。

二〇〇七年五月二十日

附录二

《保险公司偿付能力报告编报规则第11号：动态偿付能力测试（人寿保险公司）》实务指南节选

五、关于基本情景测试

（一）预测假设

预测假设主要包括新业务、投资收益率……

2. 投资收益率假设

本规则所指投资收益率是扣除投资费用以后的净投资收益率。保险公司应当按照以下要求确定投资收益率假设。

（1）保险公司应当根据公司的投资策略确定测试区间内各测试类别的资产账户相应的投资组合。保险公司应当依据资产负债匹配的原则对公司的投资资产按照测试类别进行适当的分割，至少应将公司的投资资产分割为传统产品账户、个人分红产品账户、团体分红产品账户、个人万能产品账户、团体万能产品账户和实际资本账户（可与传统产品账户合并）。保险公司应当明确各个资产账户在测试区间内的资产配置策略，以及每个资产账户的代表性资产。有条件的公司可以根据具体业务情况做进一步分割。

（2）保险公司应当以公司的历史投资收益率作为参照，并根据对未来市场状况的分析，确定测试区间内各类投资资产的年投资收益率的最优估计。

（3）保险公司应当分别确定各类测试对象的年投资收益率假设，其中：

①传统产品账户年投资收益率假设不得超过7年期国债收益率+1%；

②分红产品账户年投资收益率假设不得超过7年期国债收益率+1.5%；

③万能产品账户年投资收益率假设不得超过7年期国债收益率+2%；

④投资连结产品账户的年投资收益率假设不得超过7年期国债收益率+2%。

7年期国债收益率选取报告期末中央国债登记结算有限责任公司编制的中国固定利率国债到期收益率曲线上标准期限为7年的曲线点所代表的收益率水平。获得该收益率曲线的相关信息，可访问中国债券信息网的中债收益率曲线网页（http://www.chinabond.com.cn/）。

附录三

《中债综合业务平台信息
产品授权指南》

近期随着中债综合业务平台上线，中债信息产品得到了广大成员的普遍关注，同时也有部分成员咨询关于用户授权的操作问题，为了给用户提供更大的便利，我公司特对信息产品授权流程进行统一介绍。

一、签约并交费

成员与中央结算公司签订《中债收益率曲线和中债估值最终用户服务协议》，并交纳相应费用后，便具有中债价格产品、公共统计数据、个性化统计数据、托管账户总对账单（含估值）的查看和下载资格。

二、授权

第一步：查看客户端管理员的授权范围

已经签约并交费的成员客户端管理员在用户管理＞高级查询＞用户权限查询（客户端）中，选中自己的用户名并双击，进入用户权限查询界面就可看到自己的授权范围。

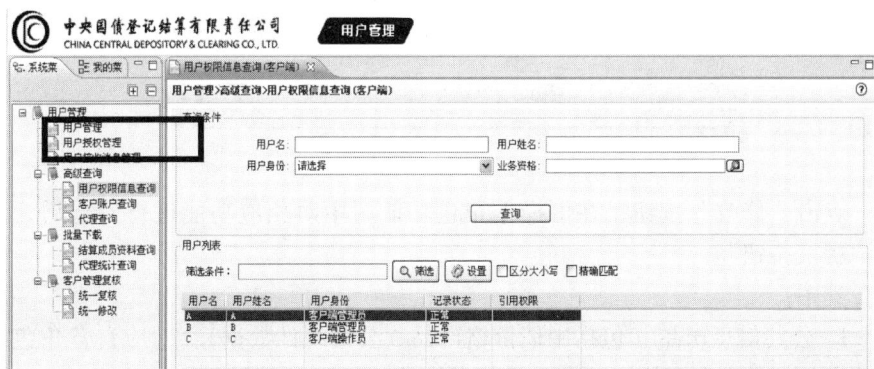

具体而言，点击"授权角色授权"选项，菜单中"自营角色"下会出现"信息产品下载自营资格"和"个性化统计自营资格"。下面以自营资格为例介绍客户端管理员对客户端操作员进行授权的过程。

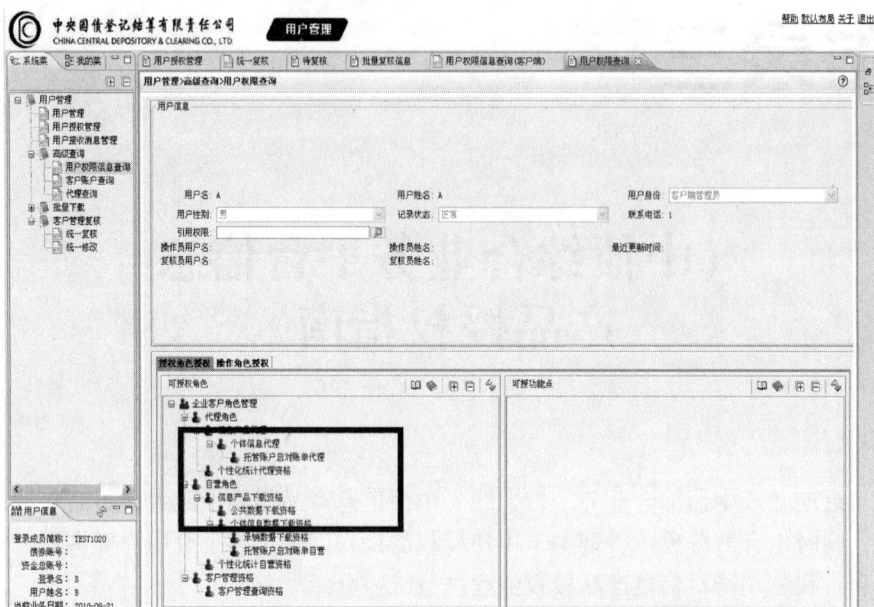

第二步：管理员为操作员授权

管理员登录，点击左侧菜单栏用户管理 > 用户授权管理，选择需要授权的客户端操作员，双击进入用户授权管理页面。

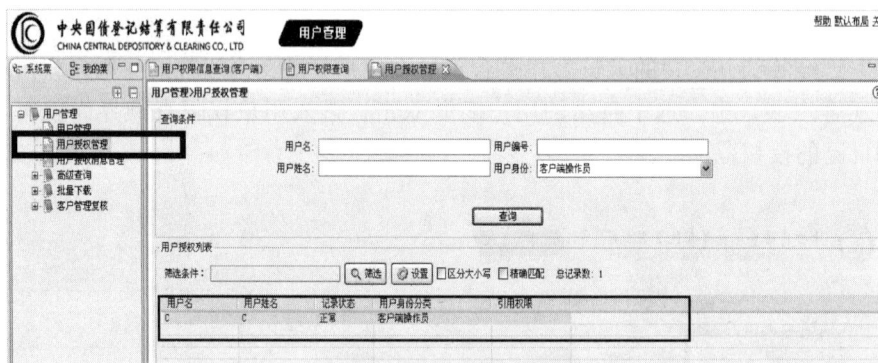

点击"修改"按钮，在可操作角色功能树中对相应功能进行勾选后，点击"提交按钮"。

其中：

1. 公共信息产品（包括中债价格产品、公共统计数据）：对应自营角色 > 信息产品下载自营资格 > 公共数据下载资格。

2. 个性化统计：对应自营角色 > 个性化统计自营资格。

3. 托管账户总对账单（含估值）：对应自营角色 > 信息产品下载自营资格 > 个体信息数据下载自营资格 > 托管账户总对账单下载自营资格。

第三步：复核

由另一名客户端管理员登录客户端，进入"统一复核"页面进行授权复核后，授权生效。

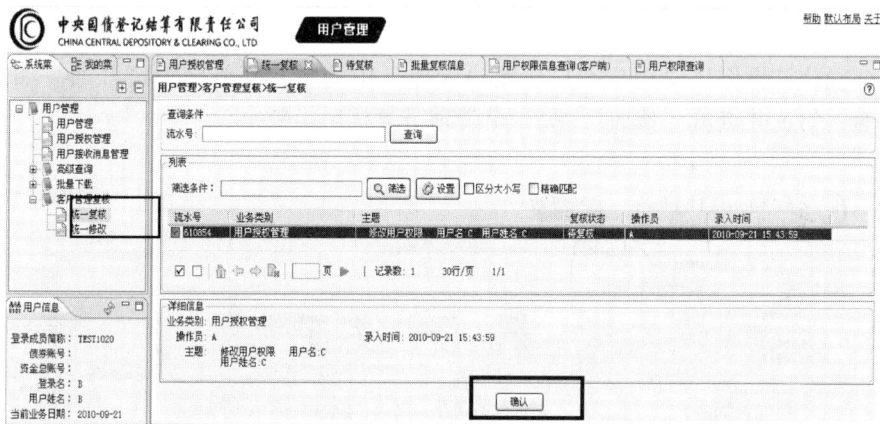

第四步：代理数据下载资格授权

具有代理资格的成员管理员可以到与"自营角色"并列的"代理角色"相同位置查找代理相关资格，授权过程比照自营角色资格进行即可。

三、查询和下载

客户端操作员登录后可以对已经被授权的内容进行查询和下载，具体位置如下：

1. 公共信息产品：客户端界面上方业务模块"信息产品"。

2. 个性化统计：客户端界面上方业务模块"个性化统计"。

3. 托管账户总对账单（含估值）：客户端界面上方业务模块"债券业务" > 债券业务批量下载 > 托管账户总对账单（含估值）下载。

注：如果托管账户总对账单（含估值）查询无内容，请确认以下两点：

（1）查询日期必须早于当前工作日，并且须是银行间债券市场的工作日。

（2）管理员确认操作员用户的相应业务权限已经开通。

点击用户管理 > 用户管理，双击操作员名称。

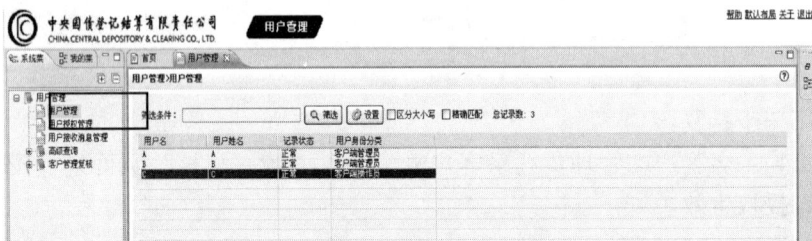

确认该操作员"用户客户端账户管理"中的自营托管账户已开通。如未开通，勾选并点击"修改"，另一个管理员复核后生效。

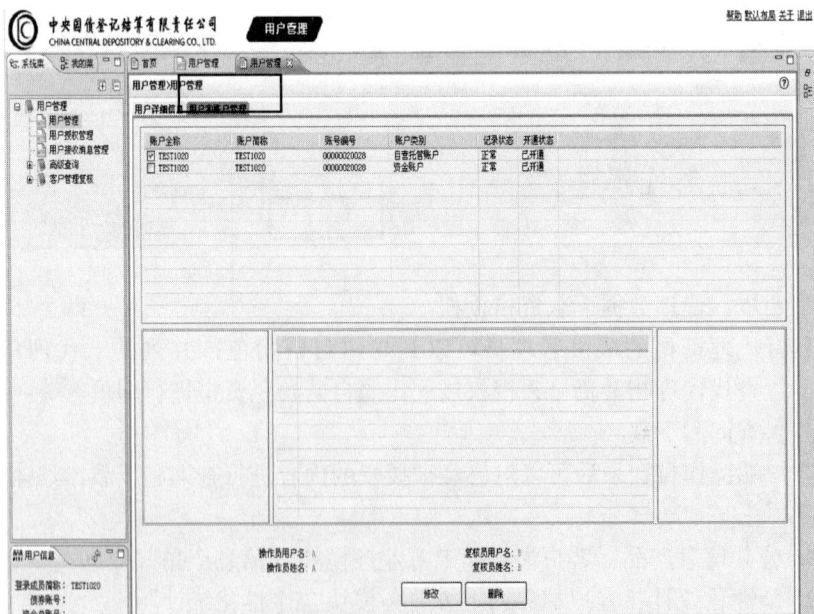

附录四

中债价格指标产品计算方法的说明

前言：本文参考中国人民银行 2007 年 6 月 20 日公布的《中国人民银行关于完善全国银行间债券市场债券到期收益率计算标准有关事项的通知》，将中债价格指标产品部分计算方法向市场公布，供用户参考使用。

一、中债收益率曲线构建模型

中债收益率曲线采用的构建模型为 Hermite 插值模型，该模型特点为光滑性、灵活性较好。

具体的公式为：

设 $x_1 < \cdots < x_n$，并已知这些期限的对应收益率 (x_i, y_i) (x_{i+1}, y_{i+1})，$i \in [1, n]$，求任意 $x_i \leqslant x \leqslant x_{i+1}$，对应的收益率 $y(x)$，则用 hermite 多项式插值模型，公式为：

$$y(x) = y_i H_1 + y_{i+1} H_2 + d_i H_3 + d_{i+1} H_4$$

其中：$H_1 = 3\left(\dfrac{x_{i+1} - x}{x_{i+1} - x_i}\right)^2 - 2\left(\dfrac{x_{i+1} - x}{x_{i+1} - x_i}\right)^3$；

$H_2 = 3\left(\dfrac{x - x_i}{x_{i+1} - x_i}\right)^2 - 2\left(\dfrac{x - x_i}{x_{i+1} - x_i}\right)^3$；

$H_3 = \dfrac{(x_{i+1} - x)^2}{x_{i+1} - x_i} - \dfrac{(x_{i+1} - x)^3}{(x_{i+1} - x_i)^2}$；

$H_4 = \dfrac{(x - x_i)^3}{(x_{i+1} - x_i)^2} - \dfrac{(x - x_i)^2}{x_{i+1} - x_i}$

其中：x_i 为期限；y_i 为收益率；d_i 为斜率。

二、中债估值估价全价及收益率计算方法（部分）

1. 对处于最后付息周期的附息债券、待偿期在一年以下的贴现债券、零息债券、到期一次还本付息债券：

日间估价全价计算公式：

$$PV = \dfrac{FV}{y \times \dfrac{D}{TY} + 1}$$

其中：PV 为债券全价；FV 为债券到期时还本付息金额；TY 为债券计息年实际天数；y 为估价收益率；D 为从估值日到到期日的实际天数。

2. 对待偿期在一年以上的到期一次还本付息债券和零息债券：

日间估价全价计算公式：

$$PV = \frac{FV}{(1 + y)^t}$$

其中：PV 为债券全价；FV 为债券到期时还本付息金额；y 为估价收益率；t 为待偿期。

3. 对不处于最后付息周期的附息式固定利率债券（不含本金分期兑付、选择权等特殊情况）：

日间估价全价计算公式（以起息日估值为例）：

$$PV = \frac{C/f}{(1 + y/f)^1} + \frac{C/f}{(1 + y/f)^2} + \cdots + \frac{C/f + M}{(1 + y/f)^n}$$

其中：PV 为债券全价；C 为票面年利息；f 为每年付息次数；y 为估价收益率；M 为债券本金值；n 为剩余付息次数。

4. 对不处于最后付息周期的附息式浮动利率债券（不含本金分期兑付、选择权等特殊情况）：

日间估价全价计算公式（以起息日估值为例）：

$$PV = \left[\frac{(R_1 + S)/f}{[1 + (R_2 + y_d)/f]^1} + \frac{(R_2 + S)/f}{[1 + (R_2 + y_d)/f]^2} + \cdots + \frac{1 + (R_2 + S)/f}{[1 + (R_2 + y_d)/f]^n} \right] \times M$$

其中：PV 为债券全价；R_1 为当期债券基础利率；R_2 为估值日基础利率；S 为债券招标利差；f 为每年付息次数；y_d 为点差收益率；n 为剩余付息次数；M 为债券本金值。

5. 对不处于最后付息周期的含本金分期兑付条款的固定利率债券：

日间估价全价计算公式：

$$PV = \frac{CF_1}{(1 + y)^{t_1}} + \frac{CF_2}{(1 + y)^{t_2}} + \cdots + \frac{CF_n}{(1 + y)^{t_n}}$$

其中：PV 为债券全价；$CF_{1,2,\cdots,n}$ 为第 1，2，$\cdots$，n 次现金流；$t_{1,2,\cdots,n}$ 为距估值日第 1，2，$\cdots$，n 次现金流的时间长度；y 为估价收益率。

三、中债估值其他相关指标计算方法

1. 应计利息

贴现债券、零息债券：$AI = \dfrac{100 - P_d}{T} \times t$

利随本清债券：$AI = K \times C + \dfrac{C}{TY} \times t$

计息周期规则的附息式固定利率债券、附息式浮动利率债券：$AI = \dfrac{C}{f} \times \dfrac{t}{TS}$

计息周期不规则的附息式固定利率债券、附息式浮动利率债券：$AI = C \times \dfrac{t}{TY}$

其中：AI 为每百元面值债券的应计利息额；P_d 为债券发行价；T 为起息日至到期兑付日的实际天数；t 为起息日或上一付息日至结算日的实际天数；C 为每百元面值年利息，对浮动利率债券，C 根据当前付息周期的票面利率确定；K 为债券起息日至结算日的整年数；TY 为当前计息年度的实际天数，算头不算尾；f 为年付息频率；TS 为当前付息周期的实际天数。

2. 估价净价

$$估价净价 = 日间估价全价 - 日间应计利息$$
$$= 日终估价全价 - 日终应计利息$$

其中：日终估价全价包含估值日当日应计利息，日间估价全价未包含。

3. 估价修正久期

$$Dur = -\frac{dPV}{dy} \times \frac{1}{PV}$$

其中：Dur 为计算日附息式固定利率债券的修正久期；PV 为计算日附息式固定利率债券的日间估值全价；y 为计算日附息式固定利率债券的到期收益率。

4. 估价凸性

$$con = \frac{d^2PV}{dy^2} \times \frac{1}{PV}$$

其中：con 为计算日附息式固定利率债券的凸性；PV 为计算日附息式固定利率债券的日间估值全价；y 为计算日附息式固定利率债券的到期收益率。

5. 估价基点价值（以百元面值为例）

$$BPV = Dur \times \frac{PV}{10\ 000}$$

其中：BPV 为计算日债券的基点价值；Dur 为计算日债券的修正久期；PV 为计算日债券的日间估值全价。

四、中债指数相关指标计算方法

1. 财富指标值

算法一：

假设投资者在付息当日将现金投入到指数组合当中。计算公式：

$$I_T^{TR} = I_{T-1}^{TR} \times \sum_{i=1}^{n} \frac{P_{i,T}^F}{P_{i,T-1}^F} \times W_i^F$$

其中：I_T^{TR} 为 T 日该债券指数财富指标值；$P_{i,T}^F$ 为债券 i 在 T 日的全价价格；W_i^F 为债券 i 在 T 日的全价市值权重。

算法二：

假设投资者将该自然月收到的利息和本金偿还额以活期存款的方式持有直至月末最后一个工作日，再将累计的现金投入到指数组合当中。计算公式：

$$I_T^{TR} = I_{T-1}^{TR} \times \left[\sum_{i=1}^{n} \left(\frac{P_{i,T}^F + PIN_{i,T} + INT_{i,T}}{P_{i,T-1}^F} \times \frac{MV_{i,T-1}^F}{\sum_j (MV_{j,T-1}^F + CASH_{j,T-1})} \right) \right.$$

$$+ (1 + R_{T-1}) \times \frac{\sum_j CASH_{j,T-1}}{\sum_j (MV^F_{j,T-1} + CASH_{j,T-1})} \Big]$$

其中：I^{TR}_T 为 T 日债券指数财富指标值；$P^F_{i,T}$ 为债券 i 在 T 日的全价价格；$PIN_{i,T}$ 为债券 i 在 T 日百元面值以下的本金偿还额；$INT_{i,T}$ 为债券 i 在 T 日百元面值以下的利息支付额；$CASH_{j,T}$ 为该自然月截至 T 日，投资者以活期存款方式持有的累计债券 i 的本金偿还额和利息支付额；$MV^F_{i,T-1}$ 为债券 i 在 T 日的全价市值；R_T 为 T 日活期存款日利率。

2. 全价指标值

$$I^F_T = I^F_{T-1} \times \sum_{i=1}^n \frac{P^F_{i,T}}{P^F_{i,T-1}} \times W^F_i$$

其中：I^F_T 为 T 日该债券指数全价指标值；W^F_i 为债券 i 的全价市值权重；$P^F_{i,T}$ 为债券 i 在 T 日的全价价格。

3. 净价指标值

$$I^N_T = I^N_{T-1} \times \sum_{i=1}^n \frac{P^N_{i,T}}{P^N_{i,T-1}} \times W^N_i$$

其中：I^N_T 为 T 日该债券指数净价指标值；W^N_i 为债券 i 的净价市值权重；$P^N_{i,T}$ 为债券 i 在 T 日的净价价格。

五、中债 VaR 值相关计算方法

1. 单券 VaR 值与 CVaR 值计算方法

目前我公司采用历史模拟法计算 VaR 值。

Sig 为置信水平；

S 为债券 VaR 值对应的债券持有期；

M 为历史模拟工作日天数；

P_t 为计算日债券的日间估价全价；

D_{t+s} 为债券持有期结束后债券的待偿期；

Δy_{CV} 为收益率变动的临界值；

W_t 为计算日债券组合的总市值；

W_{CV} 为债券组合的 VaR 临界值。

具体计算方法如下：

（1）计算持有期 S 天后债券的待偿期 D_{t+s}；

（2）提取计算日前 M 个工作日的债券所在收益率曲线待偿期为 D_{t+s} 的收益率数据，并计算相邻两天收益率的变动值；目前系统设定 $M = 250$；

（3）计算收益率的变动值由大到小的 $1 - Sig$ 的分位数 Δy_{CV}；

（4）根据该分位数计算相应的债券全价 P_{CV}；

5）由此可以计算得出债券在 Sig 置信水平下 S 天后的 VaR 值为 VaR $= P_t - P_{CV}$；

6）分别计算提取出来的由大到小前（1 – Sig）×M 个收益率对应的债券价格，这些价格的平均值为 $\overline{P}$，则债券在 Sig 置信水平下 S 天后的 CVaR 值为 $\mathrm{CVaR} = P_t - \overline{P}$。

2. 组合 VaR 值与 CVaR 值计算方法

1）根据组合中每只债券对应的收益率曲线计算其相邻两天的收益率变动值，并计算每个变动值对应的各个债券的价格；

2）按照债券组合中债券的市值加权计算债券组合的总市值，找到总市值的 1 – Sig 的分位数 W_{CV}；

3）由此可以计算得出债券组合在 Sig 置信水平下 S 天后的 VaR 值为 $\mathrm{VaR} = W_t - W_{CV}$；

4）假设债券组合由大到小前（1 – Sig）×M 个总市值的平均值为 $\overline{W}$，则债券组合在 Sig 置信水平下 S 天后的 CVaR 值为 $\mathrm{CVaR} = W_t - \overline{W}$。

附录五

中央债券综合业务系统债券应付利息资金核算方法说明

中债字〔2009〕38号

各债券发行人、主承销机构、结算成员：

　　为统一和规范全国银行间债券市场债券交易结算到期收益率核算标准，中国人民银行于2004年发布了《中国人民银行关于全国银行间债券市场到期收益率计算标准有关事宜的通知》（银发〔2004〕116号），2007年中国人民银行再次发布《中国人民银行关于全国银行间债券市场到期收益率计算标准有关事宜的通知》（银发〔2007〕200号）等文件，对债券到期收益率计算标准予以进一步完善调整。完善调整后的计算标准适用于债券发行、托管、交易、结算和付息兑付等业务。中央国债登记结算有限责任公司（以下简称中央结算公司）严格按照中国人民银行的上述文件规定执行登记托管、交易结算到期收益率的计算及代理付息兑付资金拨付业务，并按要求在中央债券综合业务系统中实现了上述业务的处理。

　　随着债券市场的不断深化发展，经监管部门批准发行的资产支持证券、外币债券和国际机构境内债券等新品种债券不断增加，发行人对债券期限、起息到期时间、计息天数、计息方式、节假日、闰年管理及债券要素关系等问题的处理也不断进行创新，从而给付息兑付时的应付利息资金计算带来许多新的变化。越来越多的发行人和主承销机构以及投资人向中央结算公司咨询相关债券的应付利息资金支付方法和规律。

　　为便于市场成员了解掌握全面情况，现将中央结算公司中央债券综合业务系统处理各种债券应付利息资金业务的核算方法公布。核算方法体现了各类已发行债券对应付利息资金计算的普遍性标准要求，同时中央结算公司遵循中国人民银行有关文件要求，以我国银行、证券业相关的财务会计准则和国际惯例为标准，以计算合理、科学、公平和投资人计算理解简便，利于二级市场交易流通为原则。

　　中央债券综合业务系统有关债券要素管理功能和付息资金核算完全按照以下介绍方法设定。为有利于提高市场效率和债券的交易流通，便于投资人理解和接受债券应计利息计算，发行人在确定新发行债券付息资金核算方式时，请尽量参照以下标准方法设计债券要素，并在相关发行文件和公告中明确。如有其他特殊要求，请事先通知中央结算公司，并在发行文件和相关公告中向投资人作特别说明提示。

中央债券综合业务系统的债券应付利息资金核算方法如下：

一、债券计量单位和价格单位

债券按货币单位计量，发行价格、本金值等以百元面额计量。

二、债券计息方式

债券计息方式分贴现、零息、利随本清和附息四种，一只债券只能选择其中一种。具体含义和要求如下表：

计息方式	发行价格特点	期限特点	存续期间是否支付利息或本金	本金值	兑付本金和利息基本含义
贴现方式	一般低于 100 元/百元面额	不超过一年	不支付	发行价/百元面额	到期时按 100 元/百元面额兑付本金及利息
零息方式	一般低于 100 元/百元面额；如为本息剥离债，则无发行价格	超过一年	不支付	发行价/百元面额，如为本息剥离债，则无本金值	到期时按 100 元/百元面额兑付，如为本息剥离债按特定金额兑付
利随本清方式	高于、等于或低于 100 元/百元面额	任何期限	不支付	100 元/百元面额	按照约定的利率计算每年应付利息，到期时一次性支付本金和全部利息
附息方式	高于、等于或低于 100 元/百元面额	任何期限	支付利息，不支付本金	100 元/百元面额	按照约定利率计算应付利息，定期支付；到期时支付最后计息期利息和本金
			支付利息和一定比例本金	首个计息期为 100 元/百元面额，从第二个计息期开始，每期的本金值要减去上一次付息时兑付的本金额	按照约定利率和剩余本金值计算利息，定期支付，到期时按照约定利率和最后剩余本金值计算支付最后一期利息和剩余本金

三、债券计息年度和闰年计息年度的确定

计息年度是指债券生命周期中，从债券起息日开始的一个完整的自然年度。

（一）普通债券（指非资产支持证券）计息年度的确定

按照债券本身的生命周期确定其计息年度。如某附息债券，5 年期，半年付息一次，起息日为 2007 年 4 月 7 日，则 2007 年 10 月 7 日为第一个付息日，2008 年 4 月 7 日为第二个付息日，那么 2007 年 4 月 7 日~2008 年 4 月 7 日（利息计算算头不算尾，下同）为该债券的第一个完整计息年度，该债券共 5 个计息年度。

（二）普通债券闰年计息年度的确定

债券闰年计息年度确定，以其一个完整的计息年度内是否跨越闰年中的 2 月 29 日为标准。仍以前款所举债券为例，因 2008 年 2 月处于该债券的 2007 年 4 月 7 日~2008 年 4 月 7 日这一计息年度内，所以该计息年度为闰年计息年度。因此，2007 年在自然年度上虽不是闰年，但第一个计息期（2007 年 4 月 7 日~2007 年 10 月 7 日）因属于该债券 2007 年 4 月 7 日~2008 年 4 月 7 日这一计息年度，所以应按闰年处理。而 2008 年虽然是在自然年度上是闰年，但其第二个计息年度（2008 年 4 月 7 日~2009 年 4 月 7 日）不是闰年计息年度，其第三个计息期（2008 年 4 月 7 日~2008 年 10 月 7 日）仍按非闰年处理。

（三）资产支持证券优先档计息年度的确定

资产支持证券往往首个计息期存在不规律的情况，因此，不能按照前款方法从债券起息日开始确定计息年度。中央债券综合业务系统的处理方法是从规律计息期开始的首个计息期起息日为起始日确定计息年度。例如：某资产支持证券下的各优先档债券，起息日为 2008 年 6 月 8 日，预期到期日为 2013 年 8 月 18 日，则债券期限为 1 897 天，第一个付息日为 6 月 26 日，以后每月 26 日付息。则从 2008 年 6 月 26 日起确定计息年度，而 2008 年 6 月 8 日~2008 年 6 月 26 日和 2013 年 6 月 26 日~2013 年 8 月 18 日作为两个特殊计息期处理。

四、计息年度天数

计息年度天数是指一年的计息天数基数，分 365 天/年（闰年为 366 天或 365 天）和 360 天/年两种，一只债券只能选择其中一种。境内人民币债券建议采用 365 天/年，境内外币债券可采用 360 天/年，但建议尽可能采用 365 天/年。

计息年度天数基数分类分层选择含义如下表：

第一层选择	第二层选择	第三层选择	含　义
365 天	闰年按照 365 天计息	2 月 29 日计息	非闰年按照 365 天计算每天利息，乘 365 天为全年应付利息金额；遇到闰年时，该年按照 365 天计算每天应计利息，乘 366 天为全年应付利息金额
		2 月 29 日不计息	非闰年按照 365 天计算每天利息，乘 365 天为全年应付利息金额；遇到闰年时，该年按照 365 天计算每天利息，乘 365 天为全年应付利息金额
	闰年按照 366 天计息	无	非闰年按照 365 天计算每天利息，乘 365 天为全年应付利息金额；遇到闰年时，该年按照 366 天计算每天利息，乘 366 天为全年应付利息金额

第一层选择	第二层选择	第三层选择	含　义
360 天	每月按照 30 天计息	无	按照 360 天计算每天利息，乘 30 天为每月利息金额，乘 360 天为全年应付利息金额。无论该月是 28 天、29 天、30 天还是 31 天，满一整月的一律按照 30 天计算，全年则按照 360 天计算
	每月按照该月实际天数计息	无	按照 360 天计算每天利息，乘该月实际天数为该月利息金额，乘 365 天（闰年 366 天）得全年应付利息金额

五、债券付息资金核算相关日期参数及其关联关系

（一）债券期限单位和债券期限

债券期限单位分年、月、日三种，一只债券只能选择一种期限单位；债券期限应为期限单位的整数倍。如 1 年、2 年、3 年 ~ 20 年……，1 月、2 月、3 月 ~ 15 月……，7 日、14 日、92 日 ~ 467 日……不能有 1.5 年、2.3 月等。其中资产支持证券除提供年或月的期限数值外，还需按照预期到期日算出精确的期限天数。

（二）不同债券期限单位下起息日、附息债券付息日、到期兑付日之间的关联关系

1. 债券期限单位为"日"的，到期兑付日为起息日加上期限天数对应的日期；

2. 债券期限单位为"月"的，到期兑付日为起息日所在年、月、日加上期限月份数后对应的年、月、日。如起息日是 2007 年 3 月 28 日，期限 4 个月，则到期日为 2007 年 7 月 28 日。当起息日是 31 日，如到期年份的该月份没有 31 日，即该月最后一日是 30 日或 28 日（非闰年的 2 月）或 29 日（闰年的 2 月），则到期兑付日为 30 日、28 日或 29 日。起息日是 30 日，到期月份是 2 月，则到期兑付日为 28 日或 29 日。该问题列表举例如下表：

起息日	期限	到期日	备注
2007.03.28	4 个月	2007.07.28	
2007.12.31	2 个月	2008.02.29	该月无 31 日
2007.12.31	3 个月	2008.03.31	
2007.12.31	4 个月	2008.04.30	该月无 31 日

其中以"月"为债券期限单位的普通附息债券（非资产支持证券），付息频率只能是按月付息，付息日为每月与起息日相同的日期。如某月无该日期，则按前款到期兑付日的要求确定。

3. 债券期限单位为"年"的，到期兑付日为起息年份加上期限年数对应年份的对应月份、日期；如到期兑付年份该月没有该日，则按照本条第二款的到期兑付日的要求确定。

其中附息债券，每年付息一次，各年度的付息日为存续期内各年中与起息日相同的日期，如某年中无该日期，按本条第二款到期兑付日的要求确定；半年付息一次，起息日所在月份加六个月后的对应自然日为付息日，以下依此类推；如某计息期中无该日期，按本条第二款到期兑付日的要求确定；按"季度"付息，起息日所在月份加三个月后的对应自然日为付息日，以下依此类推；如某计息期中无该日期，按本条第二款到期兑付日的要求确定；按"月"付息，则付息日为每月中与起息日相同的日子，如某月中无该日期，按本条第二款到期兑付日的要求确定。

4. 资产支持证券各优先档债券，在各种期限单位情况下都可以设定付息频率，即一年付息次数，同时明确起息日、第一次付息日、到期兑付日。起息日与第一次付息日之间和到期兑付日前最后一次付息日与到期兑付日之间的间隔日期可以根据实际情况灵活设定，但第一次付息日至到期兑付日之间的每个付息日应按照规定的付息频率设定。

（三）利息计算结息日与资金支付日的关系

按照前款确定的付息日或到期兑付日，并根据计息"算头不算尾"的惯例，付息日或到期兑付日前一自然日为利息资金计算的结息日，结息日应固定不变。资金支付日有两种确定方法，可选择其中一种：

1. 资金支付日和付息日或到期兑付日为同一天。但当付息日或到期兑付日遇节假日时，资金支付日顺延到节假日后第一个工作日，但付息或兑付资金仍计算到付息日或到期兑付日的前一自然日即结息日。

2. 资金支付日为付息日或到期兑付日后某一天。发行时需要明确资金支付日与付息日或到期兑付日之间间隔的自然日天数，按此确定的支付日如遇节假日，则顺延到节假日后第一个工作日。

六、附息债券利息分配方式

付息频率一年超过一次的附息债券，应选择利息分配方式。利息分配方式有"平均分配"和"按实际天数分配"两种。平均分配是指全年利息按照付息频率在各计息期间平均分配；按实际天数分配是指全年利息按照各计息期的实际天数计算。其中资产支持证券建议只选择按照计息期实际天数分配利息的方式。

七、浮动利率债券及其基准利率生效相关要素的选择和关联关系

浮动利率债券的执行利率由基准利率（变量）加利差（固定）确定。同时可以设定保底利率和封顶利率，前者是指当基准利率变动后加上固定利差小于保底利率时，按照保底利率执行；后者是指当基准利率变动后加上固定利差大于封顶利率时，按照封顶利率执行。

基准利率生效问题，有生效时点、生效条件和生效时期三个层次的要素需要选择确定。具体如下表：

第一层次选择：基准利率生效时点	第二层次选择：生效条件	第三层次选择：基准利率生效时期	含义和要求
当期生效	无	计息期有效（唯一选择）	基准利率一旦变动，本计息期执行利率即随之变动。因此其有效时期也只能是本计息期
付息后生效	无	年度有效	基准利率发生变化时，本计息期执行利率不变，付息后的下一个计息年度变动。按照完整计息年度确定执行利率。一个完整计息年度内尽管多次付息，但仍执行该计息年度初的基准利率，下一个完整计息年度按下一计息年度起息日当日或起息日前某一天的最新基准利率执行
		计息期有效	基准利率发生变化时，本计息期执行利率不变，付息后的下一个计息期变更。每次付息后的下一计息期按该计息期起息日当日或起息日前某一天的最新基准利率执行
指定条件生效	基准利率变动后固定时间生效	无	以该基准利率变动之日起预先确定的时间后该基准利率生效，此前仍执行原利率。因此一个计息期内可能有分段计息利率。（见例子）
	付息前指定日期的有效基准利率	计息期有效	付息时，本计息期的执行利率按照预先确定的付息前某个时间的最新基准利率执行

根据上述基准利率生效条件，以某只债券为例：期限 10 年，2007 年 5 月 10 日起息，基准利率为商业银行一年期定期存款利率，利差为 1.5%，每半年付息一次。发行时基准利率为 2.25%，2007 年 6 月 1 日调整为 2.5%，7 月 25 日调整为 2.75%，2008 年 5 月 9 日变动为 3.0%，此后一直到 2009 年年底利率没有再调整。

该债券在基准利率不同生效条件下的执行利率见下表：

基准利率 生效时点	生效条件	生效时期	07.05.10 ~ 07.11.09 执行利率	07.11.10 ~ 08.05.09 执行利率	08.05.10 ~ 08.11.09 执行利率	08.11.10 ~ 09.05.09 执行利率
当期生效	无	计息期有效（唯一）	4.25%	4.5%	4.5%	4.5%
付息后生效	无	计息年度有效	3.75%	3.75%	4.5%	4.5%
		计息期有效	3.75%	4.25%	4.5%	4.5%
指定条件生效	付息时取付息前20天基准利率	计息期有效（唯一）	4.25%	4.25%	4.5%	4.5%
	基准利率变动后3个月生效	无	07.05.10 ~ 07.08.31 为 3.75% 07.09.01 ~ 07.10.24 为 4% 07.10.25 ~ 07.11.09 为 4.25%	4.25%	08.05.10 ~ 08.08.08 为 4.25% 08.08.09 ~ 08.11.09 为 4.5%	4.5%

八、基准利率维护

以国内人民币相关法定利率、法定统计数据或境内货币市场相关市场利率为基准利率的，中央结算公司根据主管部门颁布的有效数据或指定媒体公布的有效数据对相关债券执行利率进行维护；以境外金融市场相关利率（如 Libor）为基准利率的，由发行人确定执行利率向市场公布，并通知中央结算公司。中央结算公司根据发行人的通知进行维护。

九、资产支持证券无固定收益的次级档债券的特殊处理

资产支持证券中无固定收益的次级档债券，存在无利息支付或有利息支付但不确定、到期本息不确定等复杂情况，中央结算公司将根据实际需要提供相关灵活业务处理支持。

十、利息资金计算公式

根据以上债券利率相关要素及其不同组合，其利息计算公式如下：

（一）贴现或零息债券利息

到期百元面额利息资金额 = 100 - 发行价。如为本息剥离债，无利息核算项。

（二）利随本清债券（见下表）

利随本清债券到期每百元面额利息资金额计算公式一览表

Y＝票面利率×100，单位：元（下表通用）

期限单位	年度天数基数	闰年计息天数基数	整月计息天数	2月29日是否计息	到期百元面额利息资金额计算公式	公式中字母代码含义
天	360	无关	30天	无关	$Y/12 \times N_1 + Y/360 \times N_2$	N_1：期限内完整月份数；N_2：不足一月的实际天数
			实际天数	无关	$Y/360 \times N$	N：起息日至到期日的实际天数　n：该债券起息日至到期日之间遇到的闰年次数
	365	365	无关	计息	$Y/365 \times N$	
			无关	不计息	$Y/365 \times (N-n)$	
		366	无关	无关	$Y/366 \times N$	
月	360	无关	30天	无关	$Y/12 \times N$	N：债券期限月份数
			实际天数	无关	$Y/360 \times N$	N：起息日至到期日的实际天数　n：该债券起息日至到期日之间遇到的闰年次数
	365	365	无关	计息	$Y/365 \times N$	
			无关	不计息	$Y/365 \times (N-n)$	
		366	无关	无关	$Y/366 \times N$	
年	360	无关	30	无关	$Y \times N$	N：债券期限年份数
			实际天数	无关	$Y/360 \times N$	N：起息日至到期日的实际天数　n：该债券起息日至到期日之间遇到的闰年次数
	365	365	无关	计息	$Y/365 \times N$	
			无关	不计息	$Y/365 \times (N-n)$	
		366	无关	无关	$Y/366 \times N$	

（三）附息债券计息期每百元面额利息资金额计算公式（见下表）

附息债券计息期每百元面额利息资金额计算公式一览表

Y＝票面利率×100×百元面额本金值

年付息频率（n）	利息分布方式	年度天数基数	闰年计息天数基数	整月计息天数	2月29日是否计息	计息年度每百元面额利息资金（Y_1）计算公式	计息期每百元面额利息资金额（Y_2）计算公式	字母代码含义
n＝1	无关	360	无关	30天	无关	$Y_1 = Y$	$Y_2 = Y_1$	
				实际天数	无关	$Y_1 = Y/360 \times N$	$Y_2 = Y_1$	N：该年度实际天数
		365	365	无关	计息	$Y_1 = Y/365 \times N$	$Y_2 = Y_1$	N：该年度实际天数
			365	无关	不计息	$Y_1 = Y/365 \times N$	$Y_2 = Y_1$	N：该年度实际天数，其中闰年为$N-1$
			366	无关	无关	$Y_1 = Y/366 \times N$	$Y_2 = Y_1$	N：该年度实际天数

续表

年付息频率（n）	利息分布方式	年度天数基数	闰年计息天数基数	整月计息天数	2月29日是否计息	计息年度每百元面额利息资金（Y_1）计算公式	计息期每百元面额利息资金额（Y_2）计算公式	字母代码含义
n>1	平均分配	360	无关	30天	无关	$Y_1 = Y$	$Y_2 = Y_1/n$	
				实际天数	无关	$Y_1 = Y/360 \times N$	$Y_2 = Y_1/n$	N：该年度实际天数
		365	365	无关	计息	$Y_1 = Y/365 \times N$	$Y_2 = Y_1/n$	N：该年度实际天数
					不计息	$Y_1 = Y/365 \times N$	$Y_2 = Y_1/n$	N：该年度实际天数，其中闰年为 $N_1 - 1$
			366	无关	无关	$Y_1 = Y/366 \times N$	$Y_2 = Y_1/n$	N：该年度实际天数
	按计息期实际天数分配	360	无关	30	无关	$Y_1 = Y$	$Y_2 = Y_1/12 \times N$	N：该计息期月份数
				实际天数	无关	不必核算	$Y_2 = Y/360 \times N$	N：该计息期实际天数
		365	365	无关	计息	不必核算	$Y_2 = Y/365 \times N$	N：该计息期实际天数
					不计息	不必核算	$Y_2 = Y/365 \times N$	N：该计息期实际天数，其中闰年计息年度的该计息期为 $N - 1$
			366	无关	无关	不必核算	$Y_2 = Y/366 \times N$	N：该计息期实际天数

（四）资产支持证券本金兑付处理

资产支持证券各优先档在各计息期付息时，一般都会兑付一定比例的本金。处理方法为，发行人在付息时明确每百元面额债券兑付的本金金额，中央结算公司按兑付本金额在中央债券综合业务系统减少该债券本金值，算出该债券每百元面额最新本金值，作为下一计息期计算应付利息资金的基准，而债券面额不变。直到最后本金兑付完毕，债券面额注销。

十一、发行人应计利息和债券二级市场净价交易结算相关应计利息之间的关系

方法介绍中涉及的应付利息计算方法，是发行人根据债券发行相关本息兑付条件，计算发行人应支付的利息资金额，而债券二级市场净价交易结算相关的债券应计利息，是在发行人已经确定一个计息年度或计息期支付利息金额的前提下，依据中国人民银行统一的规定进行核算，后者必须以前者的确定为前提。

因此,当发行人对闰年以及年度计息天数基数等问题的处理存在差异时,同样票面利率的债券,实际支付的利息与二级市场应计利息金额就存在差异。

举例:某债券,票面利率为5%,一年期。闰年问题以及计息年度天数基数的不同处理,就会产生以下差异见下表:

计息年度天数基数	闰年天数	2月29日是否计息	月计息天数	发行人支付利息(元/百元面额)	二级市场每天应计利息金额(元/百元面额)	实际年收益率
360	无关	无关	30 天	5/360×360＝5	5/365＝0.0137 或 5/366＝0.01366(闰年)	5%
		无关	实际天数	5/360×365＝5.0694(非闰年)或 5/360×366＝5.0833(闰年)	5.0694/365＝0.01388(非闰年)或 5.0833/366＝0.01388(闰年)	5.0694%(非闰年)5.0833%(闰年)
365	365	计息	无关	5/365×365＝5(非闰年)5/365×366＝5.0137(闰年)	5/365(非闰年)或 5.0137/366(闰年)＝0.0137	5%(非闰年)5.0137%(闰年)
		不计息	无关	5/365×365＝5	5/365＝0.0137(非闰年)或 5/366＝0.01366(闰年)	5%
	366	无关	无关	5/366×366＝5	5/366＝0.01366	5%

造成以上差异的原因是发行人支付利息计算方法和二级市场应计利息核算方法不同,是正常的。